Über den Verfasser

Arnold Künzli, geb. 1919 in Zürich, Studium der Philosophie, Germanistik und Romanistik sowie interessenhalber der Psychologie und der dialektischen Theologie. Nach der Promotion mit einer Arbeit über Sören Kierkegaard Auslandskorrespondent der Basler National-Zeitung. 1964 Habilitation an der Universität Basel für Philosophie der Politik mit einer Arbeit über Karl Marx. 1971 a. o. Professor, 1984 emeritiert. – In den 60er und 70er Jahren engagiert im christlich-marxistischen Diskurs, im Dialog-Zentrum Center for the study of democratic institutions im kalifornischen Santa Barbara sowie in der jugoslawischen Praxis-Gruppe und deren Sommerschulen auf der Insel Korčula.

Wichtigste Veröffentlichungen: Die Angst als abendländische Krankheit (1949); Das entfremdete Paradies (1963); Karl Marx. Eine Psychographie (1966); Über Marx hinaus (1969); Aufklärung und Dialektik (1971); Tradition und Revolution (1975); Mein und Dein (1986); Trikolore auf halbmast (1992).

Arnold Künzli

Gotteskrise

Fragen zu Hiob
Lob des Agnostizismus

rororo

rowohlts enzyklopädie

rowohlts enzyklopädie
Herausgegeben von Burghard König

Originalausgabe
Veröffentlicht im Rowohlt Taschenbuch Verlag GmbH,
Reinbek bei Hamburg, Juli 1998

Umschlaggestaltung Jens Kreitmeyer
Satz Garamond PostScript (PageOne)
Gesamtherstellung Clausen & Bosse, Leck
Printed in Germany
ISBN 3 499 55596 4

Inhalt

Lob des Agnostizismus

«L'homme n'est ni ange ni bête, et le malheur veut que qui veut faire l'ange fait la bête.»

Pascal, «Pensées», XXV.

«Der Mensch ist weder Engel noch Tier, und das Unglück will, daß, wer ein Engel sein möchte, zum Tier wird.»

Vorwort

Der Titel dieses Buches ist, nimmt man ihn wörtlich, falsch. Ob Gott, falls es etwas gibt, was diesen Namen verdient, in eine Krise geraten ist, können wir mit unserem beschränkten Wahrnehmungs- und Erkenntnisvermögen nicht ausmachen. Abgesehen davon: Was wäre das für ein Gott, der in Existenzkrisen gerät? Hingegen kommt diesem Titel eine symbolische Wahrheit zu. Gott als Symbol, als Vorstellung, als Bild des Absoluten, so wie er in der biblischen Tradition erscheint, wird in unserem Kulturkreis immer mehr Menschen zutiefst fragwürdig. Allein schon ein Blick auf die Religionen Asiens lehrt uns, daß ein als Person gedachter Gott etwas Kulturspezifisches ist. Eine durch Raum und Zeit mitbedingte Gottesvorstellung tritt als biblische mit dem Anspruch auf, die absolute Wahrheit und Wirklichkeit Gottes zu sein. Zwar ist dieser besondere Gott, nicht erst seit Nietzsche, immer wieder für tot erklärt worden, aber selbst in solchen Todesanzeigen schwingt noch der Anspruch auf ein Wissen vom Unwißbaren mit. Nicht Gott, sondern die von unserer Kultur entwickelte Gottesvorstellung ist in eine Krise mit wahrscheinlich letalem Ausgang geraten.

Die biblische Gottesvorstellung beruft sich auf eine Offenbarung, eine Selbst-Offenbarung dieses Gottes. An diesem Anspruch prallt alle von außen geübte vernunftgeleitete Erkenntniskritik ab. Erleuchtung ist kritikimmun, darauf beruht ihre Faszination und ihre Stärke. Diese Art Glauben verlangt Vernunftverzicht, die Bedingung seiner Möglichkeit ist ein *sacrificium intellectus*. Deshalb auch ist Kritik, wagt sie dennoch ihre Stimme zu erheben, nur als immanente möglich, als Aufdeckung eines Selbstwiderspruchs des Offenbarten, der dunklen Löcher in der Erleuchtung, als Erfahrung der Raum- und Zeitbedingtheit der Schrift und damit ihrer

Historizität, so etwa eines durch archäologische Forschungen erbrachten Nachweises, daß das Offenbarungsgeschehen sich nicht so zugetragen haben kann, wie die Schrift es behauptet. Weiter als Erfahrung des Theologenstreits um die richtige Interpretation dieser Schrift und damit des Offenbarungsgeschehens, und schließlich und vor allem – was in diesem Buch besonders hervorgehoben wird – als empirische Erfahrung des eklatanten Widerspruchs nicht nur zwischen verschiedenen Offenbarungsinhalten – etwa dem Liebesgebot Jesu und seinem Willen, «Kinder zu Tode (zu) schlagen» (Offenbarung des Johannes 2,23) –, sondern vor allem zwischen dem Offenbarungswort und den Taten derer, die von ihm erleuchtet zu sein behaupten und ihr Tun durch Berufung auf Gott legitimieren. Solche religionsimmanente Unwahrhaftigkeit macht eine Religion unglaub-, vielmehr unglaubenswürdig.

Den Wandlungsprozeß, dem die biblische Gottesvorstellung unterworfen ist, markiert das Buch Hiob auf exemplarische Weise, auch wenn in seinem Hollywood-Ende das vom Altar gestürzte tradierte Gottesbild wieder auf seinen angestammten Sockel zurückgestellt wird. Der Wandel eines Gottesbildes jedoch ist untrennbar verknüpft mit einem Wandel auch der geistigen und gesellschaftlichen Situation der Zeit in einem bestimmten Raum. So interpretiert jede Zeit das Buch Hiob auf ihre Weise, und selbst aus den Divergenzen dieser Interpretationen lassen sich Schlüsse auf die sozio-kulturelle Situation der Zeit und des Raums der Interpreten ziehen. So ist das Gottesbild immer auch ein Zeit- und Gesellschaftsbild. Es ist das Produkt einer Dialektik von aktuellem Zeitgeschehen und tradierter Religiosität. Im biblischen Buch Hiob macht diese Dialektik in der Form eines Dialogs zwischen Mensch und Gott einen gewaltigen Sprung nach vorn, auch wenn dieser im konformistischen Schluß als mißlungen erscheinen mag: Ein gottesfürchtiger Mensch revoltiert gegen den tradierten Gott. Am Ende unterliegt er zwar, und der alte Gott bleibt scheinbar Sieger. Aber sein «image» ist hoffnungslos lädiert. Von diesem Schlag, den ihm Hiob zugefügt, hat dieser Gott sich nicht mehr erholt.

Mit der Rebellion Hiobs beginnt die Agonie des biblischen Ein-

Mann-Gottes, die christliche Theologen heute als «Gotteskrise» deuten. Aber wie gesagt: Eine Gotteskrise spiegelt immer auch eine Gesellschaftskrise wider. Deshalb kommt der Auseinandersetzung zeitgenössischer nichttheologischer Interpreten mit Hiob, der ein erster Teil dieses Buchs gewidmet ist, die Bedeutung einerseits einer Art Krankheitsgeschichte des sterbenden Gottes, andererseits – wenn auch von den meisten Interpreten unbeabsichtigt – auch die einer Krisengeschichte unserer in einer revolutionären Wandlung begriffenen abendländischen Kultur zu. Gotteskrise und Zeitkrise entsprechen sich, zumal in einer Zeit, in der ein sich globalisierender Kapitalismus im Verein mit einer atemraubenden Entwicklung von Wissenschaft und Technik die Qualität einer Ersatzreligion erhalten hat und die allgemeine Sinn- und Orientierungskrise Neureligionen jeglicher metaphysischer Couleur wie Pilze nach einem warmen Sommerregen aus dem Boden schießen läßt.

Den Aktualitätswert des Buches Hiob bezeugen allein die Namen seiner hier zu Worte kommenden Interpreten: René Girard, Joseph Roth, Ernst Bloch, Adolph Lowe, Ludwig Marcuse, Margarete Susman, C. G. Jung, Alfred Döblin, Manès Sperber und Fritz Zorn.

Hiobs Frage an Gott trifft diesen an seinem wunden Punkt: Hiob empfindet das ihm widerfahrene Leid als Ungerechtigkeit Gottes, da er sich unschuldig fühlt. Aber hinter dieser Ungerechtigkeit Gottes verbirgt sich etwas noch viel Bedenklicheres – im doppelten Sinn dieses Begriffs –, das der gottesfürchtige Hiob jedoch nicht realisiert: die Gleichgültigkeit Gottes dem Schicksal des einzelnen gegenüber. Diese erscheint im Buch Hiob zwar paradoxerweise als ein besonderes Interesse Gottes an Hiob, aber es wird zu zeigen sein, daß – abgesehen vom wohl später hinzugefügten Hollywood-Schluß – dieses Interesse zumindest Gleichgültigkeit dem Leiden Hiobs gegenüber impliziert. Die Gotteskrise ist denn auch eine Folge der sich verbreitenden Erfahrung und Erkenntnis angesichts des Zustandes dieser Welt, daß das Schicksal der Menschen Gott gleichgültig sein muß. Das jedoch dementiert den biblischen Glauben an einen Gott, den man um Hilfe angehen und der einem Geborgenheit und Sinn vermitteln kann, bittet man ihn nur recht gottesfürchtig darum. Dieser Gott ist taubstumm.

Nun sind die Mittler zwischen Gott und der Zeit, die imaginäre Brücke zwischen Transzendenz und Immanenz, im Raum der Bibel die Religionen mit ihren Konfessionen und Kirchen. Diese dienen denn auch der Zeit und ihren irdischen Interessen – bis hin zu deren kriminellen Aktionen – als Legitimationsmedium. Aber die Religions- und Kirchengeschichte ist die Geschichte des Gottes, den die jeweilige Religion und Kirche preist. So gesehen ist die Gotteskrise weitgehend die Folge des permanenten schamlosen Mißbrauchs Gottes zur Rechtfertigung von allerhand Irdisch-Allzuirdischem, von dem die Blutspur zeugt, die sich durch die Geschichte der Religionen und ihrer Kirchen zieht. Gott wird so mit deren Hilfe zur stets gebrauchsfertigen transzendenten Rechtfertigung irdischen Grauens, was die Tröstungen durch dieselben Religionen und Kirchen und ihre Liebestaten mehr als aufwiegt. Gott muß über deren Vermittlung herhalten zur Legitimierung aller, auch der mörderischsten Arten von Nationalismus, Rassismus und Krieg, was beinahe jede Zeitungslektüre bestätigt. Dem ist die Einführung zum zweiten Essay dieses Buchs gewidmet.

Die inneren Widersprüche biblischen Gottesglaubens zwischen einem behaupteten liebenden Interesse Gottes am Schicksal des Menschen und der täglichen Erfahrung seiner totalen Gleichgültigkeit dessen Not und Leid gegenüber wie auch die zwischen Religionstheorie und Religionspraxis hat die geschichtliche Erfahrung «Auschwitz» wohl endgültig als unauflösbar erwiesen. Es führt ein gerader Weg vom Buch Hiob über den grausamen Kreuzestod des Juden Jesus bis zu Auschwitz. Das unfaßbare Geschehen, für das der Name des polnischen Städtchens symbolisch steht, markiert die Klimax der Gotteskrise. Keinem noch so engagierten theologischen Bemühen kann es gelingen, Auschwitz mit der biblischen Gottesvorstellung zu versöhnen, es sei denn, man greift auf den zornigen, eifersüchtigen, machtbesessenen Gott des Alten Testaments zurück und mutet ihm zu, Auschwitz nicht nur geduldet, sondern sogar selbst veranstaltet zu haben, um sein Volk für dessen Untreue zu bestrafen, wie die große Jüdin Margarete Susman dies tut. Das Buch Hiob als Vorahnung des Verhaltens Gottes während des Geschehens in Auschwitz: Dies ist der Gedanke, der in diesem Buch von dem Hiob gewidmeten Teil überführt zu einem «Lob des Agnostizismus», das sich im Rückblick auf unser grausig-blutiges Jahrhundert mit seinem permanenten Mißbrauch Gottes zur Legitimierung seines Grauens aufdrängt.

Dieses Lob stellt sich quer zu allen Versuchen unseres offenbar anthropologisch konstanten religiösen Bedürfnisses, die Gotteskrise durch eine Art säkularisierten Polytheismus zu lösen, dessen Götter man im globalen Gemischtwarenladen von New Age, Esoterik, Okkultismus, Fundamentalismus, «Sekten» genannten Neureligionen, «Spiritualismus», Transpersonalismus, Geistheilung, Pharmaboom und Drogenboom, Ufoglauben, Satanismus usw. gegen Barzahlung oder mit einer religiösen Kreditkarte erwerben kann. (Dasselbe gilt von der neuesten Neureligion: dem globalisierten Kapitalismus.) Doch nicht nur die Irrationalität, auch die Rationalität erhält einen Heiligenschein. So spielt der Computer die Rolle eines Hausaltars eines Szientismus, mit dessen Hilfe man in die von der digitalen Revolution hervorgezauberte virtuelle Welt entfliehen kann. Und das Internet befriedigt durch das Gefühl einer schrankenlosen Verbundenheit mit allem und allen – dem All – unsere religiöse Libido. Das Zauberwort der digitalen Revolution lautet «virtuell», was mein Duden (1980) übersetzt mit «Der Kraft oder Möglichkeit nach vorhanden, scheinbar.» Virtualität meint so einen Schein als mögliche Wirklichkeit und die Wirklichkeit als möglichen Schein. Diese Formulierung definiert exakt unsere heutige Religiosität, die eine scheinbar göttliche Kraft – sei es eines gütigen, sich um uns kümmernden Gottes, oder sei es die eines angeblich heilbringenden edlen Steins aus dem Esoterikladen – als Wirklichkeit nimmt und damit die Wirklichkeit virtualisiert. So scheint das religiöse Bedürfnis insgeheim darauf zu spekulieren, Gott virtuell im Internet vernetzen und online bringen zu können. Es ist freilich vorauszusehen, daß diese virtuelle Reise in einer trostlosen Felsenwüste wie der auf dem Mars entdeckten enden und die Realität der Felsbrocken die Virtualität der digitalen Gottsucher entzaubern wird.

So drängt sich denn heute die Frage auf, ob angesichts des sich abzeichnenden Konkurses sowohl der Alt- wie der Neureligionen, der unter dem Begriff «Gotteskrise» in unsere Kulturgeschichte eingehen wird, nicht der Versuch eines Neuanfangs geboten wäre. Zu bedenken wäre vielleicht ein sich gleichzeitig als religiös und als Ethik verstehender Agnostizismus, der sich dem Gedanken einer möglichen Versöhnung nicht völlig verschließen, sich aber jeden Versuchs enthalten würde, diese im Dienste eben dessen, wovon sie uns erlösen möchte, zu funktionalisieren. Gefragt wäre so ein Lernprozeß einer selbst mündig gewordenen Aufklärung, die aus ihren geschichtlichen Fauxpas gelernt hat. An selbsternannten neureligiösen, philosophischen und wissenschaftlichen Gurus ist derzeit wahrlich kein Mangel, aber vielleicht brauchten wir eher etwas vom Geist jenes armen, ungebildeten *idiota*, den der querdenkende Kardinal Nikolaus von Kues 1450 auf den Marktplatz schickte, um dort in aller Demut einen sehr reichen Redner voller theologischen Bücherwissens etwas Weisheit zu lehren. Franz von Assisi hat sich als ein solcher «idiota» bekannt. Eine Art Paradigmenwechsel vom alleswissenden Guru zum bloß weisen «idiota» könnte einer Welt, die aus den Fugen zu geraten scheint, vielleicht nicht schaden.

Fragen zu Hiob

Hiob und sein Gott

Die Geschichte der Mythen und Religionen läßt sich deuten als ein einziger Versuch, Antworten auf die Fragen der «condition humaine» zu finden: warum es das Leiden, die Schuld und den Tod gibt. (Die Frage nach der «Natalität» stellt man kaum, obgleich sie – Hannah Arendt hat darauf hingewiesen – ebenfalls zu diesen Elementarfragen gehört.) Diese Antworten versuchen, der «condition humaine» einen objektiven, durch Transzendenz legitimierten Sinn zu verleihen und in irgendeiner Weise, sei es im Diesseits, sei es in einem imaginierten Jenseits, deren Aufhebung zu versprechen. Dabei ist die Frage sehr oft reduziert worden auf die Theodizee-Frage nach dem Warum und Woher des Bösen in einer angeblich von einem gütigen Gott geschaffenen und gelenkten Welt.

Wohl die meisten Religionen – unter Religion wird hier jede Lehre verstanden, die behauptet, über einen ritualisierten Glauben Zugang zur Transzendenz zu besitzen –, wohl die meisten Religionen gehen davon aus, daß das Schicksal des einzelnen oder gelegentlich auch der Völker der Transzendenz nicht gleichgültig ist. Augustin hat dies für den Bibelglauben ausgesagt: Durch die Gesetze Gottes sind «den Guten Belohnungen, den Bösen Strafen nach allumfassender fester Ordnung vorausbestimmt». Und er preist Gott, «weil du allein gerechte Herrschaft übest».[1]

So dürfen denn die einzelnen hoffen, durch Rituale, Opfer, Gebete, gebotenes sittliches Verhalten oder allerhand andere Praktiken die Transzendenz – die Götter oder Gott – zu bewegen, sich ihrer Wünsche und Bedürfnisse anzunehmen, ihnen Trost, Geborgenheit, Sinn, Identität, Glück zu spenden und ihre meist recht ichbezogenen Wünsche zu erfüllen. Ein «gottesfürchtiges» Verhalten wird, so glaubt man, in dieser oder jener Form belohnt, sei es hienieden, sei es dort drüben. Keine monotheistische Religion, die nicht ein solches Versprechen äußerte, und selbst wenn die einzelnen leer ausgehen sollten, bleibt die Vertröstung auf ein Reich Gottes als Entschädigung für die Unbill, die sie im Reich der Menschen erfahren haben.

Nichts scheint den Menschen schwerer zu fallen, als zu der alltäglichen Erfahrung zu stehen, daß das irdische Schicksal der einzelnen und der Völker hienieden der Transzendenz völlig gleichgültig ist und, was die Belohnung des Guten und die Bestrafung des Bösen anbelangt, krasse Ungerechtigkeit herrscht. Diese Erfahrung wird auch im biblischen «Buch Hiob» verschleiert, umgedeutet, man könnte auch sagen: ideologisiert, ja recht eigentlich negiert und in ihr Gegenteil verkehrt durch die Grundthese, das menschliche Leiden an der «condition humaine» sei die Folge eines Mißtrauens Gottes der Glaubensfestigkeit und Gottesfurcht des Menschen gegenüber. (Wieso eigentlich verlangt die Bibel immer wieder Gottesfurcht und nicht Gottesliebe?) Gott läßt Satan, der in ihm dieses Mißtrauen angefacht hat, freie Hand, Hiob auf die Probe zu stellen, indem er einwilligt, daß diesem ein Höchstmaß an Leiden zugefügt werde. Nur ans Leben darf der Teufel ihm nicht gehen. (Was schon eine Verniedlichung des Schicksals der sterblichen einzelnen ist.) Aber dieser Mythos enthält eine Aporie: Gott mißtraut dem Menschen Hiob, weil er so ist, wie er, Gott, die Menschen geschaffen hat. Er bestraft Hiob für etwas, für das er selbst die Verantwortung trägt: für die schuldlose Schuld der «condition humaine», deren Bann auch Hiob unterworfen ist. Dabei unterläßt es dieser merkwürdige Gott, zu differenzieren zwischen dieser schuldlosen Schuld, kein makelloser Gerechter, Guter, Reiner, Gottesfürchtiger sein zu können, und einer darüber hinausgehenden echten Schuld, die Hiob allein zugerechnet werden muß.

Durch dieses Mißtrauen und diese Strafaktion demontiert Gott sich selbst. Nicht nur, weil das Mißtrauen im Fall Hiobs nur sehr bedingt berechtigt ist, sondern weil ein Gott, der Allmacht und Allwissen beansprucht, sich nicht von Satan zu einem Mißtrauen Hiob gegenüber beschwatzen lassen darf. Wenn er wirklich alles weiß, weiß er auch genau, wie es um Hiob steht, und es ist völlig überflüssig, diesen auf die Probe zu stellen. Indem Gott sein

Nichtwissen bekundet, setzt er sich als Allwissender und Allmächtiger ab. Diese Selbstdemontage Gottes bedeutet aber gleichzeitig eine gewaltige Rangerhöhung des Menschen, da Gott diesem eine partielle, bedingte Autonomie ihm gegenüber zugesteht und er sich auf einen Dialog mit dem Menschen Hiob einläßt. Was bedeutet, daß das Buch Hiob ihn noch nicht als Taubstummen erkannt hat. Hiob stellt sich dabei die Frage, ob es für ihn ein Entkommen aus dem Bann der «condition humaine» gibt. Mit anderen Worten: ob durch ein Gott wohlgefälliges Verhalten das Mißtrauen Gottes besänftigt und er veranlaßt werden kann, seine Strafaktion abzubrechen, ja ein solches Verhalten sogar zu belohnen und Gerechtigkeit walten zu lassen.

Die Hiob-Geschichte dreht sich freilich in einem Zirkel, da das Ontogenetische nicht vom Phylogenetischen, das Einzelschicksal nicht vom Gattungsschicksal getrennt wird. Wenn das Gattungsschicksal der «condition humaine» gottgewollt ist, dann verliert das göttliche Spiel mit der Bestrafung und Belohnung einzelner seinen Sinn; denn auch der und die Gerechte blieben weiterhin in deren Bann, ungeachtet der persönlich zuzurechnenden Schuld oder Unschuld. Da Gott den Menschen bewußt dem Bann der «condition humaine» unterworfen hat, braucht er ihn gar nicht auf die Probe zu stellen, um zu erfahren, ob er diesem Bann erlegen ist. Psychoanalytiker könnten sagen, daß Gott hier sein eigenes Böses auf Hiob projiziert und es in ihm bekämpft und bestraft. Ein solcher Gott gehörte aber auf die Couch.

Im Buch Hiob geht es weiter wesentlich um irdisches Glück, nicht um das Heil. Es hat eine hedonistische Grundtendenz. Der Protest Hiobs richtet sich dagegen, daß Gott ihm wieder genommen, was er ihm angeblich vorher geschenkt hatte, und daß Gott ungerecht ist, weil er, Hiob, keinen Grund für diese Strafaktion erkennen kann, und weil Gott andere, die eine solche Strafaktion durchaus verdient hätten, sogar noch belohnt. Aber in diesem Protest geschieht das Unerhörte, daß ein Mensch es wagt, Gott die Stirn zu bieten und Rechenschaft von ihm zu verlangen. Im Grunde wird im Buch Hiob gar nicht so sehr Hiob auf die Probe gestellt, sondern vielmehr Gott. Hiob lastet denn auch das ihm widerfahrene Böse Gott selbst an, nicht Satan. Der kommt im Denken und Glauben Hiobs gar nicht vor. Hiob erfährt Gott auf ihm unverständliche Weise als grausam, und auf das «Warum?» und «Warum gerade mir gegenüber?» findet er keine Antwort.

Dieser Gott erscheint aus heutiger Sicht tatsächlich als ein Neurotiker, dessen Angstkomplexe, vor allem die Furcht vor einem Autonomieverlust und die damit verbundene Liebesunfähigkeit ihn aggressiv und grausam werden lassen. Seine Ambivalenz ist so extrem, sein Zorn auf Hiob so irrational, daß man gezwungen wird, zu psychoanalytischen Kategorien zu greifen, um dies zu begreifen. Er ist der Typ des Diktators, der das eine Mal unerhört grausam ist, ein andermal Kinder hätschelt. Er ist zutiefst unsicher, seiner selbst nicht sicher, sonst würde er nicht so schamlos mit seiner Macht prahlen, wie er dies in seinen Reden «aus dem Wetter» tut. Er kanzelt Hiob ab: «Wo warst du, da ich die Erde gründete? ... Bist du gewesen, da der Schnee herkommt ...? Wer hat dem Platzregen seinen Lauf ausgeteilt und den Weg dem Blitz und Donner ...? Wer ist des Regens Vater? ... Kannst du den Morgenstern hervorbringen?» (38, 4 ff) So geht das endlos weiter, bis Gott nicht umhinkann, Hiob noch zu belehren, daß er auch das Nilpferd Behemoth «gemacht» habe, dessen Mächtigkeit er gar nicht genug loben kann, ebenso wie das Krokodil Leviathan, dem Hiob hoffnungslos unterlegen sei (40, 15 ff). Dieser Gott ist ein eitler, verunsicherter, den Verlust seiner Macht befürchtender Prahlhans mit einem bedenklich angeschlagenen Selbstbewußtsein, der Hiob durch massive Einschüchterungen gefügig zu machen versucht. Ein Liebesunfähiger und sogar ein Masochist, ja ein Sadomasochist, sagt er doch zu Satan: «Du ... hast mich bewogen, daß ich ihn (Hiob) ohne Ursache verderbt habe» (2, 3). Wenn Gott keine Ursache hatte, Hiob zu verderben, es aber trotzdem getan hat, auf den Rat des Bösen hin, dann muß er wohl eine Lust am grundlosen Verderben haben, was wir heute Sadismus nennen. Aber da dieser Gott gleichzeitig Hiob bewundert und in höchsten Tönen lobt – «Denn es ist seinesgleichen im Lande nicht, schlecht und recht, gottesfürchtig und meidet das Böse und hält noch fest an seiner Frömmigkeit» (ebd.) –, handelt er auch bewußt und selbstquälerisch sich selbst zuwider, was wir heute Masochismus nennen. Dieser Gott trägt alle Züge der Projektion von Menschen, die in ihrem Individuationsprozeß sich auf einer Stufe befinden, auf der das Es – um es mit Freud zu sagen – sich noch in einem gewaltigen Konflikt mit einem Über-Ich befindet, was die extreme Ambivalenz erzeugt, die wir am Verhalten dieses Gottes Hiob gegenüber festgestellt haben. So gesehen ist die Rebellion Hiobs ein heroischer Versuch, im Individuationsprozeß, der ja weitgehend ein Bewußtwerdungsprozeß ist, weiterzukommen, was auf der Ebene der Gottesbild-Projektion eine Parallele in Form einer Wandlung des Gottesbildes erfährt.

Dieser vom Buch Hiob Gott zugeschriebene Sadomasochismus ist gleichzeitig ein Versuch, eine Erklärung für die «condition humaine» zu finden, oder besser: diese hermeneutisch zu verstehen, das heißt, Gott besser zu verstehen, als er sich selbst versteht. Hiobs Freunde sind – ohne zu merken, daß sie sich damit über Gott stellen – Meister in dieser Hermeneutik des göttlichen Sadomasochismus: «Siehe, selig ist der Mensch, den Gott straft» (5, 17). Eine solche Hermeneutik ist eine Ideologie zur Rechtfertigung und Vergoldung der «condition humaine». Dieser wird, damit sie erträglich wird, ein Heiligenschein verpaßt. Denn der Mensch ist da keineswegs das Ebenbild Gottes, sondern, in den Worten des Freundes Bildad, eine Made und ein Wurm vor Gott (25, 6).

Aber es geht im Buch Hiob nicht nur um die «condition humaine», die schuldlose Schuld, sondern auch um die schuldige Schuld, für die der Mensch verantwortlich zu machen, die ihm allein zuzurechnen ist. Freilich erscheinen die beiden Schuldformen undifferenziert ineinander verwoben, und es ist überall eine Tendenz spürbar, die eine Schuld durch die andere zu deuten, zu erklären, ja zu ent-schuld-igen. Ist Hiob nicht doch verantwortlich zu machen für sein Unglück? Kann ihm nicht eine persönliche Schuld zugerechnet werden, die Gott bewog, ihn zu strafen? Wer eigentlich ist dieser Hiob? Er ist ein Feudalist und Patriarch, ein steinreicher Gutsherr: «Habe ich mich gefreut, daß ich großes Gut hatte und meine Hand allerlei erworben hatte?» (31, 25). Natürlich hat er sich gefreut. Wenn ihn sein großes Gut nicht freute, warum hat er es dann erworben? Warum hat er es nicht verschenkt? Und wie hat er es erworben? Hiob gehört zur besitzenden Klasse, zum Establishment. Er besaß siebentausend Schafe, dreitausend Kamele, fünfhundert Joch Rinder, fünfhundert Eselinnen und sehr viel Gesinde. Das hat ihm alles der Herr gegeben – «der Herr hat's gegeben ...» (1, 21) –, also legitimierte, unterstützte Gott das patriarchalisch-feudalistische Wirtschafts- und Sozialsystem und damit das Privateigentum an den Produktionsmitteln. Gott stand auf der Seite des Habens, und der Verlust des Privateigentums an den Gebrauchsgütern und Produktionsmitteln spielt in Hiobs Aufstieg und Fall und Wiederaufstieg eine zentrale Rolle. Die konformistisch-traditionalistischen Freunde Hiobs suchen diesen denn auch davon zu überzeugen, daß Gott ihm dann schon wieder zu seinem «Haben» verhelfen werde, wenn er sich nur richtig gottesfürchtig verhalte: «So du rein und fromm bist, so wird er ... wieder aufrichten deine Wohnung ..., und was du zuerst wenig gehabt hast, wird hernach gar sehr zunehmen» (8, 6–7). Wie «wenig» er hatte, haben wir eben erfahren. Gott als Eigentumsgarantie, eine Art himmlische Versicherungsanstalt. Zwar fordert Eliphas Hiob auf: «Wirf in den Staub dein Gold ..., so wird der Allmächtige dein Gott sein»; aber dann wird Gott gleich wieder zum Versicherungsagenten promoviert, denn «was du wirst vornehmen, wird er dir lassen gewinnen» (22, 24–28). Das Prinzip der Freunde lautet somit: Gott wohlgefälliges Verhalten wird von Gott belohnt, die «Gottlosen» hingegen werden bestraft. Das ist das Prinzip jeder Diktatur. Hiob allerdings mußte erfahren, daß eher das Gegenteil der Fall ist und der himmlische Diktator – wie später etwa ein Stalin – gerade seine besten Freunde bestrafte.

Aber die Freunde haben Hiobs wunde Stelle erkannt, wird dieser doch nicht müde, den Verlust seiner Machtposition, seines selbstgefälligen Herrendaseins laut zu beklagen: «O daß ich wäre wie in den vorigen Monden, ... da mich Gott behütete: ... da ich meine Tritte wusch in Butter und die Felsen mir Ölbäche gossen; da ich ausging zum Tor in der Stadt und mir ließ meinen Stuhl auf der Gasse bereiten; da ... die Alten vor mir aufstanden; da die Obersten aufhörten zu reden ...; da die Stimme der Fürsten sich verkroch ... Denn wessen Ohr mich hörte, der pries mich selig ...» (29, 2–11).

An eitlem Selbstbewußtsein mangelte es diesem Feudalherrn nicht. Aber nichts deutet darauf hin, daß Gott ihn etwa deswegen bestrafte. Freilich scheint Hiob dann doch ein schlechtes soziales Gewissen geplagt zu haben, denn er beeilt sich, sein soziales Verhalten zu rechtfertigen: «... ich errettete den Armen, der da schrie, und den Waisen, der keinen Helfer hatte ...; und ich erfreute das Herz der Witwe. Gerechtigkeit war mein Kleid ...» Aber das war eine seltsame Gerechtigkeit, betont er doch sogleich: «und mein Recht war mein fürstlicher Hut» (29, 12–14). Hier wird dem paternalistischen Feudalismus das Loblied gesungen, für den die soziale Frage eine Frage des Almosens der Reichen war. Die Klasseneinteilung der Gesellschaft in Herren und Knechte ist für das Buch Hiob offensichtlich die von Gott gewünschte und legitimierte gesellschaftliche Ordnung. Hiob platzt vor Selbstlob und Selbstgerechtigkeit: «Ich war des Blinden Auge und des Lahmen Fuß. Ich war ein Vater der Armen ... Ich zerbrach die Backenzähne des Ungerechten und riß den Raub aus seinen Zähnen.» Daß sein unmäßiger Reichtum auch einen Raubcharakter haben könnte, kam ihm nicht in den Sinn. Er war ja von Gott gegeben ... Letztlich diente das alles einer überbordenden, machtbesessenen Eitelkeit, denn «meine Herrlichkeit erneute sich immer an mir, und mein Bogen ward immer stärker in meiner Hand. Sie hörten mir zu und schwiegen und warteten auf meinen Rat ... Nach meinen Worten redete niemand mehr und meine Rede troff auf sie. Sie warteten auf mich wie auf den Regen und sperrten ihren Mund auf als nach dem Spätregen ... Wenn ich zu ihrem Geschäft wollte kommen, so mußte ich obenan sitzen und wohnte wie ein König unter Königsknechten, da ich tröstete, die Leid trugen» (29, 15–25). Gott der Herr hat's Hiob dem Herrn gegeben – eine perfekte Herren- und auch Männerideologie.

Hiob prahlt mit seiner irdischen Macht ebenso schamlos wie Gott mit seiner himmlischen. Dieser Hiob ist gar nicht schuldlos schuldig; denn er würde nicht so prahlen, plagte ihn nicht unbewußt ein soziales Gewissen und Wissen, das die soziale Legitimität seines paternalistischen Feudalismus in Frage stellte. Aber keinen Augenblick kommt er auf den Gedanken, daß hier der Grund der göttlichen Strafaktion zu suchen sein könnte. Wenn Hiob aber nicht unverschuldet, sondern selbstverschuldet schuldig ist, dann ist er nur bedingt ein Opfer der «condition humaine». Jedenfalls kann er sich nicht mit der «condition humaine» herausreden. Übrigens verpetzt Satan Hiob bei Gott als einen, der nur deshalb gottesfürchtig sei, weil er seinen Wohlstand Gott verdankt. Nehme Gott diesen Wohlstand wieder weg, dann sei es um seine Gottesfurcht geschehen. Und da Gott in seinem Zweifel an sich selbst nicht sicher ist, ob Satan nicht vielleicht recht haben könnte, läßt er diesem freie Hand, seine Vermutung zu verifizieren.

Hiob verteidigt sich gegenüber den Verdächtigungen Satans, die er freilich als solche Gottes erfährt, was sie denn auch sind. (Nebenbei: Es ist doch merkwürdig, daß ausgerechnet Satan sich so sehr um die Gottesfurcht Hiobs sorgt, als wäre er eine Art Staatsschutz Gottes, Chef eines Amtes zur Bekämpfung ungöttlicher Aktivitäten ...) Hiob also beteuert seine Unschuld, auch seine moralische: Er habe mit seinen Augen einen Bund geschlossen, nicht auf eine Jungfrau zu achten (31, 1). Dann seine soziale: «Hab ich verachtet das Recht meines Knechts oder meiner Magd ...?» (31, 13). Nochmals zählt er alle seine Verdienste um die Schlechtweggekommenen auf, um die Armen, um die Waisen, um die Witwen. Vollends unglaubwürdig wird Hiob, wenn er sein eitles Selbstlob auch noch in die Frage kleidet: «Hab ich mich gefreut, daß ich großes Gut hatte ...?» (31, 25). Für einmal muß man da den Freunden recht geben: «Da hörten die drei Männer auf, Hiob zu antworten, weil er sich für gerecht hielt» (32, 1). Auch Elihu, der vierte Freund, der als Jüngster lange nicht gesprochen hatte, wirft Hiob Selbstgerechtigkeit vor. Und Selbstgerechtigkeit verrät, daß Hiobs Über-Ich ihm unbewußt eine Schuld zurechnet, die er nicht anerkennen will. So ganz unrecht hatte Satan also nicht. Hat Hiobs Über-Ich bereits ein Ahnen davon, daß es kein richtiges Leben im falschen und damit keine soziale Un-Schuld in einem sozial ungerechten feudalistischen System gibt, das die Gesellschaft mit göttlicher Legitimation in Herren und Knechte spaltet? Dient so gesehen das Paradox der schuldlosen Schuld letztlich nicht einer Heiligung bestehender «falscher» gesellschaftlicher Verhältnisse, einer Versöhnung mit diesen, indem es die diesen Verhältnissen immanente, den Menschen durchaus zurechenbare, weil selbstverschuldete Schuld nicht sehen will und mit der Behauptung der Schuldlosigkeit zudeckt? Einmal mehr: Wird hier nicht zur «condition humaine» erklärt, was nicht ihr anzulasten ist, sondern den Menschen selbst? So gesehen ist das Buch Hiob in seiner gesellschaftlichen Bedeutung auch eine Ideologie zur Bestätigung der gottgewollten Rechtmäßigkeit des gesellschaftlichen *status quo*. Ernst Bloch irrt, wenn er im Buch Hiob eine «(gleichsam) antikapitalistische Predigt» sieht.[2]

Die theologischen Hiob-Interpreten mögen die Fragwürdigkeit des Schlußkapitels mit seinem Dutzendroman-Ende noch so sehr hervorheben, es ist nun einmal, seit es ein Altes Testament gibt, ein integraler Bestandteil des Buches Hiob, und entsprechend war und ist seine Wirkung auf die unzähligen einzuschätzen, die dieses Buch Hiob ohne theologische Beihilfe gelesen haben. In diesem Schlußkapitel jedoch triumphiert wiederum das kapitalistisch-feudalistische Habenwollen, und Hiobs Erlösung vom bösen Spiel Gottes, dem Spiel des Bösen mit einem verunsicherten Gott, wird schamlos mit der Rückerstattung der materiellen Güter gleichgesetzt. Nachdem Hiob sich schuldig erklärt und Buße in Staub und Asche geleistet hat – die Schuld meint nicht etwa seine Selbstgerechtigkeit als Feudalherr, sondern wird nur in der mangelnden Gottesfurcht gesehen –, leert Gott über den reuigen Sünder seinen Geschenksack aus: «Und der Herr gab Hiob zwiefältig so viel, als er gehabt hatte ... Und der Herr segnete ... Hiob mehr denn je zuvor, daß er kriegte vierzehntausend Schafe und sechstausend Kamele und tausend Joch Rinder und tausend Eselinnen ...» Damit nicht genug, schenkte der Herr ihm noch sieben Söhne und drei Töchter. Diese wurden gemeinsam zu Schönheitsköniginnen des Landes Uz erkoren, denn es «wurden nicht so schöne Weiber gefunden in allen Ländern wie die Töchter Hiobs.» Ein perfektes feudalistisches Großgrundbesitzer-Idyll, dessen sich Hiob noch ganze hundertundvierzig Jahre erfreuen durfte (42, 10–16).

Noch etwas ist nachzutragen: Dieser Feudalherr Hiob wertete und achtete sein Privateigentum höher als seine Kinder, damit die Ware mehr als den Menschen. Wohl zerreißt er nach der Nachricht, daß seine Kinder alle umgekommen seien, sein Kleid und rauft sein Haupt; doch in seinen späteren lauten Klagen über das unverdiente Leid, das Gott ihm zufügt, kommt der Tod der Kinder nicht mehr vor. Er klagt darüber, geboren worden zu sein, Ungesalzenes und das Weiße vom Ei essen zu müssen, krank, ein Opfer der Gottlosen geworden zu sein. Er muß sich ins Angesicht speien lassen, seine Brüder haben sich von ihm entfernt, seine Verwandten sind ihm fremd geworden, seine Mägde achten ihn für fremd, sein Knecht antwortet ihm nicht. Er sagt dann noch, er sei «ein Ekel den Kindern meines Leibes» (14, 17). Aber da alle seine Kinder gestorben sind und er sein Auge auf keine Jungfrau geworfen hatte, muß hier dem Autor wohl ein Irrtum unterlaufen sein. Daß es um Hiobs Liebesfähigkeit offenbar ebenso schlecht stand wie um die seines Gottes, läßt eine andere Merkwürdigkeit vermuten: Er äußert in seinen späteren Klagen keine einzige mehr über den Verlust seiner Kinder und darüber, daß diese offensichtlich um seinetwillen – um seiner von Gott angeordneten Prüfung willen – ihr junges Leben lassen mußten. Hiob sieht nur sich, seinen physischen Schmerz, den Verlust seiner Herrschaftsposition und seiner materiellen Güter. Er hält Gott die Grausamkeit nicht vor, um seinetwillen seine Kinder getötet zu haben. Und was ist das für ein Gott, der bedenkenlos Kinder mordet oder morden läßt, bloß um sich seiner ungebrochenen Macht über die Menschen – hier des Menschen Hiob – zu versichern?

Verschleiert weiter die Problematik der Gottesfurcht nicht auch eine gesellschaftlich-politische? Gott muß sich doch bewußt gewesen sein, daß er, indem er sich entschloß, Satan weitgehend freie Hand zu lassen, Hiob zu entmachten, zu enteignen, zu «verderben», zu strafen, eine Revolution im bestehenden Gesellschaftssystem vollzog: Der wie ein Halbgott verehrte höchste Repräsentant dieses feudalistisch-paternalistischen Systems wurde von einer Stunde auf die andere von seinem Thron gestoßen und dem Haß, dem Spott und der Aggressivität des Volks preisgegeben. Ja, sogar seine traditionalistischen Freunde, die ja auch zum Establishment gehörten, verurteilten ihn und schlugen sich so auf die Seite des Volks. Diese radikale, totale Entmachtung und Entzauberung Hiobs trägt doch alle Merkmale einer «proletarischen» Revolution. Also hatte Ernst Bloch doch recht mit seiner Deutung des Buches Hiob als antikapitalistische Predigt? Nein, denn Gott ging es ja nicht um ein gesellschaftliches Problem. Dieser Gott war kein Sozialist, und er stürzte Hiob nicht, um auf Erden soziale Gerechtigkeit herzustellen, ganz abgesehen davon, daß er ja nach Hiobs Kniefall diesen wieder in seine alte Machtposition einsetzte. Das Volk ist bloß ein Mittel in diesem bösen göttlichen Spiel. Es kann zwar den gestürzten Feudalherr anspeien, aber das bleibt ohne sozialrevolutionäre Folgen. Das Volk hat die Chance nicht ergriffen, die sich ihm bot, als Gott Hiob – wenn auch keineswegs aus sozialrevolutionären Gründen – stürzte. Die gesellschaftlichen Strukturen wurden durch das Hiob-Geschehen nicht in Frage gestellt, sie blieben intakt.

So bleibt denn die Frage des Bösen die zentrale Frage des Buches Hiob. Dieses Böse wird nicht in den gesellschaftlichen Strukturen gesehen, sondern einzig in der Ungerechtigkeit Gottes, hinter der sich dessen Gleichgültigkeit gegenüber dem Leiden des einzelnen verbirgt. Gut und Böse werden im Buch Hiob einerseits identifiziert mit gottesfürchtig und gottlos; andererseits wird diese Identifikation wieder in Frage gestellt durch die Erfahrung, daß das Böse ja auch von Gott stammen, von ihm gewollt sein muß: «Haben wir Gutes empfangen von Gott, und sollten das Böse nicht auch annehmen?» (2, 10). Das sieht zunächst wie eine religiöse legitimierte Versöhnung mit dem bestehenden – auch gesellschaftlichen – Bösen aus und kann jedenfalls als eine solche Legitimierung benutzt werden. Aber Hiob rebelliert nicht gegen das Böse an sich, da er dieses ja selbst Gott zuschreibt, sondern dagegen, daß Gott das Böse in Form von Strafen und das Gute in Form von Belohnungen nicht nach Prinzipien der Gerechtigkeit verteilt: «Er bringt um beide, den Frommen und den Gottlosen» (9, 22). Diese Erkenntnis trifft Hiob so sehr, daß er doch auch etwas an sich selbst, an seiner von ihm so schamlos selbstgerecht verkündeten Schuldlosigkeit zu zweifeln beginnt. Einerseits versucht er noch, diese Schuld auf die «condition humaine» abzuwälzen und damit sich selbst doch wieder reinzuwaschen: «Muß nicht der Mensch immer im Streit sein auf Erden?» (7, 1) – «Ich weiß, daß du mich nicht unschuldig sein läßt» (9, 28) – «Kann wohl ein Reiner kommen von den Unreinen? Auch nicht einer» (14, 4) – «Wie kann ein Mensch gerecht vor Gott sein? Und wie kann rein sein eines Weibes Kind?» (25, 4). Andererseits sieht Hiob – dann und wann – doch ein, daß er nicht alles der durch die «condition humaine» bedingten Schuld zuschreiben und so die ihm selbst zuzurechnende ent-schuldigen kann: «Habe ich gesündigt, was tue ich dir damit, o du Menschenhüter? ... Und warum vergibst du mir meine Missetat nicht und nimmst nicht weg meine Sünde?» (7, 20–21) – «Du willst über mich bringen die Sünden meiner Jugend» (13, 26). Schließlich erfolgt Hiobs bedingungslose Kapitulation: «Ich hatte von dir mit den Ohren gehört; aber nun hat mein Auge dich gesehen. Darum spreche ich mich schuldig und tue Buße in Staub und Asche» (42, 5–6).

Liest man das Buch Hiob nicht vom Schluß her, sondern spricht man allen seinen Teilen dieselbe Bedeutung zu, dann bleibt der Eindruck einer extremen Ambivalenz Hiobs zwischen maßloser Selbstgerechtigkeit und kniefälligem Schuldbekenntnis, zwischen einem zornigen Hadern mit Gott und einer bedingungslosen Kapitulation: der Mensch mit seinem Widerspruch. Aber die Grundfragen nach dem Sinn des Bösen, nach Gottes Gerechtigkeit oder Ungerechtigkeit und nach seinem Interesse oder seiner Gleichgültigkeit dem Schicksal des einzelnen gegenüber bleiben unbeantwortet. Eine Kapitulation ist keine Antwort, und ihre Begründung – «nun haben meine Augen dich gesehen» – ist enigmatisch.

Was aber bleibt, ist das Unerhörte der Rebellion gegen diesen Gott, obgleich Hiob «weiß ..., daß ein Mensch nicht recht behalten mag gegen Gott» (9, 2). Die Rebellion ist also von vornherein zum Scheitern verurteilt. Aber der Sieg Gottes ist ein Pyrrhussieg, dieser Gott hat sich zu viele Blößen gegeben, davon erholt ein Gott mit Allmachts-, Allwissens- und Absolutheitsanspruch sich nicht mehr, seine Zeit ist abgelaufen. Das Buch Hiob stürzt einen Gott und bereitet so den Weg für einen anderen, das heißt in dem hier vertretenen Verständnis: für das Bild eines anderen, der als Projektion der Menschen eines bestimmten Raums in einer bestimmten Zeit auf die Himmelswand deren Sinn-, Trost-, Geborgenheits- und Erlösungsbedürfnis vielleicht etwas überzeugender zu befriedigen vermag. Heute nennt man das einen Paradigmenwechsel. Dabei stellt sich dann freilich die Frage, ob es einen radikalen Paradigmenwechsel, der das Alte mit der Wurzel ausrottet, überhaupt geben kann oder ob nicht – gewollt oder ungewollt, aber gleichsam mit Notwendigkeit – das Alte noch ins Neue hineinragt, im Hegelschen Sinne in diesem «aufgehoben» bleibt. Es ist eine der Grundfragen jeder Revolution, damit auch der Revolution eines Gottesbildes.

Zum Schluß noch eine notwendige Anmerkung: In der Hiob-Diskussion ist, soweit ich es überblicke, der Umstand nie reflektiert worden, daß Hiob ein Mann ist. Allein dies schon stellt Hiobs Selbstgerechtigkeit aus heutiger Sicht in Frage, da die Verfasser des Hiob-Buches offenbar davon ausgehen, daß Gott – ein Mann auch er – nur einen Mann für würdig hält, von ihm auf die Probe gestellt zu werden. Insofern reflektieren das Buch Hiob und seine Interpreten bis auf den heutigen Tag die Ungerechtigkeit des Patriarchats. Hiob muß deshalb auch als «Hiobin» gedacht werden. Wenn hier trotzdem nur von «Hiob» die Rede ist, dann bloß, weil die Schreibweise «HiobIn» als absurd erschiene und eine Hiobin nicht mit dem biblischen Text übereinstimmen würde. So muß ich mich denn auf die Bitte beschränken, die geneigten Leserinnen und Leser möchten sich unter Hiob – insofern das Hiob-Schicksal gemeint ist – immer auch eine Frau vorstellen.

Aber die Grundfragen, die das Buch Hiob aufwirft, bleiben dieselben. Es sind die nach dem Ursprung und Sinn des Bösen, nach der «condition humaine» und ihren Grenzen, nach der Gleichgültigkeit Gottes, der Transzendenz, dem Schicksal der einzelnen gegenüber, nach Emanzipation und Erlösung und nach einem Gottesbild, das weder die Vernunft noch die von unserer Kultur entworfenen Grundwerte beleidigt. Es soll nun versucht werden, in der Auseinandersetzung mit einigen besonders in die Tiefe lotenden und schöpferischen Hiob-Interpretationen unserer Zeit diesen Fragen weiter nachzugehen.

Hiob als Sündenbock

René Girards «immanente» Hiob-Interpretation

Der Kulturanthropologe, Literaturprofessor und gläubige Christ René Girard hat 1985 unter dem Titel «La route antique des hommes pervers» eine originelle, wenn zum Teil auch sehr einseitige und willkürliche Hiob-Interpretation vorgelegt, die 1990 unter dem etwas unglücklichen Tiel «Hiob. Ein Weg aus der Gewalt» in deutscher Übersetzung erschienen ist.[1]

Girard interpretiert das Schicksal Hiobs gleichsam «immanent», indem er Hiob zum Symbol und Opfer des in den Menschen agierenden Sündenbockmechanismus erklärt. Die «Ursache seines Unglücks ... ist ... eine ausschließlich menschliche» (S. 11). Hiob ist ein Opfer seines Volks, das in ihm den geeigneten Sündenbock gefunden hat, den es mit seinem Neid, seiner Not, seiner Schuld beladen und in die Wüste schicken kann.

Um seine These durchhalten zu können, muß Girard allerdings dem biblischen Text einige Gewalt antun. Er schließt sich jenen theologischen Interpretationen an, die den Prolog und Epilog des biblischen Buches Hiob – wo den materiellen Glücksgütern Hiobs eine große Bedeutung beigemessen wird – als später hinzugefügte, also nicht «authentische» Texte nicht berücksichtigen oder zumindest in ihrer Bedeutung relativieren. Dabei geht er so weit, den Prolog eine «Hintertreppengeschichte» zu nennen, die nach dem Urteil der Exegeten nicht auf der Höhe der Dialoge – Hiobs mit Gott und mit seinen Freunden – stehe und nicht ernst zu nehmen sei (S. 12). Er fordert die Leser sogar auf, ihren Geist «vom verderblichen Einfluß des Prologs zu reinigen» (S. 17), also von allem zu säubern, was nicht in das Schema des Autors paßt. So unterscheidet Girard kategorisch zwischen dem Hiob des Prologs – dem Feudalherrn – und dem Hiob des Dialogs, der «nicht einfach ein Neureicher, der sein ganzes Vermögen verloren hat», sei, sondern «ein von der öffentlichen Meinung erst hochgelobter, dann jäh fallengelassener großer Herrscher» (S. 20). Von diesem sagt er immerhin, er gemahne an den Tyrannen der griechischen Polis (S. 21). Der heutige Leser neige allerdings dazu, die Sicht des Prologs zu übernehmen, da Glück hier – wie in der heutigen Welt – bedeute, möglichst viele Dinge zu besitzen, ohne je krank zu sein, in einem nie endenden Konsumrausch. In den Dialogen hingegen «zählen nur die Beziehungen zwischen Hiob und der Gemeinschaft» (S. 22). Was nicht ganz stimmt, wie jeder aufmerksame Leser des Buches Hiob feststellen kann. So versucht in seiner ersten Rede der Freund Bildad Hiob davon zu überzeugen, daß Gott ihm, so er wieder rein und fromm werde, seine Wohnung wieder aufrichten werde: «Und was du zuerst wenig gehabt hast, wird hernach gar sehr zunehmen» (8, 6–7). Hiob selbst ist empört darüber, daß der eine «frisch und gesund in allem Reichtum und voller Genüge» mit einem «Melkfaß voll Milch» sowie mit Mark gemästeten Gebeinen, der andere, der «nie mit Freuden gegessen hat», mit betrübter Seele stirbt (21, 23–25). Besitz und Konsum spielen also durchaus auch in den Dialogen eine Rolle. Aber Girard verdrängt das systematisch um der Glaubwürdigkeit seiner Sündenbockthese willen.

Das hat noch eine weitere Konsequenz: Um seine Theorie von einer ausschließlich menschlichen Ursache von Hiobs Unglück zu retten, disqualifiziert Girard die Versuche einer «moralischen und metaphysischen Analyse des Problems des Bösen», indem er auch eine solche Analyse als auf dem Prolog gründend bezeichnet (S. 45). Ja, Girard nennt «die Frage des Bösen» einen «Bauernfängertrick ... auf den die gesamte Exegese seit Jahrtausenden fixiert ist» (S. 179). Wie sehr Girards Interpretation um ihrer Überzeugungskraft willen dem biblischen Text Gewalt antun muß, beweist schließlich auch die Tatsache, daß er den Spieß umdreht und seinerseits behauptet, daß «alle Hinzufügungen zu den Dialogen ... dem Originaltext angetane Gewalttaten» sind (S. 180), «eine Art Seuchensperre um die Dialoge, eine Art Bauchbinde, die um den großartigen Text zu winden die Nachwelt nie aufgehört hat». Hinzufügungen und verfälschende Kommentare hätten die Texte vor einem allzu brutalen Kontakt mit einer feindselig gesinnten Welt geschützt, «gewissermaßen als Stoßdämpfer» (S. 181).

Gewalttaten, Seuchensperre, Bauchbinden, Stoßdämpfer – da muß etwas mit Zähnen und Klauen verteidigt werden: Girards Sündenbocktheorie. Dabei ist diese gar nicht so abwegig. Sie deutet das Schicksal Hiobs rein immanent psycho-soziologisch und reduziert seinen Bedeutungsgehalt auf die banale Feststellung: Große Herrscher und Führer fallen regelmäßig irgendwann einmal beim Volk in Ungnade und werden als Sündenböcke in die Wüste verjagt. «Der Sündenbock ist der Unschuldige, der den Haß der Allgemeinheit auf sich zieht» (S. 13), und Hiob ist «der Sündenbock aller Sündenböcke» (S. 14). Hiob «leidet unter der Ächtung und Verfolgung seiner Mitmenschen. Er hat nichts Böses getan, und trotzdem wenden sich alle von ihm ab, fallen über ihn her» (S. 12). Die Schuldproblematik, die im biblischen Buch Hiob eine sehr zweideutige Darstellung findet, löst Girard souverän: Hiob ist unschuldig, genau wie der in die Wüste geschickte Ziegenbock. Zwar beklage Hiob sich auch über körperliche Leiden – Krankheiten, die ihm ja nicht von der «Allgemeinheit» zugefügt werden konnten –, aber Girard muß, um seine Theorie zu retten, doch auch für diese den bösen Nachbarn verantwortlich machen: Hiob «ist nämlich das Opfer zahlloser Brutalitäten» (S. 15). – «Der Gegensatz zwischen gestern und heute ist nicht der Kontrast zwischen Reichtum und Armut, von Gesundheit und Krankheit, sondern von Gunst und Ungunst des gleichen Publikums» (S. 21). Es handelt sich um ein «wiederkehrendes Phänomen kollektiver Gewalt, das sich vornehmlich ... gegen die ‹Großen›, die ‹Tyrannen› richtet und das stets als göttliche Rache, als strafendes Eingreifen der Gottheit ausgelegt wird» (S. 28). Auch Hiob könne sich nicht vorstellen, der gegen ihn gerichtete Haß könne sich «ohne Anstachelung der Gottheit» auf das Volk übertragen (S. 166). Girard deutet deshalb diesen Haß als ein «vox populi vox dei» (S. 167). Da Hiob selbst seinen einstigen weltlichen Triumph auf ein Wohlwollen Gottes zurückgeführt hatte, muß er im Meinungsumschwung des Volks einen Beweis dafür sehen, daß Gott ihn verflucht hat. Girard interpretiert: «Jede Gemeinschaft, deren

Haß gegen einen Sündenbock auf dem Siedepunkt steht, hat ihre Erfahrung stets als göttliche Epiphanie (Erscheinung Gottes, A. K.) schlechthin interpretiert» (S. 169). Das Schicksal Hiobs als weltliche Passionsgeschichte.

Hier stellt sich nun zunächst einmal die Frage: Was hat denn das Volk veranlaßt, diesen – zumindest in seinem Selbstverständnis sozial überaus wohltätigen – Hiob zu stürzen und in die Wüste zu schicken? Das einzige, was Girard zu dieser für seine Sündenbocktheorie doch zentralen Frage zu sagen weiß: «Auf diese Frage wird (in der Bibel, A. K.) keine direkte Antwort gegeben» (S. 19). Girard selbst analysiert diese Frage auch nicht weiter, er unterläßt es, die sozialen, ökonomischen, strukturellen und psychischen Probleme zu erörtern, die den Volksaufstand gegen Hiob – denn um einen solchen muß es sich ja wohl gehandelt haben – provoziert haben. Das ist auch durchaus verständlich; denn würde er für diesen Volksaufstand die Unerträglichkeit von Hiobs Regime verantwortlich machen, müßte er seine These von Hiobs Unschuld revidieren, was wiederum die ganze Sündenbocktheorie in Frage stellen würde. Der Sündenbock ist unschuldig, oder er ist keiner. Nur dann und wann, gleichsam widerwillig, räumt Girard ein, daß Hiob vielleicht doch nicht so ganz schuldlos gewesen sei. Es ist bereits zitiert worden, daß er ihn einmal mit einem Tyrannen vergleicht. Auch zählt er Hiob zur «besitzenden Klasse» (S. 69). Aber einen möglichen Zusammenhang zwischen dem Sündenbockmechanismus und den gesellschaftlichen Verhältnissen deutet Girard nur nebenbei an, wenn er «eine direkte Beziehung zwischen der Verfolgung des Unschuldigen und dem Trost der guten Bürger, der Stärkung der bestehenden Gesellschaftsordnung» herstellt (S. 97). Ein andermal fragt er sich jedoch, ob nicht umgekehrt diejenigen, die Hiob verfolgen, «eine Art Subproletariat» seien (S. 14). Aber Girard verfolgt dieses Thema nicht weiter, da sonst seine These von der Unschuld Hiobs ins Wanken geriete, die er deshalb aufrechterhalten muß, weil er – wie wir noch sehen werden – in der Passionsgeschichte Hiobs eine Präfiguration derjenigen Christi sehen zu können meint. So bleibt denn nur die Vermutung übrig, der Volksaufstand gegen Hiob sei durch eine psychosoziale und anthropologische Konstante verursacht, wie sie etwa Pareto mit seiner Theorie von der Zirkulation der Eliten zu deuten versucht hatte. Aber Girard selbst erwähnt Pareto nicht.

Doch da sind ja noch die Freunde Hiobs, die diesem alle nur denkbaren Sünden vorwerfen. Diese kommen bei Girard – durchaus zu Recht – schlecht weg. Ihre Aussagen seien «nicht sehr aufschlußreich» (S. 19). Sie vermeinten, Hiobs Geiz habe ihn ins Verderben gestürzt, oder vielleicht habe er sich dem Volk gegenüber hartherzig gezeigt, seine Macht zur Ausbeutung der Armen und Schwachen mißbraucht. Die Freunde verhielten sich wie die besitzende Klasse, sie verfluchten Hiob, um die Harmonie der Gruppe zu stärken. Sie würden vom Neid angestachelt. Aber sie erfüllten eine gesellschaftliche und religiöse Funktion: «Sie sind da, um den korrekten Ablauf des Opfermechanismus zu überwachen». Girard vergleicht ihre rituellen Deklamationen mit dem tragischen Chor (S. 101). Hier kommt der zentrale Begriff des Opfers ins Spiel. Der Sündenbock ist ja ein Opfertier, ein Opfer der Gesellschaft, und die Freunde bereiten nach Girard mit ihren Anklagen vor, «was Spezialisten des Rituals als opferkultische Vorbereitung bezeichnen. Diese zielt darauf ab, die Teilnehmer ... anzuheizen und zum Siedepunkt zu bringen» (S. 103). Die Freunde Hiobs wollen jedoch Hiobs Widerstand ohne sichtbaren Zwang brechen, sie gleichen mehr und mehr einem Kreis von Polizisten, die um einen Verdächtigen versammelt sind. Sie glauben «an eine in dieser Welt stets triumphierende absolute Gerechtigkeit» (S. 156). Aber gegenüber all diesen Vorwürfen der Freunde verteidigt Hiob sich heftig, «und schließlich werden alle Anklagepunkte fallengelassen» (S. 19), was nur bedeuten kann, daß Hiob keine Schuld zuzuschreiben ist. Hiob gebe denn auch in der Frage seiner Unschuld nie nach, obgleich er gelegentlich «Schwächen» zeige (S. 169). Das stimmt so freilich nicht. Weder nehmen die Freunde ihre Anklagen zurück, noch zeigt Hiob in der Frage der Schuld Gott gegenüber nur eine Schwäche. Das Gegenteil ist wahr, er kapituliert bedingungslos. Schließlich ist da auch noch die Frage der schuldlosen Schuld, für die der Begriff der «condition humaine» steht, die aber Girard ebensowenig erörtert wie die soziale Frage.

Hingegen führt ihn seine Sündenbocktheorie zu einer Erkenntnis von brisanter politischer Aktualität: Er vergleicht den Versuch der die bestehende Gesellschaftsordnung verteidigenden Freunde, den unschuldigen Hiob zu einem Schuldbekenntnis zu bewegen, mit den Moskauer stalinistischen Schauprozessen. Die Freunde, die Gottes Absicht verteidigen, Hiob zu opfern, «erfüllen die sanitären Dienste, die in bestimmten traditionellen Kulturen von den Geiern wahrgenommen werden» (S. 105). Girard nennt sie «Inquisitoren»: «Sie sind nicht eigentlich Henker, aber sämtliche Formen der Einschüchterung, jeder psychologische Druckversuch ist ihnen gut genug, um jene sattsam bekannten ‹spontanen Geständnisse› zu erhalten, an denen Diktaturen so viel liegt.» Es geht hier um die Wahrung eines Systems, das «polizeistaatlich und totalitär» ist (S. 147). (Girard belegt diese Behauptung freilich mit keinem Wort.) Hiob ist so «eine Antigone in eigener Sache. Man verlangt von ihm das Eingeständnis, er sei zu Recht gemartert worden» (S. 146). Es gilt, die völlige Übereinstimmung von Henker und Opfer sicherzustellen. Das Buch Hiob – eine Präfiguration der Moskauer Prozesse! Offenbar handelt es sich bei diesem Säuberungsmechanismus auch um eine Art anthropologisch-psychologisch-politische Konstante. Auch wenn die Freunde nicht die Macht und das Recht haben, Hiob zum Tode zu verurteilen und sich im Gegeneil als seine wahren Freunde aufspielen – die Parallelen sind verblüffend. Girard betont, die Unterlegenen müßten ihre Schuld freiwillig eingestehen: «Von den Verfluchten wird verlangt, daß sie zur eigenen Verfluchung ihren Segen geben» (S. 149). Man lese die Protokolle der Moskauer Prozesse: «Die drei Freunde sind ebensowenig an der Wahrheit interessiert wie sowjetische Staatsanwälte. Sie sind da, um von Hiob sein öffentliches Schuldgeständnis zu erzwingen» (S. 150).

Hier erweist die Sündenbocktheorie ihre politische Relevanz. Aber Girard weist nicht nur auf die Moskauer Prozesse hin, sondern deutet diese Erpressung eines «freiwilligen» Schuldgeständnisses mit Recht als eine von jedem totalitären System angewandte Methodik der Machtstabilisierung und der Legitimierung des Anspruchs, die beste aller möglichen Welten, ja die Vollkommenheit zu sein: «Der gemeinsame Nenner zwischen der Gesellschaft der ‹Freunde› und den heutigen totalitären Gesellschaften könnte sehr wohl die Forderung nach absoluter Vollkommenheit sein» (S. 154). Aber obgleich Girard betont, daß jede Gesellschaft als totalitär zu charakterisieren sei, «in der der Sündenbock wieder seine uralte Rolle zur Herstellung und Wiederherstellung der Transzendenz spielt» (ebd.), unterläßt er es, darauf hinzuweisen, daß diese Art Totalitarismus bis auf den heutigen Tag auch eine Institution kennzeichnet, die sich als auserwählte Anwältin der Transzendenz versteht: die katholische Amtskirche, den Vatikan. Das Buch Hiob ist nicht zuletzt deshalb so aktuell, weil die Argumentation der inquisitorischen «Freunde» Hiobs, ein Gott wohlgefälliges Verhalten werde von diesem belohnt, die «Gottlosen» hingegen würden bestraft, mitsamt dem Zwang zur Sündenbeichte nach wie vor die Argumentation und Machterhaltungspraxis der Amtskirche ist.

Ebensowenig sieht Girard, daß es hier letztlich um die Dialektik von Emanzipation und Erlösung geht. Man könnte sagen: Sündenbockpraxis und Emanzipation sind unvereinbar, Sündenbockpraxis und institutionalisiertes Erlösungs-, Heilsversprechen sind komplementär. Permanent werden etwa vom Vatikan «dissidente» Geistliche in die Wüste geschickt. Dem Gedanken der Emanzipation aus selbstverschuldeter Unmündigkeit ist eine kritische Selbstreflexion implizit, und diese schließt eine «billige» Lösung im Sinne einer Sündenbocktherapie aus. Wo hingegen eine religiöse oder politische Institution gleichsam als Vollzugsorgan der Erlösung auftritt, ist die Versuchung groß, alles zu unterdrücken und zu eliminieren, was diesen totalitären Anspruch gefährden könnte. Die größte Gefahr für diese Institutionen und ihren Fundamentalismus ist der Zweifel. (Hiob zweifelt an der Gerechtigkeit Gottes.) Der Zweifel ist die Mutter jeden Fundamentalismus, oder anders gesagt: Je größer die Gefahr des Zweifels, desto größer die Versuchung, diesen durch Rekurs auf einen zweifelsdichten Fundamentalismus zu unterdrücken. Es muß also alles versucht werden, um entweder keinen Zweifel aufkommen zu lassen oder sich einnistende Zweifel auszuräumen. Nichts ist dazu geeigneter, als demonstrieren zu können, daß prominente Zweifler – oder auch «Unschuldige», die man als Sündenböcke gewählt hat – «freiwillig» ihren Irrtum und damit ihre Schuld bekennen. Die Sündenbocktherapie ist eine Immunisierungsstrategie gegen die für das jeweilige System tödliche Gefahr des Zweifels. Sie soll helfen, die Macht des Systems und die Wahrheit seines Dogmas zu retten.

Hiob erscheint hier als der Dissident in einem heilsgeschichtlich legitimierten totalitären Gesellschaftssystem, bloß daß er nicht durch Gefängnis, sondern durch die Folter ihm zugefügter extremer Leiden diszipliniert werden soll und sein Schuldbekenntnis ihn nicht vors Exekutionskommando bringt, sondern durch das Hollywood-Happy-End belohnt wird. Aber in beiden Fällen spielt derselbe Sündenbockmechanismus: Schuldig oder unschuldig, es muß ein Opfer her, auf das das Volk um der Wahrung des Heilscharakters der bestehenden Ordnung und ihrer Institutionen und Dogmen willen seine eigene Schuld und Sündhaftigkeit projizieren kann. Über die Hintertür, und ohne daß Girard dies reflektieren würde, kommt hier doch wieder die «condition humaine» ins gesellschaftliche Spiel; denn nur weil und solange die Menschen unvollkommene Konfliktnaturen und der «Versuchung» des Zweifels ausgesetzt sind, braucht eine Gesellschaft oder Institution, deren Elite dem Volk unter der Bedingung treuer Gefolgschaft – «Gottesfurcht»! – das mögliche Heil verspricht, Sündenböcke als Projektionsträger dieser Unvollkommenheit. Der Sündenbock ersetzt die Polizei, er dient als Magnet, der dem Volk die Zweifel entzieht. Er ist das ideale, sozusagen narrensichere Instrument jeden religiösen, weltanschaulichen, politischen Ganzheitsanspruchs in dessen Bestreben, seine Macht zu erhalten und zu legitimieren. Gott wie Stalin verlangen von ihren Sündenböcken die bedingungslose Kapitulation, bedingungslos, weil jede Bedingung die Tür zum Zweifel einen Fußbreit offenhielte. Das probate Mittel, eine solche bedingungslose Kapitulation zu erreichen, ist seit jeher die Folter. Gott foltert Hiob – eigentlich müßten die Menschenrechtsorganisationen das Buch Hiob auf den Index setzen –, und da er sich ungern selbst die Hände schmutzig macht, heuert er mit Satan einen Folterknecht an, der die Drecksarbeit besorgen muß. Hiobs «Freunde» werden dabei seine Verbündeten, sie foltern Hiob durch ihre Anklagen. Girard spricht von einem «Lynchmord» (S. 38), der an Hiob begangen werde, und deutet Hiobs gelegentlichen Zweifel an seiner Unschuld als einen «charakteristischen Zug von Opfern, die gefoltert werden» (S. 164). Diesen Gott – es ist Jahwe – nennt er einen «Gott der Menschenjagd» (S. 166) und einen «Gott der Verfolger» (S. 177).

Girard sieht im Buch Hiob zwei Gottesvorstellungen am Werk: den «Gott der Verfolger», der – ein himmlischer Stalin – foltert und terrorisiert, um sein Regime vor der Unterwanderung durch Zweifler zu retten, und einen «wahren Gott der Opfer» (S. 186), den «Gott der Evangelien», der schon im Buch Hiob neben dem archaischen Gott der Verfolger erscheint. Hier wird der theologische Impuls, der religiöse Glaube erkennbar, der Girard zu seiner Hiob-Deutung inspiriert hat und dem auch seine «immanente» Interpretation des Schicksals Hiobs dient: Die Immanenz steht im Dienste der Transzendenz. Der Gott der Opfer «sendet seinen Sohn in die Welt, um die Opfer, die Armen und Entrechteten, zu verteidigen» (S. 195). Jesus wird ihr Anwalt und Tröster.

Im Buch Hiob findet also, nach Girard, ein Übergang von einer Gottesvorstellung in eine andere, «reifere» statt, wobei Girard zu erkennen gibt, daß der Gott der Evangelien für ihn der einzig wahre ist. Der Gott der Verfolger, der Hiob folterte, «zeigt sich Hiobs Rufen plötzlich zugänglich. Neben ihm sitzt ein Entlastungszeuge, ein Anwalt des ungerecht behandelten Gerechten» (S. 175). Girard nennt das eine «religiöse Kehrtwendung» (S. 176). Hiob gehe freilich nicht so weit, den Gott der Verfolger zu verstoßen, sondern er setzt an seine Seite einen Anwalt der Verteidigung. In der von Girard zitierten Übersetzung lautet die berühmte Bibelstelle: «Ich weiß gewiß, daß mir ein Anwalt lebt»; in der Luther-Bibel: «Aber ich weiß, daß mein Erlöser lebt» (Buch Hiob 19, 25). Es geht um die später – im Kapitel über Ernst Blochs und Adolph Lowes Hiob-Interpretation – ausführlicher zu erörternde Frage der richtigen Übersetzung des hebräischen «goël». Girard identifiziert diesen «goël» mit dem Parakleten, dem Heiligen Geist, und mit Jesus, um mit Hilfe dieser Bibelstelle seine These des Übergangs vom Gott der Verfolger zum Gott der Verfolgten zu legitimieren: «Es gibt einen ausdrücklichen Anwärter auf die Rolle des Gottes der Opfer, den Gott der Evangelien. Der Vater sendet seinen Sohn in die Welt, um die Opfer, die Armen und Entrechteten, zu verteidigen. Im Johannes-Evangelium nennt Jesus den Geist Gottes und nennt sich selbst einen Tröster (Paraklet). Das Wort bedeutet Anwalt der Verteidigung vor Gericht» (S. 195). Das hebräische «goël» sei ein juristischer Begriff mit analoger Bedeutung.

Jesus ist ebenso unschuldig, ja unschuldiger noch als Hiob, aber auch er wird verurteilt; denn «dieser Gott herrscht nicht über die Welt ..., aber er wird herrschen. Er herrscht bereits für jene, die ihn empfangen haben ... (Für diese) ist das Reich Gottes bereits unter uns» (S. 199f). Die Evangelien mit ihrer Passionsgeschichte enthüllen nach Girard «die wahre Natur des von Hiob gelebten Dramas» (S. 204). Christus vollende, was Hiob nur halbwegs gelinge, «das eigene Scheitern auf der Ebene der Welt» (S. 206). Der christliche Gedanke, «Christi Niederlage verwandle sich in einen Sieg, (hat sich) bei uns bereits im Zusammenbruch der von Marx, Freud und Nietzsche geprägten Kultur verwirklicht, aber auch in der akuten Krise aller Werte, die die nachchristliche Zeit dem Christentum siegreich glaubte entgegenhalten zu können ...» (S. 207). So ist denn – «was von der Lehre untergründig stets anerkannt worden (ist)» – das Buch Hiob ein «Buch, das Christus ankündigt und ihn vorwegnimmt» (S. 207f). Girards Hiob-Buch erscheint so als eine kulturanthropologisch untermauerte Apologie des tradierten Christentums. Hiobs Geschichte wird gedeutet als eine weltliche Passionsgeschichte mit ausschließlich menschlicher, weltlicher Ursache, die in der Passionsgeschichte Jesu ihren erlösenden Sinn findet, bestehen doch «Ähnlichkeiten zwischen Jesu Erfahrung und Hiobs Erfahrung als Sündenbock. – Die Evangelien ... stellen uns alles, was wir zur Lösung dieses Rätsels (des Schicksals Hiobs, A. K.) benötigen, zur Verfügung, nämlich die Passionsgeschichte, die ... die wahre Natur des von Hiob gelebten Dramas enthüllt» (S. 204). Und Girard gesteht, er habe sich in seinem Buch «von Anfang an von den Passionserzählungen ... leiten lassen»

(S. 205). Deshalb mußte er ja die Schuld Hiobs bis zur Nichtigkeit herunterspielen, da nur ein schuldloser Hiob mit dem schuldlosen Jesus verglichen werden kann.

So einfach ist das für einen traditionell gläubigen Christen. Marx, Nietzsche und Freud werden in einen Topf geworfen und aus der Geschichte entsorgt. Damit legitimiert Girard die Unterlassung, seine Sündenbocktheorie – an der gewiß etwas Wahres ist – auf die solide Basis einer Gesellschafts-, Kultur- und sogar auch Psychoanalyse zu stellen, wie man sie – mit allen ihren Mängeln und Irrtümern – bei ebendiesen drei großen Geistern findet. Dies ist um so seltsamer, als ja ein bloßer Blick auf die geistige und soziale Situation der Zeit im ausgehenden 20. Jahrhundert jedem Unverblendeten zeigen müßte, daß Marx, Nietzsche und Freud – trotz all ihrer Bedingtheiten und Einseitigkeiten – uns Mittel in die Hände gegeben haben, diese unsere Situation wenn auch nicht zu meistern, so doch in ihrer Verfallstendenz zu erkennen. Girard selbst kreiert da Sündenböcke, um seinen Glaubensanspruch eines traditionellen, einzig wahren Christentums zu retten. Das Schlimme daran ist, daß seine Theorie von Hiobs Leidensgeschichte als Präfiguration der Passionsgeschichte Jesu und des Übergangs vom Gott der Verfolger des Alten Testaments zum Gott der Opfer des Neuen Testaments in der Tradition jenes – wenn auch noch so verschämt verborgenen – christlichen Antijudaismus steht, der im Neuen Testament die Erfüllung und Überwindung des Alten sieht. Dabei wird zum einen unterschlagen – um nur dies zu erwähnen –, daß Jahwe auch der Gott des Exodus des Volkes Israel ist, der wahrlich damit ein Freiheitszeichen gesetzt hat und – so abstoßend auch der Terror ist, den er dem Volke Israel über seine Feinde auszuüben befiehlt – zumindest nicht *nur* ein Gott der Verfolger genannt werden kann. Zum andern ist die vom Christengott veranstaltete Passionsgeschichte Jesu – neben anderem Schlimmen, das die Evangelien enthalten – nicht minder grausam als das von Jahwe Hiob zugefügte Leid, so daß auch dieser Christengott nicht *nur* als ein Gott der Opfer erscheint.

Girard macht es sich zu leicht. Sein Buch enthält manche neuen und wesentlichen Erkenntnisse, die mithelfen können, die Hiob-

Problematik zu erhellen; aber es enttäuscht auch, weil Girard glaubt, ein traditionell christliches Erlösungs-Happy-End sei die Antwort auf die vom Buch Hiob offengelassenen Fragen wie der nach Gottes Verhältnis zum Bösen und der nach der Gleichgültigkeit Gottes dem Leid des Menschen gegenüber.

Joseph Roths «Städtel»-Hiob

In einem der ergreifendsten Romane der Weltliteratur, in Joseph Roths «Hiob» [1], wird neben dem religiösen auch der gesellschaftliche Aspekt des Hiob-Dramas beleuchtet. Joseph Roth verleiht Hiob einen neuen sozialen Status. Mendel Singer, «fromm, gottesfürchtig und gewöhnlich, ein ganz alltäglicher Jude» (S. 7), ist kein feudaler Gutsbesitzer, was schon der Untertitel des Buchs verkündet: «Roman eines einfachen Mannes». Im Gegensatz zum Leben des Bibel-Hiob, der alle Privilegien eines superreichen und beinahe allmächtigen Feudalherren genoß, war das Leben des dreißigjährigen Dorfschullehrers Mendel Singer im galizischen Zuchnow eine einzige Plage. Der Bibel-Hiob dankte Gott für die uneingeschränkte Machtposition und den unfaßbaren Reichtum, die dieser ihm geschenkt hatte; der besitzlose Mendel Singer jedoch dankt dem Herrn «für den Schlaf, für das Erwachen und den anbrechenden Tag» (S. 8). Auf Mendel Singer paßt Girards Sündenbocktheorie nicht mehr. Er ist kein Selbstgerechter, der durch einen Aufstand der Schlechtweggekommenen vom Thron des Establishments gezerrt wird, sondern er ist selbst ein Pauperisierter und zudem noch als ostgalizischer Jude Angehöriger einer existentiell gefährdeten, als minderwertig verachteten Volksgruppe. Aber er ist «der Gerechte», der «vor keiner Strafe Gottes floh» (S. 12).

Damit erhält die Hiobsgeschichte eine völlig andere soziale, religiöse, menschliche Dimension. Während die Strafe Gottes in der Bibel weitgehend in der Form einer Art Börsenkrachs erfolgt, der Hiob seines ganzen Vermögens beraubt, spielt im Hiob Roths das Privateigentum keine Rolle, es sei denn als etwas, was dieser Hiob nie besaß. In der Bibel erscheint Gott ein wenig wie der Croupier im Roulette, der nach dem Ausrollen der Kugel gnadenlos die Einsätze einkassiert oder großzügig vervielfacht wieder ausbezahlt.

Da spekuliert Gott in seiner Strafaktion, mit der er Hiob auf die Probe stellen will, wesentlich auf die Macht- und Besitzgier des Menschen, die Hiob in ausgezeichneter Weise repräsentiert. Da ist der biblische Hiob in besonderem Maß verletzbar. Bei Joseph Roth entfällt dieses Motiv, und die Strafe Gottes erscheint hier als noch viel grausamer und ungerechter, weil sie einen ohnehin schon vielfältig und übermäßig Geplagten und erst noch einen – in der Tradition des Judentums gesehen – Gerechten trifft. Roths Hiob hat die Herrenallüren und die kostbaren Kleider des biblischen abgelegt, er ist nur noch ein nackter Mensch in all seinem Elend. Da Gott ihn deshalb nicht bei der Macht- und Besitzgier packen kann, packt er ihn dort, wo der bitterarme jüdische Dorfschullehrer am verwundbarsten ist: an der Sorge um das Wohl der Familie und die Geborgenheit in ihr. Was denn auch der Bedeutung der Familie im Judentum entspricht.

Wie Mendels Sohn Menuchim heranwächst, stellt sich heraus, daß er stumm, ein «Idiot» und ein Epileptiker ist. Die beiden anderen Söhne werden für militärdiensttauglich erklärt, was die Gefahr einer einschneidenden Entfremdung von Tradition und Familie heraufbeschwört und im Kriegsfall, mit dem man immer rechnen mußte, gar die Gefahr ihres Todes. Mendel zu seiner Frau Deborah, die sich gegen das Schicksal auflehnt: «Was willst du, Deborah, die Armen sind ohnmächtig, Gott wirft ihnen keine goldenen Steine vom Himmel, in der Lotterie gewinnen sie nicht, und ihr Los müssen sie in Ergebenheit tragen. Dem einen gibt Er und dem anderen nimmt Er. Ich weiß nicht, wofür Er uns straft … Ach, dem Armen geht es schlecht. Man soll sein Schicksal tragen! … Gegen den Willen des Himmels gibt es keine Gewalt …» (S. 43 f). In Deborahs Antwort bricht dann die traditionelle Gläubigkeit der Freunde des biblischen Hiob durch: «Der Mensch muß sich zu helfen suchen, und Gott wird ihm helfen. So steht es geschrieben, Mendel!» (ebd.)

Mendel und Deborah sinnen darüber nach, warum Gott die Menschen straft und ob sie selbst etwas Strafwürdiges getan haben. Es ist die Frage nach der Sünde, nach der Schuld und nach der «condition humaine»: «Wofür bin ich gestraft? dachte Mendel.

Und er durchforschte sein Gehirn nach irgendeiner Sünde und fand keine schwere ... wo ist die Sünde?» (S. 48). Die Frage läßt Mendel sein Leben lang keine Ruhe. Deborah kann sie erst recht nicht beantworten, da in ihrem naiven Gottesbild Gott – wie bei den Freunden des biblischen Hiob – als ein Schulmeister erscheint, der für gutes Betragen Lohn und für schlechtes Strafe erteilt. «Wofür straft er uns jetzt? Haben wir Unrecht getan? Warum ist er so grausam?» Mendels Gottesfurcht jedoch ist ungebrochen: «Du lästerst ihn, Deborah!» (S. 97).

Dann kommt es Schlag auf Schlag. Mendel erwischt seine Tochter Mirjam, wie sie sich in einem Kornfeld einem Kosaken hingibt. Der Sohn Schemarjah entzieht sich dem Militärdienst durch eine Flucht nach Amerika, wo er sich zu einem «Sam» amerikanisiert. Um zu verhüten, daß Mirjam eine Kosakenhure wird, wandern Mendel und Deborah mit Mirjam zu Sam nach Amerika aus. Den stummen «Idioten» Menuchim lassen sie mit schlechtem Gewissen zurück, den dritten Sohn, Jonas, ebenfalls – er wird Soldat. Statt der Geborgenheit in der Familie die totale Entfremdung.

Schemarjah-Sam ist in Amerika zu Geld gekommen, Mendel und Deborah haben «drüben» keine materiellen Sorgen mehr. Aber inzwischen ist in Europa der Krieg ausgebrochen. Mendels Versuch, Menuchim nach Amerika zu holen, scheitert. Mendel fühlt sich schuldig: «Meine Kinder verbrennen, meine Schuld ist es, meine Schuld! Und ich singe Psalmen. Es ist nicht genug!» (S. 144). Im Gegensatz zum biblischen Hiob, der, wie alle Mächtigen, keine nennenswerte konkrete Schuld erkennen will oder kann, er- und bekennt der ganz alltägliche Jude Mendel Singer, daß er und warum er schuldig geworden ist. Er redet sich nicht mit der «condition humaine» heraus, darum ist Joseph Roths «Hiob» so viel aufrichtiger als der biblische.

Aber dann kommt es erneut Schlag auf Schlag, und die Schläge werden immer grausamer. Sam ist Amerikaner geworden, er wird eingezogen und stirbt auf dem europäischen Schlachtfeld. Die Nachricht bringt Deborah um. Mendel zur toten Deborah: «Wie zwei kleine Stäubchen wurden wir verweht. Wie zwei kleine Fünkchen sind wir erloschen. Ich habe Kinder gezeugt, dein

Schoß hat sie geboren, der Tod hat sie genommen. Voller Not und ohne Sinn war dein Leben. In jungen Jahren habe ich dein Fleisch genossen, in späteren Jahren habe ich es verschmäht. Vielleicht war das unsere Sünde. Weil nicht die Wärme der Liebe in uns war, sondern zwischen uns der Frost der Gewohnheit, starb alles rings um uns, verkümmerte alles und wurde verdorben. Du hast es gut, Deborah. Der Herr hat Mitleid mit dir gehabt ... Mit mir hat Er kein Mitleid ... Er ist der Herr, Er weiß, was Er tut. Wenn du kannst, bete für mich, daß man mich auslösche aus dem Buch der Lebendigen» (S. 153f).

Liebe – das Wort kommt im biblischen Buch Hiob überhaupt nicht vor. Aber das Maß des Leidens ist noch nicht voll. Die Tochter Mirjam, die auch in Amerika von ihrer Männersucht nicht geheilt wurde, erleidet einen psychotischen Schub, sie ist verrückt geworden, «der Teufel ist in sie gefahren. Bete für uns, Deborah, daß er sie wieder verlasse» (S. 157). Erneut wird Mendel von Schuldgefühlen geplagt. Wo der biblische Feudalherr Hiob selbstgerecht Gott gegenüber mit seinem sozialen Paternalismus auftrumpft, sinniert der einfache Mann Mendel, der es nun bereut, nach Amerika gefahren zu sein: «Man hätte bleiben sollen, die Pferde lieben, Schnaps trinken, in den Wiesen schlafen, Mirjam mit Kosaken gehn lasłsen und Menuchim lieben. Bin ich verrückt geworden, ... daß ich so denke?» (S. 159). Wieder also die Liebe, die nicht oder zu wenig gelebt zu haben Mendel als Schuld empfindet, für die Gott ihn straft.

Aber es war zuviel, selbst Mendels rührende Frömmigkeit ist überfordert, nun beginnt auch er, bitter mit Gott zu hadern. Hat man schon gesehen, daß Gott einem Mendel Singer geholfen hätte? Er will Gebetsriemen, Gebetsmantel und Gebetsbücher verbrennen, tut es dann aber doch nicht. Mendel über sich selbst: «Er hat keinen Sohn, er hat keine Tochter, er hat kein Weib, er hat keine Heimat, er hat kein Geld. Gott sagt: Ich habe Mendel Singer gestraft; wofür straft er, Gott? Warum nicht Lemmel, den Fleischer? Warum straft er nicht Skowronnek? ... Nur Mendel straft er! Mendel hat den Tod, Mendel hat den Wahnsinn, Mendel hat Hunger, alle Gaben Gottes hat Mendel. Aus, aus, aus ist es mit

Mendel Singer» (S. 162). Als seine Freunde kommen, schleudert er ihnen entgegen, er wolle Gott verbrennen. Hier gewinnt Joseph Roths Hiob-Roman eine religionsgeschichtliche Dimension: Gott verbrennen hieße, ein, ja das im Augenblick bestimmende Gottes*bild* verbrennen, um so Platz zu schaffen für eine neue Gottesvorstellung. Girard würde sich hier bestätigt fühlen: Der Gott der Verfolger wird verbrannt, es lebe der Gott der Opfer!

Er könnte sogar noch weiter gehen und diesen Gott der Verfolger und seine Strafaktionen deuten als theologische Ideologie der Versöhnung mit den Judenpogromen, von denen Joseph Roth zwar nicht spricht, die aber damals gewiß keine Seltenheit waren. Und zwar Versöhnung deshalb, weil sie als Strafe Gottes empfunden werden konnten: «Der Herr hats gegeben, der Herr hats genommen ...» Ideologie deshalb, weil sie der Verschleierung der gesellschaftlichen und psychischen Ursachen dieser Pogrome diente. Hiob als Paradigma des jüdischen Schicksals. Wir werden dieser Deutung in Margarete Susmans Hiob-Buch wiederbegegnen.

Aber es gäbe noch eine andere Alternative zum traditionellen jüdischen Gottesbild: ein Gott, dem das Schicksal des einzelnen gleichgültig wäre. Dieser Gott würde seinerseits den traditionell christlichen Girards entthronen, aber so weit geht der ganz alltägliche Städtel-Jude Mendel Singer nicht. Sein Gott kümmert sich ja, indem er den einzelnen bewußt und absichtlich foltert, ganz exzessiv um ihn. Soweit haben das biblische Buch Hiob und Joseph Roths Roman ein identisches Gottesbild: Es ist der Gott der Verfolger, ein wankelmütiger Gott, der Lohn und Strafe willkürlich verteilt, ein grausamer, offenbar liebesunfähiger Gott, und Mendel Singer fürchtet sich nicht, ihn als solchen anzuklagen: «Gott ist grausam, und je mehr man ihm gehorcht, desto strenger geht er mit uns um ... Nur die Schwachen vernichtet er gerne. Die Schwäche eines Menschen reizt seine Stärke, und der Gehorsam weckt seinen Zorn ... Befolgst du die Gesetze, so sagt er, du habest sie nur zu deinem Vorteil befolgt. Und verstößt du nur gegen ein einziges Gebot, so verfolgt er dich mit hundert Strafen. Willst du ihn bestechen, so macht er dir einen Prozeß. Und gehst du redlich mit ihm um, so lauert er auf die Bestechung ...» (S. 165).

Ein arges Sündenregister, das der fromme Jude Mendel Singer seinem Gott vorhält. Dieser Gott ist ein Strafrichter, aber einer, der noch nichts von Gerechtigkeit gehört hat, amoralisch, asozial, tyrannisch, launisch, hinterhältig – Gott als Ebenbild des Menschen. Aber gerade weil er ihn in seinem Leid als solchen erkannt hat, gewinnt Mendel-Hiob die Kraft und den Mut, mit ihm zu hadern. Hier wird nicht ein steinreicher und allmächtiger Gutsherr und Landesfürst von seinem Thron gestoßen, sondern ein Gott. Da Mendel Singer ein armer Schlucker ist, erscheint Gott hier noch weit mehr als im biblischen Buch Hiob als Verteidiger der bestehenden gesellschaftlichen Verhältnisse, der die Schurken belohnt und die Gerechten bestraft: Warum nicht Lemmel, der Fleischer? Mendels Freund Groschel hat deshalb nur bedingt recht, wenn er Mendel vorwirft: «... Hiob war kein Schwacher, als Gott ihn zu prüfen begann, sondern ein Mächtiger. Und auch du warst kein Schwacher, Mendel! Dein Sohn hatte ein Kaufhaus ..., er wurde reicher von Jahr zu Jahr» (ebd.). Groschel übersieht, daß Gott Mendel ja bereits in Zuchnow zu foltern begonnen hatte. Mendel antwortet denn auch: «Warum war Menuchim krank? Schon seine Krankheit war ein Zeichen, daß Gott mir zürnt – und der erste der Schläge, die ich nicht verdient habe» (S. 167).

Alle Tröstungsversuche seiner Freunde prallen an Mendels Zorn ab: «Alle Jahre habe ich Gott geliebt, und er hat mich gehaßt ... Er kann mich nur noch töten. Aber dazu ist er zu grausam ... gütiger als Gott ist der Teufel» (S. 168f). Das geht weit. Der biblische Hiob spricht nirgends vom Satan. Aber auch nicht von Liebe. Er liebt Gott nicht, er fürchtet ihn bloß. Es ist in der Bibel allzuoft nur von Gottesfurcht die Rede, nicht von Gottesliebe. Der Hiob Joseph Roths ist da noch radikaler: Er liebt Gott, und gerade weil er ihn liebt – und nicht nur fürchtet –, kann er so verzweifelt sein und so enttäuscht, daß er sogar den Teufel moralisch über diesen Liebesunfähigen stellt.

Die Freunde verstummen ob solchen Frevels. Aber der Gott der Verfolger läßt so leicht sich nicht verbrennen: «Obwohl Mendel mit Gott böse war, herrschte Gott noch über die Welt. Der Haß konnte ihn ebensowenig fassen wie die Frömmigkeit» (S. 172).

Was auch immer Er tut oder unterläßt, Er bleibt für den Gläubigen Gott. Und eines Tages wird der Messias kommen und dem Leiden ein Ende bereiten. Doch der Messias «kam nicht. Er kommt nicht, dachte Mendel, er wird nicht kommen» (S. 182).

Aber endlich hat Gott ein Einsehen, und es geschieht ein Wunder: Bei einem rituellen Essen am ersten Osterabend erscheint ein Fremder, der berichtet, er stamme aus Zuchnow, habe dort Mendels Haus gekauft und erfahren, daß Mendels Sohn, der Soldat, lebt. Schließlich gibt er sich als der wunderbarerweise gesund gewordene «Idiot» Menuchim zu erkennen, der es zum international anerkannten Musiker und Dirigenten gebracht hat und auf Tournee in Amerika ist. Vater und Sohn fallen sich in die Arme. Mendel zu Menuchim: «Schwere Sünden hab ich begangen, der Herr hat die Augen zugedrückt ... Er ist so groß, daß unsere Schlechtigkeit ganz klein wird» (S. 209). Mendel belügt sich im Überschwang seiner Freude über die Heimkehr des verlorenen Sohns selbst: Der Herr hat die Augen keineswegs zugedrückt, sondern Mendel für nichts grausam gefoltert. Aber dieser Gott ist ein guter Pädagoge. Er beschwichtigt Mendels Zorn, indem er ihm ein unerhörtes Geschenk ins Haus schickt und ihn damit so versöhnlich stimmt, daß dieser sich einer großen Schuld zeiht, die er gar nicht begangen hat, und seine Verzweiflung über den Tod von Deborah und Sam und die Psychose von Mirjam für einen Augenblick vergißt und Buße in Staub und Asche tut: « Schwere Sünden hab ich begangen ...» Also ist Gott doch gerecht, hat er Mendel zu Recht so gefoltert? (Und warum den Fleischer nicht, der gewiß nicht weniger sündig ist?) Man kann es auch anders sehen: Gott hat Mendel mit seinem Wundergeschenk korrumpiert – das Wunder als Schmiergeld, um den Dissidenten Mendel gefügig zu machen. Himmlische Mafia-Methoden. Mendel kommt es nicht in den Sinn, Gott zu fragen, wie es um das Versöhntwerden der unversöhnt gestorbenen Deborah stehe. Er fragt Gott auch nicht nach seinem im Krieg gefallenen Sohn. Auch dieser Hiob hat bedingungslos kapituliert.

Man weiß nicht, ob Joseph Roth nichts Besseres eingefallen ist, als das Hollywood-Happy-End des biblischen Buches Hiob zu kopieren, jedenfalls: Der Schluß seines Hiob-Romans könnte religionskonformistischer nicht sein. Wozu die ganze Aufregung, wenn ein göttliches Wunder alles wieder ins Lot bringt? Menuchim bringt den Vater ins Hotel Astor am Broadway, anderntags fahren sie ans Meer. Hier scheint die erlösende Kraft einer Naturmystik am Werk zu sein: «Und sie gelangten in eine Welt, wo der weiche Sand gelb war, das weite Meer blau und alle Häuser weiß. Auf der Terrasse vor einem dieser Häuser ... saß Mendel Singer ... Auf seinen gebeugten Rücken schien die erste warme Sonne dieses Jahres. Die Amseln hüpften dicht an ihn heran ... Die Wellen des Meeres plätscherten mit sanftem regelmäßigem Schlag an den Strand. Am blaßblauen Himmel standen ein paar weiße Wölkchen. Unter diesem Himmel war es Mendel recht, zu glauben, daß Jonas sich einmal wieder einfinden würde und Mirjam heimkehren, ‹schöner als alle Frauen der Welt›, zitierte er im stillen. Er selbst, Mendel Singer, wird nach späten Jahren in den guten Tod eingehen, umringt von vielen Enkeln und ‹satt am Leben›, wie es im ‹Hiob› geschrieben stand ...» (S. 214f). Menuchim will mit dem Vater nach Europa fahren und über Mirjam mit den Ärzten sprechen. Vielleicht nehmen sie Mirjam mit, wird sie in Europa wieder gesund. Wieder zu Hause im Hotel, schläft Mendel ein: «Und er ruhte aus von der Schwere des Glücks und der Größe der Wunder» (S. 217).

Nach Auschwitz hätte Joseph Roth diesen Broadway-Schluß nicht mehr verantworten können. Immerhin erinnert Mendel sich dann doch noch der unversöhnt Gestorbenen: «Tot war Deborah, mit fremden, jenseitigen Augen erlebte sie vielleicht das Wunder. Dankbar erinnerte sich Mendel an ihre junge Wärme, die er einst gekostet hatte, ihre roten Wangen, ihre halboffenen Augen, die im Dunkel der Liebesnächte geleuchtet hatten, schmale, lockende Lichter. Tote Deborah!» (S. 217). Schön gesagt, aber Mendels Erinnerungen an die gemeinsamen Liebesnächte vermögen das Faktum, daß Deborah unversöhnt gestorben ist, nicht zu vergolden oder gar aufzuheben. So bleibt Mendel nur der etwas billige Selbsttrost, «vielleicht» werde Gott auch an Deborah noch ein Wunder tun. Diese Theologie von Joseph Roth ist so dürftig wie die des Schlusses des biblischen Buchs Hiob. Es ist die Theologie der konformistisch-traditionalistischen Freunde Hiobs. Eine Theologie der uneingestandenen Selbstversöhnung und Selbstbeschwichtigung über die eigenen Zweifel am Wunderglauben hinweg. Daß Joseph Roth den ganz alltäglichen Juden, den armen Schlucker Mendel Singer im Hotel Astoria am Broadway landen läßt, zeugt von dem Unvermögen und dem fehlenden Mut, die Wahrheit und Wirklichkeit des Hiob-Schicksals zu ertragen. Hiob endet nicht in Hollywood und nicht am Broadway, sondern in Auschwitz.

Abgesehen von diesem verkitschten Schluß hat Joseph Roth die biblische Hiob-Geschichte doch auf eine neue Weise gestaltet. Sein Hiob ist kein Herr, sondern ein Knecht. Er wird nicht von Gott, alias dem Volk, vom Thron gestoßen und gerät deshalb auch nicht in Versuchung, mit seinen sozialen Taten zu prahlen. Soweit auch er als ein Sündenbock zu sehen ist, ist er dies als armer Jude in einer latent und allzuoft auch manifest antisemitischen Gesellschaft. Damit entfällt das sozialrevolutionäre Motiv, das sich unerörtert hinter Girards Sündenbocktheorie verbirgt, und da Mendel mit keinem Wort die gesellschaftlichen Verhältnisse für den Teil seiner Not und seines Leidens veranwortlich macht, für den die Menschen verantwortlich sind, für seine Armut also, reduziert sich die Schuldfrage weitgehend auf die der «condition humaine»: Nicht der Mensch, Gott ist verantwortlich für Mendels Elend. Soweit es sich um die materiell bedingte Not Mendels handelt, wird die «condition humaine», und das heißt der für diese verantwortliche Gott, zum Alibi für die durch die Menschen selbst verschuldeten Übel. Schuld verwandelt sich dabei in Sünde. Diese aber gehört seit dem biblischen Sündenfall zur «condition humaine». Und wenn Mendel am Schluß unter dem Eindruck des göttlichen Wunders die Augen aufgehen für die Erkenntnis der Schuld, die er sich selbst zuzurechnen hat, bleibt angesichts der ursprünglichen Frömmigkeit Mendels, die ihn als einen «Gerechten» erscheinen läßt, immer noch die Frage: Wird hier personale Schuld nicht mit einem Vollkommenheits-Maßstab gemessen, der die durch die «condition humaine» bedingten mildernden Umstände nicht berücksichtigt? Es ist ja nicht die Schuld des Menschen, so geschaffen worden zu sein, daß Vollkommenheit, auf welchem Gebiete auch immer, für ihn unerreichbar ist. Deshalb handelt ungerecht, wer ihn mit einem Maßstab mißt, der der Vollkommenheit abgewonnen wurde. Aber ebendiesen Maßstab benutzt Mendel am Schluß des Buchs. Damit entläßt er Gott aus seiner Verantwortung für die Unterwerfung des Menschen unter die «condition humaine». Aber dadurch wird auch der Messias-Gedanke obsolet. Denn der Messias soll ja von der schuldlosen Schuld erlösen, dieses Verdikt Gottes wieder aufheben.

Das ist das Paradox der Hiob-Geschichte der Bibel wie auch derjenigen von Joseph Roth: Einerseits erscheint die «condition humaine», die eine Chiffre für die so gewollte Schöpfung Gottes ist, als Alibi für vom Menschen selbst verschuldete gesellschaftliche Verhältnisse. Andererseits lastet Hiob sich selbst eine personale Schuld an, für die zumindest teilweise die «condition humaine» verantwortlich zu machen ist, deren Botschaft lautet: «ultra posse nemo obligatur» (Niemand darf über sein Können hinaus verpflichtet, verantwortlich gemacht werden). Letztlich kreist die Hiobs-Geschichte um die Frage, wie das «posse», das Können, zu definieren ist, wo dessen Grenzen festzulegen sind. Es geht um die Dialektik von Schuld und Erlösung. Zu dieser hat Joseph Roths «Hiob» kaum wesentlich Neues beigetragen. Doch vermag sein Hiob-Roman, sieht man vom Schluß ab, den Leser unvergleichlich mehr zu ergreifen als der gelegentlich etwas konstruiert wirkende biblische Text. Vielleicht, weil es nicht nur ein Buch des Zorns und des Haders, sondern auch ein Buch der Liebe und weil Mendel Singer so viel menschlicher ist – ein ganz alltäglicher Jude.

Ernst Blochs und Adolph Lowes Revolutions-Hiob

Joseph Roth war Jude. Sein Hiob – ein ganz alltäglicher Städtel-Jude. Daß jüdisches Schicksal sich im Schicksal des Juden Hiob wiederfindet, kann kaum verwundern. Doch die jüdischen Deutungen Hiobs gehen zum Teil weit auseinander, was in der Auseinandersetzung mit weiteren bedeutenden jüdischen Hiob-Interpretationen erhellt werden soll: denen von Ernst Bloch, Adolph Lowe, Margarete Susman, Ludwig Marcuse, Alfred Döblin und Manès Sperber.

Ernst Bloch, der seines Gottes übervoll war – nicht unbedingt desjenigen der Bibel freilich –, hat in seinem Alterswerk «Atheismus im Christentum»[1] Hiob ein ganzes Kapitel gewidmet, das den für Blochs Sprachakrobatik typischen Titel trägt: «Grenze der Geduld, Hiob oder Exodus nicht in, sondern aus der Jachwevorstellung selber, Schärfe des Messianismus» (S. 148 ff), doch kommt er auch im übrigen Text immer wieder auf Hiob zu sprechen.

Für Bloch ist das Buch Hiob ein «Ketzerbuch» (S. 107). Im Murren Hiobs, das die Schrift auch Hadern nenne, beginne der Mensch vor dem göttlichen Vater-Ich, dem «Häuptling» da droben (S. 38), aufrecht zu stehen. Frommes habe Hiob «nicht mit Ergebung ins Verordnete, Gesetzte verwechselt» (S. 59), er erscheint als Nonkonformist, wenn man «die Bibel endlich auch mit den Augen des Kommunistischen Manifests» liest (S. 98). Merkwürdig, daß der von Marx herkommende Bloch den Feudalherrenstatus und -habitus des biblischen Hiob nicht zur Kenntnis nimmt und individualistisch in ihm nur den Rebellen gegen den Autokraten-Gott, den Vater-Gott sieht. Bloch will partout «die nichttheokratische Achse in der Bibel» (S. 110) kenntlich machen, eine unterirdische Bibel. Hiobs siebentausend Schafe, dreitausend Kamele usw. werden dabei ebenso großzügig übersehen, wie Bloch ursprünglich die Verbrechen Stalins übersehen hatte.

Im Buch Hiob findet nach Bloch eine «Gottzerreißung» statt (S. 146). Es handle sich um eine «Anklage gegen Gottes Nichtwiderstehen dem Übel» und um eine «(gleichsam) antikapitalistische Predigt» (S. 150). Aber Blochs, des erklärten Kommunisten Interesse gilt seltsamerweise gar nicht den gesellschaftlichen Verhältnissen, sondern ausschließlich dem Exodus des Menschen aus der Knechtschaft des autokratischen Gottes. Der Mensch entdeckt in Hiob, daß er besser sein kann als sein Gott, der überlieferte Rechtsgott. Jachwe mordet ohne Ansehung der Person, und Hiob stellt ihm die vernichtende Frage: «Habe ich gesündigt, was tue ich gegen dich, o du Menschenhüter? Warum machst du mich, daß ich auf dich stoße und bin mir selbst eine Last?» (S. 151; Buch Hiob 7,20f). Das ist die Frage nach dem Warum der «condition humaine». Warum, so muß man über Bloch hinaus fragen, hat Jachwe die Menschen so gemacht, daß sie – zusätzlich zu allem anderen – zu «Auschwitz» fähig waren und immer noch fähig sind? Das ist heute die Hiobsfrage hinter der Hiobsfrage. Die Antwort, so man eine wagen darf, müßte wohl lauten: Einem Gott, der – wie im Exodus-Geschehen – hemmungslos zu morden befiehlt, entspricht ein Mensch, der hemmungslos mordet. Aber da gerät man in einen Zirkel, gilt doch ebenso: Ein Mensch, der mordet, projiziert einen Gott, der mordet. Frage und Antwort beißen sich in den Schwanz. Denn warum ist der Mensch so geschaffen, daß er morden kann?

Hiobs Freunde haben auf alle diese Fragen und auf Hiobs Klagen nur die Antworten der Sonntagmorgenpredigt in einer angepaßten Amtskirche. Sie kommen deshalb auch bei Bloch schlecht weg: «Was die Freunde erzählen, ist immer wieder das Vergeltungsdogma ... (damit ist gemeint, daß Gott Gutes mit Gutem, Böses mit Bösem vergelte, A. K.). Muckertum der vier Glaubensspießer ...» Ein Gott, der es verdiente, so zu heißen, habe nicht zu strafen, sondern zu erretten. Indem Hiob gegen den autokratischen, strafenden Gott rebelliert, «überholt, ja überleuchtet (er) seinen Gott – das ist und bleibt die Logik des Buchs Hiob, trotz der angeblichen Ergebung am Schluß.» Für Bloch findet da ein dritter Exodus statt, nach dem Auszug Israels aus Ägypten und Jachwes aus Israel «geschieht nun ein Exodus Hiobs aus Jachwe; freilich: wohin?» (S. 152).

Bloch läßt an diesem Jachwe keinen guten Faden, er wirft ihm Unmenschlichkeit und vollkommene Bosheit vor, er vergleicht ihn mit einem Natur-Baal, ja er erinnere sogar an Spinozas Gott. Hiob tritt diesem Gott gegenüber auf als ein biblischer Prometheus. Aber warum nimmt er dann doch eine konformistische Haltung ein und zeigt sich von diesem Gott überzeugt? Wie so manche andere Interpreten des Buches Hiob macht Bloch es sich einfach und fegt, was nicht in sein Hiob-Bild paßt, unwirsch als Überbleibsel des Volksbuch-Endes von Hiobs Versöhnung mit Gott vom Tisch.

Dann aber wird es spannend. Bloch zitiert das sich in den Sonntagspredigten großer Beliebtheit erfreuende Hiob-Wort, das die Luther-Bibel wiedergibt als «Aber ich weiß, daß mein Erlöser lebt» (19, 25), und weist in diesem Text einen Übersetzungsfehler nach: «das im (ursprünglichen, hebräischen, A. K.) Text einwandfrei überlieferte Wort goël kann nicht mit Erlöser übersetzt werden ... – ... der Sinn von goël ist: nächster Verwandter und Erbe, der die Pflicht hat, einen Ermordeten zu rächen ... Der vorliegende Text ... lautet wörtlich so: ‹und ich weiß, daß mein Rächer lebt ...› Im späteren Hebräisch freilich, also auch in dem des Buchs Hiob ... bedeutet goël genereller auch den Anwalt; doch stimmt diese abgeschwächte Bedeutung keinesfalls zu Hiobs Erbitterung, zu Hiobs Krieg gegen Jachwe ... Der Freund, den Hiob sucht, ... der Rächer kann nicht der gleiche Jachwe sein, gegen den Hiob den Rächer aufruft» (S. 156f).

Hier trifft Bloch sich mit Girard: Im Buch Hiob wird ein Gott entthront und die Einsetzung eines anderen vorbereitet. Der Gott der Verfolger, um es mit Girard zu sagen, wird aus Amt und Würden entlassen – Bloch nennt es den Exodus aus Jachwe; aber Bloch interessiert sich dann weniger für den Gott der Opfer, der jenen ablösen soll, als für den nun endlich möglich gewordenen aufrechten Gang des Menschen Gott gegenüber. (Bloch-Kenner wissen, daß Bloch in seinem Buch «Avicenna und die aristotelische Linke» den Versuch unternommen hat, den entautokratisierten und entpaternalisierten Vater-Gott in die Materie zu dislozieren; «Materie» kommt bekanntlich von «mater», Mutter ...)

Aber wer ist «goël», nach Bloch der Rächer, wirklich? Bloch spricht von einem «Reich des Rächers» (S. 159), das an die Stelle des tradierten Begriffs eines Reiches Gottes tritt. Doch was rächt der Rächer? Die Antwort lautet: das, wofür «Auschwitz» steht. Auschwitz dementiert auch die Harmonisierungsbestrebungen der traditionellen Theologie, die nach solch Ungeheurem sich schwertut, von den Gläubigen Gottergebung zu fordern. Der Name Auschwitz erscheint in diesem Text Blochs nur einmal (S. 158), aber es wird deutlich, was Bloch sagen will: Auschwitz entzaubert den autokratischen Jachwe bis zur Kenntlichkeit. Da Jachwe, so muß man Bloch wohl verstehen, ein tyrannisches Regime geführt hat, hat er die Menschen in Unmündigkeit gehalten, so radikal, daß sie zu «Auschwitz» fähig wurden. Aber da sie Unmündige sind, kommt die Verantwortung für Auschwitz diesem Gott selbst zu, der doch ihre Unmündigkeit gewollt hat. Hier trifft Bloch sich, wie wir noch sehen werden, mit der Hiob-Interpretation von Margarete Susman, bloß daß er aus dieser Interpretation völlig andere Schlüsse zieht: Ein Gott, den man für Auschwitz verantwortlich machen kann, ist keiner mehr; denn er ist zumindest den Menschen moralisch unterlegen, denen die Menschenrechte etwas bedeuten. Dieser Gott ist tot. Auschwitz hat Nietzsche verifiziert, und Bloch hält diesem Gott – dem Gott der Bibel – die Grabrede.

Was Bloch den Rächergott nennt, ist ein naher Verwandter von Girards Gott der Opfer, von Bloch auch als «Gott der Befreiung» und als «ein voller Gott der Moralität» (S. 134) dargestellt. Die Rache besteht offenbar in der Befreiung von dem Unsagbaren, für das der Name «Auschwitz» steht: Gott verspricht den Menschen den Messias, «volle Schärfe des Messianismus erscheint» (S. 159). Der Jachwe der Endszene im Buch Hiob hingegen «spricht ... kein einziges messianisches Wort» (S. 161). Messianismus aber ist für Bloch nur ein anderes Wort für das, was er sonst Utopie nennt und was in Wahrheit Eschatologie ist: «Imagination einer Welt, die sich über den Staub erhebt ... gebracht durch den Rächer und Schuldbefreier, der dem Prinzip der Ungerechtigkeit den Prozeß macht» (ebd.). Bloch nennt diesen Gott, der Jachwe ablöst, auch einen «Bluträcher» (S. 166). Aber selbst wenn Jachwe entthront ist – die «condition humaine» ist damit noch nicht aufgehoben: «Bleibt nicht viel – grausame Natur auch ohne Jachwe, um Menschen unbekümmerte, fühllose? Bleiben nicht Krankheit, Unordnung, Fremdheit, kalte Schulter im Dasein ... Bleibt nicht der Tod ... Ein fühlloses Universum bleibt» (S. 164) – so lange jedenfalls, müßte man hinzufügen, als der Messianismus sein Versprechen noch nicht eingelöst hat, die «condition humaine» aufzuheben.

Hier spricht Bloch das zentrale Hiob-Thema der Ungerechtigkeit Gottes an. Hiob empfindet sein Unglück als Beweis dieser Ungerechtigkeit und begehrt dagegen auf: Der Herr bringt beide um, den Frommen wie den Gottlosen. Hiob, der Ketzer, so meint Bloch, hätte auf alle Gott entlastenden Theodizeen entgegnet, Gott könne nicht allmächtig und gut zugleich sein, wenn er Satan zulasse. Aber indem er im Falle Hiobs dem Satan freie Hand läßt, Hiob zu prüfen, zeigt er sich dem Schicksal dieses Menschen gegenüber keineswegs gleichgültig. Damit wird jedoch seine Allgüte in Frage gestellt. Wirkliche Allmacht und Güte, meint Bloch, würden nicht gleichgültig werden und ermüden. Jede Theodizee sei seitdem eine Unredlichkeit. Von diesem Verdikt getroffen ist auch der Schluß des Buches Hiob, den Bloch als «sittlichen Atheismus» versteht (S. 163). Das heißt wohl, daß die Sittlichkeit sich nicht auf einen Gott berufen kann, der ein solches Spiel mit Hiob treibt. Dem Menschen mit seiner Vorstellung von Sittlichkeit, von Ethik und Moral, ist dieser Gott unglaubwürdig geworden, gestorben. Zuerst foltert er Hiob, bis dieser am Boden liegt und sich mit einem «pater peccavi» zu retten versucht, und dann erhält Hiob als Lohn für sein Wohlverhalten seinen Reichtum – verdoppelt mit Zins und Zinseszinsen – zurück.

Aber wenn es darum geht, diesem entlarvten Jachwe einen glaubwürdigeren – glaubenswürdigeren – Gott oder überhaupt ein positives Prinzip entgegenzustellen, gerät Bloch in Schwierigkeiten und flüchtet sich gut kierkegaardisch ins Paradox. Die grausame Natur, das fühllose Universum bleiben, und damit auch ein «riesiges Fragen, riesig negative Verwunderung» (S. 164). Fragen über Fragen, die unbeantwortet bleiben: «Woher stammt das Reich der Notwendigkeit, das so lang bedrückt?, wieso ist das Reich der Freiheit nicht mit einem Male da?» Hiobs Fragen – aber auch die Blochs – «sind derart mit seinem Auszug aus dem scheinbaren Gerechtigkeits-Jachwe nicht ganz beantwortet ...» Aber gerade der Rebell besitze Gottvertrauen, ohne an Gott zu glauben, «Hiob eben ist gerade fromm, indem er nicht glaubt. Außer an Auszug und daß das letzte Wort human noch nicht gesprochen ist, vom Bluträcher ...» (S. 165 f). Das sind Wortspiele. Aber da folgt noch ein Nachsatz: «... vom Bluträcher, vom Blutstiller, kurz vom Menschensohn selber, statt vom Großherrn. Ein Wort, aus dem nun nicht mehr ausgezogen wird ...» (ebd.) Das nächste Kapitel in Blochs Buch trägt die Überschrift: «Aut Caesar aut Christus» (Entweder Caesar oder Christus) ...

Sieht Bloch somit, wie Girard, im Buch Hiob ein Präludium zum Erscheinen Christi, erfüllt dieses die Hoffnung auf den Messias, der endlich ernst machen wird mit der Aufhebung der «condition humaine» und des Reichs der Notwendigkeit? In Blochs kühner Umdichtung der Bibel zu einer Art religiösem Kommunistischem Manifest wird Hiob in der Tat zu einem Wegbereiter Christi, bloß eines ganz anderen Christus als dem der traditionellen «Lehre», zu der Girard sich bekennt. Während bei Girard das Volk als «vox dei» Hiob zum Sündenbock wählt, vom Thron des Mächtigen reißt, einfach weil der Sturz das Schicksal aller Mächtigen ist, Gott sich dann aber aus dem Anführer der Verfolger in einen Sympathisanten der Opfer verwandelt, was er mit der Opferung seines Sohns bekundet, ist für Bloch Hiob – und nicht das Volk – der wahre Ketzer und Rebell, gleichsam das Subjekt der Revolution in diesem biblischen Kommunistischen Manifest. Dieser Hiob ist ein religiöser Vorläufer von Karl Marx, und Christus nimmt dann gleichsam die Rolle wahr, die in der Oktoberrevolution Lenin gespielt hat: «Ubi Lenin ibi Jerusalem», wie Bloch einmal schrieb.[2] Bloch nennt denn auch gegen den Schluß seines Buchs Lenin im Zusammenhang mit einer «Emanzipation», die «ihre christologischen, ihre messianischen Züge» zeigt (S. 313).

Deshalb ist «das Messianische ... das rote Geheimnis jeder revolutionären, jeder in Fülle sich haltenden Aufklärung» (S. 317).

Blochs Hiob entthront nicht nur den Gott der Verfolger, sondern den autokratischen, paternalistischen Gott überhaupt – den himmlischen Caesar. Hier wird gleichsam Gott selbst zum Sündenbock, der in die Wüste gejagt wird. Deshalb ist Blochs Christus, der Hiobs Rebellion zu Ende führt und ins Positive eines «Liebeskommunismus» (S. 186) wendet, auch nicht mehr der Gottessohn, sondern, wie er in der Bibel ebenfalls genannt wird, der «Menschensohn»: «Sie enthält das merkwürdige Wort: Menschensohn, und das bei Jesus als eigentlichsten Titel des Messias ... und meint, daß es mit dem Menschen ganz außerordentlich weit her sei» (S. 191). So ist Jesus der Umwerter der vorhandenen Welt, der Künder einer Welt ohne Unterdrücker und Herrengott. Christus ist der Menschensohn, ein gottloser Messias. Jachwe ist endgültig gestürzt, und die Opfertodlehre der Bibel – Christi Opfertod – ist «ein Rückfall ... ins Molochhafte ... hinter eine längst humanisierte Jachwe-Vorstellung» (S. 224). Jachwe, so muß man Bloch verstehen, ist das himmlische Symbol, die religiös-ideologische Legitimation einer autoritär-«kapitalistischen» Gesellschaftsordnung und des Reichs der Notwendigkeit. Christus hingegen verbürgt als ein säkularisierter Messias, als Menschensohn, die Möglichkeit eines vom Menschen autonom verwirklichten Reichs der Freiheit als Liebeskommunismus. Deshalb ist dieser Christus ein Atheist, ein guter A-Theist. Und Hiob, der Rebell und Ketzer, ist sein Herold. Gottvater ist tot, es lebe der Menschensohn, denn sein ist das Reich der Freiheit, das dann Marx verwirklichen wollte.

Es kann hier nicht unsere Aufgabe sein zu erforschen, ob und gegebenenfalls wie und wo Bloch die Bibel willkürlich interpretiert und sich so zurechtdichtet, daß sie in den Rahmen seiner eschatologischen kommunistischen Heilslehre paßt. Nimmt man das ganze Buch Hiob, so sagt seine Interpretation mehr über ihn als über Hiob aus. Dasselbe gilt von seinem Christusbild. Aber seine Auseinandersetzung mit Hiob hatte noch ein spannendes Nachspiel, und zwar in seinem Briefwechsel mit Adolph Lowe.[3]

Adolph Löwe, wie er ursprünglich hieß, geboren 1893 – er ist 1995 im Alter von 102 Jahren gestorben –, schloß sich in jungen Jahren den religiösen Sozialisten um Paul Tillich an, war nach dem Ersten Weltkrieg Sekretär des deutschen Reichskanzlers Gustav Bauer, 1926 bis 1931 Professor für Wirtschaftstheorie und Soziologie sowie Leiter der Forschungsabteilung des Instituts für Weltwirtschaft in Kiel, 1931 bis 1933 Professor an der Universität Frankfurt, wo er mithalf, das «Institut für Sozialforschung» aufzubauen, aus dem dann die sogenannte Frankfurter Schule hervorging. 1933 emigrierte er als Sozialist und Jude in die Schweiz, dann nach England, wo er bis 1940 an der Universität Manchester lehrte, und schließlich in die USA, wo er viele Jahre an der New School for Social Research als Professor der Nationalökonomie und 1942 bis 1951 zugleich als Direktor des Institute for World Affairs tätig war. Nach einem halben Jahrhundert in der Emigration kehrte der damals Neunzigjährige 1983 nach Deutschland zurück.

«Ein großer Jude» – was Hugo Ball vom jungen Ernst Bloch gesagt hatte, trifft auch für dessen Freund Adolph Lowe zu. Die beiden sind sich schon Anfang der zwanziger Jahre in Berlin begegnet, doch der veröffentlichte Briefwechsel beginnt erst 1944. Die uns hier interessierenden Briefe umfassen den Zeitraum zwischen 1962 und 1975. Das zentrale religiös-philosophisch-politische Thema dieses späten Briefwechsels war das Thema «Hiob», gleich, ob dieser ausdrücklich genannt wurde oder nicht. Das klingt bereits im ersten dieser Briefe an. Lowe bedankt sich bei Bloch für dessen ein Jahr zuvor (1961) erschienenes Buch «Naturrecht und menschliche Würde» – das manche, darunter auch der Schreibende, für Blochs bestes halten –, das er «mit wachsender Begeisterung und Zustimmung» gelesen habe (S. 793). Aber der Nationalökonom und Soziologe Lowe ist auch ein philosophischer Kopf, der des Freundes kommunistische Eschatologie zu Ende denkt und zu bedenken gibt: «Wenn wirklich aller echte Sinn sich nur auf historischer Ebene verwirklicht, was bleibt den Generationen vor dem ‹Ende› als ‹Trost›? Wenn man nicht in existentiellen Pessimismus verfallen will, so kann man nicht einfach sagen too bad, zu früh geboren zu sein. Und die Antizipation, die stellvertretend bei einigen wenigen die Zukunft ‹verheutigt›, reicht nicht aus, um sich mit den blinden Opfern abfinden zu können» (S. 794). Das ist das Hiob-Thema der Erlösung von der «condition humaine»: Was ist, wenn der Messias kommt oder das kommunistisch-eschatologische Reich der Freiheit verwirklicht wird, mit den unerlöst gebliebenen der bisherigen Menschheitsgeschichte? Hegel hatte sich die Antwort auf diese Frage in seinem krankhaften Wahn, das Sprachrohr des Weltgeistes zu sein, gar leicht gemacht: «Die Individuen werden aufgeopfert und preisgegeben»[4].

Eine Antwort Blochs auf die ins Herz aller Heils- und Erlösungshoffnungen zielende Frage des Freundes findet sich in den vorliegenden Briefen nicht. Sechs Jahre später dankt Lowe Bloch für dessen ihm gewidmetes neues Buch «Atheismus im Christentum»: «Das ist ein grossartiges Buch!» Und sogleich kommt er auf Blochs Hiobdeutung zu sprechen, wobei er sich als profunder Kenner der theologischen Diskussion erweist, indem er die «Bedeutung von GOEL aufgrund der neuesten englischen Textinterpretationen» erörtert: «Danach ist die wahrscheinlichste Deutung weder ‹Rächer› noch ‹Anwalt›, sondern ‹Schiedsrichter› – eine Interpretation, die im Grunde noch besser in Deinen Zusammenhang passt, da sie eine Instanz *über*, nicht *neben* Jachwe voraussetzt – das Symbol eines moralischen Universums.» Aber das Entscheidende stehe dort, wo Bloch von dem Dualismus zwischen Liebe und Gleichgültigkeit als dem wirklichen Bruch, der durchs Universum gehe, spreche: «Was bedeutet diese Gleichgültigkeit des Universums für den eschatologischen ‹Auszug› des Menschen? Gewinnt dieser nur dann einen wahren Sinn, wenn die ‹Erlösung› der Natur selbst in die Eschatologie einbezogen werden kann? Ich denke mir, daß wir darin übereinstimmen, daß diesseits der ‹Endzeit› das Universum genau so aussieht, wie es in Hiob erscheint.» Gemeint ist die Unerlöstheit der Menschen und die Gleichgültigkeit des Universums, der Geschichte, Gottes, die sich nicht um das Schicksal des einzelnen kümmern. Das Furchtbare des himmlischen Spektakels, das Jachwe am Ende des Buches Hiob aufführe, liege darin, daß die Welt genau so aussehe, wie sie sich in Jachwes Worten abbilde: «Es ist der gnadenlose Realismus dieser Szene –

die griechische Moira darin überbietend, daß das unerlöste Wesen dieser Welt nicht nur waltet, sondern sich dem Menschen eingesteht ...» (S. 807f).

Es ist faszinierend, mit welcher geistigen Subtilität und Souveränität und – bei aller durchschimmernden Kritik – mit welcher feinfühligen Empathie Lowe den immer etwas in den Wolken seiner kommunistischen Eschatologie schwebenden Freund auf die Dialektik von «condition humaine», ja «condition terrestre» und Erlösung – so es eine ist – hinweist, ihn aus den Wolken auf unser aller existentiellen Boden herunterzuholen versucht, ohne dem Gedanken der Erlösung abzusagen: «Kann man ... davon sprechen, daß die Erlösung des Universums uns aufgegeben ist? Was können wir dazu tun, daß der Löwe friedlich beim Lamm liegt? Versteh' mich richtig. Ich will nicht mit Dir darüber rechten, ob die Gleichgültigkeit des Universums überwunden werden kann. Temperamentsmäßig bin ich wohl skeptischer darin als Du, aber dies ist nicht von Belang. Was von Belang ist, und von allerentschiedenstem Belang, ist die Frage, ob unser ‹Auszug› ... sinnlos wird, wenn die Pascalsche Wette* zugunsten der Erlösbarkeit des Universums verloren werden sollte, und am Ende der irdischen Tage das Werk des Prometheus mit ihm selber vernichtet werden sollte. Wenn es wahr ist, daß die ‹Humanisierung› des Universums nicht von uns abhängt, beraubt die Nichthumanisierung das, was in der Tat von uns abhängt, ihres Sinnes?» (S. 808f).

Damit verwandelt Lowe die Dialektik von «condition humaine» und Erlösung in die von Emanzipation und Erlösung. Emanzipation wäre selbsttätiger Ausgang des Menschen aus selbstverschuldeter Unmündigkeit innerhalb der «condition humaine», Erlösung deren Aufhebung durch eine transzendente Macht. Es ist ein Entweder-Oder. Erlösung wäre total, oder sie wäre keine. Auch eine vollkommene Emanzipation wäre nie Erlö-

* In einer Wette mit einem fiktiven Partner will Pascal zeigen, daß es trotz der Unerkennbarkeit Gottes besser sei, auf Gott zu setzen. Der Partner soll auf Kreuz setzen. Gewinnt er, gewinnt er alles; verliert er, verliert er nichts.

sung. Emanzipation und Erlösung verhalten sich, das haben Martin Buber und Hans Küng überzeugend herausgearbeitet (Buber in seinem «Der utopische Sozialismus» und Küng in «Christ sein»[5]), wie Utopie und Eschatologie. Bei Bloch verschwimmen diese Grenzen: Das Entweder-Oder wird zu einem Sowohl-Alsauch.

All das verbirgt sich hinter den Fragen dieses wachen Geistes Adolph Lowe an seinen Freund Ernst Bloch. Und noch mehr: Beraubt, so fragt Lowe, das Ausbleiben einer Humanisierung des Universums – damit der Erlösung – eine von den Menschen – statt vom Messias – in Angriff genommene nicht ihres Sinnes? Und wäre daraus nicht der Schluß zu ziehen, daß «am Ende» statt der Erlösung der Untergang unseres Universums mitsamt dem Werk des Prometheus, mitsamt der gentechnisch perfektionierten «brave new world» steht? Lowe schreibt dazu: «Ich finde die Antwort in zwei anderen Hiobstellen ... Einmal XIII,15: He may slay me, I will not quaver. I will defend my conduct to his face. Und später XXVII,5: Till I die I will not renounce my integrity. (In den Worten der Luther-Bibel: ‹Siehe, er wird mich doch erwürgen, und ich habe nichts zu hoffen; doch will ich meine Wege vor ihm verantworten›; ‹Bis daß mein Ende kommt, will ich nicht weichen von meiner Unschuld›, A. K.) In anderen Worten, die Bedeutung unseres Auftrags muß unabhängig sein von dem Schicksal des Universums. Auch wenn bis zur letzten Stunde des letzten Menschen die Sterne kalt und gleichgültig bleiben, so kann das kein Jota ändern an dem, was uns aufgegeben ist. Oder in Deiner Sprache: das Experiment Mensch und Gesellschaft muß unabhängig sein vom Gelingen des Experimentes ‹Welt› ... Es geht da um Heraustreten aus der historischen Zeit in ‹reine Gegenwart› – am besten erschaut im Arkadischen. Man darf nur nicht vergessen, daß es auch eine reine Gegenwart des Abgrunds gibt» (S. 809).

Man könnte die Haltung Lowes einen heroischen Agnostizismus nennen. Auch wenn die Geschichte, das Universum, Gott dem Menschen die kalte Schulter zeigen, die Sterne gleichgültig bleiben, kann – oder muß? – der Mensch sein Leben als einen Auftrag verstehen, seine Emanzipation, für die hier ‹Arkadien› steht, voranzutreiben. Arkadien ist nicht das Paradies, die Erlösung, es ist bloß das innerhalb der «condition humaine» optimal an Glück und Versöhnung Erreichbare, Gestaltbare. Und es ist auch deshalb nicht das Paradies, weil es daneben immer noch die Möglichkeit des Abgrunds, des Untergangs, des Nichts gibt. Dem kann Bloch zustimmen, hat er doch, im Gegensatz zu dogmatischen Marxisten minderen Geistes, immer die Möglichkeit eines Absturzes ins Nichts – etwa des Faschismus – und einer Enttäuschung der Hoffnung betont, falls der Mensch auf dem Wege zum Alles versagt.

Damit gehen Bloch und Lowe über das Buch Hiob hinaus, das mit seinem Hollywood-Happy-End der gesellschaftlichen Elite bei Wohlverhalten ein Arkadien verspricht, dessen Gegenpol aber nicht das Nichts, sondern eine optimal verschlimmerte «condition humaine» ist: Hiobs Leiden. Vor allem ist das Buch Hiob einem Gott gewidmet, der sich trotz aller gegenteiliger Erfahrungen des Menschen um dessen Schicksal kümmert und es bestimmt mit Lohn und Strafe. Noch in der Ungerechtigkeit und Grausamkeit der erfahrenen Existenz ist für Hiob Gottes Wille am Werk, das Gute wie das Böse sind – für den Menschen unerforschlich – durch Gott legitimiert. Bei Lowe jedoch fehlt die den Auftrag legitimierende Instanz. In den beiden Hiob-Stellen, die er zitiert, pocht der Mensch zwar auf seine Selbstverantwortung, doch immer noch in einem Dialog mit Gott. Theologen sehen in diesem Dialog des auf seine Autonomie bedachten Menschen mit Gott zu Recht einen gewaltigen Fortschritt gegenüber der Haltung einer devoten Gottergebenheit – ein Stück Emanzipation. Aber Lowe kappt auch dieses letzte Verbindungstau zu Gott: Abgesehen davon, daß er nicht von Gott spricht, sondern von den Sternen und vom Universum, verabsolutiert er die menschliche Autonomie, indem er deren ‹reine Gegenwart› von der ‹historischen Zeit› abkoppelt, damit den Auftrag des Menschen vom Schicksal des Universums. Bloß: Wo kommt dieser Auftrag her, wer hat ihn ausgesprochen? Das kann doch wiederum nur eine transzendente Instanz sein, was bedeutet, daß durch eine Hintertür Gott doch wieder auf die Bühne tritt.

Auch Bloch weiß auf die Fragen des Freundes letztlich keine

Antwort. Er ist so ehrlich, dies einzugestehen, sucht aber diesem Enttäuschenden in seiner üblichen Manier durch literarisch-philosophische und ästhetisierende Verschönerungsbemühungen den Stachel zu nehmen, um mit einer neuen Schöpfungshypothese aufzuwarten, die nach dem Tod des Vater-Gottes Jachwe den Motor des emanzipatorischen Fortschritts glaubt in der Natur orten zu können. Er bekennt sich zunächst zur Emanzipation innerhalb der «condition humaine» – die er hier von der Erlösung abgrenzt –, «weil wir eventualiter zwar herstellen können, daß die Menschen dereinst friedlich nebeneinander leben, nicht aber, daß der Löwe friedlich neben dem Lamm liegt, daß der organische Tod verschwindet». Er habe hier nichts anderes anzubieten als «die dauernde aktive Möglichkeit einer Verbindung des menschlichen Subjekts mit jenem freilich noch so hypothetischen Natursubjekt, das natura naturans heißt» (S. 811). Gemeint ist damit eine Natur, die auch in der Entwicklung der Menschheit das schöpferische Prinzip verkörpert. Man erinnert sich, daß Bloch schon in einem Brief aus dem Jahr 1948 Lowe geschrieben hatte, sein Mann und Bruder im philosophischen Leben sei «allezeit Spinoza, nicht Hegel» gewesen (S. 778), was freilich nicht heißt, daß er den einen gegen den anderen eintauscht.

Diese Natur ist für Bloch utopisch geladen. Das ist sein «Materialismus». Bloch begründet seinen Gedanken eines hypothetischen Natursubjekts, das mit dem menschlichen Subjekt dauernd verbunden sei, dann auch noch entwicklungsgeschichtlich: Diese Verbindung habe sich «immerhin von der Menschwerdung des Affen an in unserem eigenen Bezirk als natura supernaturans gezeigt ..., eben im ungeheuren Sprung zum Humanreich ..., das ganze physische Universum derart überholend, daß wir immerhin die Fragen Deines Briefes an es mit Hiob bereits stellen können. Die Möglichkeit dieser Fragen garantiert bereits eine gleichsam im Kochen befindliche neue Sphäre, auch wenn die Antworten noch so brennend fehlen ...» (S. 811).

Hier kommt also Hiob wieder ins Spiel. Das heißt, es sind die Fragen Hiobs, über die Bloch und Lowe hier diskutieren; aber auch das Buch Hiob weiß auf diese Fragen keine Antworten.

Bloch, in dessen Denken die Kategorie Möglichkeit als transzendentale Bedingung der Utopie eine zentrale Rolle spielt, schließt kühn von der Möglichkeit auf eine in dieser angelegte Wirklichkeit – diese Möglichkeit «garantiert» eine neue Sphäre! –, was, nimmt man ihn beim Wort, hier bedeutet, daß durch die «natura naturans» letztlich doch nicht nur die Emanzipation, sondern auch die Erlösung, das Alles, «garantiert» ist. Wie sich das mit Blochs wiederholter Warnung verträgt, die Entwicklung könne auch ins Nichts führen, bleibt offen. Auch auf die Frage Lowes nach dem Schicksal der vor der Erlösung Gestorbenen weiß Bloch keine Antwort. (Er hätte allerdings auf einige Bibelstellen hinweisen können, so etwa auf Jesaja 26, 19: «Aber deine Toten werden leben und meine Leichname werden auferstehen.» Und im Buch Daniel des Alten Testaments wird die Erwartung des Gottesreichs mit der Prophezeiung einer Auferstehung der Toten verbunden.) Bloch hält bloß daran fest, daß es mit der Emanzipation nicht getan sei und man den Gedanken der Erlösung nicht aufgeben dürfe. In Blochs eigenen Worten: «Deshalb halte ich dafür, daß das Geschäft einer Vermittlung über die gesellschaftlichen Verhältnisse hinaus unabdingbar bleibt ...» (S. 811).

Wir schreiben das Jahr 1968, das Jahr der weltweiten Studentenrebellion und des Pariser Mai-Aufstands, das Jahr aber auch des «Prager Frühlings» und der militärischen Intervention des von Moskau dirigierten Warschauer Militärpakts der kommunistischen Staaten Europas in der damaligen Tschechoslowakei. Aber die beiden Freunde im Geiste Hiobs lassen sich von den revolutionären und konterrevolutionären Zeitereignissen nicht davon abhalten, nach letzten Antworten auf die Menschheitsfragen zu suchen. Kaum hatte Lowe in New York Blochs Brief aus Tübingen erhalten, antwortete er überschwenglich: «Nie waren wir einiger in unseren tiefsten Hoffnungen und Zweifeln und im Drang des Suchens nach der letzten Wahrheit.» Wieder erwähnt er Hiob, und wieder geht es um das Verhältnis von Emanzipation und Erlösung: «*Solidarii in mundo conjuramus – ergo sumus.* Wir sind allein auf dieser Welt, aber wir sind in einer Eidgenossenschaft verbunden – das macht uns zu Menschen. Der erste Teil (eines Briefentwurfs

Lowes für Hans Jonas, von dem jener Bloch einen Ausschnitt beilegte; A. K.) ist eine Polemik gegen die Tröstungen der Theologie und Metaphysik, aus dem Geiste Hiobs gesprochen. Daran schließt sich die Formulierung des Eides, den die erwachten Menschen schwören: Kampf gegen das vermeidbare Übel – gegen Not und Ungerechtigkeit: die Prometheische Aufgabe. Dahinter aber steht ... die bange Frage: es gibt unvermeidbare Übel – den individuellen Tod und am Ende die maximale Entropie alles Geformten – wie können wir uns gegenüber dieser möglichen Sinnlosigkeit alles ‹Realen› behaupten?» Es gehe ihm dabei «um das ‹atheistische› Äquivalent der christlichen ‹Gnade›» (S. 812f). Wäre Lowe ein *gläubiger* Jude, hätte er hier wohl statt Gnade «Messias» geschrieben. Bloch und Lowe «à la recherche du Messie perdu» ...

Vier Jahre später kommt Lowe auf das Thema zurück, auf «die ‹Erlösung der Natur›, um die es ja seit Jahren zwischen uns geht». Und jetzt stellt Lowe selbst unsere Frage nach der Blochs Naturreligion letztlich begründenden Instanz: «... ich wäre nicht, der ich bin, erhöbe ich nicht zum Schluß eine bange Frage: Wer ist nun wirklich der Vollzieher dieses Prozesses, nachdem das Proletariat zum falschen Mythus geworden ist? Was ist aus der Grunddynamik des Geschichtsprozesses geworden, seitdem die neueste Technik auf allen Gebieten ein Pseudoreich der Freiheit heraufgeführt hat diesseits der Revolution – anders gesagt: was ist heute Revolution?» (S. 818f).

Nochmals anders gesagt: Was ist heute Emanzipation, wenn diese als proletarische Revolution gescheitert ist, und zwar gescheitert nicht nur in ihrem geheimen Anspruch auf Erlösung, den zumindest der junge Marx noch durchaus erhoben hatte – von seiner These einer «Resurrektion der Natur» bis zu seinem Begriff des Proletariats als neues Volk Israel und seinem Verständnis des Kommunismus als einer Art permanenten Geschichtssabbaths, wie sein Freund Moses Hess ihn genannt hatte[6] –, sondern sogar auch in ihrem Anspruch auf eine Emanzipation aus von Menschen selbstverschuldeter Not und Unmündigkeit? Bloch war damals in seiner Trauerarbeit über die enttäuschte Hoffnung «Sowjetunion» – «Ubi Lenin, ibi Jerusalem!» – noch nicht so weit zu erkennen, daß mit der Oktoberrevolution auch die proletarische Revolution, wie Marx sie konzipiert hatte, gestorben war. Er antwortete Lowe: «Über den angeblichen Tod des proletarisch-revolutionären Subjekts zu klagen hat doch mindestens in Amerika und großenteils auch in England keinen rechten Sinn, wo es sowieso in beiden Ländern nie gelebt hat» (S. 819). Lowes realistische Antwort, drei Jahre später: «Du sprichst von der Arbeiterklasse, als wären wir noch im 19. Jahrhundert.» Die Gleichgültigkeit des Vater-Gottes gegenüber dem Einzelschicksal, die Hiob in seinem Hadern mit Gott erahnt, enthüllt sich hier als Gleichgültigkeit der Geschichte gegenüber dem Emanzipationsstreben des revolutionären Subjekts. Die reale Entwicklung der Geschichte falsifiziert die ideale Hegelsche Geschichtsphilosophie, die Marx übernommen und auf die angeblich materialen Füße gestellt hatte. In den Worten Lowes: «Wo ist heute ein historisches Subjekt zu finden, das ‹Identität› seiner Partialität mit dem Totalen darstellt? Sind wir nicht ein Generalstab ohne Armee? ... sind wir nicht auf die Position des utopischen Sozialismus zurückgeworfen? Und wenn so, wo finden wir die Machtbasis für das Gewollte?» Damit hat Lowe, als der bevorstehende Zusammenbruch des Sowjetexperiments noch nicht erahnt werden konnte, diesen vorausgedacht als Bankrott der Marxschen und damit der Hegelschen Geschichtsphilosophie, die wie das Buch Hiob in einem Hollywood-Happy-End mündet: «Das Wissen, daß wir irren können, ist unabdingbar», schreibt Lowe dem offenbar noch immer nicht genügend «enthegelten» Freund. Und: «Ist ‹reine Gegenwart› nicht der Antipode zum Geschichtsprozeß und wird auch so erfahren? ... Ist das nicht die schärfste Nicht-Identität zwischen Evidenz und Realität im geschichtlichen Sinn?» Mit Evidenz meint Lowe hier ein «Bewußtsein» von einer Welt, die «in Ordnung» ist, «wie sehr zerfahren sie realiter sein mag» (S. 821). Es geht um die Identität, vielmehr Nicht-Identität von emanzipatorischer Utopie und realem Geschichtsverlauf. Aber allein schon Lowes Frage, ob sie – die Emanzipation im Geiste von Marx – nicht auf die Position des utopischen Sozialismus zurückgeworfen sei, läßt eine Abkehr von der Marxschen Revolutionstheorie erahnen, hatte Marx doch den utopischen Sozialismus kategorisch abgelehnt, da dieser sich anmaßte, der sich mit dialektischer Notwendigkeit vollziehenden geschichtlichen Entwicklung ins Handwerk zu pfuschen. Der Bankrott des Sowjetkommunismus ist, geschichtsphilosophisch gesehen, ein Sieg der Nicht-Identität über die Identität, und hier half kein Happy-End über den Schmerz der Niederlage der Hegelisch-Marxschen Geschichtskonzeption hinweg.

Im vorletzten Brief Blochs an den Freund vom Mai 1975, zwei Jahre vor seinem Tod, hat aber auch der Philosoph einer messianisch-kommunistischen Hoffnung ein Trauerband an seine Fahne geheftet, so unbeirrt er auch die Identität von Möglichkeit und Wirklichkeit über eine ebenfalls mögliche temporäre «Melancholie» hinwegzuretten versuchte: «Kann Hoffnung enttäuscht werden? ... Und wie!, sonst wäre sie ja keine Hoffnung, sondern Zuversicht ... Wir erfahren die Möglichkeit einer zukünftigen Identität, aber in der Möglichkeit liegt auch mögliche Melancholie der Erfüllung ..., Optimismus mit Trauerflor ...» Gegen diese Melancholie habe man einzugreifen. Von der «natura naturans» ist hier nicht mehr die Rede (S. 822).

Die Fragen, die die beiden Freunde über Jahre hinweg diskutierten, bleiben offen. In der Festschrift zu Blochs 80. Geburtstag sagt Lowe es selbst. Er spricht vom «Menschen ..., diesem Hiob, mit dem ein gleichgültiges Universum sein Spiel treibt ... In nur allzu deutlichen Worten weigert sich Hiobs Gott, ein Anthropophorus zu sein, der den Menschen der Zeitlichkeit hinübertrüge an das Ufer des erfüllten Seins. Indem Hiob dennoch diesen Gott preist, ergibt er sich in das zeitliche Nicht als sein Schicksal. Und so wird schon die bloße Entscheidung für ein Noch-Nicht zur Empörung»[7]. Das «Woher?» dieser Entscheidung, die Letztbegründung des Willens zur Emanzipation, bleibt offen.

Eben darin aber liegt der Fortschritt im Bewußtsein der Freiheit – auf der Ebene des Gedankens – gegenüber Hiob und Marx. Das Buch Hiob, so wie es in der Bibel steht, endet in einer billigen Versöhnung mit dem Unversöhnlichen, dem noch Unversöhnten, nicht nur der «condition humaine», sondern auch den von den Menschen geschaffenen gesellschaftlichen Verhältnissen. Das Buch der Geschichte von Marx endet in einer mit Notwendigkeit eintretenden gesellschaftlichen Versöhnung, die zwar – abgesehen von den heilsgeschichtlichen Träumen des jungen Marx – die «condition humaine» und damit die Nicht-Identität des Reichs der Notwendigkeit nicht völlig aufhebt, jedoch zumindest innerweltlich glaubt, die Antwort auf die Fragen nach einer möglichen Emanzipation und deren Verwirklichung gefunden zu haben – und sei es «bloß» im Glauben an einen dialektischen Geschichtsprozeß. Bloch jedoch hat sich im Alter, nach seinem stalinistischen Sündenfall, auch Sankt Marx gegenüber etwas als der Ketzer verhalten, als den er Hiob dargestellt hatte – ein Hiob des Marxismus, ohne Happy-End, aber nicht ablassend von der Hoffnung, wenngleich einer mit Trauerflor.[8]

Hiobs Recht auf Glück

Ludwig Marcuses epikureische Interpretation

Ernst Bloch hat das Buch Hiob durch die Brille eines kommunistischen, naturalistischen, atheistischen Messianismus gelesen. Ein anderer jüdischer Philosoph und Schriftsteller unserer Zeit, Ludwig Marcuse, las es durch die Brille Voltaires und Epikurs. Bloch war knapp zehn Jahre älter als Marcuse, die beiden gehören also in dieselbe Zeit. Das macht, daß sie bei aller Verschiedenheit des Denkens und Träumens wie auch der schöpferischen Begabung doch auch Gemeinsames haben. Dazu gehörte auf existentieller Ebene das Emigrantenschicksal des deutschen jüdischen Intellektuellen in der Zeit des Nationalsozialismus. Beide flohen 1933, als die Nacht des Tausendjährigen Reichs sich über Deutschland senkte. Marcuse ging nach Frankreich, 1939 dann in die USA, wo er – erst nach dem Krieg – in Los Angeles eine Professur für deutsche Literatur und Philosophie erhielt. 1962 kehrte er nach Deutschland zurück. Er war ein echter Agnostiker, philosophisch dem Skeptizismus verpflichtet, man hat ihn einen Berliner Voltaire genannt. Obgleich er eine Zeitlang Kulturredakteur der von Willy Münzenberg gegründeten Zeitschrift «Die Zukunft» war – später freilich mit allem Kommunismus gebrochen hat –, läßt sich ein größerer Gegensatz als der zu Bloch kaum denken. Marcuse war das Messianische in seiner religiösen Form ebenso fremd wie dann in seiner kommunistischen, und er war nicht bereit, sich über das Elend dieser Welt religiös oder metaphysisch hinwegzutrösten. Sein Rezept, wenn man es so nennen darf, lautete: «Carpe diem!»

Bloch hat, soweit ich es überblicke, sich nie direkt mit Ludwig Marcuse auseinandergesetzt, wohl aber dieser mit ihm. Auf seine eigene Art: Wo es ihm besonders ernst war, wurde er besonders ironisch und bissig. Er hat in einer Rezension von «Das Prinzip Hoffnung» in der «Stuttgarter Zeitung» Bloch den «bedeutendsten Spaßmacher des Wanderzirkus Diamat» (Diamat = dialektischer Materialismus; A. K.) genannt und sein *opus magnum* als «die gefälschteste Einsicht, die seit langem gedruckt worden ist», kritisiert.[1]

In ihrer Interpretation des Buches Hiob kommen die beiden feindlichen Brüder sich trotzdem zum Teil überraschend nahe. 1949 hat Ludwig Marcuse ein Buch veröffentlicht: «Philosophie des Glücks. Von Hiob bis Freud.»[2] Darin hat Marcuse Hiob ein ganzes Kapitel gewidmet: «Hiobs Recht auf Glück», und er sagt dazu schon in der Einleitung, dreitausend Jahre bevor «das Streben nach dem Glück» als ein Recht in die Verfassung des jungen Staates Amerika aufgenommen wurde, habe Hiob bereits für das Recht auf Glück gestritten (S. 11). Hiob habe verkündet, «daß Gott, der göttlichen Konstitution gemäß, unter bestimmten Bedingungen den Menschen glücklich zu machen habe» (S. 13). Gott wird also beim Wort genommen, beim Wort seiner «Konstitution», das heißt seines kodifizierten Bundes mit Israel.

Hiob reklamiert bei Gott die Erfüllung seines Glücksversprechens, und er akzeptiert dabei die Bedingung Gottes, der gläubigen Gehorsam – Gottesfurcht – verlangte. Anders als Bloch, der im Namen des dem Menschen zukommenden Rechts auf Mündigkeit – dem aufrechten Gang – der himmlischen Autokratie den Kampf ansagte, geht Marcuse vom Schicksal des Volkes Israel, also der Juden, aus. Dieses hat im 6. Jahrhundert vor Christi Geburt das Un-Glück des nationalen Zusammenbruchs und der Babylonischen Verbannung erlebt. Obwohl es nun genügend Schriftsteller gegeben habe, die nachgewiesen hätten, daß dieses Unglück wohlverdient war, sei da mindestens einer gewesen – Hiob –, der gegen diese Selbstbezichtigung des Volkes Israel opponierte und «die Gleichung von Frömmigkeit und Glück, von Unglück und Gottlosigkeit radikal an(zweifelte)» (S. 24). Die Juden, die – wie Hiob in seinem Unglück – im Glauben an und im Vertrauen auf den Sinai-Bund lebten, seien davon ausgegangen, daß der Mensch ein Recht auf Wohlergehen habe, falls er selbst seinen Teil des Bündnisses mit Gott erfüllt. Das ist durchaus biblisch gesehen: das Volk Israel als Stellvertreter der ganzen Menschheit. «Hiob aber wurde der große Ahnherr, der diesen Glauben erschütterte. Und alle späteren Ratgeber in der Frage: wie man zum Glück kommen kann, wurden erst notwendig, nachdem Hiob gezeigt hatte: daß Glück *nicht* die Belohnung für ein frommes Leben ist, verbürgt von einer konstitutionellen göttlichen Welt-Regierung» (S. 25). Mit anderen Worten: Auch Marcuse deutet das Buch Hiob als Paradigma für die Gleichgültigkeit Gottes – der Geschichte, des Universums, der Transzendenz – gegenüber dem Schicksal des einzelnen, für das hier das Schicksal des Volkes Israel steht. Der Hiob Marcuses empört sich also über Gottes gegenüber dem Volk Israel – und damit den Menschen schlechthin – begangenen Vertragsbruch.

Aber da ist noch die soziale Frage. Hiob war «ein mächtiger Scheich» (S. 25) – heute wäre er wohl ein Ölscheich –, ein «mächtiger Großgrundbesitzer» (S. 26). Und als solcher war er glücklich. Aber Marcuse geht der Frage nicht weiter nach, ob nicht seine gesellschaftliche Machtposition – wie Girard meint – mit ein Grund für seinen Fall gewesen sein könnte. Damit verbunden wäre – dank der Symbolfunktion Hiobs – die Frage, ob nicht auch das Volk Israel den Zorn Jahwes selbst provoziert haben könnte. Tatsächlich fehlen im Buch Hiob derlei Anschuldigungen. Jahwe muß also aus Willkür Hiob-Israel ins Unglück gestoßen haben.

Marcuse nimmt sich dann der Freunde Hiobs an, die diesem «einen Kondolenz-Besuch» (S. 29) machen, um ihn zu trösten, die sich dann aber «als Hüter der Ordnung aufspielten ... Sie kanzelten den Unglücklichen ab wie einen ungezogenen, dummen Schuljungen» (S. 30f). Diese Freunde sind Anwälte des Establishments, in dem es ihnen gut geht, «und sie triefen vor Selbstgerechtigkeit» (S. 31). Diese manifestiert sich darin, daß *sie* sich berechtigt glauben, Hiob eine Schuld an seinem Unglück zuzurechnen: «So schmetterten sie eine Kalender-Weisheit nach der anderen in die Luft. Glück hat, wer es verdient – prahlten sie. Unglück hat, wer es verdient». Sie wollen beweisen, daß Jahwe ein guter Richter ist. «Der Unglückliche muß auch schlecht sein, denn sonst stimmt die ganze Rechnung nicht» (ebd.). Ein weiteres – bis heute in der Kirche beliebtes – Argument der Freunde lautet: «Selig ist der

Mensch, den Gott strafet.» Marcuse nennt diese seltsamen Freunde kurzerhand «Ideologen des Erfolgs» (S. 32), was einen veranlassen könnte, unsere Gesellschaft als eine der Freunde Hiobs zu charakterisieren. Ewige Wiederkehr des Gleichen?

Aber all das macht Hiob erst recht rebellisch. Hier trifft sich Marcuses Interpretation mit derjenigen Blochs: Hiob als Ketzer, als Rebell gegen Gott, Hiob als «ein biblischer Kohlhaas. Er kämpfte nicht für seine Kamele und nicht für seine glatte Haut. Er kämpfte für sein Recht» (S. 34). Das stimmt allerdings so nicht. Hiob kämpft durchaus auch für die Wiedererlangung seiner gesellschaftlichen Herrschaftsposition und seines Habens, sonst hätte er sich nicht derart mit ihnen gebrüstet. Und warum eigentlich kämpft er nicht vor allem für das Recht und das Wohlergehen der Armen, anstatt bloß mit seiner früheren Almosenspenderpraxis zu prahlen?

Aber das zentrale Thema des Hiob-Buchs ist für den Aufklärer Marcuse der Wandel des mit Gott einen Vertrag abschließenden Subjekts vom Volk Israel zum einzelnen Menschen, was Hand in Hand ging mit einem Wandel des Gottesbildes: «Zu Horeb hatte Gott einen Kontrakt geschlossen mit den Hebräern. Solange Jahwe nur ein jüdischer Lokal-Gott gewesen war, ist die Gruppe sein Kontrahent gewesen. Zur Zeit des Hiob aber (vielmehr: zur Zeit seines Biographen) war Gott bereits ein universaler Richter, der dem Einzelnen nach dem Gesetze sein Glück und sein Unglück zuteilte» (S. 34). Aber: Obgleich Hiob seinen Verpflichtungen nachgekommen war, ist Gott kontraktbrüchig geworden. Die Tafeln vom Sinai sind nur noch «ein Fetzen Papier» (S. 35). Der biblische Kohlhaas kämpft wie rasend für ein ordentliches Gerichtsverfahren, für das ihm zustehende Wohlergehen. Aber er bekommt das Gericht nicht, um das er bittet. Hiob fällt nun selbst den Richterspruch und verurteilt den Weltregenten *in absentia* wegen Vertragsbruchs. Er entlarvt Gott damit als ungezügelten Despoten. Der Allmächtige denkt aber nicht daran, sich zu rechtfertigen, sondern prahlt nur, wie wir schon erfahren haben, mit seiner Allmacht: «Als ob das ein Einwand gegen das Halten von Verträgen ist» (S. 37). So wäre denn die Macht das Recht, nicht das Recht die Macht. Auf diese Problematik aufmerksam gemacht zu haben ist nicht das letzte Verdienst des Buches Hiob um die Aufklärung.

Hier stellen sich zwei Fragen. Die eine: Wenn es, wie Marcuse meint, Gott jetzt nicht mehr um das Volk Israel geht, sondern um den einzelnen, wenn er sich also aus einen Lokal-Gott zu einem Universal-Gott gewandelt hat, ist dann Israel immer noch das Volk Gottes? Oder besteht das Vergehen Hiobs – und noch mehr das seiner Freunde – nicht eben darin, daß sie gleichsam ihr Volk und ihren ‹völkischen› Gott verraten haben, narzißtisch nur noch den einzelnen sehen? Marcuse erörtert diese Frage nicht.

Die andere: Ist Gott ein Fundamentalist, oder billigt er, sei es dem Volk Israel, sei es dem einzelnen, die mildernden Umstände der «condition humaine» zu, für die ja *er* die Verantwortung trägt? Mit anderen Worten: Wenn Gott von Israel und von Hiob als Gegenleistung für den Bund ein hundertprozentiges Wohlverhalten, eine von keinen Zweifeln angenagte «Gottesfurcht» erwartet, ja verlangt, dann sind in seinen Augen sowohl Israel wie Hiob schuldig, können sie doch eine solche Forderung nie und nimmer erfüllen, und er hat ein Recht, sie zu bestrafen. Dann nämlich wären *sie* vertragsbrüchig, nicht er.

Aber wie kann Gott fundamentalistisch ein absolutes Wohlverhalten verlangen, wenn doch er selbst, der allmächtige, allwissende Weltenschöpfer, die Menschen der «condition humaine» unterworfen hat? Zieht er diesen Umstand nicht in Betracht, dann ist er zwar vielleicht nicht vertragsbrüchig, aber in hohem Maße ungerecht und befangen. Denn er rechnet dann dem Volk und dem einzelnen zu, wofür er selbst verantwortlich ist. Diese Erkenntnis ist der Ursprung jener Theologie und Anthropologie der «schuldlosen Schuld», die ein zentrales Motiv der Hiob-Interpretation von Margarete Susman bildet, mit der wir uns noch auseinandersetzen werden. Fundamentalistisch gesehen sind das Volk und der einzelne schuldig, denn sie sind objektiv außerstande, Gottes Erwartungen und Forderungen absolut zu erfüllen. Der Mensch ist als Konfliktnatur geschaffen und nicht fürs Absolute gemacht. Das Absolute wäre die Erlösung, das Reich Gottes – oder wie man es nennen will.

Aber wo liegt die Grenze zwischen der zurechenbaren und der nicht zurechenbaren Schuld? Dafür gibt es kein universalisierbares Kriterium, wissen wir doch spätestens seit Freud und Marx, daß das Maß an Zurechnungsfähigkeit von Mensch zu Mensch verschieden ist, da es – im wörtlichen Sinn «maß-gebend» – durch Einflüsse des Unbewußten und der Gesellschaft mitbedingt ist. Marcuse wirft – auf eine unorthodoxe Weise – im Schlußkapitel seiner Auseinandersetzung mit Hiob, dem er den Titel «Happy-End und Happy Beginning» verleiht, diese Schuldfrage auf und sucht im Buch Hiob nach einer Antwort. Es ist eine Auseinandersetzung, wie dieser Titel sagt, mit dem Prolog und dem Epilog des Buches Hiob, die von den Bibel-Exegeten gern als spätere Hinzufügung entwertet werden. Vielleicht, so meint er, hätten jene Gelehrten recht, «die in dem versöhnlichen Schluß, den die Geschichte dann noch erhielt, einen Versuch der jüdischen Orthodoxie sehen, die Rebellion des Hiob aufzufangen» (S. 37). Dieses Ende passe nicht zur vorangegangenen Geschichte, denn plötzlich und ohne die geringste Veranlassung unterwerfe sich Hiob: «Siehe, ich bin zu leichtfertig gewesen». Das ist immerhin ein Schuldgeständnis. Aber genügte das bißchen Schuld, um die grausame Strafe Gottes zu rechtfertigen? Und wieso wird Hiob für seinen Kniefall so übermäßig belohnt? Marcuse meint, die Moral von der Geschicht' – das Happy-End – sei, daß der Verzicht auf die Frage «Warum?» belohnt werde. Um selbst eine Antwort auf dieses «Warum?» zu finden, unternimmt Marcuse dann nichts weniger als eine Psychoanalyse Gottes. Er legt Gott auf die Couch. Weshalb ist Gott so häßlich gegen diesen frommen Juden Hiob? Da hilft nur eine psychologische Begründung: «Man kennt doch die reichen Jungen und Mädchen, die sich in Ärmere verlieben – und von ihnen wiedergeliebt werden. Und eines Tages flüstert dann ein teuflischer Nachbar oder eine höllische Stimme ihm oder ihr ins Ohr: bist Du auch ganz sicher, daß Du nur um deiner selbst willen geliebt wirst? – und nicht, weil Dein Name in der Zeitung steht? und nicht, weil Du eine reiche Erbin bist?» So habe ein sehr seltsamer Satan, ein extremer Idealist, Gott ins Ohr geflüstert: «Vielleicht ist Dein Liebling Hiob nur deshalb so gehorsamfromm, weil Du ihm soviel Gutes beschert hast.» Marcuse macht sich zum *advocatus diaboli* und nimmt, ein reichlich zynisch-ironischer Analytiker, Gott beim Ohr (das auf den Satan gehört hatte): «Da nun jeder gern um seiner Selbst willen geliebt werden will, auch dieser Gott, ging er, wenn auch mit sehr schlechtem Gewissen, was ihn ehrt, auf das teuflisch-idealistische Experiment ein. Das heißt: er ruiniert Hiob, um seine Anhänglichkeit messen zu können» (S. 38f).

Spaß beiseite: Eine solche Deutung des Buches Hiob nimmt den – umstrittenen – Prolog für das Ganze und führt psychologistisch alles auf den Narzißmus Gottes zurück. Marcuse selbst bemerkt dazu, daß diese Geschichte, wie die Bibel sie erzähle, keinen Zusammenhang habe. Sie hat, so muß man hinzufügen, deshalb keinen Zusammenhang, weil im Prolog nicht gesagt wird, warum eigentlich Gott den Einflüsterungen Satans Gehör schenkt und der Folterung Hiobs zustimmt. So bleibt in der Tat keine andere Wahl, als Gott ins Sprechzimmer des Psychoanalytikers zu bitten, um zu versuchen, seine unbewußten Motive ans Licht zu heben.

Aber Marcuse fällt nicht in die Grube eines Psychologisierens, das schlechthin alles auf eine Neurose Gottes reduziert, sondern er wirft am Schluß noch einmal die Frage auf – ohne sie freilich eindeutig zu formulieren –, ob Gott nicht vielleicht doch einen legitimen Grund gehabt haben könnte, Hiob zu strafen, und das heißt: ob Hiob nicht doch zurechenbar schuldig war. Hier ergänzt der Liberale Marcuse Freud durch Marx: Hiob, so meint er mit Recht, habe sich «offenbar nie gefragt: sind die Leute, denen es schlechter geht als mir – wirklich auch schlechter? Und wenn sie schlechter sind – sind sie es vielleicht nicht deshalb, weil es ihnen schlechter geht? ... Er sagt sich ... nicht: vielleicht standen mir diese 7000 Schafe und 3000 Kamele damals gar nicht zu; vielleicht standen sie anderen, die sie nicht hatten, ebenso zu wie mir» (S. 39f). Das Thema wurde hier schon mehrmals angeschnitten: Hiob war auch ein politisch mächtiger Großgrundbesitzer, ein Scheich, der mächtigste offenbar, wenn man seinen eigenen Worten traut. Und so sehr er auch damit prahlte, den Armen und den Waisen gerettet, das Herz der Witwe erfreut, des Blinden Auge und des Lahmen

Fuß gewesen zu sein – allein dieses penetrante Selbstlob läßt Zweifel an seiner Berechtigung aufkommen, und vor allem kommt es Hiob keinen Augenblick in den Sinn, die Gesellschaftsstruktur in Frage zu stellen, die so viel Not und Elend zuließ. (Auch darin ist das Buch Hiob höchst aktuell.)

Hat Gott Hiob nicht besser erkannt als dieser sich selbst, und gibt es im Leben des Feudalherrn Hiob nicht doch eine zurechenbare Schuld, die Privilegien eines zutiefst ungerechten und damit asozialen und amoralischen Gesellschaftssystems genossen zu haben? Wie kam er überhaupt zu seinem Reichtum? War der Blochsche Rebell wider die Autokratie Gottes nicht sozial ein angepaßter, maßlos privilegierter, seinen Besitzstand verteidigender konservativer Profiteur? Geht es im Buch Hiob – ohne daß das unvermittelt ausgesprochen wäre und ohne Berücksichtigung des Hollywood-Epilogs – primär gar nicht um die rational unlösbare Frage der schuldlosen Schuld, also um die «condition humaine», sondern letztlich doch um eine handfeste personale Schuld: die Schuld dessen, der in einer extrem polarisierten Klassengesellschaft dank seines Reichtums, der aus dem besteht, was den Ärmeren vorenthalten wird, Privilegien genießt? Die ‹Moral› des Buches Hiob ist zwar nicht auf diese Schuldfrage zu reduzieren, aber es geht aus heutiger Sicht ebensowenig an, sie zu verdrängen. Obschon kein Marxist, sondern ein Liberaler, hat Marcuse das gesehen.

Aber es ist ihm dabei auch noch etwas anderes aufgefallen, und das leitet über zur Hiob-Interpretation von Margarete Susman. Hiob, so meint Marcuse, habe nicht nur kein Gespür für die Fragwürdigkeit seiner sozialen Position gehabt, sondern er habe sich ebenfalls nicht gesagt: «Offensichtlich besteht gar kein Bund zwischen dem Herrn der Heerscharen und meinem Volk, zwischen dem Herrn der Heerscharen und mir; und ich habe mir das nur eingebildet, um in Ordnung zu finden, daß es mir so außerordentlich gut ging. Das alles sagte er sich nicht. Er suchte den Fehler nicht in seinem Glauben an einen ‹gerechten› Gott. Sondern ... er prügelte die Personifikation seines Vor-Urteils» (S. 40).

Der Bund Gottes mit dem Volk Israel – ein Vorurteil? Damit erhält das Buch Hiob eine religiöse Dimension, die den biblischen Rahmen sprengt. Dadurch wird dem Alten Testament – von einem Juden – der Boden der Offenbarung entzogen. Hiob als Symbolfigur des Volkes Israel erfährt die Gleichgültigkeit Gottes, des Universums, der Geschichte dem Glück oder Unglück des einzelnen gegenüber. Aber anstatt diese Gleichgültigkeit als solche zu erkennen und zu akzeptieren – was einen schmerzlichen Individuationsprozeß erforderte –, ideologisiert er sie zu einem Vertragsbruch Gottes. Dieser hebt die Gleichgültigkeit auf, da ja selbst noch *im* Vertragsbruch, der doch eine Strafaktion Gottes ist, sich dessen Interesse am Schicksal – sei es des Volkes Israel, sei es des einzelnen namens Hiob – zeigt. Der Bund Gottes mit seinem Volk bliebe selbst noch im ‹Vertragsbruch› erhalten, da dieser in Wahrheit gar kein Vertragsbruch, sondern eine – wenn auch durch Gott nicht explizit begründete – Strafaktion innerhalb des Vertragsbündnisses ist.

Das alles ist für Marcuse ein Vorurteil, und das heißt: eine Ideologie. Marcuse übt an Hiob Ideologiekritik, er fragt sich, was für ein Interesse Hiob/Israel daran haben, das Erkennen und Akzeptieren der Gleichgültigkeit Gottes zu verdrängen und diese zu einer besonderen Sorge Gottes um deren Schicksal zu ideologisieren, damit die Gleichgültigkeit in ihr Gegenteil verkehrend. Marcuse gibt auf diese Frage keine präzise Antwort, aber er läßt durchblicken, daß es sich bei dieser Hiobschen Ideologisierung um eine Wahnvorstellung handle, die den Charakter einer Regression in einen Zustand der Unmündigkeit aufweist. Der vorwärtsstürmende Rebell wider die Autokratie Gottes im Namen des aufrechten Gangs macht also eine Kehrtwendung und flieht, verführt durch die Aussicht auf eine Rückerstattung seines gepfändeten Reichtums, zurück in Gottes Schoß und in die Schutzzone seiner Autokratie. Überträgt man das mit Marcuse auf das biblische Volk Israel, dann heißt dies, daß nach dieses Juden Ideologiekritik der Anspruch seines Volks, von Gott einen besonderen Heilsauftrag erhalten zu haben, eine Wahnvorstellung, eben ein Vor-Urteil ist.

In Marcuses eigenen Worten hört sich das so an: «Hiob … ist weder ein frommer Mann gewesen … noch ein revolutionärer

Illusions-Zerstörer. Er war ein Mensch, dem das Schicksal mit harten Streichen bewiesen hatte, daß die Gleichung von frommem Gehorsam und Glück nicht stimmt – und der den Gott seines Vor-Urteils dafür verantwortlich machte. So verirrte er sich, da er die Existenz eines Welt-Regenten nicht bezweifelte, in eine Sackgasse … Das Glück des Menschen – zu diesem zweifelhaften Resultat kam Hiob – hängt ab von der Laune eines schrecklichen Dämons. Hiob fiel – mitten aus einem großartigen Kampf – in den Verfolgungswahn früherer Zeiten zurück» (S. 40f). Das ist eine kategorische Absage eines bedeutenden Juden an eine sich auf den Bund am Sinai berufende jüdische Religiosität. Aus der Sicht des epikureischen Juden Marcuse wäre also das Buch Hiob ein verzweifelter und mißglückter Versuch des Volkes Israel, in seinem Un-Glück die Bundestreue Gottes und damit den Anspruch, «sein» Volk zu sein, doch noch zu retten. Was aber wäre die Antwort auf Hiob? Es ist die Geschichte vom Hans im Glück: Obwohl dieser ganz gewiß nichts von Hiob und seinem Unglück wußte, «gab seine Erfahrung eine Epoche machende Antwort auf die Fragen dieses unglücklichen Mannes …» (S. 43). Er hatte erkannt, daß das Glück in ihm selbst lag und nicht – wie man hinzufügen müßte – von einer äußeren Macht bestimmt wurde. Aber das war erst ein wichtiger erster Schritt auf des Menschen Weg zum Glück, ein Anfang, nicht mehr …

Margarete Susmans Hiob-Satanologie
Hiob als Paradigma des jüdischen Schicksals

Das Schicksal Hiobs als Paradigma des Schicksals des jüdischen Volks hat niemand bewegender aufzuzeigen und zu interpretieren versucht als die große jüdische Schriftstellerin, Lyrikerin und Philosophin Margarete Susman in ihrem 1946 in Zürich erschienenen «Das Buch Hiob und das Schicksal des jüdischen Volkes».

1872 in Hamburg als Tochter einer wohlhabenden jüdisch-assimilierten Kaufmannsfamilie geboren, kam Margarete Susman mit zehn Jahren nach Zürich, wo sie ihre Schulzeit verbrachte. In Paris, München und Berlin studierte sie Philosophie, verbrachte den Ersten Weltkrieg wieder in Zürich und zog dann 1933 endgültig in die Limmat-Stadt, wo sie 1966 im Alter von 94 Jahren gestorben ist.

Ihr Leben war dem Geist gewidmet. Als Philosophin war sie stark geprägt durch ihren Lehrer Georg Simmel, sie trat früh in Briefkontakt mit Ernst Bloch und Georg Lukács, auf die sie als eine der ersten in Buchbesprechungen aufmerksam machte, war mit Martin Buber und Gustav Landauer befreundet, ebenso mit dem Kreis um den Schweizer religiösen Sozialisten Leonhard Ragaz. Sie hat u. a. Bücher geschrieben über «Das Wesen der modernen Lyrik» (1910), «Vom Sinn der Liebe» (1912), «Frauen der Romantik» (1929), «Deutung einer großen Liebe. Goethe und Charlotte von Stein» (1951) und war während ihres ganzen Lebens als Essayistin und Kritikerin Mitarbeiterin zahlreicher Zeitungen und Zeitschriften. Eine der großen geistigen Gestalten des 20. Jahrhunderts und wie kaum eine andere in ihrem Denken, Glauben und Sein bestimmt durch den Gottes-Bund ihres Volks auf dem Sinai und durch die Erfahrung der irdischen Heimatlosigkeit in der Diaspora. Aber diese sollte in der Treue zum Bund und nicht durch die Umwandlung des Volkes der Juden in eine

«Staatsform auf festem Territorium, ein Volk wie alle Völker», gar «ein kriegerisches Volk» aufgehoben werden[1]. Als diese Wandlung dann doch eintrat, meinte sie, ihr Volk habe damit, «schwerer noch als seinen äußeren, seinen inneren Bestand gefährdet», und es habe nun «teil am Fluch des Nationalismus, teil an der wachsenden Erstarrung des Lebens, an dem apokalytischen Erkalten des Herzens ...» Und sie fragte: «Kann in einer solchen Wirklichkeit das messianische Erbe noch verwaltet werden?» Sie sprach das ‹Nein› nicht aus, sondern kleidete es in die Mahnung, es sei «die Bestimmung des jüdischen Volkes, über der versinkenden Welt in die Arche eingeschlossen ..., der Taube mit dem Ölzweig entgegenzuharren, die das Sinken der Wasser anzeigt, in der Hoffnung auszuharren und zu überdauern.»[2]

Judentum als Prinzip Hoffnung. Aber selbst bei jüdischen Verwandten im Geiste stieß ihre geistige – nicht im engeren Sinn religiöse – «Orthodoxie» auf Widerstand. So bezichtigte sie Adorno, nach einer Mitteilung von Erwin von Bendemann, «keinen Satz schreiben zu können, ohne den Anspruch fühlen zu lassen, Gott selber habe dabei mitgewirkt»[3]. Und in einem Brief an Georg Lukács aus dem Jahre 1911 schimpfte Ernst Bloch: «Du überschätzt sie gewaltig ...» und sprach von ihrer «Sucht, jedes Butterbrot vis-à-vis der Unendlichkeit zu stellen ...» Beide hatten so unrecht nicht (S. 75).

Margarete Susmans existentielle Grunderfahrung war die «maßlose Gottverlassenheit unserer heutigen Welt» (S. 23). Keine biblische Gestalt des Alten Testamentes aber symbolisiert diese Gottverlassenheit in der Gottestreue eindrücklicher als die Gestalt Hiobs. So hat Margarete Susman schon früh das Schicksal Hiobs mit dem des Judentums identifiziert, und zwar in einem 1929 veröffentlichten Aufsatz über «Das Hiob-Problem bei Kafka»[4]. Dieses Hiob-Problem ist für sie der Hader mit Gott um der Gerechtigkeit in der Frage von Schuld und Leiden willen. Der Prozeß des Menschen mit Gott habe im Judentum in frühester Zeit begonnen und niemals aufgehört. Aber es geht nicht ‹nur› um die Gerechtigkeit, vielmehr Ungerechtigkeit Gottes, sondern auch um seine Gleichgültigkeit: «Das Urentsetzen des Buches Hiob ist das jähe

Erkennen, daß die Stimme Gottes auf die Stimme des einzelnen Menschen überhaupt nicht antwortet, daß weder die Stimme des Menschen Gott, noch die Stimme Gottes den Menschen zu erreichen vermag ...» (S. 184). Es ist jedoch noch viel schlimmer; das Nichtantworten Gottes ist ja gar nicht ein Zeichen seiner Gleichgültigkeit, ganz im Gegenteil, Gott zeigt sich am Schicksal des Menschen Hiob höchst interessiert, denn «er ... steht ja wider ihn im Bund mit dem Bösen ...» Hiob selbst ist von diesem Engagement Gottes wider ihn zutiefst betroffen, denn er «zweifelt keinen Augenblick daran, daß sein Leid eine Züchtigung Gottes ist ...» (S. 184f).

Aber weshalb hat Gott es auf Hiob abgesehen? Hiob weiß sich schuldlos, doch es ist «die menschliche Schuld schlechthin, die in seiner Frage aufbricht ... Es ist die furchtbare Einsicht in die Vergeblichkeit persönlicher Unschuld ...» (S. 185). Das heißt nichts mehr und nichts weniger, als daß Menschsein an sich Schuld bedeutet. Die Schuld liegt in der Existenz, nicht im Tun oder Nichttun. Der Mensch ist zur Schuld, zum Schuldigwerden verurteilt. Durch seine Geburt gerät der Mensch, so muß man das zu Ende denken, in ein permanentes Strafverfahren, einen Prozeß, der erst mit seinem Tod ein Ende findet. Die Existenz des Menschen in seinem Verhältnis zu Gott, damit seine Religiosität, kann deshalb nur in Begriffen der Strafprozeßordnung gültig erfaßt werden. In Margarete Susmans Worten: «Ja, die radikale Hoffnungslosigkeit persönlicher Unschuld zeigt sich darin, daß die Strafe für die allgemeine Schuld mit ihrer ganzen Wucht gerade an dem ausgehen muß, der persönlich schuldlos ist» (S. 185). Im «Gericht Gottes» (S. 186) urteilt der oberste Richter nicht aufgrund einer Strafprozeßordnung, die festlegt, wann eine strafbare Handlung vorliegt und die auch Bestimmungen über die Frage der Zurechnungsfähigkeit enthält, sondern er urteilt subjektiv-willkürlich nach dem Maß seines Zorns.

Hiob ist für Margarete Susman der Jude in der Diaspora: «Im Schicksal Hiobs, den Gott im Leiden dem Versucher preisgegeben hat, ist das ganze Leidschicksal des Judentums im Exil vorgezeichnet» (S. 188). Für Hiob wie für den Juden ist Gott nicht mehr zu finden, was bei Kafka zu einem völligen Verstummen Gottes führt. Jeder Sinn ist verschwunden, und doch fühlen wir deutlich, «daß dennoch in alldem ein Sinn wohnt, nur daß wir ihn nicht erfassen können» (S. 192f). Aber Kafka fragt nicht für sich persönlich wie Hiob, sondern er fragt für die Welt. Jede Zeile Kafkas redet von Gott, vor allem in seinem Roman «Der Prozeß» hat er das Hiobthema des Zusammenhangs von menschlichem Leid und menschlicher Schuld dichterisch gestaltet. Einem Schlichten, Pflichtgetreuen wird von einer Instanz, die er nicht kennt, der Prozeß gemacht: «Er weiß sich schuldlos ..., wir beginnen dunkel zu ahnen: Vielleicht ist gerade dies unsere Schuld, daß wir nicht schuldig wurden ... Vielleicht ist das die größte, die eigentliche Lebensschuld für uns heutige Menschen, daß wir die mit unserem Dasein selbst unter der vollkommenen Verborgenheit Gottes gesetzte Schuld nicht auf uns nahmen, daß wir von Gott getrennt schuldlos ... leben wollten. Die allgemeine Schuld, die schon in Hiobs Schuldlosigkeit getroffen wird, sie aber nicht auflöst, hat hier die persönliche Schuldlosigkeit zerstört und in ihr genaues Gegenteil: die schwerste Lebensschuld, verkehrt» (S. 196). Franz Kafka klage nicht, denn Gott würde die Klage ja gar nicht hören: «Franz Kafka hat die Auseinandersetzung der Wahrheit seiner Zeit mit der ewigen Wahrheit des Judentums geleistet. – Dies ... trägt ... zugleich die Züge der uralten Auseinandersetzung Hiobs mit seinem Gott» (S. 203).

All dies wird noch weit schärfer deutlich in Margarete Susmans unmittelbar nach dem Zweiten Weltkrieg veröffentlichten «opus magnum»: «Das Buch Hiob und das Schicksal des jüdischen Volkes»[5]. Dieses Werk ist geprägt durch die traumatisierende Erfahrung des nationalsozialistischen Genozids am Volk der Juden, für das die Namen Shoa, Holocaust und – stellvertretend für viele andere Ortsnamen – Auschwitz stehen und die Margarete Susman als Hiob-Schicksal ihres Volks zu deuten versucht: «Das Schicksal des jüdischen Volkes zeichnet sich rein im Lebenslauf Hiobs ab» (S. 51). Das läßt, so ist anzunehmen, allerdings kein «happy end» mehr zu: Hiob ist in Auschwitz vergast und verbrannt worden. Schon der biblische Hiob ist «an eine letzte äußerste Grenze seines

Daseins … und … damit auf eine Frage gestoßen …, auf die ihm kein Mensch … mehr Antwort geben kann … Es sind die Fragen von Tod, Leid und Schuld» (S. 24f), also die Fragen der «condition humaine». Hier schreibt Margarete Susman noch: «Daß sie unbeantwortbar sind, macht selbst die Weise unseres menschlichen Daseins aus» (ebd.). Hätte sie sich an diese Einsicht gehalten, wäre dieses Buch nicht entstanden. Die «condition humaine» ist, da wir auf ihr ‹Warum?› keine nicht mehr hinterfragbare Antwort wissen, als ‹Erklärung› für Auschwitz unbrauchbar, da Auschwitz sich nicht als Strafe für eine existenzbedingte Schuldhaftigkeit des Menschen interpretieren läßt. Aber das heilsgeschichtliche Denken und Glauben von Margarete Susman kennt keine eindeutige Unterscheidung zwischen der dem Menschen nicht zurechenbaren «condition humaine» und der ihm zurechenbaren Schuld. Deshalb sucht sie nach einer letzten, religiös legitimierten Antwort auf die Schuldfrage schlechthin. Sie geht dabei aus von der «vollkommen unbegreiflichen Grausamkeit des Ewigen» (S. 36) diesem Hiob gegenüber, der in seinem Leben keine Schuld findet und dem sie eine «unbedingte Reinheit» attestiert (S. 56).

Von Gott spricht Margarete Susman als von dem «Ewigen und Unbedingten, von dem Bild und Gleichnis verboten sind, dessen Name unaussprechbar ist, von dem der Mensch nichts aussagen … kann» (S. 18). Aber das ganze Buch ist eine einzige Aussage über Gott, von dem Margarete Susman weiß, warum er dem jüdischen Volk ein Hiob-Schicksal bestimmt hat. Diese Widersprüchlichkeit durchzieht – wie bei so manchen ‹Theologen› – ihr ganzes Denken. Zunächst wiederholt sie das bereits im Kafka-Aufsatz Gesagte, daß die verborgene Schuld von Hiobs Dasein «die menschliche Schuld schlechthin» sei; denn «in der einmal gefallenen Schöpfung gibt es Unschuld im strengen Sinne nicht» (S. 39). Man hört Adorno: «Es gibt kein richtiges Leben im falschen.» Aber was sie von Hiob sagt, gilt immer auch für das jüdische Volk. Dieses steht für die ganze Menschheit und deren Schicksal, es ist ihr Sinnbild und ihre Vertretung. «Am Anfang Israels (steht) nicht eine einzelne menschliche Schuld, sondern die Urschuld des Menschen schlechthin» (S. 54). Diese Urschuld ist, was wir «condition humaine» genannt haben. Sie ist «mit unserer Existenzform selbst gegeben» (S. 25). Um ihre These aufrechterhalten zu können, sieht Margarete Susman sich gezwungen, ins Kierkegaardsche Paradox zu flüchten: Sie spricht von der «unbedingten Reinheit Hiobs, die beides, Reinheit und Schuld zugleich ist» (S. 56). Das ist Hiobs «schuldlose Schuld» (S. 97).

Ob Hiob nicht auch eine persönliche Schuld zuzurechnen ist, erörtert Margarete Susman hier nicht. Sie sieht keine personale Schuld Hiobs. (Hingegen wohl, wie wir sehen werden, eine solche Schuld des Volkes Israel, was ihre Identifikation von dessen Schicksal mit dem Hiobs in Frage stellt.) Hiob also denkt über sein Leben nach, aber «er findet in ihm keine Schuld» (S. 39). Wohl trifft Hiob schließlich «auf eine verborgene Schuld seines Daseins», aber diese wird von Margarete Susman wiederum mit der «condition humaine» begründet, was Hiob entlastet: «Es ist die menschliche Schuld schlechthin, an der auch er teilhat. ‹Wer will einen Reinen finden bei denen, da keiner rein ist?› Kein Mensch ist rein vor Gott ... Darum weiß Hiob sich als Mensch schuldig. Aber er findet seinen *Anteil* an der allgemeinen Schuld nicht heraus ...» (S. 39). Für diesen Anteil trägt er keine Verantwortung: «Der persönlich Schuldlose erfährt die Züchtigung für eine Schuld, die er nicht begangen hat» (S. 41). Aber was nützt Hiob seine angebliche persönliche Unschuld? «Es ist die furchtbare Einsicht in die Vergeblichkeit persönlicher Unschuld, die das ganze Buch Hiob durchzieht» (S. 40).

Das ist wohl die Kernfrage dieses Buchs. Aber was heißt hier «Vergeblichkeit»? Persönliche Unschuld meint doch: niemandem ein Leid zugefügt zu haben, nicht versäumt zu haben, Hilfsbedürftigen zu helfen, nicht eine Unwahrheit gesagt zu haben ... Kann das vergeblich sein? Wer hier von Vergeblichkeit spricht, funktionalisiert, ja kommerzialisiert die persönliche Schuld zu einer Ware, die man Gott anbietet in der Hoffnung, dabei einen guten Preis herausschinden zu können. Die positiven Folgen einer Schuldvermeidung für ein Du oder Wir fallen hier außer Betracht. Es geht lediglich um einen Handel mit Gott. Geht der Ewige nicht auf den Handel ein, ja gerät er darob sogar in Zorn und straft er einen, dann war die Mühe umsonst ... Eine seltsam egozentrische Theologie. Weiter kann Margarete Susman nicht unterscheiden zwischen Emanzipation und Erlösung, gleichsam zwischen Erde und «Himmel», Diesseits und Jenseits. Schuld faßt sie – genau wie Hiob – nie als konkrete Schuld einem menschlichen Du oder Wir gegenüber auf, sondern nur als eine religiöse in der Beziehung zu Gott, als eine Frage der Gottestreue, deren ethischer Gehalt nicht untersucht wird. Sie sieht die Schuld nicht von der Emanzipation, sondern von der Erlösung her. Schuld ist für sie kein ethisches, sondern ein religiöses Problem. Wer die Schuld einseitig der «condition humaine» zuschreibt, rechnet dem Menschen zu, was Gott zuzurechnen ist. So wird einseitig zu einem Problem der Erlösung, was zunächst ein Problem der Emanzipation aus von Menschen selbst verschuldetem Leid ist.

Wer die menschliche Schuld nicht nur von der Erlösung, von der Beziehung zu Gott, sondern auch und vor allem von der Emanzipation, von der Beziehung zum Menschen her versteht, kann dem Satz – dem Margarete Susman freilich selbst gelegentlich widerspricht – nicht zustimmen: «Der persönlich Schuldlose erfährt die Züchtigung (durch Gott; A. K.) für eine Schuld, die er nicht begangen hat» (S. 41). Hier muß nochmals darauf hingewiesen werden, daß Margarete Susman sich selbst grundsätzlich widerspricht, wenn sie später ihrem Volk, den Juden, die Schuld an Auschwitz zurechnet. Ebensowenig stimmt die Parallele zwischen dem Schicksal Hiobs und dem des jüdischen Volks in Auschwitz, wenn Margarete Susman unter Berufung auf den Epilog des Buches Hiob beinahe triumphierend feststellt: Indem Gott «Hiob alles Verlorene zwiefach zurückgibt, stellt er nicht nur seine Gerechtigkeit im Schicksal Hiobs, er stellt seine Weltgerechtigkeit wieder her. Nur so ist sie vollendet: die Vergeblichkeit des von Gott übergangenen Einzellebens ist getilgt; die Stimme des Menschen hat das Ohr Gottes und die Stimme Gottes hat das Ohr des Menschen erreicht» (S. 180f). Gott ist großzügig, er erstattet Hiob sein Hab und Gut mit Zins und Zinseszinsen zurück. Die Frau und die Kinder Hiobs erfahren allerdings keine Wiederbelebung. Und die Toten von Auschwitz?

Hier stellt sich die Frage: Wenn Hiobs Schuld die Hybris war, die allgemeine Menschheitsschuld für sich nicht anzuerkennen, was Margarete Susman als Nötigung Gottes interpretiert – was war oder ist dann die Schuld des jüdischen Volks, dessen Schicksal sie mit dem Hiobs identifiziert? Ihre Antwort lautet: Sie liegt im Abfall von dem ihm von Gott gewährten Bund, der Israel die Verpflichtung auferlegt, die Menschheitsschuld auf sich zu nehmen und die Menschheit von ihr zu erlösen. Auch das muß – von ihrer Hiob-Interpretation her gesehen – als Hybris und Nötigung Gottes gewertet werden. Aber Margarete Susmans Hiob-Interpretation ist willkürlich, sie verdrängt völlig das Faktum, daß Gott Hiob ja gar nicht wegen einer Schuld straft, sondern bloß um seine Gottestreue auf die Probe zu stellen. Die ganze, gelegentlich neurotisch wirkende Schuldtheologie Margarete Susmans ist in sich nicht stimmig, was ihre Identifikation Hiobs mit dem jüdischen Volk zumindest als fraglich erscheinen läßt.

Doch zurück zur angeblichen Schuld des jüdischen Volks. Dieses ist schuldig geworden durch «den eigenen Abfall», für den es Sühne leistet, damit auch «für die Urschuld des Menschengeschlechtes, für die es von Anfang an steht» (S. 57). Aber dann nimmt diese religiös bedingte Urschuld doch sehr konkrete Formen an: «Lag die Schuld darin, daß Israel blieb, daß es nicht wie die anderen Völker sterben wollte? Lag sie darin, daß es nicht stark und rein genug sich selbst erhielt und sich weithin in die anderen Völker auflöste? Lag sie in der Assimilation oder in der Absonderung? Lag sie im Nationalismus oder im Aufheben alles Nationalen? Lag sie in der zu starren Gesetzlichkeit oder im Abfall vom Gesetz? Lag sie in der Unterwürfigkeit oder lag sie im Hochmut? Lag sie im zu großen Intellektualismus oder in der zu festen Haftung am Materiellen? Hieß sie Kapitalismus oder Sozialismus?» (S. 61). Was bedeutet, daß die Schuld Israels nicht nur darin liegen kann, die allgemeine Menschheitsschuld nicht auf sich genommen zu haben, sondern sie liegt in einem Verrat am Bund, den man übrigens Hiob ebenfalls *nicht* vorwerfen kann. Diese Schuld manifestiert sich in der «Auflösung des modernen Judentums» (S. 76). Durch die Zerstörung des Tempels hat dieses Volk seine Heimat verloren, ist über alle Völker zerstreut worden, überall fremd und heimatlos, ein ausgewurzeltes Volk, ein Pariavolk, wie Max Weber es nannte. Dadurch entstand auch die Gefahr eines Selbsthasses, und «die Juden ... lösten ... als Volk, als einheitlicher Typus, sich bis zur Unkenntlichkeit auf» (S. 75). Margarete Susman läßt keinen Zweifel aufkommen, daß sie darin eine volkhafte Schuld ihres Volks sieht – einen Abfall von Gott. Damit aber führt sie ihre Identifikation Hiobs mit dem Volke Israel ad absurdum, denn Hiob ist *nicht* von Gott abgefallen, Gott straft ihn grundlos. Mit Gott hadern heißt doch auch, ihn anzuerkennen.

Anders ist das Verhältnis des Volkes Israel zu Gott. Auf diesem Volk lastet nach Margarete Susman von Anbeginn an ein Gottesfluch, «der Fluch, der in der Frühzeit auf das Volk geworfen wurde, ist auf ihm liegen geblieben und heute erst in seiner ganzen Kraft und Wirklichkeit erfüllt». Ja: «An der Einzigkeit dieses Fluches allein ist heute das Volk noch zu erkennen, ist es als eine Wirklichkeit biblischer Art zeitfremd aus allem Zeitlichen, raumfremd aus allem Räumlichen herausgehoben und eigentümlich und furchtbar geheiligt» (S. 79). Aber in dieser Interpretation manifestiert sich ein neuer Widerspruch: Wenn auf dem Volk Israel von allem Anfang an ein Gottesfluch lastet, dann ist nicht ein Abfall von Gott seine Schuld, liegt diese nicht in seiner Entscheidung für Kapitalismus oder Sozialismus, sonder es ist von Gott als permanent schuldig konzipiert worden, und dafür trifft es keine Schuld ...

Diese Schuldtheologie widerspricht sich auf allen Seiten. Um die These vom Abfall des Volkes Israel als seiner Schuld, die Gott zum Eingreifen nötigte, glaubhaft machen zu können, muß Margarete Susman eine ursprüngliche Reinheit des jüdischen Volks postulieren, die im Laufe der Geschichte offenbar verlorengegangen ist. Aber wenn von Anfang an ein Gottesfluch auf ihm lastete, dann ist es für diesen Abfall gar nicht verantwortlich zu machen und darf dafür auch nicht bestraft werden. Widersprüche über Widersprüche. Einerseits spricht sie tatsächlich von einer ursprünglichen Reinheit Israels: Dieses vermag, wie Hiob, seine Schuld nicht zu finden, denn «es hat sein Äußerstes und mehr als sein Äußerstes getan: es hat das Übermaß als sein Maß bejaht; es hat anstelle jeder irdischen Heimat die Wirklichkeit des reinen Dienstes gesetzt: es ist in starrer Reinheit dem Gott des Ursprungs treu geblieben» (S. 58). Aber unmittelbar zuvor stehen die Sätze: «... wohl kann das Volk nicht auf seiner Reinheit von je bestehen, weiß es sich von der Vorzeit her schuldig». Da es «als Volk des Exils ... in der reinen Sühne für das Vergangene lebt, ... vermag es die Schuld ... nicht zu finden» (ebd.). Wenn das Vergangene Reinheit ist, was gibt es da zu sühnen? Margarete Susmans Interpretation erweist sich als eine Mythologie, in die sie vergeblich Logik zu bringen versucht und die jenen religiösen Vorstellungen nahekommt, die ein Freud – obgleich ihm sein Judentum ebenfalls viel bedeutete – als Illusionen und Wahnideen bezeichnete.[6]

Diese Mythologie greift zurück auf den Mythos vom Sündenfall: «Im Herausbrechen aus dem ursprünglichen Unbefangensein von Gott liegt die Schuld des ersten Menschen». Israel hat diese Schuld auf sich genommen: «Was hat dieses Volk getan? Welches Ungeheure hat es auf sich geladen? *Alles*; es ist wirklich alles, das Ganze der Schuld, die Menschheitsschuld überhaupt, für die es als Volk steht, für die es die Sühne zu leisten hat» (S. 95). Die postulierte ursprüngliche Reinheit des Volkes Israel kann also nur eine prä-adamitische, paradiesische gewesen sein, die Reinheit vor dem Sündenfall. Israel ist demnach eine Art Adam der Völker, seine Schuld ist die des Sündenfalls. Aber um der Menschheit die Chance zu geben, diese Urschuld zu sühnen, hat Gott «das Gesetz» erlassen, und er hat es am Sinai dem Volks-Adam Israel offenbart: «Das zentrale Ereignis der Geschichte Israels ... ist das ihm am Sinai offenbarte ... *Gesetz*» (S. 96f). Dadurch entstand aber erst recht eine Schuldmöglichkeit, denn Gesetze können gebrochen werden: «Hier, am Gesetz als göttlicher Offenbarung ... entspringt von nun an durch die Jahrtausende jede Bewährung und Abirrung des Volkes» (S. 97). Also Schuld über Schuld, wohin man nur blickt, ist Schuld. Es fällt einem schwer, sich in der Interpretation dieses Buchs psychoanalytischer Begriffe zu enthalten.

Die Überlieferung sage, so schreibt Margarete Susman weiter, daß das Gesetz in Gestalt der Thora auch den anderen Völkern angeboten wurde, daß aber allein Israel es angenommen habe. Darin ist seine «grausame Erwählung», «sein Auserwähltsein» (S. 98) zu sehen. Aber «in der Annahme des Menschheitsgesetzes ruht schon die ganze Schwere seines Verhängnisses. Mit ihr hat das Volk sich einer Bestimmung übergeben, die es inmitten des geschichtlichen Lebens nicht verwirklichen kann, die erst am Ende der Geschichte erfüllt werden kann durch den, der die Schöpfung zum Reich und die Völker zur Menschheit vollendet» (S. 98 f) Durch die Annahme des Gesetzes hat also Israel sich überfordert und der Schuld Tür und Tor geöffnet; denn da erst der Messias am Ende der Geschichte im Reich Gottes das Gesetz voll verwirklichen kann, hat Israel sich mit dieser Annahme zur Schuld des Abirrens vom Gesetz, des Abfallens selbst verurteilt. Es hat sich «damit überhoben» (S. 99). Aber war es wirklich frei, sich zu überheben, wenn es von Anfang an unter einem Gottesfluch stand?

Israel hat also die Schuld der Menschheit auf sich genommen, und zwar «allein Israel, ... allein der Jude», «allein das Volk». Der Auftrag vom Sinai tritt «ihm allein ... nicht wie der ganzen übrigen Welt von außen entgegen; ihm allein ist er ins Herz gegeben; ihm allein ist er nicht Gestalt, sondern strömendes Leben» (S. 110f); und dieses Volk ist das «Volk der Völker, dies Volk im Ursinne» (S. 127). Man wird – es fällt einem schwer, das zu schreiben – erinnert an Fichtes «Reden an die deutsche Nation»[7]: Die Deutschen sind «ein Urvolk, das Volk schlechtweg» (S. 138), «nur der Deutsche» hat «wahrhaft ein Volk» (S. 142), er kann sich «auf Offenbarungen des Göttlichen» berufen (S. 146), «das allgemeine Heil» ist «allein bei der Einigkeit der Deutschen» (S. 243) zu finden. Selbstverständlich ist dieser völkische Mythos Fichtes inhaltlich dem Volks-Mythos von Margarete Susman – der demjenigen des Alten Testaments entspricht – diametral entgegengesetzt. Was hier – sieht man vom Exodus ab – Verzicht auf Staat, Nation und Gewalt im Namen des Friedens zwischen den Völkern und Menschen bedeutet, ist dort ein machtbesessener Nationalismus auf ethnischer Basis, auf den sich später die Nationalsozialisten Adolf Hitlers freudig beriefen. Im Antisemitismus der Nationalsozialisten war denn auch eines der motivierenden Elemente eine Art perverser heilsgeschichtlicher Konkurrenzneid: Man konnte dem Volk Israel seinen biblisch legitimierten Anspruch, der Menschheit den Weg zum Heil zu weisen, nur streitig machen, indem man es als Volk mit Gewalt vernichtete. Nun erst, so hofften diese Besessenen, konnte man sich selbst als das messianische Volk anbieten und anpreisen: das «Dritte Reich» Hitlers als säkularisiertes, mit Gewalt des Schwertes und der Gaskammern von Auschwitz etabliertes Reich Gottes und das arische Volk als sein Heilsträger.

Auschwitz als Gottesstrafe

Der Name Auschwitz, für den sich kein ihm gerecht werdendes Adjektiv finden läßt, ist gefallen. Alles, was bisher aus dem Hiob-Buch von Margarete Susman zitiert wurde, ist bloß ein Präludium zu ihrer wahrhaft atemberaubenden, wenn auch aus diesem Vorspiel sich folgerichtig ergebenden Deutung der Verantwortlichkeit für Auschwitz. Am Anfang steht wiederum die Auserwähltheit: «Allein der Jude wird als Jude, als Träger seiner Heilswirklichkeit geboren. Damit ist er einer Treue gegen sein Volksein angeschlossen, die von aller nationalen Treue verschieden» ist (S. 110). Alles in diesem «Mysterium» ist «Verborgenheit und Rätsel, ist die alte biblische Verschlingung von Segen und Fluch» (S. 111). Dieses «letzte Alleinsein mit Gott», diese «Vereinsamung mit Gott» ist insofern ein «Verhängnis», als es «die äußerste Prüfung» des Sterblichen ist. Die Möglichkeit des Versagens, des Abfalls, so muß man das interpretieren, ist allgegenwärtig, aber darauf steht die Todesstrafe: «Das Antlitz, auf dem der Tod steht, ist immer vom Tod umgeben. Immer neu muß das Volk, das aus diesem letzten Lebensgeheimnis lebt, in ihm erschüttert und verstört, immer neu muß es tödlich verwundet, in den Tod verstoßen werden» (S. 111 f) Dieses «muß» kann nur bedeuten: Der Tod ist das Mittel, das Volk, wenn es zu versagen, von Gott abzufallen droht, wieder an den Bund, an seinen Auftrag zu erinnern. So bewegt sich das Volk Israel dauernd zwischen Fluch und Segen, Gott erscheint in dieser Deutung als ein absoluter Diktator, der ein Terrorregime führt, um seinen Willen – zum Wohle seines Volks und der Menschen, versteht sich – durchsetzen zu können.

Den Fluch verspürt das Volk der Juden in der irdischen Lebenswelt als den allzuoft das Leben des einzelnen bedrohenden Antisemitismus, dem Margarete Susman ein Kapitel ihres Buchs widmet. Auch vertritt sie zunächst die Sündenbocktheorie, bloß daß der Sündenbock bei ihr nicht nur ein einzelner, sondern das ganze Volk Israel und daß er nicht das Resultat einer psycho- und soziologisch erklärbaren Projektion ist, sondern eine heilsgeschichtliche Funktion ausübt: Das jüdische Volk ist «ausgesondert, das Untragbare aus allem Völker- und Menschenleben auf sich zu nehmen …: nun erst ganz ein Bild des düsteren Sühnopfers, das im dritten Buch Mose zur alljährlichen Versöhnung Gottes mit der Gemeinschaft gefordert ist: jenes noch vor aller Schuld stehenden Tieres, das mit der Überlast der den Menschen nicht tragbaren eigenen Sünden beladen in die Wüste hinausgestoßen wird» (S. 112f).

Aber damit sind Wesen und Funktion des Antisemitismus noch nicht voll erfaßt. Dieser ist ein «metaphysischer Haß» (S. 66). Das jüdische Volk wird «um der Vollkommenheit des Gesetzes und um des Versagens vor dem Gesetz willen … erbarmungslos von den Völkern verfolgt» (S. 99). Aber auch dies erklärt noch nicht alles, denn Margarete Susman spricht weiter von einem «dämonischen Ursprung des Judenhasses» (S. 120). Dieser Dämon hat einen bekannten Namen – er heißt Satan. Und nun wird es abenteuerlich. Das jüdische Volk hat sich – als einziges, wie sie meint – aus allen Welthändeln, aus Krieg, Staat und Nation herausgehalten. (Sie vergaß die Sinti und Roma.) Sie spricht deshalb von einer «schuldfremden Lebensform», einer «Weltunschuld des jüdischen Volkes» (S. 127). Aber wiederum stilisiert sie diese Schuldlosigkeit zu einer Schuld und fragt sich, ob dies nicht «*die* Schuld (sei), die Satan meint und die Gott so viel furchtbarer als jede wirklich begangene züchtigt?» (S. 128). Was für ein seltsamer Gott: Er schließt einen Bund mit Israel und offenbart ihm – ihm allein – das Gesetz; dadurch erwählt er es zu einer Sonderstellung innerhalb des Kreises der anderen Völker. Lebt das Volk qua Volk nun nach dem Gesetz, zeigt es sich – als einziges – den Verführungen durch Staat, Nation, Gewalt und Krieg gegenüber immun und gehorcht es so seinem Auftrag, dann erblickt Gott in dieser Weltunschuld eine Schuld, und zwar offensichtlich eine enorme, unverzeihliche Schuld; denn diese erregt den «Zorn Gottes in seiner ganzen Wucht» (S. 129). Die Erklärung: Indem das jüdische Volk auf die Staat- und Nationbildung verzichtet hat und so dem Gesetz treu geblieben ist, hat es sich gleichzeitig in seine Wirtsvölker aufgelöst, dies ganz besonders in Deutschland. Darum hat Gott es «zur Rechenschaft gezogen für das Ganze der heute wie zur Zeit der Sündflut alle Ufer überflutenden Menschheitsschuld ...» (S. 128 f). Aber wiederum versagt Margarete Susmans Logik: Einerseits attestiert sie dem jüdischen Volk eine nicht «wirklich begangene» Schuld, also eine Schuld, die ihm nicht zugerechnet werden kann; andererseits interpretiert sie die Auflösung des Volks in seine Wirtsvölker als die schreckliche Schuld, die den Zorn Gottes erregte. Schuld ist Unschuld, und Unschuld ist Schuld. Und Gott verliert die Impulskontrolle und weiß in seinem maßlosen Zorn nicht mehr, was er tut.

Auf diesen gewaltigen Zorn ist Auschwitz zurückzuführen. Hitler und die Nationalsozialisten, die Mörder, werden entlastet, sie waren bloß Werkzeuge Gottes: «Nicht aus den finsteren Leidenschaften eines Einzelnen noch derer, die ihm folgten – und seien es die unheimlichsten und die verruchtesten, sei es der Wahnsinn des Person gewordenen Todestriebes selbst – stammt letztlich das Übermaß dieses Geschehens; ihrer bedient sich eine andere Macht: die Hände, die hier walten, sind geführt. Ihre letzte außermenschliche Erbarmungslosigkeit stammt daraus, daß sie einen Auftrag vollstrecken, der dem Vollstrecker selbst verborgen und seiner Art nach völlig unzugänglich ist – wie es dem Satan unzugänglich ist, was Gott von dem durch ihn unmenschlich Gepeinigten in Wahrheit will. Wir haben es in diesem Geschehen letzthin nicht mit Menschen zu tun, sondern mit Mächten und ihren willenlosen Werkzeugen» (S. 129).

Man hält den Atem an: Auschwitz ist mit außermenschlicher Erbarmungslosigkeit von Gott inszeniert worden, um damit das schuldlos-schuldige jüdische Volk zur Rechenschaft zu ziehen, es zu strafen für seine Selbstauflösung und es zurückzuzwingen zur Bundestreue. Ausführendes Organ dieser göttlichen Strafaktion ist, wie im Buch Hiob, zunächst einmal Satan. «Gott liebt sein Volk Israel!» Aber «diese Liebe ist ja von eigener, furchtbarer Art», und «der Wall von Millionen schuldlos hingemordeten Opfern (ist) ... ein neuer Schicksalsring», der «in einer Tiefe und Bedrängnis wie nie zuvor» die Frage stellt: «Soll das Volk untergehen? Hat das von Gott zugelassene Satanswerk diesen Sinn? Soll das verzweifelnde, schon so tief aufgelöste Volk sich in seinen Tod ergeben, weil der Feind es von Gott aus mit Untergang bedrängt?» Dieser Gott hat an das jüdische Volk «eine andere, fremde und furchtbare Macht ausgesandt; er hat Wahnsinn und Verbrechen, er hat den gräßlichsten aller Morde zu seiner Zerstörung ermächtigt» (S. 162f). Das ist unmißverständlich: Gott wollte Auschwitz. Er hat es nicht nur «zugelassen» – was ohnehin schon unentschuldbar wäre –, nein, er hat es angeordnet. Margarete Susmans Gott ist ein Massenmörder – aus Liebe, wenn auch im Zorn. Er verordnet einen Genozid an seinem Volk – um es zu erretten. Und um sich nicht selbst die Hände schmutzig zu machen, überträgt er die Ausführung Satan, einem seiner Kinder, der den Auftrag an Adolf Hitler weitergibt. Bestätigt Margarete Susman damit nicht, was dieser, indem er sich immer wieder auf Gott berief, selbst behauptete?

Auschwitz einen Sinn zu geben, grenzt an Wahn-Sinn. Aber für Margarete Susman ist es «wieder das Schicksal Hiobs», an dem das Schicksal des jüdischen Volks «seinen alten, ewigen Sinn gewinnt». Doch sie übergeht dabei, daß Gott – im Gegensatz zu ihrer Deutung seiner Verantwortung für Auschwitz – Satan ausdrücklich befohlen hat, das Leben Hiobs zu schonen. Im Buch Hiob nimmt also Gott auf das Leben eines einzelnen mehr Rücksicht als – nach Margarete Susman – in Auschwitz auf das Leben von Millionen von Kindern seines Volks. Allein dies dementiert Margarete Susmans Identifizierung des Schicksals Hiobs mit demjenigen des jüdischen Volks in Auschwitz.

Was nun folgt, hört sich an wie eine vom Politischen auf das Religiöse verschobene Darstellung eines Totalitarismus: «Gott liebt sein Volk, wie er seinen Knecht liebt. Er will, was Liebe will: er will das *Ganze* ... Nie ist Liebe anders als Heimsuchung. Indem Gott sein Volk sucht, wie er Hiob sucht, sucht er es heim, heim zu sich» (S. 164). Das ist mehr als ein Wortspiel: Gott mordet sein Volk aus Liebe, damit das, was nach dem Genozid von diesem Volk noch übrigbleibt, den Weg zu ihm, den Heimweg wieder findet. Und er mordet deshalb, weil es ihm um das Ganze seines Bundes mit Israel geht, weil die Liebe zu diesem seinem Volk keine Halbheiten und Kompromisse zuläßt. Entweder kehrt das für seine Auflösung, seinen Abfall gestrafte Volk wieder «ganz» zu ihm zurück oder es bleibt verloren: «Er will ..., daß sein Knecht ... allein Gott will. Das ‹Ganz sollst du sein mit dem Ewigen deinem Gotte!› ist als innerster Kern des Alten Testamentes auch der innerste Kern des Hiobbuches und der letzte Sinn des jüdischen Schicksals»: Gott gibt – mit Auschwitz – dem jüdischen Menschen «durch den Satan zu verstehen, was er von ihm will» (S. 164f). *Aut Caesar aut nihil.* Was ist das für ein fürchterlicher, furchterregender Gott? Hätte er – wenn es denn schon sein mußte – sein Volk, das er so liebte, nicht etwas schonender an den Bund erinnern können?

Margarete Susmans Hiob-Buch ist eine Apologie Gottes angesichts von Auschwitz. Sie kann es gar nicht oft genug wiederholen, daß «die Zerstörung, die von Satan aus seinen (des jüdischen Volks; A. K.) Untergang meint, ... von Gott aus sein Bestehen und Überstehen (meint). Es ist das kaum mehr aussprechbare Geheimnis, daß der dunkle Schicksalsring, in den Gott heute sein Volk eingeschlossen hat, der Ring seiner Liebe selbst ist» (ebd.). Auschwitz ist demnach ein Mahnmal der Liebe Gottes. Aber hatte Margarete Susman zu Beginn ihres Buchs nicht behauptet, von Gott nichts wissen zu können? Hatte sie nicht auf «die vollkommen unbegreifliche Grausamkeit des Ewigen» (S. 36), auf das «unaussprechbare Geheimnis», an dem «die Menschheit ... ihr selber unenträtselbares Dasein hat» (S. 21), weiter darauf, daß «die Fragen von Tod, Leid und Schuld ... unbeantwortbar sind» (S. 25), hingewiesen? Offenbart sich hier nicht die Gefahr eines heilsgeschichtlichen Mythos, der «Sinn und Kraft der Wahrheit» eines Partikularen (hier Israels) darin sieht, «die Wahrheit des Ganzen zu erringen» (S. 170)? Freilich, mit diesem Gott ist nicht zu spaßen, er hatte ja in der Sintflut schon einmal fast die ganze Menschheit ersäuft, und er sollte später seinen Sohn mit Nägeln an ein Kreuz schlagen und dort qualvoll sterben lassen. Wäre es nicht an der Zeit, sich von einem solchen Gott zu verabschieden?

Aber Margarete Susman wagt sich in ihrer Theodizee, die auch eine Satanologie ist, noch weiter auf das Feld religiöser Spekulationen hinaus. Es geht um «die letzte Frage des Hiobschicksals», die «auch die letzte des jüdischen Schicksals ist: ist dann nicht Satan selbst, indem er Hiob im Kern des Lebens angegriffen und so seine Verwandlung aus dem innersten Kern bewirkt hat, der, der ihm die Möglichkeit eines neuen Lebens geschenkt hat? Dann ist der Funke, der aus dieser dunkelsten Verwicklung hervorspringt, selbst nichts anderes als die messianische Hoffnung des jüdischen Volkes ... So aber ist Satan als der Abgesandte Gottes selbst der Vollstrecker des messianischen Schicksals» (S. 194). Hier wird Satan zum Vollzugsbeamten des Messias.

Diese Theo- und Satanologie Margarete Susmans steht in der jüdischen Theologie nicht allein da. Günter Schiwy schreibt in seinem Buch über den ohnmächtigen Gott im Zusammenhang mit der Frage nach der Herkunft des Bösen: «Eine erste Gruppe jüdischer Theologen überbetont die Eigenschaft der Gerechtigkeit Gottes und sieht in Auschwitz die Aufgipfelung der göttlichen Strafgerichte. So Ignaz Maybaum, 1897 in Wien geboren, 1976 in London verstorben ..., ein Schüler von Franz Rosenzweig. Maybaum ... schrieb ... 1964 in seinem Buch ‹Das Antlitz Gottes nach Auschwitz›: Die sechs Millionen Toten von Auschwitz und anderen Orten seien Märtyrer der modernen westlichen Zivilisation, ‹sie starben als Opferlämmer wegen der Sünden›, sie reinigten die westliche Zivilisation ... Auschwitz als göttliches Strafgericht noch plausibler zu machen, konstruiert der orthodoxe Rabbiner Menachem Immanuel Hartom, 1916 in Italien geboren, ... eine besondere Schuld der deutschen Juden: Trotz ihrer Assimilation ... seien sie ein Fremdkörper im Staat geblieben. Dieser Staat habe es ihnen dann durch die Verfolgung auf extremste und grausamste

Art in Erinnerung gerufen. Jahwe habe sich des deutschen Volkes als Zuchtrute für sein Volk bedient. ‹Wir müssen bekennen, daß es der Gerechtigkeit entsprochen hätte, hätte Gott sein Volk gänzlich vernichtet, weil es die Worte seiner Tora geleugnet hat›»[8].

Diese jüdischen Stimmen können sich freilich auf die Thora berufen, hat Gott doch – worauf schon Spinoza hingewiesen hatte[9] – dem Volk Israel als Strafe ausdrücklich mit dessen Vernichtung – einem Genozid – gedroht: «Wirst du aber des Herrn, deines Gottes, vergessen und andern Göttern nachfolgen und ihnen dienen und sie anbeten, so bezeuge ich heute über euch, daß ihr umkommen werdet; eben wie die Heiden, die der Herr umbringt vor eurem Angesicht, so werdet ihr auch umkommen, darum daß ihr nicht gehorsam seid der Stimme des Herrn, eures Gottes» (5 Mose 8, 19–20).

Aber es gibt auch andere jüdische Stimmen. Sigmund Freud hat in seinem noch vor dem Zweiten Weltkrieg entstandenen Buch «Der Mann Moses und die monotheistische Religion» eine psychoanalytisch-theologische Interpretation des jüdischen Schuldbewußtseins entworfen, die zumindest eine mögliche Deutung auch dieser «Auschwitz-als-Strafe-Theologie» enthält. Für Freud ist das Judentum eine «Vaterreligion». Zum Wesen des Vaterverhältnisses gehöre aber die Ambivalenz. Da im Rahmen der Moses-Religion für den direkten Ausdruck des – von Freud vorausgesetzten – mörderischen Vaterhasses kein Raum war, konnte nur eine mächtige Reaktion auf diesen zum Vorschein kommen: «Das Schuldbewußtsein wegen dieser Feindseligkeit, das schlechte Gewissen, man habe sich gegen Gott versündigt und höre nicht auf zu sündigen. Dieses Schuldbewußtsein, das von den Propheten ohne Unterlaß wachgehalten wurde, das bald einen integrierenden Inhalt des religiösen Systems bildete, hatte noch eine andere, oberflächliche Motivierung ... Es ging dem Volke schlecht, die auf Gottes Gunst gesetzten Hoffnungen wollten sich nicht erfüllen, es war nicht leicht, an der über alles geliebten Illusion festzuhalten, daß man Gottes auserwähltes Volk sei. Wollte man auf dieses Glück nicht verzichten, so bot das Schuldgefühl ob der eigenen Sündhaftigkeit eine willkommene Entschuldung Gottes. Man verdiente nichts Besseres, als von ihm bestraft zu werden, weil man seine Gebote nicht hielt ...» [10]

Margarete Susman nennt dann immerhin, was sie bisher Wahrheit genannt hatte, selbst einen Traum: «Sind wir ... mit diesem großen Traum zu weit von der düsteren Wirklichkeit unseres Volkes ... entfernt?» (S. 197). Aber kaum hat sie das geschrieben, wiederholt sie, in Auschwitz, «im zerstörendsten Angriff des Bösen», würde erst der ganze Umfang «der Macht Gottes und die brennende Frage seiner Liebe erfahren ...» (S. 198). Gott habe Satan «an sein Herz gedrückt», denn Hiob wie das jüdische Volk empfingen ihre Lebenskraft aus ihren Zerstörungen. Diese Lebenskraft ist die messianische Hoffnung. Aber Margarete Susman sieht sich selbst gezwungen, feststellen zu müssen, daß «die große Anzahl der jüdischen Menschen ... sich von dem Untragbaren ihres Schicksals» abwendet und dadurch «zur gestaltlosen, unkenntlichen Masse» wird (S. 211). Was nur den Schluß zuläßt, daß Auschwitz – in ihrer Sicht gedeutet – offenbar vergebens war, daß es Gott nicht gelungen ist, sein Volk mit Hilfe von Auschwitz zur Umkehr und zur Rückkehr auf den Heimweg zu ihm zu bewegen.

Auch darf man nicht übersehen, daß Margarete Susman dieses Buch *vor* der Gründung des Staates Israel geschrieben hat. Schon dieser Staat widerspricht als solcher radikal den Vorstellungen Margarete Susmans von Sinn, Wesen und Auftrag des jüdischen Volks, dessen «letzte Erfüllung» genau dies sei: «Inmitten der im zerstörenden Volkswahnsinn rasenden, von Waffen starrenden, vom Menschen fast verlassenen Völkerwelt als ein einfach wehrlos Menschliches dazustehen, ohne Macht, ohne Staat, ohne Waffen, ohne Gestalt und Schöne, ohne eigentlich sichtbares Dasein, schwach, unwert: der Mensch» (S. 127).

Wäre das Offenlassen der Wunde Auschwitz nicht weit überzeugender als der Versuch, sie religiös zu ‹rechtfertigen› und Gott als Täter – Liebestäter – zu identifizieren? Ist Auschwitz nicht ein so unfaßbares Beispiel menschlicher Verworfenheit, daß sich jeder Versuch, diesem rational oder irrational einen Sinn zuzusprechen, verbietet? Und ist es nicht umgekehrt so, daß Auschwitz einen Gott grundsätzlich in Frage stellt, der solches zuläßt?

Manche Juden sehen das ebenso. Günther Schiwy zitiert den 1924 in New York geborenen Rabbiner und jüdischen Theologen Richard J. Rubenstein, der unter dem Eindruck des Holocaust zunächst zum orthodoxen Judentum gefunden, sich dann aber mit seinem Buch «After Auschwitz. Radical Theology and Modern Judaisme» vom Glauben abgewandt habe: «Er habe sich entscheiden müssen zwischen der Existenz eines Gottes, der seinem schuldig gewordenen Volk als Strafe Auschwitz verhängt habe, und seiner Überzeugung, einen solchen Gott könne es nicht geben. ‹Ich habe mich für das entschieden, was Camus mit Recht den Mut zum Absurden genannt hat, den Mut, lieber in einem sinn- und zwecklosen Kosmos zu leben, als an einen Gott zu glauben, der seinem Volk Auschwitz antut›» (S. 17). Noch weit radikaler hat ein anderer Jude und bedeutender Geist unserer Zeit diese Frage gestellt: Günther Anders. Ohne daß er Margarete Susman erwähnte – deren Buch er wohl gar nicht kannte –, hat er in seinen «Ketzereien» [11] eine innerjüdische Antwort auf Margarete Susmans Satanologie formuliert: «Hat Gott Auschwitz verhindert oder zugelassen?» Anders stellt die Frage einem fiktiven Dialogpartner. «Und was wäre das für ein Gott, der Auschwitz zugelassen hätte? ... wäre es nicht frömmer ... zu sagen, kein Gott hätte das zugelassen? Und wäre es nicht ehrfürchtiger ... einzuräumen, daß es ihn nicht gebe, weil *so* unbarmherzig ein Gott, vor allem ein Gott der Liebe, nicht hätte sein können?» (S. 104). Offensichtlich war es Anders nicht bekannt, daß Margarete Susman sogar die These vertrat, Gott habe Auschwitz aus Liebe *angeordnet*. Die Antwort von Anders ist eindeutig: «Was ich meine, ist ..., daß es eine moralische Zumutung ist, mir oder irgendwem sonst nach dem Holocaust mit Gott zu kommen» (S. 103). Anders denkt radikal, im «wurzelhaften» Sinn dieses Begriffs. Es ist ihm unbegreiflich, daß die «Zulassungen» Gottes von Auschwitz und Hiroshima – das übrigens bei Margarete Susman nicht erscheint – nicht «als Argument gegen die Existenz, auch nur gegen die Güte oder das Erbarmen Gottes irgendwo aufgetaucht» sind, «geschweige denn, daß sie Millionen zu Ungläubigen gemacht hätten. Wiederholt hat man es bewundert, daß die nackt und frierend ... in die Gaskammern einziehenden Juden auf diesem ihrem letzten Gang ihren Gott singend gepriesen haben. Als Verschonter, der ich bin, darf ich es nicht wagen, Kritisches dazu auch nur zu denken. Aber unbegreiflich ist es mir doch, daß keiner dieser Singenden Gott das Entsetzliche, das er zuließ, je aufgerechnet hat ... In der Geschichte des modernen Atheismus scheinen Auschwitz und Hiroshima überhaupt keine Rolle gespielt zu haben» (S. 82f). Und nach einer Kant-Lektüre notiert Günther Anders: «Nach Auschwitz besteht mein Atheismus nicht mehr einfach in der Bestreitung ‹seines› Daseins. Sondern in meiner Empörung über die Würdelosigkeit derer, die einem, der *dies* zugelassen hat, im Gebet nahen» (S. 124).

Die Diskussion über die jüdische Opfertheologie und die Infragestellung des biblischen Gottes durch Auschwitz (und Hiroshima) ist noch längst nicht abgeschlossen. So weist etwa Eckhard Nordhofen in einem Aufsatz über «Heilsgeschichte als Unheilsgeschichte: Über die Versuche, Auschwitz theologisch zu deuten», darauf hin, daß «die heilsgeschichtliche Spekulation der jüdischen Opfertheologie ... auf bizarre Weise dem Konzept der Mörder» korrespondierten.[12] «Holocaust» sei eine Übersetzung für «Endlösung». Holokautos oder Holokaustos bezeichneten im Unterschied zu anderen Weisen des Opferns, bei denen nur Teile verbrannt würden, das Brandopfer, bei dem das ganze Tier (holos = ganz) verbrannt wird. Ebenso sei «Endlösung» ein das Ganze betreffender, holistischer Begriff. Hitler habe sich in seinem paranoiden Narzißmus als Gegenmessias gefühlt, der die alten heilsgeschichtlichen Konkurrenten, vor allem das Volk der Erwählung, die Juden, beseitigen müsse, und zwar eben «ganz». Kommentar von Nordhofen: «Diese Theologisierung von Auschwitz, die sich im Begriff ‹Holocaust› niederschlägt, übernimmt die Naziideologie mit umgekehrtem Vorzeichen».

Dasselbe könnte von der jüdischen Opfertheologie Margarete Susmans gesagt werden. Gott befiehlt den Holocaust für sein Volk, den durchzuführen er Satan beauftragt, der diesen Auftrag an Hitler weitergibt, bloß nicht, um das treulose Volk Israel völlig zu vernichten, sondern um dem, was von ihm nach dem Holocaust noch übriggeblieben ist, die Augen zu öffnen für seine Untreue und es zur Umkehr, zur Rückkehr in den Bund zu bewegen. Das ist eine heilsgeschichtliche Legitimation des absoluten Grauens. Wenn je die biblische Heilsgeschichte sich selbst *ad absurdum* geführt hat, dann hier.

C. G. Jungs «Antwort auf Hiob»

Gott als Archetyp

Der protestantische Pfarrerssohn C. G. Jung war ein Religionsstifter. Das wird nirgendwo so deutlich erkennbar wie in seinem Alterswerk «Antwort auf Hiob» [1] das in seinem 77. Lebensjahr erschien. Daß Jung selbst erklärte: «Zum Religionsstifter habe ich weder Fähigkeit noch Lust» [2], ist eines der vielen Selbstmißverständnisse, um es freundlich zu sagen, denen wir im Laufe dieser Auseinandersetzung mit Jung begegnen werden.

«Es kann nicht ausgemacht werden, ob die Gottheit und das Unbewußte zwei verschiedene Größen seien» [3]. Das ist wohl der zentrale Satz von Jungs «Antwort auf Hiob». Er läßt die Möglichkeit einer Identität von Gott und Unbewußtem augenscheinlich offen; aber die Lektüre von Jungs Hiob-Buch überzeugt von Seite zu Seite mehr davon, daß das nicht der Fall ist, sondern Jung von einer solchen, ihm offenbarten Identität ausgeht. Das kollektive Unbewußte ist für Jung die Wirkungsstätte Gottes, was zunächst einmal voraussetzt, daß es diesen Gott auch wirklich gibt. Das kollektive Unbewußte ist der angeborene, überpersönliche, «transpersonale», autonome seelische Urgrund, ein Erbgut, vererbt in den Hirnstrukturen. Seine Urbilder bestimmen weitgehend das Denken, Fühlen und Handeln der Menschen. Jung vergleicht diese Archetypen mit den «unser bewußtes Handeln regulierenden und determinierenden Instinkten» [4].

Die Archetypenlehre ist also ein Determinismus. Diese Archetypen haben einen numinosen Charakter. Rudolf Ottos Begriff «Numinosum» meint nach einer Interpretation des Jungschen Sprachgebrauchs durch seine Schülerin Aniela Jaffé: «Das Heilige, das Unaussprechliche, das Geheimnisvolle, Erschreckende, ‹Ganz Andere›, die nur dem Göttlichen zukommende unmittelbar erfahrbare Eigenschaft» [5]. Diese numinosen Archetypen sind weiter der «Niederschlag des menschlichen Erlebens bis zu seinen dunkelsten Anfängen»[6], unbeeinflußbar vom Bewußtsein und vom Willen. Sie können den Menschen in einen Zustand von Ergriffenheit versetzen: «Der Archetyp bestimmt ... die Art und den Ablauf der Gestaltung mit einem anscheinenden Vorwissen oder im apriorischen Besitz des Zieles»[7]. Er ist «psychologisch ein geistiges Ziel, zu dem die Natur des Menschen drängt»[8], gleichsam der Motor des menschlichen Individuationsprozesses.

Darüber hinaus hat der Archetyp parapsychologische Funktionen. Weiter macht Jung auch unsere ethischen Entscheidungen abhängig von der determinierenden Wirkung der Archetypen: «Die Instinkte (mit denen Jung die Archetypen identifiziert; A. K.) sind a priori vorhandene dynamische Faktoren, von denen die ethischen Entscheidungen unseres Bewußtseins letztlich abhängen»[9]. Damit wird Ethik zu einer selbsttätigen Funktion der Archetypen. Jungs extrem deterministischer Psychologismus führt zur Hoffnungslosigkeit des Menschen, der das «liberum arbitrium» seines Bewußtseins als Illusion erkennen muß: «Alles Begreifen und alles Begriffene ist an sich psychisch, und insofern sind wir in einer ausschließlich psychischen Welt hoffnungslos eingeschlossen»[10]. Der Archetyp erscheint so als eine Art schicksalsbestimmendes numinoses Gen.

Nun gibt es im kollektiven Unbewußten des Menschen auch einen «Archetypus der Gottheit»[11], also ein Ur-Bild Gottes. Die Frage, die sich mit dieser These stellt, lautet: Ist dieses Bild das Abbild einer Realität Gottes oder bloß ein aus der Not des Menschen entworfenes Phantasiebild, eine kantische «Erscheinung», die nach ihrem «an sich» gar nicht gefragt werden kann? Hier spätestens beginnt die Verwirrung. Es geht um die Frage der Wahrheit und Wirklichkeit.

Jungs Wahrheitsbegriff legitimiert sich durch eine naive, unkritische Erkenntnistheorie. Schon früh ist Jung vorgeworfen worden, er meistere nicht einmal die Elemente der Gnoseologie.[12] In der Tat verwechselt, vielmehr identifiziert Jung unbesehen Wahrheit und Wirklichkeit. Oder man könnte auch sagen: Das Kriterium der Wahrheit ist für ihn die Wirklichkeit. Etwas ist wahr, weil es ist. Die Problematik der wahren oder falschen Erkenntnis dieses «ist» interessiert ihn nicht. So sind der religiöse Glaube, wie überhaupt «religiöse Aussagen» für ihn «seelische Tatsachen», also Wirklichkeiten, und diese nennt er «seelische Wahrheiten»[13]. Das exakte Denken war Jungs Stärke nicht. Dieser naiven Erkenntnistheorie zufolge müßte auch jeder religiöse oder psychotische Wahn eine Wahrheit sein, denn «seelische Wahrheit» war für Jung Wahrheit schlechthin. Aber wenn es sich um die seelische Tatsache «Gott» handelt, gerät Jung in Schwierigkeiten.

Wenn er von Gott rede, so meint Jung, so rede er ausschließlich von Aussagen, die ihren Gegenstand nicht setzten. Er wiederholt immer wieder, daß er, wenn er von Gott rede, über Gott nichts Metaphysisches aussagt, sondern bloß etwas Psychologisches: «Es ist mir nie in den Sinn gekommen, daß jemand meinen könnte, ich wollte (in bezug auf die Gottesfrage; A. K.) eine metaphysische Wahrheit verkünden.»[14] Und später: «Wenn wir daher Gott als Archetypus bezeichnen, so ist über sein eigentliches Wesen nichts ausgesagt.»[15]

Wenn Jung sich an diese Aussagen gehalten hätte, wäre viel Papier unbeschrieben geblieben. Allein die Tatsache, daß er immer wieder Denkverbote erläßt, um seine Psychotheologie gegen eine kritische Vernunft zu immunisieren, läßt diese als höchst fragwürdig erscheinen. Die ganze religiöse Vorstellungswelt besteht nach Jung aus anthropomorphen Bildern, die als solche einer rationalen Kritik niemals standhalten könnten, da diese wiederum «auf numinosen Archetypen ..., das heißt auf einer emotionalen Grundlage, welche sich für die kritische Vernunft als unangreifbar erweist», beruhen.[16]

Dieses Numinose war für Jung die Heilsinstanz, zu der er seine Patienten hinführen wollte: «Das Hauptinteresse meiner Arbeit liegt nicht in der Behandlung von Neurosen, sondern in der Annäherung an das Numinose. Es ist jedoch so, daß der Zugang zum Numinosen die eigentliche Therapie ist, und insoweit man zu den numinosen Erfahrungen gelangt, wird man vom Fluch der Krankheit erlöst. Die Krankheit selbst nimmt numinosen Charakter an»[17]. Das ist Psychotherapie als Religion.

Doch wie verträgt sich das mit Jungs These, die «Numinositäten» seien «in der einen Hinsicht wahr, in der anderen unwahr», das «numinose Erlebnis» erhöhe und erniedrige zugleich, und seine Gefahr bestehe darin, «daß es zu Extremen verleitet» [18]? Das Bewußtsein hat bei dieser offenbar gefährlichen Erfahrung des in der Seele wesenden Heiligen nichts zu suchen. Diese «Erkenntnistheorie» Jungs verwandelt die Seele in den Sinai einer unmittelbaren Gotteserfahrung. «Die» Seele wird mit einer «außergewöhnlichen Numinosität» geladen, die eine «außerordentliche Wirksamkeit (= Mana)» besitzt [19]. Ob das auch von der Seele eines Bankräubers oder Hitlers gilt, wird nicht erörtert.

Mit alledem bezieht Jung resolut die Position einer Gegenaufklärung und die des Obskurantismus einer postmodernen Vernunftkritik. Verständlich, daß ihm Aufklärung und Agnostizismus und in einem etwas geringeren Maß auch der Protestantismus als im eigentlichen Wortsinn unheil-voll erscheinen: «Hat man keine religiösen Anschauungen, so ... pocht (man) vernehmlich auf seine Aufgeklärtheit oder deutet wenigstens den edlen Freimut seines Agnostizismus an.» Man könne von diesem Standpunkt aus «die Numinosität des religiösen Gegenstandes kaum zugeben, ... denn es könnte unangenehmerweise die Möglichkeit eintreten, daß man im Glauben an die Aufklärung oder an den Agnostizismus erschüttert würde. Beide fühlen ja, ohne es zu wissen, das Ungenügen ihres Argumentes. Die Aufklärung operiert mit einem inadäquaten rationalistischen Wahrheitsbegriff ... Der Agnostizismus behauptet, keine Gottes- noch irgendwelche andere metaphysische Erkenntnis zu besitzen und übersieht, daß man eine metaphysische Überzeugung niemals *besitzt*, sondern daß man *von ihr besessen* ist. Beide (Aufklärung und Agnostizismus; A. K.) sind von der Vernunft besessen ... Wer aber ist die ‹Vernunft›? ... Bedeutet nicht das, *was ist und west*, eine dem vernünftigen Urteil überlegene Instanz?» [20] Das sind Guru-Sprüche, und Bhagwan ist da nicht mehr weit.

Die Vernunft wird entthront zugunsten dessen, was west. Das ist beinahe Heideggerisch. Von dem, was west, wird man wie von einer numinos geladenen Wahrheit besessen. Wahrheit ist für Jung etwas, von dem man ergriffen wird und besessen ist, also etwas Religiöses. Soweit der 77jährige Jung in seiner «Antwort auf Hiob». Aber Jung war doppelzüngig. Er selbst hat es mit der Wahrheit nicht so genau genommen. Er hat von fast allem, was eben als seine ‹Erkenntnistheorie› dargestellt wurde, auch das Gegenteil gesagt. Verwarf er in der «Antwort auf Hiob» den Agnostizismus in Bausch und Bogen, so erklärte er in einem Brief, es sei «für mich als Wissenschaftler Agnostizismus Pflicht»[21]. Verwarf er im «Hiob» einen «rationalistischen Wahrheitsbegriff» als inadäquat, so beschwor er ein andermal eine Frau, die ihn um Rat gebeten hatte: «Unter allen Umständen ist es das ratsamste, sich an die bewußte und rationale Seite des Lebens zu halten, d.h. diese Seite zu unterstützen. Man sollte sie nie aus dem Auge verlieren. Sie ist der Schutz, ohne den man sich auf unbekannten Meeren verlieren würde. Es hieße geradezu, sich Krankheit ins Haus laden, wenn man die bewußte und rationale Orientierung aufgäbe». Und er fügte lediglich hinzu, mit einer «bloß rationalen Einstellung» sei man dem Leben nicht vollständig angepaßt (S. 145).

Wandte Jung im «Hiob» gegen das Bewußtsein ein, es sei – im Gegensatz zur Seele – jeder Irrtumsmöglichkeit preisgegeben, da seine Aussagen Täuschungen und Lügen sein könnten, und immunisierte er die Archetypen des Unbewußten gegen die Kritik der Vernunft, indem er sie zu etwas Numinosem erklärte und ein Denkverbot aufstellte, so mahnte er die erwähnte Adressatin: «Nur wenn Sie Ihr Bewußtsein mit seiner ganzen Kritikfähigkeit wachhalten, können Sie mit der Beobachtung des Unbewußten beginnen» (ebd.). Pries er im «Hiob» die Numinosität des religiösen Gegenstandes im Unbewußten, an der Aufklärung und Agnostizismus nicht zu rütteln vermöchten, und wertete er das, was im Unbewußten ist und west, als eine dem vernünftigen Urteil überlegene Instanz, so hieß es hier: «Vor allem darf man nichts, was das Unbewußte hervorbringt, unbesehen akzeptieren oder wörtlich nehmen. Es muß einer genauen Beurteilung unterzogen werden.» Die aber eben nur von der Vernunft unternommen werden kann, die er, wie gesehen, als untauglich verwarf. Hier aber besaß er noch die Einsicht, daß man, falls man die Vernunft verabschiedet, «vom

Drachen des Unbewußten verschlungen» werde (ebd.). Und ein andermal meinte er noch: «Das Unbewußte kann sich nur mittels der Hilfe des Bewußtseins und unter dessen steter Kontrolle verwirklichen» (S. 304).

Einmal schrieb Jung sogar: «Daß der Mensch Bewußtseinsfähigkeit besitzt, macht ihn überhaupt erst zum Menschen» [22], um das aber handkehrum wieder mit der Behauptung zu entwerten: «Es wird wohl kaum ernstlich Anstoß erregen, wenn man annimmt, daß die menschliche Psyche Stockwerke besitzt, die unter dem Bewußtsein liegen. Daß es aber ebensogut Stockwerke geben könnte, die sozusagen oberhalb des Bewußtseins liegen, scheint eine Vermutung zu sein, die an ein ‹crimen laesae maiestatis› grenzt. Nach meinen Erfahrungen kann das Bewußtsein nur eine relative Mittellage beanspruchen ... Es ist durch unbewußte Inhalte rückwärts verbunden ..., es ist aber auch nach vorwärts antizipiert.» [23]

Das ist eine Präfiguration dessen, was die von fernöstlichen Religionen inspirierten Transpersonalisten heute «Überbewußtsein» nennen. Jung selbst spricht von einem solchen Überbewußtsein, bloß identifiziert er es hier überraschenderweise mit dem Unbewußten, womit er eine eigenständige Existenz eines Überbewußtseins wieder dementiert: «Was wir das Unbewußte nennen, entspricht also genau dem indischen Begriff des höchsten oder Über-Bewußtseins.» [24] Derselbe Jung aber konnte ebenso behaupten: «Ich habe nie behauptet und glaube auch nicht zu wissen, was das Unbewußte in letzter Linie und an und für sich ist.» [25] Der Archetyp hat also anscheinend ein «Vorwissen» und ist «im apriorischen Besitz des Zieles» [26]. Er hat somit für Erkenntnis und Existenz eine höhere Bedeutung als das Bewußtsein, obgleich dieses angeblich den Menschen erst zum Menschen macht. Jung betont ausdrücklich: «Die archetypischen Aussagen beruhen auf instinktiven Voraussetzungen und haben nichts mit der Vernunft zu tun ... Gewiß spielt das Ich und sein Wille eine große Rolle. Was das Ich will, ist aber in hohem Maße und in einer ihm meist unbewußten Weise durchkreuzt von der Autonomie und Numinosität archetypischer Vorgänge.» [27]

Diese Archetypenlehre ist durch die das ganze Werk Jungs

durchziehende Widersprüchlichkeit gekennzeichnet. Einmal vergleicht er die Archetypen mit den Kategorien Kants, ein andermal mit den Ideen Platons und ein weiteres Mal mit naturhaften Instinkten, ja er nennt sie Selbstabbildungen des Instinkts. Auch sollen die Archetypen etwas rein Formales, Inhaltsleeres, bloße Bedingungen der Möglichkeit sein, doch spricht Jung ihnen gleichzeitig so potente Inhalte wie «Gott» zu. Und dieses bloß Formale, Inhaltsleere ist in der Lage und besitzt die Kraft, das ganze Leben des Menschen zu determinieren: «Immer mußte ich dem inneren Gesetz folgen, das mir auferlegt war und mir keine Freiheit der Wahl ließ.»[28] – «Niemand hat mir die Gewißheit nehmen können, daß ich gesetzt sei, das zu tun, was Gott will, und nicht, was ich will.»[29] Die angeblich unmittelbare, nicht hinterfragbare Gotteserfahrung im bloß formalen, inhaltsleeren Archetyp ersetzt so Moral und Willen. «Aber als schöpferischer Mensch ist man ausgeliefert, nicht frei, sondern gefesselt und getrieben vom Dämon ... Es war ein Dämon in mir, und der war in letzter Linie ausschlaggebend. Er überflügelte mich, und wenn ich rücksichtslos war, so darum, weil ich vom Dämon gedrängt wurde.»[30] – «Alle meine Schriften sind sozusagen Aufträge von innen her; sie entstanden unter einem schicksalshaften Zwang»[31]. Eine bequeme Selbstentschuldung, die freilich von Psychoanalytikern als Zwangsneurose identifiziert würde. Es ist eine Kapitulation der Ethik, der Verantwortlichkeit, der Freiheit, des Willens, des Bewußtseins, der Mündigkeit, kurz – der menschlichen Würde vor der Irrationalität als Dämonen ideologisierter innerer Zwänge.

Natürlich hat Jung, wie üblich, auch das Gegenteil von alledem gesagt, und einige Seiten nach den oben zitierten Sätzen spricht er von einer Wechselwirkung zwischen Archetyp und Bewußtsein, aber es kann kein Zweifel daran bestehen, daß in dieser Archetypenlehre, d.h. Dämonologie, der Primat der zwingenden Dynamik des Archetyps zuzusprechen ist. Jung geht davon aus, daß in jedem Menschen eine autonome, seinem bewußten Willen entzogene Dynamik am Werk ist, deren Endziel die Ganzheit genannte Identität, die Totalität des «Selbst» ist. Auch diese normenlose Theorie der «Selbst»-Verwirklichung ist durch die Wirklichkeit grausam falsifiziert worden. Ein Hitler und ein Stalin haben, um nur diese zu nennen, zweifellos dem «Dämon» in sich gehorcht und so ihr «Selbst» verwirklicht. So haben sie ihre Wahrheit gelebt, denn im Selbst liegt die Wahrheit: «Das Denken, das aus dem ganzen Menschen hervorgeht, (kann) gar nichts anderes sein als eine Wahrheit.»[32]

Es stellt sich nochmals die Frage: Woher stammen die zum Teil krassen Widersprüche in dieser Psycho-Theologie? Jung selbst hat von einer «Entzweiung meiner selbst»[33] gesprochen und festgestellt, «daß ich eigentlich und in Wirklichkeit zwei verschiedene Personen war» (S. 40). «Im Hintergrund wußte ich immer, daß ich Zwei war.» Er teilte sich auf in eine «Persönlichkeit Nr. 1» und eine «Nr. 2». Spiel und Gegenspiel dieser beiden Persönlichkeiten hätten sich «durch mein ganzes Leben (ge)zogen» (S. 50f). Nr. 1 war der brave Schuljunge, der angepaßte, gewöhnliche Alltagsmensch Jung, als den er sich in den «Menschen in ihren lächerlichen Kleidern, in ihrer Gemeinheit, Dummheit, Eitelkeit, Lügenhaftigkeit und ihrer abscheulichen Eigenliebe» erkannte (ebd.). Nr. 2 hingegen war «‹der Andere›, der Gott als ein heimliches, persönliches und zugleich überpersönliches Geheimnis» kannte, der Auserwählte also, der in einem «Tempel» lebte, «in dem jeder Eintretende gewandelt wurde» (S. 51). Nr. 2 spürte den «Hauch aus der großen Welt der Gestirne und der endlosen Räume» (S. 71): die «Gotteswelt» mit Flüssen und Wäldern, Sonnenschein, Wind und Wolken (S. 72). In dieser Gotteswelt waren «auch die Bäume geheimnisvoll» und die gotischen Kathedralen, «das bodenlose Geheimnis des Seins» (S. 73). In den Schuljahren dominierte Nr. 1 mit seinen «allerdings noch spärlichen naturwissenschaftlichen Kenntnissen» (S. 79), und Jung versuchte, Nr. 2 auszulöschen, was ihm aber nicht gelingen wollte (S. 80). Er befand sich damals «in einem vorderhand unlösbaren Zwiespalt» (S. 81). Nr. 1 war «weder Christ noch sonst etwas», Nr. 2 «eine Totalschau der menschlichen Natur selber» (S. 91), ein «Stein, der vom Rande der Welt geworfen wurde und in nächtlicher Unendlichkeit lautlos versank». Nr. 1 lebte eine zusammenhanglose Zufälligkeit in der Gegenwart, Nr. 2 dagegen «fühlte sich in heimlicher Übereinstimmung mit dem

Mittelalter, personifiziert in Faust» (S. 92). Nr. 1, die studieren und Geld verdienen mußte, erwies sich als bloßer Teil von Nr. 2, der «eine höhere Intelligenz … leicht zuzutrauen» war, ein «Gespenst», ein «Geist, der an Macht dem Weltdunkel gewachsen war» (S. 94), «mein Zarathustra» (S. 109). Der Gedanke an die Möglichkeit, daß auch seine Nr. 2, wie die Nietzsches, Krankheit sei, versetzte Jung in Schrecken (ebd.), drängte sich doch die Diagnose «Schizophrenie» geradezu auf.

Daß diese Aufspaltung in eine Persönlichkeit Nr. 1 und eine Persönlichkeit Nr. 2 eine wesentliche Ursache der Widersprüchlichkeit seiner Theorie war, hat Jung selbst ausgesprochen: «Die Sprache, welche ich spreche, muß zweideutig, bzw. doppelsinnig sein, um der psychischen Natur mit ihrem Doppelaspekt gerecht zu werden» (S. 375). Das habe «nichts mit einer ‹Spaltung› im üblichen medizinischen Sinne zu tun». Im Gegenteil, dieses Spiel werde «bei jedem Menschen gespielt» (S. 51). Und in einem Brief wunderte er sich, daß der Adressat «meine Zerrissenheit» so sehr hervorgehoben habe, «wie wenn sie etwas Außerordentliches und Ungewöhnliches oder Nicht-Sein-Sollendes wäre». Die Kirche, das Christentum seien doch ebenfalls zerrissen: «An dieser Zerrissenheit sind wir alle gekreuzigt.»[34] Woraus man nur schließen kann, daß Jung weit davon entfernt war, sein Selbst gefunden zu haben, ja seine – doch wohl außerordentliche – Zerrissenheit offenbar als etwas Bleibendes betrachtete.

Aber noch ein höchst wichtiger Aspekt muß erwähnt werden: Jung entdeckte das Spiel zwischen Nr. 1 und Nr. 2 besonders ausgeprägt auch an seiner Mutter: «Meine Mutter war mir eine sehr gute Mutter. Sie hatte eine große animalische Wärme, war ungeheuer gemütlich und sehr korpulent … Sie hatte eine ausgesprochene literarische Begabung, Geschmack und Tiefe. Aber das … blieb verborgen hinter einer wirklich lieben, dicken alten Frau, die sehr gastfreundlich war, ausgezeichnet kochte und viel Sinn hatte für Humor … Aber handkehrum trat bei ihr eine unbewußte Persönlichkeit in Erscheinung, die unantastbare Autorität besaß … Ich war sicher, daß auch sie aus zwei Personen bestand: die eine war harmlos und menschlich, die andere dagegen schien mir unheimlich. Sie kam nur zeitweise zum Vorschein, aber immer unerwartet und erschreckend. Sie sprach dann wie zu sich selber, aber das Gesagte galt mir und traf mich gewöhnlich im Innersten, so daß ich in der Regel sprachlos war.»[35] Immer wieder kommt Jung auf die «Zweiheit meiner Mutter» zu sprechen (S. 55): «Es bestand ein beträchtlicher Unterschied zwischen den beiden Persönlichkeiten in meiner Mutter. So kam es, daß ich als Kind oft Angstträume von ihr hatte. Tags war sie eine liebende Mutter, aber nachts erschien sie mir unheimlich ... ein seltsames Tier ... archaisch und ruchlos ... Ich erkenne etwas von dieser archaischen Natur auch in mir» (S. 56).

Mit dem Vater dagegen hatte Jung «heftiges Mitleid ... Ein Abgrund hatte sich geöffnet zwischen ihm und mir» (S. 61). Im Gegensatz zum Vater mit seinen Glaubenszweifeln empfand er seine Mutter als «in einem unsichtbaren, tiefen Grunde verankert ... Es hatte meinem Gefühl nach irgendwie mit Tieren, Bäumen, Bergen, Wiesen und Wasserläufen zu tun, womit ihre christliche Oberfläche ... merkwürdig kontrastierte». Das verschaffte ihm «ein Gefühl der Sicherheit ... Nr. 2 meiner Mutter war mir die stärkste Stütze in dem sich anbahnenden Konflikt zwischen der väterlichen Tradition und den seltsamen kompensatorischen Gebilden, zu deren Erschaffung mein Unbewußtes angeregt wurde» (S. 96).

Jungs selbst diagnostizierte Spaltung in Nr. 1 und Nr. 2 war offenbar ödipal bedingt. Er hatte Vater und Mutter, die es ja auch in der Wirklichkeit schwer miteinander hatten, nicht zusammengebracht. Zwischen ihm und dem Vater lag ein Abgrund, sein Verhältnis zur Mutter dagegen hatte den Charakter einer Symbiose. Das ging so weit, daß er seine eigene Spaltung auf sie projizierte. Nr. 1 der Mutter war animalisch, lieb und gemütlich, harmlos, menschlich, Nr. 2 aber unheimlich, Angst einflößend, ruchlos, archaisch, bot jedoch als «Gotteswelt» mit ihren Tieren, Bäumen, Bergen, Wiesen festen Grund und Sicherheit.

Die tiefe Ambivalenz seinen Eltern gegenüber spiegelt sich auch in den Widersprüchen seiner Theorie, seines Denkens. Jung wechselt in seinem Denken dauernd von Nr. 1 zu Nr. 2 und umgekehrt, nennt das eine Wissenschaft und das andere Dämon, was auf den

Versuch hinausläuft, seinen Dämon wissenschaftlich zu legitimieren und seine Wissenschaft als dämonischen Ursprungs mit einem numinosen Akzent zu adeln und unangreifbar zu machen. Behaftet man ihn auf Nr. 1, weicht er auf Nr. 2 aus, und umgekehrt. Dabei bedeutet in seiner «Erkenntnistheorie» die Nr. 1 die empirischen, agnostischen Wissenschaften, Nr. 2 hingegen das Geheimnis des unmittelbaren Wissens um Gott. In der Position 1 beteuert Jung, bloß empirischer Wissenschaftler zu sein, der sich zum Agnostizismus bekennt und sich hütet, metaphysische Aussagen zu machen und zu behaupten, er wisse, wer Gott sei. In der Position 2 hingegen verfügt er über eine unmittelbare Gotteserfahrung, die über alle Aufklärung, alle kritische Vernunft, überhaupt über alles Bewußtsein erhaben und gegen diese immunisiert ist. Hier macht er noch und noch Aussagen über Gott, als ob dieser sein Zimmernachbar wäre. Hier wird die Erkenntnis von Nr. 1 durch die Erleuchtung von Nr. 2 ersetzt. Oder anders gesagt: Vernunft durch Besessenheit, Ratio durch einen Dämon.

Jung hat diese Spaltung in seinem Erkenntnisverhalten weder kritisch reflektiert noch je überwunden. Es ist psychologisch entlarvend, wie gereizt er sein Leben lang auf jede Bemängelung seiner Wissenschaftlichkeit reagierte. Man lese etwa den Brief, den er dem damals 24jährigen Autor dieses Buchs schrieb, in dem er auf schlechthin peinliche Weise auf seine sieben doctores h.c. und auf alle seine wissenschaftlichen Ehrungen verweist, die ihm zuteil geworden waren.[36]

Basler Münster und Bollinger Turm

Der zwölfjährige Jung wird – in seinem «Schicksalsjahr», wie er betont – von Träumen geplagt, in denen er mit dem Problem seiner Sündhaftigkeit ringt. Er gelangt zum Schluß, es sei Gottes Absicht, daß die Menschen sündigen müssen: «Was will Gott? ... Ich muß herausfinden, was Gott will, und zwar jetzt und mit mir.»[37] Jung hat dann ein Leben lang versucht, eine Antwort auf diese Frage zu finden – die Hiobs-Frage: «Sollte es sein, daß Er meinen Gehorsam prüfen will ...?» Wenn dem so sei, dann werde Gott ihm auch seine Gnade und Erleuchtung schenken. Er schenkte sie ihm in Form des Münstertraums: «Vor meinen Augen stand das schöne (Basler) Münster, darüber der blaue Himmel, Gott sitzt auf goldenem Thron, hoch über der Welt, und unter dem Thron fällt ein ungeheures Exkrement auf das neue bunte Kirchendach, zerschmettert es und bricht die Kirchenwände auseinander.» [38] Gott im Himmel also scheißt – umgangssprachlich verstanden – auf die Kirche des Vaters, zertrümmert diese und damit symbolisch auch den Vater selbst. Daß damit der tradierte Gott-Vater als liebender Vater-Gott im Himmel auch sich selbst umbringt, ist evident. Das heißt: Der richtige Gott bringt den falschen um.

Im Augenblick war der Bub Jung freilich noch nicht so weit in seiner Gotteserfahrung, um das erkennen zu können. Sondern er stellt fest: «Das war es also. Ich spürte eine ungeheure Erleichterung und eine unbeschreibliche Erlösung. An Stelle der erwarteten Verdammnis war Gnade über mich gekommen und damit eine unaussprechliche Seligkeit, wie ich sie nie gekannt hatte. Ich weinte vor Glück und Dankbarkeit, daß sich mir Weisheit und Güte Gottes enthüllt hatten, nachdem ich Seiner unerbittlichen Strenge erlegen war. Und das gab mir das Gefühl, eine Erleuchtung erlebt zu haben.» [39] Ob das, wie Renate Höfer meint, eine Analphantasie ist, die auf einen Inzestversuch des Vaters oder eines väterlichen Freundes hinweist, und die «unaussprechliche Seligkeit ... eine Kundgabe des wohltuenden Gefühls ... während des Onanierens und bei der Ejakulation», bleibe dahingestellt.[40]

Entscheidend für Jungs Lebensweg und -werk ist sein Selbstverständnis, daß es sich bei diesem Traum um eine Botschaft Gottes an ihn und damit um ein untrügliches Zeichen seiner Auserwähltheit handelte. Er hatte erfahren, «was mein Vater nie begriffen hatte – den Willen Gottes ... Er (der Vater) hatte sich die Gebote der Bibel zur Richtschnur genommen, er glaubte an Gott, so wie es in der Bibel steht und wie seine Väter ihn gelehrt haben. Aber er kannte nicht den lebendigen unmittelbaren Gott, der allmächtig und frei über Bibel und Kirche steht, den Menschen zu seiner Freiheit aufruft und ihn zwingen kann, auf seine eigenen Ansichten und Überzeugungen zu verzichten, um Seine Forderung unbedingt zu erfüllen. Gott läßt sich ... nicht beeinflussen durch Traditionen und wären sie noch so heilig ... Wenn man den Willen Gottes erfüllt, kann man sicher sein, den richtigen Weg zu gehen ...» Es sei der Gehorsam gewesen, «der mir die Gnade gebracht hat, und seit jenem Erlebnis wußte ich, was göttliche Gnade ist. Ich hatte erfahren, daß ich Gott ausgeliefert bin ...» Hätte sein Vater, anstatt an Gott zu zweifeln, mit Gott gehadert, «dem einzigen, der wirklich für das Leiden der Welt verantwortlich war» – wieder das Hiob-Thema! –, dann hätte Gott «ihm sicher als Antwort einen jener zauberhaften, endlos-tiefen Träume geschickt, die Er mir sogar, ohne gefragt zu werden, schickte und damit mein Schicksal besiegelte. Ich wußte nicht, wieso – es war halt so. Er hatte mir sogar einen Einblick in sein eigenes Wesen eröffnet.»[41] Jung – der Auserwählte.

Aber mit diesem Gedanken erwachte zugleich «die Ahnung, daß Gott etwas Furchtbares sein könnte. Es war ein furchtbares Geheimnis ...» Es «überschattete mein Leben». Seine ganze Jugend könne «unter dem Begriff des Geheimnisses verstanden werden». Dieses Geheimnis jedoch ist so geheim nicht, ist es doch das Wissen, daß Gott «nicht menschlich» und «eine große Gefahr» ist (S. 61). Man versteht, daß Jung fasziniert war vom Geheimnis des Grals, diesem mythischen Symbol des Gottes-Geheimnisses: «Die Gralsgeschichten spielten für mich von Jugend an eine große Rolle. Als ich fünfzehn Jahre alt war, hatte ich sie zum ersten Mal gelesen, und das war ein unverlierbares Erlebnis, ein Eindruck, der mich nie mehr losgelassen hat. Ich ahnte, daß dort noch ein Geheimnis verborgen lag» (S. 169). Jung berichtet auch noch von einem Traum, in dem die Gralsburg eine zentrale Rolle spielte: «Ich wußte, daß es unsere Aufgabe war, ... den Gral zu holen», und er machte sich auf – man schrieb das arisch-nordische Judenpogromjahr 1938 –, «nach Norden» zu wandern, um den Gral zu holen ... (S. 285). Im Norden der Schweiz lag Nazi-Deutschland.

Aber zurück zum Münstertraum. Er habe das Traumerlebnis, so meint er, auch als seine Minderwertigkeit empfunden: «Ich bin ein Teufel oder ein Schwein, dachte ich, irgendetwas Verworfenes.»

Aber als er dann in der Bibel seines Vaters zu lesen begann, entdeckte er, «daß gerade die Verworfenen die Auserwählten seien». So habe er das Gefühl bekommen, «ausgestoßen oder auserwählt, verflucht oder gesegnet zu sein». Damit sei er in eine «fast unerträgliche Einsamkeit» geraten, und «auch heute bin ich einsam, weil ich Dinge weiß und andeuten muß, die die anderen nicht wissen ...» (S. 46ff). Was für eine Bescheidenheit ...

Jung deutet seinen Münstertraum als Absage an die tradierte protestantische Religiosität: «Gott selber hatte in meinem Traum die Theologie und die darauf gegründete Kirche desavouiert ... Mit der ‹theologischen Religion› konnte ich nichts anfangen; denn sie entsprach nicht meinem Gotterlebnis» (S. 98f). Die «Dogmatik» der Theologen war ihm «nichts als Schönschwätzerei, ja ... eine ungewöhnliche Dummheit» (S. 65). «Die Kirche wurde mir allmählich zur Qual» (S. 51), «ich war aus der Kirche herausgefallen» (S. 62), «die Kirche war ein Ort, an den ich nicht mehr gehen durfte ... Meine Einigkeit mit der Kirche ... zerbrach mir» (S. 61). Aber er brauchte die Kirche ja gar nicht mehr, war ihm doch im Münstertraum-Erlebnis «plötzlich klar» geworden, «daß Gott, für mich wenigstens, eine der allersichersten, unmittelbaren Erfahrungen war» (S. 67). Ja, er nannte «die Gotteserfahrung die evidenteste aller Erfahrungen» (S. 97). Aber diese Kirche mit ihrem «lieben Gott» war die Kirche des Vaters, ja seiner ganzen Familie. Jung ist in seiner Jugend vollgetränkt worden mit der tradierten protestantisch-frömmlerisch-sentimentalen Religiosität: «In der Familie meiner Mutter waren sechs Pfarrer, und nicht nur mein Vater war Pfarrer, sondern auch zwei seiner Brüder. So hörte ich viele religiöse Gespräche, theologische Diskussionen und Predigten» (S. 47), die Jung immer mehr als «abgeschmackte Sentimentalitäten» empfand (S. 51). Seine Pfarrer-Onkel «flößten mir viele Jahre Angst ein», so daß er «die mir erteilte christliche Lehre ... oft wie eine feierliche Maskerade, eine Art Leichenbegängnis» empfand (S. 20). Deshalb sei ihm der «hêr Jesus» «nie ganz liebenswert geworden» (S. 19). «Die Geschichte mit dem ‹hêr Jesus›» sei ihm «immer verdächtig vorgekommen», und er habe sie nie wirklich geglaubt (S. 67). (Das «hêr» ist wohl eine Anspielung auf den Basler Dialekt.) Die geistige Atmosphäre zu Hause war für Jung «irrespirabel» geworden. Er litt an Pseudo-Krupp mit Erstickungsanfällen, später auch an Ohnmachtsanfällen (S. 25, 36) – eindeutige Somatisierungen seines psychischen Konflikts.

Der ganzheitliche liebe Gott der Kirche hatte sich dem jungen Pfarrerssohn als gespaltene Doppelnatur offenbart: «... es erschien mir ... keineswegs unsinnig zu denken, daß Er beabsichtigt hatte, eine Welt der Gegensätze zu schaffen, in der eines das andere fraß und das Leben eine Geburt zum Tode war» (S. 64). Dieser Gott war der Gott des Vaters. So ist seine «Antwort auf Hiob», wie wir noch sehen werden, auch eine Antwort auf seinen Pfarrer-Vater. «‹Vater› bedeutete für mich Zuverlässigkeit und – Ohnmacht» (S. 15). Dieser Vater war «ein armer Landpfarrer», für den der Sohn Mitleid empfand, trotz seiner launischen Gereiztheit, die er nicht beherrschen konnte (S. 31). Im Münstertraum hatte Jung erfahren, was sein Vater nicht begriffen hatte: «den Willen Gottes, dem er sich aus den besten Gründen und dem tiefsten Glauben widersetzte. Darum hatte er auch nie das Wunder der Gnade erlebt» (S. 46). Diese Absage an den biblischen Offenbarungsglauben des Vaters machte den Weg frei für Jungs Verlagerung Gottes ins Unbewußte. Was der Vater aus seinem Bibelglauben sagte, «klang schal und hohl, wie wenn einer eine Geschichte erzählte, die er selber nicht ganz glauben kann» (S. 48). Er habe später viele Diskussionen mit seinem Vater gehabt, immer in der Hoffnung, ihm «in seinen Gewissensnöten zu helfen». Aber diese Diskussionen hatten immer ein unbefriedigendes Ende, sie reizten und betrübten den Vater (S. 49). Dem Sohn, der auch um die furchtbare Seite des «lieben Gottes» wußte, kamen bei den «gefühlvollen Predigten» des Vaters immer mehr Zweifel: «Weiß er eigentlich, wovon er spricht?» (S. 52). Der Konfirmationsunterricht, den der Vater ihm erteilte, hat den Sohn maßlos gelangweilt: «Es hat sich nichts ereignet ... Es war ... nichts geschehen ... Man nennt das ‹christliche Religion›, aber das hat ja alles mit Gott, wie ich ihn erfahren habe, nichts zu tun» (S. 60).

Schließlich ist von einem «religiösen Zusammenbruch» des Vaters die Rede. Dieser war auch «enttäuscht von seiner Ehe». Er «war … meist schlechter Laune und chronisch gereizt. Beide Eltern gaben sich große Mühe, ein frommes Leben zu führen, mit dem Resultat, daß es nur zu oft zu Szenen kam. An dieser Schwierigkeit zerbrach dann später begreiflicherweise sein Glaube» (S. 97). Von der permanenten Ehekrise der Eltern ist in Jungs Erinnerungen immer wieder die Rede: «Die Ehe meiner Eltern war kein glückhaftes Einvernehmen, sondern eine durch viele Schwierigkeiten belastete Geduldsprobe» (S. 318). Jung spricht auch von einer «temporären Trennung der Eltern» (S. 14). Seine Mutter sei damals mehrere Monate im Spital gewesen, «vermutlich war ihr Leiden eine Folge ihrer Enttäuschung in der Ehe» (ebd.). Keine Familienatmosphäre, die einem übersensiblen Kind, wie Jung es war, Geborgenheit, Sicherheit, «Identität» und Liebe hätte vermitteln können. «Die lange Abwesenheit meiner Mutter hat mir schwer zu schaffen gemacht. Seit jener Zeit war ich immer mißtrauisch, sobald das Wort ‹Liebe› fiel. Das Gefühl, das sich mir mit dem ‹Weiblichen› verband, war lange Zeit: natürliche Unzuverlässigkeit. ‹Vater› bedeutete für mich Zuverlässigkeit und – Ohnmacht. Das ist das handicap, mit dem ich angetreten bin» (S. 14f).

Des Vaters Zustand erfüllte den Sohn mit Besorgnis. Seinen Affektausbrüchen gegenüber verhielt er sich passiv. Er spürte, daß den Vater «Glaubenszweifel» plagten (S. 97). Auf alle Fragen des Sohns «erfolgten entweder die mir bekannten leblosen theologischen Antworten oder ein resigniertes Achselzucken». – «Die Theologie hatte meinen Vater und mich entfremdet» (S. 97f). Und dann folgen die im Zusammenhang mit Jungs Hiob-Buch zu lesenden Sätze: «Er mußte ja mit jemandem hadern, und er tat dies mit seiner Familie und sich selbst. Warum tat er es nicht mit Gott, dem dunkeln auctor rerum creatorum …?» (ebd.).

Im Gegensatz zum Vater hatte Hiob mit Gott gehadert – das war es, was Jung an Hiob faszinierte. Mit Hiob wollte er seinen Vater und dessen Gott überwinden. Aber die Ambivalenz seiner Vaterbeziehung hat sich später auf seine Gottesbeziehung übertragen. Denn mit diesem Vater verband ihn auch «eine mit den Jahren sich vertiefende Sympathie» (S. 318). Aber dieses Vaters «depressiven Launen häuften und verstärkten sich, ebenso seine Hypochondrie» (S. 100). Offenbar mußte der Vater dann zeitweise in eine «Irrenanstalt» (S. 114), und schließlich wurde er ernsthaft krank – über die Natur dieser Krankheit verrät Jung nichts – und ist 1895, als der Sohn zwanzig Jahre alt war, gestorben.

Die Mutter sagte zum Sohn über den Tod des Vaters: «Er ist zur Zeit für dich gestorben.» Was Jung dann interpretierte als: «Ihr (Vater und Sohn; A. K.) habt euch nicht verstanden, und er hätte dir hinderlich werden können» (S. 101). Man könnte auch sagen: Der Vater war das große Hindernis auf dem vom Sohn eingeschlagenen Weg vom biblischen Offenbarungsgott und dem «hêr Jesus» zum Archetyp-Gott und dem Heiligen Geist im kollektiven Unbewußten.

Zu diesem verblüffenden Ausspruch der Mutter gibt es eine noch verblüffendere Parallele. Auch der Vater von Sören Kierkegaard hatte teil am Hiob-Schicksal. In kurzer Zeit hatte er fast seine ganze Familie durch den Tod verloren. Er verfiel in Schwermut und bekannte sich zu einer weltabgewandten pietistischen Leidenstheologie, die er mit unsinniger Strenge auch seinem Sohn Sören aufzuoktroyieren versuchte: «Als Kind wurde ich streng und ernstlich im Christentum erzogen, menschlich geredet unsinnig erzogen. Schon in der frühesten Kindheit hatte ich mich an Eindrücken verhoben, unter denen der schwermütige Greis, der sie auf mich gelegt hatte, selbst zusammenbrach. Ein Kind, das unsinnigerweise dazu aufgestutzt worden war, ein schwermütiger Greis zu sein, fürchterlich! Was Wunder da, daß mir das Christentum zu Zeiten wie die unmenschlichste Grausamkeit vorkam.» Als der Vater dann starb, meinte Kierkegaard, dieser sei für ihn gestorben, «damit wenn möglich noch etwas aus mir werden kann»[42]. Bei Kierkegaard vermengen sich Vater- und Gottes-Imago gelegentlich bis zur Ununterscheidbarkeit. Zu dieser Parallele wäre zu sagen, daß auch die Atmosphäre im Elternhaus Jungs sehr «kierkegaardisch» anmutet. Man versteht es, daß Jung durch die Bemerkung seiner Mutter «furchtbar getroffen» war. «Andererseits erwachte damals ein Stück Männlichkeit und Freiheit in mir.»[43]

Das Basler Münstertraum-Erlebnis war die symbolische Überwindung des Pfarrer-Vaters und dessen Gottes, im Bollinger Turm suchte Jung die Symbiose mit seiner Mutter wiederzufinden. Jung hatte sich auf seinem Sitz am oberen Zürichsee einen Turm gebaut. Um seine Identität zu finden, mußte er zu seinem Ursprung zurückkehren – in den Schoß der Mutter. Identität meint Sinn und meint Ganzheit: Der Turm, «den ich mir in Bollingen baute ... bedeutete für mich ... eine afrikanische Hütte ... Im Grunde genommen vermitteln die primitiven Hütten eine Idee der Ganzheit ..., eine Wohnstätte, welche den Urgefühlen des Menschen entspricht. Sie sollte das Gefühl des Geborgenseins vermitteln – nicht nur im physischen, sondern auch im psychischen Sinne ... Vom Anfang wurde der Turm für mich zu einem Symbol der Reifung – ein Mutterschoß, oder eine mütterliche Gestalt, in der ich wieder sein konnte, wie ich bin, war und sein werde ... ein Symbol der psychischen Ganzheit ... In Bollingen ... bin ich sozusagen der ‹uralte Sohn der Mutter›» (S. 227ff). Diese Symbiose mit der Mutter war – symbolisiert durch den Rückzug in den Bollinger Turm – eine Regression, eine gewaltig narzißtische dazu. Die Beziehung zum Du und die menschliche Liebe, ja überhaupt alle Ethik fristen im Werk Jungs ein äußerst kümmerliches Dasein, und Politik wie Gesellschaftsprobleme – also die Beziehungen zum Wir – reduzierte er auf Psychisches: «Meine ärztlichen Erfahrungen sowohl wie mein eigenes Leben haben mir unaufhörlich die Frage der Liebe vorgelegt, und ich vermochte es nie, eine gültige Antwort darauf zu geben. Wie Hiob mußte ich ‹meine Hand auf meinen Mund legen. Einmal habe ich geredet, darnach will ich nicht mehr antworten›» (S. 356). Also Rückzug in die Stummheit des Geheimnisses.

In einem Brief an Theodor Bovet schrieb der 48jährige Jung: «Und doch haben Sie ganz recht, wenn Sie sagen, daß das Problem der *Liebe* zum Allerwichtigsten des menschlichen Lebens gehört.» Es «erscheint mir als ein ungeheuerlich großer *Berg*, der mit all meiner Erfahrung sich nur immer zu noch größerer Höhe aufgetürmt hat, wenn ich je meinte, ihn beinahe erklommen zu haben»[44]. Auch dem sozialen und politischen Geschehen gegenüber bewies Jung – mit einer Ausnahme, von der gleich die Rede sein wird – eine an Verachtung grenzende narzißtische Gleichgültigkeit. Seine Welt war der Turm: «Ich kümmere mich nicht um ‹die

Welt›. Ich kümmere mich um die Menschen, mit denen ich zusammenlebe. Die weitere Welt ist in den Zeitungen. Meine Familie und meine Nachbarn sind mein Leben – ... Was darüber hinausgeht, ist Zeitungs-Mythologie.»[45] Einer politischen Bewegung, einem großen Ereignis der Weltgeschichte jedoch ist es gelungen, Jung von seinem Turm herab-, aus seinem Turm herauszulocken: dem Nationalsozialismus. Diesmal allerdings wäre er besser in seinem Turm geblieben.

Jungs Reinfall auf Hitler

Am 26. Juni 1933, also kurz nach der Machtergreifung Hitlers, erklärte Jung im Berliner Rundfunk: «Die Begeisterung für die Neugestaltung der deutschen Volksgemeinschaft ist ... dem Westeuropäer unverständlich ... Überall weht der Wind einer neuen Zeit ... Wie Hitler kürzlich gesagt hat, muß der Führer einsam sein können und den Mut zum Alleingehen besitzen ... Deshalb ist der wahre Führer zugleich der, der den Mut zu sich selber hat ... Es ist eines der schönsten Vorrechte des germanischen Geistes, voraussetzungslos das Ganze der Schöpfung ... auf sich wirken zu lassen ... Zeiten der Massenbewegungen sind immer Zeiten des Führertums. Jede Bewegung gipfelt organisch im Führer ... Er ist eine Inkarnation der Volksseele und ihr Sprachrohr.» Es folgt der unglaubliche Satz: «Adel glaubt naturnotwendig an das Blut und an Rassenausschließlichkeit. Westeuropa versteht die besondere seelische Notlage des jugendlichen deutschen Volkes nicht.»[46]

Aber das war keineswegs der einzige Versuch Jungs, sich den Nazis anzubiedern, vielleicht in der Hoffnung, so etwas wie *der* Reichspsychologe werden zu können, ähnlich wie Heidegger, der zur selben Zeit auf den Posten eines Reichsphilosophen aspirierte. Um einen solchen Traum verwirklichen zu können, mußte jedoch zunächst die gefährlichste Konkurrenz ausgeschaltet werden – der Jude Sigmund Freud: «Die tatsächlich bestehenden und einsichtigen Leuten längst bekannten Verschiedenheiten der germanischen und der jüdischen Psychologie sollen nicht mehr verwischt werden.» Jung prägte in diesem Zusammenhang sogar den Ausdruck «semitische Psychologie», und es tönt unglaubhaft, wenn er hinzufügt: «Damit soll, wie ich ausdrücklich feststellen möchte, keine Minderbewertung der semitischen Psychologie gemeint sein.» Wer damals etwas «semitisch» nannte, bediente sich des rassistischen Nazi-Jargons.[47]

Daß seine Beteuerung, er meine keine Minderbewertung der semitischen Psychologie, eine Lüge war, geht aus dem Brief hervor, den Jung noch im Februar 1934 – ein Jahr nach Hitlers Machtergreifung – seinem deutschen Schüler und überzeugten Nationalsozialisten W. Kranefeldt, zu dessen 1930 in Berlin erschienenem Buch «Die Psychoanalyse» er ein Vorwort beigesteuert hatte, schrieb: «Gegen die Dummheit kann man bekanntlich nichts tun, aber in diesem Fall können die arischen Leute darauf hinweisen, daß mit Freud und Adler spezifisch jüdische Gesichtspunkte öffentlich gepredigt werden, und zwar, wie man ebenfalls nachweisen kann, Gesichtspunkte, welche einen wesentlich zersetzenden Charakter haben. Wenn die Verkündigung dieser jüdischen Evangelien der Regierung (Hitlers; A. K.) angenehm ist, so ist es halt eben so. Andernfalls ist ja auch die Möglichkeit vorhanden, daß dies der Regierung nicht angenehm wäre ...»[48]

Jung übernimmt die von den Nazis propagierte antisemitische These, wonach der jüdische Geist «zersetzend» sei, und bringt dem Nazi-Freund den Gedanken nahe, die Hitler-Regierung könnte diese zersetzende jüdische Psychologie von Freud und Adler eigentlich mit einem Verbot belegen. Was er in seinem Aufsatz «Zur gegenwärtigen Lage der Psychotherapie» aus demselben Jahr 1934 mit dem wiederum unglaublichen Satz zu legitimieren versuchte: «Das arische Unbewußte hat ein höheres Potential als das jüdische ... M.E. ist es ein schwerer Fehler der bisherigen medizinischen Psychologie gewesen, daß sie jüdische Kategorien ... unbesehen auf den christlichen Germanen oder Slawen verwandte. Damit hat sie nämlich das kostbarste Geheimnis des germanischen Menschen, seinen schöpferisch ahnungsvollen Seelengrund als kindisch-banalen Sumpf erklärt ... Freud ... kannte die germanische Seele nicht, so wenig wie alle seine germanischen Nachbeter sie kannten. Hat sie die gewaltige Erscheinung des Nationalsozialismus, auf den eine ganze Welt mit erstaunten Augen blickt, eines Besseren belehrt? Wo war die unerhörte Spannung und Wucht, als es noch keinen Nationalsozialismus gab? Sie lag verborgen in der germanischen Seele ...»[49] Jung war, als er das schrieb, fast sechzig.

1936, im dritten Jahr der Hitler-Diktatur, veröffentlichte Jung einen Aufsatz über «Wotan», einen Hymnus auf den alten «Sturm- und Rauschgott», in dem er den Gott des germanischen Dritten Reiches Adolf Hitlers zu erkennen wähnte: «Er ist ein Sturm- und Brausegott, ein Entfeßler der Leidenschaften und der Kampfbegier, und zudem ein übermächtiger Zauberer und Illusionskünstler, der in alle Geheimnisse okkulter Natur verwoben ist.»[50] Der alte Wotan «mit seinem abgründigen und niemals ausgeschöpften Charakter» erkläre mehr vom Nationalsozialismus als ökonomische, politische oder psychologische Faktoren. Jung rügt hier einmal mehr, daß «der Nichtdeutsche» dieser «Ergriffenheit» der Deutschen durch Wotan «fremd und verständnislos gegenübersteht». Wotan, «ein Ergreifer der Männer» (S. 10f), ist «eine Grundeigenschaft der deutschen Seele» (S. 13), und Jung spricht – mitten in der Nazi-Zeit – von einer «Gottergriffenheit der Deutschen» (S. 13f). Man könne daher «von einem Archetypus ‹Wotan› sprechen, der als autonomer und seelischer Faktor kollektive Wirkungen erzeugt» (S. 15).

Ein Archetypus aber «ist etwas wie ein alter Stromlauf, in welchem die Wasser des Lebens flossen und sich tief eingegraben haben. Und je länger sie diese Richtung behielten, desto wahrscheinlicher ist es, daß sie früher oder später wieder dorthin zurückkehren» (S. 18). Eben dies geschieht mit dem «Berserker ... Sturmgott ... Wanderer ... Kämpfer ... Wunsch- und Minnegott ... Herrn der Toten ... um Geheimes Wissenden ... Zauberer ... Gott der Dichter ... Gott der Wut und Raserei ... Runenkundigen ... Schicksalskünder» Wotan (S. 17). Jung ist nicht nur ergriffen, er ist auf geradezu homoerotische Weise berauscht von und verliebt in diesen Pracht-Wotan, diesen «Gott der Deutschen» (S. 21). Man gewinnt den Eindruck, hier schreibt ein Drogensüchtiger im «High»-Zustand. Seine Droge einer geheimnistrunkenen göttlichen Ganzheit, mit der er den zersetzenden Einfluß der semitischen Psychologie zu bekämpfen unternahm, ist der «deutsche Gott», der «Ergreifer» (ebd.), der «nationale Gott» (S. 20). Jung geht so weit, die «Wotansandacht» des «Deutschen Christen» und Oberkirchenrates Dr. Langmann zu zitieren, weil dieser – «angetan mit der SA-Uniform und hohen Stiefeln» – Walhall und Siegfried gepriesen hatte. Damit noch nicht genug, wirft er – und veröffentlicht das naiverweise nochmals 1946, nach dem Krieg – der «Bekenntniskirche», die sich mutig geweigert hatte, den Nazispuk mitzumachen, vor, nicht so tolerant zu sein wie der gestiefelte SA-Christ und nicht wie dieser zu predigen: «Christus hat sein Blut zum Heile des Menschen vergossen: wie u.a. auch Siegfried, Baldur und Odin» (S. 20). Man versteht, daß Jung seine Trauer über diese bekennenden Christen, die keine SA-Stiefel anziehen wollten, mit dem Buch des völkischen Rassisten Wilhelm Hauer: «Deutsche Gottschau. Grundrisse eines deutschen Glaubens» zu lindern suchte, ein Buch, das er «nicht ohne Rührung» gelesen hat, ist doch «Hauer ... ergriffen von der ahnungsreichen Tiefe germanischer Urworte» und von dem «Kairos, der jetzt eben ... Wotan heißt» (S. 21 f). Und er rät den braunen Stiefel-Christen, «nicht mehr allzu prüde zu tun» und «nicht bloß zu *glauben*, sondern auch zu *wissen*, daß der Gott der *Deutschen* Wotan ist und nicht der universale Christengott» (S. 22). So feiert der Bollinger Türmer denn «das Wiedererwachen Wotans» als ein «reculer pour mieux sauter», und was da im Gefolge Wotans noch besser springen soll, ist «der Nationalsozialismus», der «noch lange nicht das letzte Wort» der Deutschen Geschichte sein könnte, falls Wotan auch noch seine «ekstatische und mantische Natur äußern» würde. Dann «wären in den nächsten Jahren oder Jahrzehnten hintergründige Dinge zu erwarten, von denen wir uns jetzt allerdings noch schlecht eine Vorstellung machen können» (S. 23). Wohl wahr.

Drei Jahre nach der Veröffentlichung seiner Wotanologie (1939), im Jahr des von Hitler inszenierten Beginns des Zweiten Weltkriegs, waren Jung noch immer nicht die Augen aufgegangen. In seinem Interview mit dem amerikanischen Journalisten H. R.

Knickerbocker[51] schwärmte Jung noch immer vom «träumerischen Blick» Hitlers, in dessen Augen «der Blick eines Sehers» sei. Hitler gehöre ohne Frage «in die Kategorie des echten mystischen Medizinmanns», und es wurde «seit der Zeit Muhammeds nichts ähnliches gesehen in der Welt». Hitler ist «der Seher, der Prophet, der Führer», und in ihm spiegelt sich «das Unbewußte jedes Deutschen ... Er ist der Lautsprecher, der das unerhörte Raunen der deutschen Seele verstärkt ... Er ist der erste Mensch, der jedem Deutschen sagt, was er in seinem Unbewußten die ganze Zeit dachte und fühlte ...» Das Geheimnis von Hitlers Macht bestehe darin, daß «sein Unbewußtes einen außerordentlich guten Zugang zum Bewußtsein» habe und er es sich erlaube, «durch sein Unbewußtes angerührt zu werden». Wir gewöhnlichen Sterblichen «haben zu viel Rationalität, zu viel Gehirn, um ihm nachzuleben ... Hitler horcht hin und gehorcht. Der wahre Führer ist immer geführt.» Und weil Hitler so beflissen auf sein – germanisches, arisches, von Wotan inspiriertes – Unbewußtes horcht, «ist er bis heute (1939!; A. K.) unfehlbar gewesen». Hitler fasse «politische Entschlüsse ..., die entgegen der Meinung all seiner Ratgeber und ausländischen Beobachter sich als richtig herausstellen. Wenn das passiert, bedeutet es nur, daß die Information, die von seinem Unbewußten aufgefangen wird, und die sein Bewußtsein dank seines außergewöhnlichen Talentes erreicht, eher den Tatsachen entspricht als die der andern.» «Hitlers unbewußtes Auge» hat «ihn bisher nie betrogen», und wie scharfsichtig dieses Auge war, geht allein daraus hervor, daß «Hitlers Unbewußtes wußte ..., daß England den Krieg nicht wagen würde». Aber wenn Hitler auch nicht der wirkliche Messias der Deutschen ist, «so ist er doch wie ein alttestamentlicher Prophet; seine Sendung ist es, sein Volk zu einigen und in das gelobte Land zu führen».

Offenbar sah Jung im Nationalsozialismus eine göttlich geleitete Gegenbewegung gegen das – wörtlich – «Weltjudentum», denn «in Nazideutschland» werden «die Dinge durch Offenbarungen geleitet». Man versteht, daß Jung «das große Glück» preist, «Duce und Führer in Berlin zusammen» gesehen und «nur wenige Fuß von ihnen» gestanden zu haben. Er hatte dabei «in

Mussolinis Benehmen einen gewissen Stil entdeckt, ein gewisses Format eines echten Mannes, der in einigen Dingen über einen guten Geschmack verfügt ... Ich konnte nicht umhin, Mussolini lieb zu gewinnen.» Wie rührend. Hitler als Person scheint Jung allerdings etwas irritiert zu haben, machte er ihm doch «den Eindruck eines Holzgerüstes, das mit Stoff behängt wurde, eines Automaten mit einer Maske, wie ein Roboter ... Er schien nur das Double einer wirklichen Person zu sein.» Aber Jung wendet diese Enttäuschung ins Positive, denn Hitler «ist kein Mensch, sondern eine ganze Nation». Deshalb gibt Jung den Westmächten den wohlmeinenden Rat, «nicht zu versuchen, Hitler aufzuhalten» und ihn «ostwärts ziehen» zu lassen: «Lassen Sie ihn nach Rußland gehen ... Für Deutschland gibt es nur ein Operationsfeld: Rußland.» Jung als Generalstabschef Wotans.

Jungs Ambivalenz zwischen Nr. 1 und Nr. 2 ließ ihn Ende 1938, nach der «Reichskristallnacht», aber vor diesem Interview, an Erich Neumann schreiben: «Ich habe für Deutschland Schlimmes vorausgesehen, sogar ganz Schlimmes, aber wenn es dann eintrifft, so erscheint es einem doch unglaublich. Sozusagen jedermann hier ist aufs Tiefste erschüttert von dem, was in Deutschland geschieht. Ich habe sehr viel mit jüdischen Flüchtlingen zu tun und bin beständig damit beschäftigt, alle meine jüdischen Bekannten in England und Amerika unterzubringen.»[52] Und Ende 1939: «Hitler selbst ist ... mehr als nur halb verrückt» (S. 350). 1940 betet er plötzlich «für einen britischen Sieg über den Antichrist» (S. 356), und 1945 veröffentlicht er die Aufsätze «Nach der Katastrophe» und «Nachwort», in denen er schreibt, der Nationalsozialismus sei «das ungeheuerlichste Verbrechen aller Zeiten»[53], und Deutschland habe «an Grauenhaftigkeit alles je dagewesene» übertroffen (S. 138). Während er früher das Hohelied auf den «deutschen Archetypus ‹Wotan›» gesungen hatte, der die nationalsozialistische Bewegung inspiriere, entpuppt sich dieser Wotan *post festum* als – Satan: «Nun hat Deutschland den Teufelspakt und dessen unvermeidliche Folgen erlitten» (S. 111). Wotan ist wieder abgetaucht, und der von seinem Sturmgott verlassene Deutsche hat nur noch dann «eine vernünftige Chance, noch einige Zeit für einen möglicherweise anständigen Menschen gehalten zu werden», wenn er «seine moralische Minderwertigkeit als Kollektivschuld vor der Welt anerkennt» (S. 81). Überhaupt ist da viel von Schuld die Rede; bloß übersieht dabei Jung souverän seine eigene. Statt dessen fordert er dieselbe «christliche Kirche», der er soeben noch den Rat erteilt hatte, Siegfried, Baldur und Odin unter ihre Heiligen aufzunehmen und den Christengott durch Wotan zu ersetzen, auf, sie «möge ihr Haupt mit Asche bestreuen und ihre Gewänder zerreißen ob der Schuld ihrer Kinder. Der Schatten dieser Schuld ist auf sie gefallen» (S. 79).

Während Jung noch 1939 Hitler als alttestamentlichen Seher und Propheten und Beinahe-Messias pries, heißt es jetzt: «Als dann ... der Reichstagsbrand (1933; A. K.) das Signal gab, da wußte man, wo der Brandstifter, der Böse in Person saß» (S. 84). Er meint denselben Hitler. Während er unmittelbar nach der Machtergreifung Hitlers im Berliner Rundfunk den Westeuropäern vorwarf, kein Verständnis zu haben für «die Begeisterung für die Neugestaltung der deutschen Volksgemeinschaft», und den Führer pries, weil er den Mut zum Alleinvorgehen besitze und Inkarnation wie Sprachrohr der Volksseele sei, heißt es nun: «Es war nicht leicht, mitanzusehen, wie ein ganzes Deutschland aufgeatmet hat, als ein größenwahnsinniger Psychopath sagte: ‹Ich übernehme die Verantwortung›» (S. 87). Seine Diagnose Hitlers, des früher Unfehlbaren, dessen Entschlüsse immer richtig waren, lautet nun: «Pseudologia fantastica» (S. 92). Während er früher Hitler lobte, weil er sich durch sein Unbewußtes anrühren lasse, aufmerksam auf einen Strom von Eingebungen lausche und nach ihnen handle – «Hitler horcht hin und gehorcht» –, heißt es jetzt: «Das deutsche Volk hätte auf die dem Ausländer (bis auf wenige schwerbegreifliche Ausnahmen) als lächerlich erscheinende, pathetische, d.h. offenbar hysterische Geste Hitlers und auf seine weibisch kreischenden Reden niemals hereinfallen können, wenn diese Gestalt ... nicht ein Spiegelbild der allgemeinen deutschen Hysterie gewesen wäre.» Während Jung früher erklärt hatte, in Nazi-Deutschland würden «die Dinge durch Offenbarungen geleitet», heißt es nun, «die einzige Möglichkeit, sich die Massenwirkung dieses Popanzes einigermaßen zu erklären», sei, «ein ganzes Volk als ‹psychopathisch minderwertig› aufzufassen» (ebd.). Während Jung früher fasziniert war von Hitlers «träumerischem Blick», dem «Blick eines Sehers», ist derselbe Hitler für denselben Jung nun eine «‹dämonische› Heldengestalt des Leihbibliothekenromanes und der Vorstellungswelt eines kindischen Publikums, das seine Weltkenntnis den Göttergestalten schlechter Filme verdankt» (S. 93). Früher hießen diese Göttergestalten noch Siegfried, Baldur, Odin und Wotan.

Aber die geistige und moralische Integrität und die Wahrhaftigkeit Jungs erscheinen als noch fragwürdiger, wenn man in seinem Brief vom 26. 5. 1934 an Dr. James Kirsch in Tel Aviv liest, wie er sich gegen die «amüsanten Gerüchte» und das «blöde Geschwätz» verteidigen zu müssen glaubt, die über ihn ausgestreut würden. Er habe «weder im Rundfunk noch sonst irgendwie Hitler angesprochen oder irgendetwas in politischer Hinsicht gesagt».[54] Das ist eine faustdicke Lüge. Dasselbe gilt, wenn er ein andermal schreibt, «daß in der ausländischen Presse mir Äußerungen in den Mund gelegt werden, die ich nie getan habe ... Was gewisse Pressemeldungen darüber hinaus oder drum herum noch behaupten, kann der Leser ruhig als Schwindel zur Seite legen.»[55]

Selten hat einer sich selbst moralisch, politisch und vor allem als Psychologe so demontiert wie hier C. G. Jung. Seine Archetypenlehre ist durch seinen jämmerlichen Reinfall auf Hitler als Psychotheologie rettungslos falsifiziert worden.

Jung hat sich, wie Heidegger, nie öffentlich zum Irrtum seiner Sympathie für Hitler und den Nationalsozialismus bekannt, sondern sich sogar zum Widerstandskämpfer promoviert. Einzig Leo Baeck gegenüber soll er privat geäußert haben: «Jawohl, ich bin ausgerutscht.»[56] Bloß ausgerutscht? Jungs Erschrecken «nach der Katastrophe» hat ihn dann immerhin bewogen, 1946 im «Nachwort» zu seinen «Aufsätzen zur Zeitgeschichte» seine Archetypenlehre etwas zu differenzieren und zu revidieren. Jetzt hieß es, die Archetypen seien «immer bipolar, d.h. sie haben eine positive und eine negative Seite»[57]. Jetzt schrieb er über den Nationalsozialismus als Massenphänomen: «Die treibenden Kräfte einer massenpsychologischen Bewegung sind archetypischer Natur. Jeder Archetypus enthält Tiefstes und Höchstes, Böses und Gutes und ist darum der gegensätzlichsten Wirkung fähig. Es ist dann nie von vornherein auszumachen, ob er sich positiv oder negativ auswirken wird» (S. 136). Aber einmal mehr unterläßt es Jung, die alles entscheidende Frage zu klären, wie man in einem Archetyp – ganz abgesehen davon, daß dieser ja etwas rein Formales sein soll – das Böse vom Guten unterscheiden kann, ob auch das Böse numinos ist, wie das Verhältnis zwischen Archetypus und Bewußtsein beschaffen ist und welche die normativen Kriterien sind, mit deren Hilfe man eine pathologische Wahnvorstellung von einer göttlichen Offenbarung unterscheiden kann.

Genese von Jungs «Antwort auf Hiob»

Auch Jungs Alterswerk «Antwort auf Hiob» läßt nichts von einer Reform seiner Heilslehre erkennen, im Gegenteil, es offenbart deren Fragwürdigkeit sogar besonders deutlich. Das Problem «Hiob» hat Jung seit seinem Münstertraumerlebnis beschäftigt. 1945 formulierte er in einem Brief an einen protestantischen Pfarrer, was für ihn der Kern der Hiob-Problematik war: «Wie steht es mit Gottes Allwissenheit? mit seiner Moral vor allen Dingen. Er ist dem Teufel gegenüber unsicher, läßt sich von ihm bereden und plagt den armen Hiob, nur weil er selber unsicher ist... Was heißt es, wenn man Gott zu Hilfe gegen Gott anrufen muß? Und wie reimt sich diese Gottesvorstellung mit der neutestamentlichen zusammen?»[58]

Dieses Problem Hiob, so Jung, habe sich dann mit allen seinen Konsequenzen in einem langen Traum angekündigt: «Es war ein Traum, in dem ich meinem längst verstorbenen Vater einen Besuch machte. Er wohnte auf dem Lande ... Ursprünglich war es ein Gasthof in einem Badeort gewesen; ich erfuhr ..., daß ... viele ... berühmte Leute und Fürstlichkeiten dort abgestiegen waren ... einige seien gestorben, und in der Krypta ... stünden ihre Sarkophage. Über sie walte mein Vater als Kustos. Mein Vater war aber ...

ein großer Privatgelehrter ... merkwürdigerweise waren Dr. Y ... und sein Sohn, beide Psychiater, auch da ... mein Vater ... holte ... eine große Bibel ... Die Bibel ... war in glänzende Fischhaut eingebunden. Er schlug das Alte Testament auf – ich vermutete, ... in den Büchern Mosis – und fing an, eine gewisse Stelle zu interpretieren. Er tat das ... so gelehrt, daß ich nicht imstande war, ihm zu folgen ... Ich sah, daß Dr. Y überhaupt nichts verstand und sein Sohn zu lachen anfing. Sie dachten, mein Vater befände sich in einer Art senilem Erregungszustand ... Es war mir aber ganz klar, daß es sich nicht um eine krankhafte Erregung handelte ..., sondern um ein dermaßen intelligentes Argument, daß unsere Dummheit einfach nicht folgen konnte. Die beiden Psychiater vertreten einen beschränkten medizinischen Standpunkt, der mir als Arzt natürlich auch anhaftet. Sie stellen meinen Schatten ... als Vater und Sohn dar. Dann ändert sich die Szene: mein Vater und ich waren vor dem Hause, und gegenüber befand sich eine Art Scheune ... Dort hörte man lautes Poltern ..., mein Vater bedeutete mir, daß es dort spuke ... Dann gingen wir weit ins Haus hinein ... Dort bot sich uns ein seltsamer Anblick: ... Das Ganze war ein riesiges Mandala. Es entsprach genau dem Diwân-i-kaas, den ich in Indien gesehen hatte ... Mein Vater sagte: ‹Nun werde ich dich in die höchste Gegenwart führen!› ... Dann kniete er nieder und berührte mit der Stirn den Boden, und ich machte es ihm nach ... Aus irgendeinem Grund konnte ich die Stirn nicht ganz auf den Boden bringen. Es blieb vielleicht ein Millimeter zwischen Stirn und Boden ... plötzlich wußte ich, daß hinter der Tür Urias wohnte, der Feldherr König Davids. Dieser hatte Urias um seines Weibes Bathseba willen schändlich verraten ...»[59]

Jung fügt diesem Traum «ein paar erläuternde Bemerkungen» an, von denen die folgenden als wesentlich erscheinen: Es gelingt dem Vater nicht, sich verständlich zu machen; die Poltergeister erscheinen bei Jugendlichen vor der Pubertät und zeigen hier an, daß er, Jung, noch unreif und unbewußt ist. Das indische Ambiente spiegele die «andere Seite». Urias sei eine Präfiguration Christi, des Gottmenschen, der von Gott verlassen wird (wie Urias von David). Diese Anspielung auf Urias habe ihn, Jung, gezwungen, über das ambivalente Gottesbild des Alten Testaments zu reden. Und wie König David die Frau von Urias «zu sich genommen» hatte, «wurde mir auch meine Frau durch den Tod entrissen». Diesem Schicksal habe er sich beugen müssen, damit seine Unterwerfung vollständig würde. «Etwas aber hat mich wenigstens um einen Millimeter daran verhindert ... Etwas in mir trotzt ...; und wenn dem im freien Menschen nicht so wäre, so wäre ... kein Hiob verfaßt worden. Der Mensch behält sich einen Nachsatz vor, sogar gegenüber dem göttlichen Ratschluß. Wo wäre denn sonst seine Freiheit? Und wo ihr Sinn, wenn sie nicht imstande wäre, ihren Bedroher zu bedrohen?» (S. 223 f). Dieser Bedroher ist der Gott, mit dem Hiob hadert. Die Symbolfigur Urias wird weiter im Traum als «highest presence» vorgestellt, «ein Ausdruck, den man eigentlich nur von Gott braucht». Obschon er Urias zunächst eine Präfiguration Christi nennt, erinnert dieser ihn nun an Buddha und sein Verhältnis zu den Göttern: «Vermöge der Macht der Götter ist der Mensch befähigt, eine Einsicht über seinen Schöpfer zu erlangen. Er besitzt sogar die Möglichkeit, die Schöpfung ... zu vernichten ... Der Traum enthüllt einen Gedanken und eine Ahnung, die schon längst in der Menschheit vorhanden sind, die Idee vom Geschöpf, das den Schöpfer um ein Weniges, aber Entscheidendes überragt» (S. 224). Das aber wäre nach Jung der Sinn und die Botschaft Hiobs, die dieser Initialtraum zu Jungs Hiob-Buch vermittelt: Das Geschöpf hat seinen Schöpfer, der Mensch hat Gott überholt, gleichsam überrundet. Aber damit stellt sich die (Hiob-)Frage: Kann Gott sich von dieser Niederlage erholen, und wenn ja, wie?

Es sei hier als Hypothese eine erweiterte Deutung von Jungs Traum gewagt:

Der Vater lebt in einem Haus aus dem 18. Jahrhundert, das ursprünglich ein Gasthof in einem Badeort war, wo berühmte Leute und Fürstlichkeiten abstiegen. Als Kustos wacht der Vater über die Sarkophage der dort Verstorbenen. Der Vater lebt also in den längst vergangenen Zeiten des Feudalismus, als der Badeort – als Sanatorium ein Symbol für die Religion als seelische Rekreationsstätte – bloß den sozial Privilegierten und Mächtigen diente. Die

Religion des bibelkundigen Vaters ist also eine Art Wachtdienst an den Gräbern der Tradition. Sein Pflichtenheft ist das Alte Testament; aber beim Versuch, dieses den aufgeklärten Menschen der Gegenwart – darunter seinem Sohn – verständlich zu machen, um sie für seine atavistische Religiosität zu gewinnen, verrennt der Vater sich so sehr in eine theologische Rabulistik, daß niemand mehr etwas versteht und die beiden Psychiater – Jungs projiziertes alter ego – zu lachen beginnen und den Vater für senil erklären. Aber der Sohn ist dem Vater gegenüber zutiefst ambivalent, er zeiht den Psychiater in sich eines beschränkten medizinischen Standpunkts und versucht, die Würde und Ernsthaftigkeit des Vaters – und damit auch seiner überholten Religiosität – dadurch zu «retten», daß er sich zum Dummkopf erklärt, der nicht imstande ist, den Vater zu verstehen. Trotzdem – oder eben wegen dieser Ambivalenz – sucht Jung nach Alternativen zur väterlichen Religiosität. Die Poltergeister sind offenbar keine, an diese Esoterik glauben nur Pubertierende. Ernst zu nehmen hingegen sind die asiatischen Religionen mit ihren Mandalas, die einen Weg zur psychischen Ganzheit weisen. Aber offenbar ist auch das noch nicht die richtige Alternative. So versucht Jung es noch einmal mit der väterlichen Religiosität: Er ist bereit, sich dem Vater-Gott des Alten Testaments, der Bibel, und damit Hiobs bedingungslos zu unterwerfen und als Zeichen der Demut niederzuknien und mit der Stirn den Boden zu berühren. Aber siehe da, es gelingt ihm nicht ganz, die Stirn auf den Boden zu bringen, es fehlt noch ein Millimeter. In diesem Millimeter symbolisiert sich die Rebellion Hiobs, und was diese bedeutet, zeigt das Auftauchen von Urias, mit dem Jung sich identifiziert – der Verlust ihrer Frauen ist das verbindende Symbol – und der als Präfiguration Christi und damit als Gottmensch die Fähigkeit besitzt, seinen Schöpfer – damit den Gott des Vaters – zu überholen, indem er ihn in seinem Wesen als offenbar unvollkommen erkennt.

Es ist unverkennbar: Jungs «Antwort auf Hiob» ist ein verzweifelter Versuch, eine Antwort auf seinen Vater und dessen neurotische Religiosität zu finden. Der fehlende Millimeter, der Vater und Sohn und deren Religiosität(en) trennt, ist ein Symbol der von

Hiob repräsentierten Freiheit des Menschen Gott gegenüber. Aber nun stellte sich die Frage nach dem Wozu dieser Freiheit, und zwar im Zusammenhang mit der Frage nach dem Wozu und Warum des Bösen, zu der Jungs Traum freilich nichts zu sagen weiß.

Zur Genese von Jungs Hiob-Buch ist noch etwas nachzutragen. Es läßt aufhorchen, wenn man vernimmt, daß Jung dieses Buch in einem Trance-Zustand geschrieben hat. Renate Höfer hat Jungs eigene Äußerungen darüber zusammengestellt: «Während einer fiebrigen Krankheit im Jahre 1951 ... geriet er, nach eigenen Angaben, in eine ungeheure Erregung. In diesem Zustand schrieb er, so Jung selbst, sein erstes und einziges Buch ohne wissenschaftlichen Anspruch. In einem Interview mit Mircea Eliade ... erklärte er, daß ihm die Hiob-Problematik schon seit vier Jahrzehnten im Kopf herumgegangen sei. Auch in mehreren Briefen machte Jung Anmerkungen zur Brisanz der Thematik und ihrer Ausführung: ‹das Buch fiel mir ein während einer Krankheit, im Fieber›. Es habe ihn ‹plötzlich und unerwartet während einer Krankheit im Fieber überfallen›. Er sei dazu gekommen ohne ‹Verdienst› und ohne ‹Schuld›, sondern ‹wie der Hund zum Tritt›. Und gegenüber Aniela Jaffé äußerte sich Jung: ‹Wenn es etwas wie ein gewaltsames Erfaßtsein von einem Geiste gibt, so war es gewiß die Art und Weise, wie diese Schrift zustandegekommen ist.› Jung befand auch: er sei ‹noch nicht am Ende seines Leidensweges›. Marie-Louise von Franz erinnert, daß Jung erst dann wieder habe völlig gesund werden können, nachdem er sein Werk ‹Antwort auf Hiob› ‹in einem Guß und in ungeheurer Emotion› niedergeschrieben hatte ... Gerhard Wehr ergänzt: Jung, als ‹ein zutiefst Erregter›, habe sich in einer ‹geradezu gewaltsamen Auseinandersetzung› mit Jahwe befunden.»[60]

Auch wenn Jung dieses Buch in einem fiebrigen Zustand geschrieben hat, als ein im Innersten Ergriffener, der «ungescheut und rücksichtslos dem Affekte das Wort lassen» wollte[61], dementiert das den Wahrheitsgehalt, die Geltung des Buchs nicht von vornherein; denn in der Tat kann «die Blindheit des Affektes ... in Erkenntnis» gewandelt werden[62], wobei freilich eine so gewonnene Erkenntnis sich der kritischen Vernunft stellen muß. Die Genesis eines Werks kann zwar Wesentliches zu seiner Erhellung beitragen, sagt aber noch nichts über seine Geltung aus. Jung selbst schreibt über sein Hiob-Buch: «Es lag mir daran, den Eindruck zu verhindern, daß ich eine ‹ewige Wahrheit› verkünden wollte. Meine Schrift sollte nur die Stimme und Frage eines Einzelnen sein ... Es ist mir nie in den Sinn gekommen, daß jemand meinen könnte, ich wollte eine metaphysische Wahrheit verkünden.»[63] Aber Jung täuscht einmal mehr sich selbst und seine Leser. Sein Buch strotzt von Verkündigungen «metaphysischer Wahrheiten». Jung redet von Gott und dem Heiligen Geist auf Du per Du und weiß genau, was diese wollen und sollen.

Schon 1929 schrieb Jung an Walter Robert Corti: «Mein inneres Prinzip ist: Deus et homo. Gott braucht den Menschen zur Bewußtwerdung, wie Er die Beschränkung in Zeit und Raum braucht.»[64] Allein schon das große «E» signalisiert, daß da nicht nur eine Gottes*vorstellung*, sondern daß Er persönlich gemeint ist. Aber dann, in einem weiteren Brief, dementiert Jung sich selbst wieder: Er bilde sich nicht ein, «irgend etwas über Gott aussagen zu können», weshalb es ihm auch gar nicht darauf ankomme, «ob Gott und das Unbewußte in letzter Linie identisch sind oder nicht» (S. 124). Das ist kraß unwahr, denn kaum etwas hat ihn zeitlebens – und vor allem im Hiob-Buch – so brennend interessiert wie gerade diese Frage. Und wenn er in einem anderen Brief schreibt, er könne es mit seinem wissenschaftlichen Gewissen «unter keinen Umständen vereinigen, in unbescheidener Selbstüberhebung irgendwelche Aussagen über Gott zu machen» und «in göttlichen Dingen» solle der Mensch «stille sein und keinerlei anmaßende Bemerkungen aufstellen wollen über das, was schlechthin größer ist als er» (S. 165 f), dann weiß wieder einmal Jung Nr. 1 nicht, was Jung Nr. 2 sein Leben lang getan hat, hat doch kaum jemand dem so zuwidergehandelt wie er selbst: Seine «Antwort auf Hiob» ist eine einzige solche «anmaßende Behauptung». Ebenso unwahr ist seine Bemerkung, daß er zwar in göttlichen Dingen «Ansichten» habe, doch habe er diese «nirgends ausgesprochen» (ebd.). Offenbar hat Jung seine eigenen Schriften nicht gelesen.

Diese Ambivalenz und innere Unwahrhaftigkeit gestaltet eine kritische Lektüre Jungs zu einem permanenten Ärgernis. Das gilt besonders dort, wo er von Gott redet. So schreibt er einmal, «über Gott an sich» könne «gar nichts ausgesagt werden» (S. 368); ein andermal weiß er genau, daß «die Gegenwart Gottes in lebendigen Einzelmenschen» der «einzige Ort, wo Gott unzweifelhaft angetroffen werden kann», sei. Ebenso unzweifelhaft weiß er, daß der Heilige Geist «die Gottesoffenbarung in den einzelnen ... Menschen darstellt» (S. 421). Alles keine Aussagen über Gott? Gewiß nicht, denn «alles, was ich über ‹Gott› sage, ist expressis verbis über das Gottesbild gesagt ...» (S. 477).

Noch in der Einleitung zu seinem Hiob-Buch schreibt Jung: «Sagen wir ‹Gott›, so äußern wir ein Bild oder einen Wortbegriff, der im Laufe der Zeit viele Wandlungen erlebt hat. Dabei sind wir außerstande, mit irgendwelcher Sicherheit anzugeben ..., ob diese Veränderungen nur Bilder und Begriffe oder das Unaussprechliche selber betreffen.» Er sei sich deshalb «völlig bewußt, daß ich mich dabei in der Bilderwelt bewege, und daß keine einzige meiner Überlegungen an das Unerkennbare rührt»[65]. Aber kaum hat er das geschrieben, verleiht Jung diesen Bildern, die ja krankhafte Wahnvorstellungen oder, um mit Freud zu sprechen, Illusionen sein könnten, einen objektiv transzendenten Charakter, da sie «auf numinosen Archetypen beruhen», die sich «für die kritische Vernunft als unangreifbar» erweisen.[66] Also einerseits soll der Mensch gegenüber göttlichen Dingen stille sein, andererseits spricht Jung lautstark Bildern, die das Unbewußte produziert, numinosen und damit einen heiligen, und das heißt doch wohl göttlichen Charakter zu und erläßt diktatorisch ein Denkverbot, mit dem er sie gegen eine kritische Vernunft zu immunisieren versucht.

Jung deifiziert das Unbewußte. Dieses ist ein wissenschaftlicher Begriff für eine religiöse Potenz. Es ist für Jung «ein zu neutraler und rationaler Begriff»[67]. Aber für «eine leidenschaftliche Betrachtung, die keine metaphysischen Ansprüche erhebt», sei dieser Begriff «viel besser geeignet als transzendente Begriffe, welche anfechtbar sind». Doch dann folgen die für Jungs ganze Theorie fundamentalen Sätze: «Ich ziehe daher den Terminus ‹das Unbewußte› vor, wohl wissend, daß ich ebenso gut von ‹Gott› und ‹Dämon› reden könnte, wenn ich mich mythisch ausdrücken wollte. Insofern ich mich aber mythisch ausdrücke, geschieht es mit dem Bewußtsein, daß ‹Mana›, ‹Dämon› und ‹Gott› Synonyme des Unbewußten sind …»[68]

Wenn man für «das Unbewußte» auch «Gott» setzen kann, dann ist Jungs Psychologie eine – schlecht – getarnte Religion und er ein Priester mit dem Anspruch auf Wissenschaftlichkeit. Nr. 1 trägt den Labormantel, Nr. 2 den Talar.

«Antwort auf Hiob»

In seinem Hiob-Buch geht Jung davon aus, daß der religiöse Glaube eine seelische Tatsache und somit – entsprechend seiner ‹Erkenntnistheorie› – eine seelische Wahrheit ist, die aus dem Unbewußten stammt. Das Buch Hiob zeigt einen amoralischen, maßlosen, von Zorn und Eifersucht verzehrten Gott, der ebenso zur Güte wie zur Grausamkeit fähig ist. Hiob glaubt an die göttliche Gerechtigkeit, aber er sieht, daß Gott sich in einem totalen Widerspruch mit sich selber befindet. Er sieht das Böse wie das Gute in Jahwe. Dieser ist eine Antinomie. Aber einen archaischen Gott darf man nicht mit den Bedürfnissen moderner Ethik konfrontieren. Jahwe ist zu unbewußt, um moralisch sein zu können.

Dieser Gott ist intensiv bezogen auf sein von ihm auserwähltes Volk, mit dem er einen Bund geschlossen hatte. Die Juden versuchten aber begreiflicherweise die ihnen auferlegten Verpflichtungen zu umgehen und benutzten jede Gelegenheit zum Ausbrechen, zum Vertragsbruch. Deshalb hat Jahwe sich von einem seiner Söhne, Satan, in seinem Vertrauen auf Hiobs Treue unsicher machen lassen, allerdings in diesem Fall grundlos. Jahwes Verhalten ist empörend. Er ist eifersüchtig, weil ihm fehlt, was der Mensch hat: Selbstreflexion. Hiob, der unschuldig grausam Gequälte, erkennt die Antinomie Gottes und gelangt so zu einer Überlegenheit der Gotteserkenntnis. Das einzige, was man Hiob vorwerfen kann, ist, daß er glaubt, an die göttliche Gerechtigkeit appellieren zu können. Aber Gott will gar nicht gerecht sein, er pocht auf seine Macht, die vor Recht geht. Jahwe hat keine Einsicht.

Doch Hiob ist bloß der äußere Anlaß einer innergöttlichen Auseinandersetzung. Die peinliche Schwäche, daß er sich von Satan hat beschwatzen lassen, kommt Jahwe nicht ins Bewußtsein. Jahwe hat im Grunde gar kein Interesse an Hiob, sondern ist mit sich selbst beschäftigt. Hiob bleibt angesichts der Machtdemonstration Gottes nichts anderes übrig, als seinen Rechtsanspruch zu widerrufen: «Ich lege die Hand auf meinen Mund.» Jahwe aber scheut vor dem Bewußtwerden zurück, und es ergibt sich der unerhörte Fall, daß ein Sterblicher durch sein moralisches Verhalten Gottes Rückseite, seinen Schatten erkennt. Jahwe ist nicht nur kein Mensch, sondern sogar weniger als ein Mensch. Seine Unbewußtheit ist tierisch-naturhaft. So wird der Mensch zum Richter über die Gottheit, Jahwe hat Hiob unwissentlich erhöht.

Aber dieser Jahwe hat Hiob zum Sündenbock gemacht und seine eigene Tendenz zur Untreue auf ihn projiziert. Es besteht nämlich der Verdacht, daß Jahwe seinen Ehebund mit Israel zu lockern sich anschickt, das aber sich selbst gegenüber verheimlicht. Er ist seiner eigenen Treue unsicher geworden: er hat sich eines weiblichen Wesens erinnert, einer Gespielin aus der Urzeit – der Sophia. Das Scheitern des Versuchs, Hiob zu verderben, hat Jahwe gewandelt: Er erkennt die Notwendigkeit der Selbstreflexion, und dazu benötigt er Sophia, die Weisheit. Jahwe hatte sie aus den Augen verloren und war die Ehe mit Israel eingegangen. Aber in seiner Auseinandersetzung mit Hiob ist Gott auf einen standhaften Menschen gestoßen, der seine, Gottes, Antinomie erkannt hat. Gott will sich deshalb wandeln, erneuern, er will Mensch werden.

Es soll ein vom menschlichen Weibe geborener Gottmensch geschaffen werden. Maria übernimmt die Stelle Sophias. In diesem Prozeß wird Gott Mensch. Hiob stand moralisch höher als Jahwe, aber mit Hilfe Sophias und der durch diese ermöglichten Selbstreflexion gelingt es Jahwe, seinen primitiven Bewußtseinszustand zu verlassen und zu erkennen, daß Hiob ihm moralisch überlegen ist und daß er, Gott, deshalb das Menschsein noch nachzuholen hat. Er muß – in Christus – Mensch werden. Im verzweiflungsvollen

Aufschrei am Kreuz: «Mein Gott, mein Gott, warum hast du mich verlassen?» erreicht das menschliche Wesen Göttlichkeit, da «der Gott den sterblichen Menschen erlebt und das erfährt, was er seinen treuen Knecht Hiob hat erdulden lassen. Hier wird die Antwort auf Hiob gegeben ...»[69] Das ist gleichzeitig die endgültige Trennung Jahwes von seinem dunklen Sohn Satan. Hiobs «mein Anwalt (goël; A. K.) lebt» ist eine Antizipation Christi.

Aber allein die grausame Art, wie Gott seinen Sohn am Kreuz gemartert und geopfert hat, läßt viele Fragen noch offen. Kann man einen gütigen Vater lieben, den man fürchten muß? Diese Unerträglichkeit kann man heutzutage nicht ohne weiteres schlucken. Ist seine Amoralität ganz von Gott abgefallen? Der Teufel ist noch immer der «Herr dieser Welt». Noch immer zögert Gott, dem Satan Gewalt anzutun. Diese Fragen führten zu einer weiteren Offenbarung: der Offenbarung Johannis, der Apokalypse, die das Kommen des Antichristus ankündigt. Diese Gesichte entsteigen dem kollektiven Unbewußten. Johannes war von einem archetypischen Geschehen ergriffen, in dem der Geist Gottes selber wirkt.

Christus ist also nicht unbedingt Sieger. Die Atombombe hängt über uns wie ein Damoklesschwert. Die Weltkatastrophe ist möglich. Da helfen keine Aufklärung und kein Agnostizismus. Beide sind von der Vernunft besessen. Aber «das was *ist und west* (bedeutet) eine dem vernünftigen Urteil überlegene Instanz» (S. 97). Wie erträgt der Mensch der Gegenwart den unerträglichen Widerspruch im Wesen der Gottheit? Die Paradoxie der Gottheit zerreißt auch den Menschen. Gott wollte und will Mensch werden – «aber nicht ganz» (S. 100), was den Gegensatz zwischen Gott und Mensch aufhebt. Gott wirkt aus dem Unbewußten des Menschen und zwingt diesen, die gegensätzlichen Einflüsse zu harmonisieren. Gott hat sich dem Heiligen Geist verpflichtet, ihm bei seiner fortschreitenden Inkarnation, die mit Christus angehoben hat, zu helfen. Aber dieser Gott ist nicht nur zu lieben, sondern auch zu fürchten. Weil er Mensch werden will, muß die Einigung seiner Antinomie im Menschen stattfinden. Das bedeutet für den Menschen eine neue Verantwortung. Der dunkle Gott hat ihm die Atombombe in die Hand gedrückt ...

Im Selbstverständnis Jungs ist sein Hiob-Buch ein Unternehmen der Gegenreformation und Gegenaufklärung mit dem Ziel, Gott vor den – «zersetzenden», müßte man hier wieder sagen – Protestanten und Rationalisten zu retten. Diese Rettungsaktion erfolgt in Form einer Jungschen tiefenpsychologischen Analyse Gottes, in deren Verlauf dieser – er hat inzwischen im kollektiven Unbewußten Wohnsitz genommen und hält sich die Maske eines Archetypus vors Gesicht – einen Individuationsprozeß durchläuft, der gleichzeitig ein Inkarnationsprozeß ist. Gott hat mit Hiob die ärgerliche Erfahrung gemacht, daß der Mensch ihm moralisch überlegen ist. Verständlich, daß er diese peinliche Niederlage gutmachen und nun selbst (auch) Mensch werden will.

Jung kennt seinen Gott genau und ist intim mit dem Heiligen Geist; denn er weiß um die «Tatsache, daß Gott ewig Mensch werden will und darum durch den Heiligen Geist sich in der Zeit fortschreitend inkarniert», was der Protestantismus verkennt, da «er die Zeichen der Zeit nicht versteht und das fortschreitende Wirken des Heiligen Geistes außer acht läßt». Was früher Wotan war, ist nun offenbar der Heilige Geist, und ebenso wie Jung zur Zeit des Nationalsozialismus die Welt gerügt hatte, den gewaltigen archetypischen Aufbruch der germanischen Seele nicht zu verstehen, rügt er jetzt den Protestantismus, «offenbar die Fühlung mit den gewaltigen archetypischen Entwicklungen in der Seele des Einzelnen wie der Masse und mit jenen Symbolen, welche die wahrhaft apokalyptische Weltlage zu kompensieren bestimmt sind», verloren zu haben. «Er scheint einem rationalistischen Historismus verfallen zu sein und das Verständnis für den Heiligen Geist, der im Verborgenen der Seele wirkt, eingebüßt zu haben.» Deshalb könne der Protestantismus «eine weitere Offenbarung des göttlichen Dramas weder begreifen noch zugeben»[70].

Da man nicht so recht ausmachen kann, was eigentlich mit dem Heiligen Geist gemeint ist, der da im kollektiven Unbewußten der Seelen wirkt und west, eignet sich dieser heilige «spiritus» vorzüglich dazu, die unheiligen Geister der Menschen nicht nur zu erleuchten, sondern auch zu vernebeln. Jung hat als der New-Age-Guru, zu dem er später erkoren werden sollte, mit seinem Kult des Heiligen Geistes dem Spiritismus und Okkultismus späterer Jahre das Stichwort zum Auftritt auf die Weltbühne geliefert.

Das bisher Gesagte hat bereits erkennen lassen, daß es Jung im Grunde gar nicht um Hiob geht, der gegen den Schluß des Buchs schlicht verlorengeht, sondern es geht dem Religionsstifter Jung darum, Gott vom Himmel herabzuholen und als Archetyp in die menschliche Seele zu verpflanzen, damit er ihn tiefenpsychologisch therapieren kann. Denn dieser Gott Jahwe ist in der Sicht Jungs ein arger Neurotiker, wenn nicht sogar ein zutiefst gespaltener Psychotiker – wie sein ambivalentes Verhalten Hiob gegenüber beweist –, und er kann in Jungs Psycho-Religion die ihm angemessene Rolle erst nach Vollendung des ihm von Jung aufgetragenen Individuationsprozesses spielen. Der Seelenarzt Gottes Jung hat sich dabei den Heiligen Geist als Arztgehilfen verpflichtet. Dieser ist offenbar sogar mächtiger als der Gott-Patient, denn er wirkt gleichsam als Motor des göttlichen Individuationsprozesses.

Man könnte diese neue Religion Jungs einen ins Psychische verlagerten Neo-Katholizismus, einen Psycho-Katholizismus nennen. Denn «Gott ist eine offenkundige psychische und nichtphysische Tatsache», was «diesen Leuten» – die Jung Psychologismus vorwerfen – «noch nicht eingegangen» ist. Jung gerät dann ebenso ins religiöse Schwärmen wie zur Zeit, als er noch Wotan, Odin und die übrigen germanischen Heiligen zelebrierte, bloß daß die Rolle des Nationalsozialismus als psychische Erweckungsreligion nun der Katholizismus übernommen hat. Jung preist das Assumptionsdogma – «die körperliche Aufnahme der Jungfrau in den Himmel» – als «das wichtigste religiöse Ereignis seit der Reformation» und erklärt: «Die Konsequenz der päpstlichen Deklaration ... überläßt den protestantischen Standpunkt dem Odium einer bloßen Männerreligion, die keine metaphysische Repräsentation der Frau kennt.» Der Protestantismus habe offenbar die Zeichen der Zeit, die auf die Gleichberechtigung der Frau hinwiesen, nicht genügend beachtet. Weiter preist Jung den «mütterlichen Charakter» der katholischen Kirche und die traditionelle päpstliche Dogmatisierung der Assumptio, die der «in der Tiefe des kollektiven Unbewußten und zugleich in den Massen» sich erhebenden «Hoffnung, ja Erwartung einer göttlichen Intervention» Ausdruck verliehen habe.

Hatte Jung einst den Einzug Wotans, des Gottes der Deutschen, in die christliche Kirche gefordert, so schwärmt er jetzt vom «Einzug der Gottesmutter ins himmlische Brautgemach». Hier wird er polemisch: An solchen «Wahrheiten ..., die zutiefst in der Seele verankert sind», kann «niemand, der auch nur einen Schatten von Einsicht besitzt, zweifeln», und es braucht schon «absichtliche Blindheit», um das zu verkennen. Jungs Psycho-Katholizismus verlangt also ein «sacrificium intellectus», indem er absolute Wahrheiten verkündet, an denen zu zweifeln er herrisch verbietet. Nur geistig Blinde zweifeln, was bedeutet, daß kritische Reflexion mit einem Denkverbot belegt wird.

Verfolgt man die Theorie und die Geschichte des neureligiösen Scharlatans, Rolls-Royce-Fans und mystischen Rattenfängers Shree Rajneesh Zorba the Buddha, oder etwas kürzer: Bhagwans des Göttlichen, so entdeckt man, was die neureligiöse Psychologie der Erleuchtung anbelangt, überraschende Parallelen zu Jung.[71] Ausgang ist ein das Charisma des Gurus begründendes Erleuchtungserlebnis – Jungs Münstertraum –, dessen die Jünger und Jüngerinnen dann – in Raten – durch eine Meditation teilhaftig werden, die entweder das Denken als Alltagsbewußtsein in ein Überbewußtsein übersteigt oder sich durch ein erklärtes Denkverbot abschirmt. Das Endziel ist die Erfahrung der «Leere», die gleichzeitig als Fülle verstanden wird: «Was ich euch geben will, ist: Leere. Meditation ist ein anderes Wort für dieses Schweigen, diese Leere. Solange ihr irgendein Wissen im Kopf habt, könnt ihr nicht meditieren ... Nicht-Denken ist letzte Erkenntnis. Nicht-Denken ist Erleuchtung. Nicht-Denken ist Befreiung.»[72]

Mit seinem Denkverbot geriet Jung einmal mehr in einen Widerspruch zu sich selbst. Während er im Hiob-Buch nicht nur ewige Wahrheiten transzendenter Qualität verkündet, sondern sogar diejenigen, die vor diesen Wahrheiten nicht gleich in die Knie sinken, als einsichtsunfähige Dummköpfe diffamiert, schreibt er in seinen «Erinnerungen» – die *nach* dem Hiob-Buch entstanden sind –: «Es lag mir daran, den Eindruck zu verhindern, daß ich eine ‹ewige Wahrheit› verkünden wollte. Meine Schrift (die «Antwort auf Hiob»; A. K.) sollte nur die Stimme und Frage eines Einzelnen sein, welche auf die Nachdenklichkeit des Publikums hofft oder sie erwartet. Es ist mir nie in den Sinn gekommen, daß jemand meinen könnte, ich wollte eine metaphysische Wahrheit verkünden. Aber das werfen mir die Theologen vor...»[73] Durchaus mit Recht.

Jungs Geheimniskult

Der Psychologe Jung spricht von Gott als einem instinkthaften Archetyp des kollektiven Unbewußten, der nur etwas Formales sein soll und der ihn bloß als seelische Wirklichkeit interessiert. Der Religionsstifter Jung jedoch nennt diese seelischen Wirklichkeiten eine numinose, metaphysische Wahrheit. Diese Doppelzüngigkeit verharmlost Jung zu einer bewußten Sprachregelung: «Die Sprache, welche ich spreche, muß zweideutig, bzw. doppelsinnig sein, um der psychischen Natur mit ihrem Doppelaspekt gerecht zu werden.»[74] Und wenn gar nichts mehr hilft, zieht Jung sich mit dem vielsagenden Blick des Erleuchteten, Wissenden und Erwählten in sein immer und immer wieder beschworenes «Geheimnis» zurück: «So bekam ich das Gefühl, ausgestoßen oder auserwählt, verflucht oder gesegnet zu sein ... Meine ganze Jugend kann unter dem Begriff des Geheimnisses verstanden werden.»[75]

Nicht nur seine Jugend. Man hat Jung einen «Kult des Geheimnisses» vorgeworfen und sein ständiges Andeuten eines nur ihm geschenkten Geheimwissens interpretiert als Furcht, sein ängstlich gehütetes Arkanum würde im nüchternen Licht öffentlicher Prüfung als banal entlarvt werden.[76] Schon Freud hatte ihm seine Neigung zum Okkultismus vorgehalten[77], und Jung selbst hat aus seiner Sympathie für die Gnosis nie ein Hehl gemacht. Im Erinnerungsbuch Jungs findet sich ein Aufsatz «Über das Leben nach dem Tode»[78], in dem er die Unsterblichkeit des Menschen als Tatsache voraussetzt: «Ich halte es für wahrscheinlich, daß es auch im Jenseits irgendwelche Beschränkungen gibt ...»[79] Auch in seinen Briefen erscheint das Fortleben im Jenseits als eine Tatsache: «Das werden wir aber überhaupt erst im Jenseits erfahren.»[80] – «Das, was jenseits des Todes sich ereignet, ist ... unaussprechlich großartig.»[81] Und in einem weiteren, «Späte Gedanken» übertitelten Aufsatz[82] lüftet er den Schleier über seinem Geheimkult: «Es gibt kein besseres Mittel, das Individuum vor dem Verfließen mit den anderen zu schützen, als der Besitz eines Geheimnisses, das es hüten will oder hüten muß» (S. 344). Das Geheimnis erhält so eine therapeutische Bedeutung, es «bedeutet eine hilfreiche Kompensation für den Mangel an Zusammenhalt der individuellen Persönlichkeit ...» (S. 345).

Aus diesem Grund ist die Geheimgesellschaft «eine Zwischenstufe auf dem Weg zur Individuation», was die Tendenzen vieler Jungianer erklären mag, sich als eine solche Geheimgesellschaft zu verstehen, um so mehr als diese «auf längste Zeit hinaus als die einzige Existenzmöglichkeit des Individuums» erscheint, ja «vielen mit einem gewissen Recht als endgültiges Ziel gilt» (ebd.). Aber dieser bewußte Kult des Geheimnisses und der Geheim(nis)gesellschaft erklärt auch, wieso die Jungsche Psychologie den Charakter einer Religion angenommen hat, leben doch alle Religionen von der Behauptung, über einen geheimen, nur Gläubigen zugänglichen Weg zur Transzendenz zu verfügen. Auch soll Jungs Geheimnis-Psychotheologie «Schutz gegen das innere Vielerlei, das ihn (den Menschen; A. K.) mit sich selber veruneint», bieten (S. 346). Jungs Geheimniskult erscheint so als eine Selbsttherapie, die als solche bei entsprechend ansprechbaren Patienten gewiß Erfolge zeitigen kann. In solchen Fällen kann vielleicht tatsächlich «allein ein Geheimnis, das man nicht verraten kann ..., den sonst unvermeidlichen Rückschritt verhindern» (ebd.). Freilich ist der Preis einer solchen Okkulttherapie die Unterwerfung unter ein Denkverbot, denn das Geheimnis «erträgt keine öffentliche Diskussion» (S. 347). – «Die archetypischen Aussagen ... haben nichts mit der Vernunft zu tun ... Gewiß spielt das Ich und sein Wille eine große Rolle. Was das Ich will, ist aber in hohem Maße und in einer ihm meist unbewußten Weise durchkreuzt von der Autonomie und Numinosität archetypischer Vorgänge» (S. 355). Obschon Jung zeitlebens von der Hiob-Frage nach dem Bösen in der Numinosität umgetrieben wurde, spricht er immer wieder dem geheimnisvollen Numinosen als solchem eine positive Qualität zu. Dieses erhält sogar – unter Verdrängung seiner potentiell negativen Potenz – eine therapeutische, ja *die* therapeutische Funktion par excellence zugesprochen: «Das Hauptinteresse meiner Arbeit liegt ... in der Annäherung an das Numinose. Es ist jedoch so, daß der Zugang zum Numinosen die eigentliche Therapie ist, und insoweit man zu den numinosen Erfahrungen gelangt, wird man vom Fluch der Krankheit erlöst. Die Krankheit selbst nimmt numinosen Charakter an.»[83] Hat aber Jungs Reinfall auf Hitler nicht bewiesen, daß umgekehrt das Numinose zur Krankheit werden kann?

Die Menschwerdung Gottes

Dieser Exkurs in Jungs «Geheimnis-Therapie» war notwendig, um verstehen zu können, worin seine «Antwort auf Hiob» letztlich besteht. Jung hat den Neurotiker Jahwe, den Hiob moralisch überholt hat, einer Therapie unterworfen, in deren Verlauf es Jahwe bewußt wurde, daß er auf dem Weg einer Inkarnation Mensch werden, gleichsam als numinose Potenz in die Seele des Menschen einziehen und sich dort in einen Archetyp verwandeln müsse. Jahwes Individuationsprozeß ist ein Inkarnationsprozeß. Gleichsam der *locus classicus* dieser durch das «Geheimnis» verschleierten Inkarnation findet sich auf den drei letzten Seiten der «Antwort auf Hiob». Da heißt es zunächst: «Daß die Gottheit auf uns wirkt, können wir nur mittels der Psyche feststellen, wobei wir aber nicht zu unterscheiden vermögen, ob diese Wirkungen von Gott oder vom Unbewußten kommen, das heißt, es kann nicht ausgemacht werden, ob die Gottheit und das Unbewußte zwei verschiedene Größen seien.» Es lasse sich aber empirisch mit hinreichender Wahrscheinlichkeit feststellen, «daß im Unbewußten ein Archetyp der Gottheit vorkommt», der eine gewisse Einschränkung des Satzes von der Ununterscheidbarkeit des Gottesbegriffs und des Unbewußten ermögliche. Das Gottesbild koinzidiere nämlich mit einem besonderen Inhalt des Unbewußten, dem Archetypus des Selbst. Es nütze gar nichts, eine Verschiedenheit dieser beiden Größen postulieren zu wollen, «im Gegenteil hilft es nur dazu, Mensch und Gott zu trennen, wodurch die Menschwerdung Gottes verhindert wird»[84].

Der Mensch kann demnach die Inkarnation Gottes verhindern. Was immer das besagen mag: Jung meint hier unverkennbar ein objektives, in der Psyche real stattfindendes göttliches Geschehen und nicht bloß subjektiv produzierte Bilder, die genausogut Wahnvorstellungen eines Psychotikers sein können. Wenn er hier von Gott spricht, meint er Gott, anders er nicht von einer Identität zwischen Gottes-Bild und Selbst-Bild sprechen könnte, ohne die «Mensch und Gott» getrennt blieben. Das Kriterium, das die Metamorphose vom Gottes-Bild zur Gottes-Realität erlauben soll, ist die Wirkung des Bildes: «Nur das, was auf mich wirkt, erkenne ich als wirklich.» Was soviel heißt wie: Was wirkt, *ist* für mich wirklich. Und was wirkt, so haben wir früher vernommen, ist wahr.

Die christliche Anschauung, daß Gott bloß in Christus Mensch geworden ist, widerspricht dieser Archetypenlehre Jungs. Wenn der Archetyp Gottes in jeder menschlichen Seele west, dann muß die Menschwerdung Gottes ebenfalls in jeder menschlichen Seele stattfinden. Aber das übersteigt offenbar die Kräfte Gottes, er braucht dazu einen Beistand. Diesen findet Jung in einem dritten Archetypus der menschlichen Seele – dem Heiligen Geist. Es handelt sich bei diesem um «die Einwohnung der dritten göttlichen Person im Menschen». Dank dem Heiligen Geist kann Gott – fast – überall Mensch werden, das heißt, die Menschen zu Christussen machen, denn so «entsteht eine Christifikation vieler». Wieso aber nicht aller? Was für ein Kriterium benutzt der Heilige Geist bei seiner Selektion?

Jung kommen immerhin einige Zweifel: «Es erhebt sich das Problem, ob diese Vielen lauter totale Gottmenschen seien.» Das anzunehmen würde der Behauptung gleichkommen, daß Erlösung schon im Diesseits erreicht werden kann. Das aber geht Jung zu weit, und so erinnert er sich plötzlich der «condition humaine», theologisch gesprochen der «von der Erbsünde nicht befreiten Sterblichen», und stellt fest: «Selbst der erleuchtete Mensch bleibt der, der er ist, und ist nie mehr als sein beschränktes Ich gegenüber dem, der ihm einwohnt, und dessen Gestalt keine erkennbaren Grenzen hat, der ihn allseits umfaßt, tief wie die Gründe der Erde und weiträumig wie der Himmel» (S. 113f). Das sind die Schlußsätze von Jungs «Antwort auf Hiob». Der Heilige Geist kapitulierte offenbar vor der Erbsünde und ließ Gott nur so weit Mensch und den Menschen nur so weit Gott werden, als diese das zuläßt. Fragt sich bloß: Was ist das für ein Gott, der in «vielen» Mensch wird, dadurch aber in diesen rein nichts bewirkt, da sie dieselben Sünder bleiben, die sie immer waren? Und was ist mit denen, die nicht zu den «vielen» gehören? Warum übergeht sie Gott? Und was ist mit denen, die schon gestorben sind? Das soll eine Antwort auf Hiob sein?

Bloch, Girard und Jung sehen alle Hiob – jeder auf seine Weise – als Präfiguration Christi, der zugleich Gottessohn und «Menschensohn» ist und als solcher – nach christlichem Verständnis – ein gottgesandter Mittler zwischen Gott und dem Menschen, der die Erlösung von dem Bösen und der «condition humaine» verspricht. Hiob stellt den allmächtigen, allwissenden, willkürlich guten oder grausam absoluten Diktator «Gott» in Frage, indem er ihn der moralischen Minderwertigkeit und neurotischen Ambivalenz überführt. Indem Hiob so den un-menschlichen Diktator vom Thron stürzt – sieht man vom Kniefall am Schluß des Buchs ab –, schafft er die Möglichkeit seiner Vermenschlichung: Gott steht nun auf derselben Ebene wie der Mensch. Aber – so muß man Jung wohl interpretieren – durch diese Begegnung mit dem aufbegehrenden Hiob ist es Gott bewußt geworden, daß der Mensch ihm moralisch über den Kopf gewachsen ist, so daß er, Gott, die Notwendigkeit spürt, dem Menschen nicht mehr als absoluter Diktator, sondern von gleich zu gleich zu begegnen und ihm die Erlösung von dem Bösen zu versprechen, für das er selbst verantwortlich ist. Aber gleichzeitig mußte er ja Gott bleiben, also zugleich Gott und Mensch sein. Die Lösung dieses Dilemmas Gottes lautete «Christus».

In Jungs eigenen Worten stellt sich das so dar: «Die durchschnittliche Vorstellung des christlichen Menschen von Gott ist die eines allmächtigen, allwissenden Vaters und Schöpfers der Welt. Wenn dieser Gott Mensch werden will, bedarf es allerdings einer unerhörten Kenosis (Entleerung; Phil. 2, 6), bei der die Allheit auf infinitesimales Menschenmaß reduziert ist ... Die dogmatische Spekulation hat dabei begreiflicherweise Jesus mit Eigenschaften ausrüsten müssen, die ihn dem gewöhnlichen Menschsein entheben. Ihm fehlt vor allem die macula peccati (der Makel der Erbsünde), und schon darum ist er zumindest ein Gottmensch oder ein Halbgott ...» Jung spricht dann von einem «Mythus von der notwendigen Menschwerdung Gottes, der essentiellen christlichen Botschaft»[85].

Aber wo ist in diesem Inkarnations- und Menschwerdungsprozeß das Böse geblieben, das Hiob so plagte? Jung hat ein Leben lang mit der – von ihm immer als agnostisch bezeichneten – Theodizee-Frage, die ja die Frage Hiobs ist, gerungen: Wenn Gott das Vollkommene ist, warum gibt es das Böse in der Welt?»[86] «Wenn Gott das ‹höchste Gut› ist, warum ist Seine Welt, Sein Geschöpf so unvollkommen, so verdorben, so erbarmungswürdig?»[87] Jung suchte im biblischen Hiob-Buch eine Antwort auf diese Fragen, aber – er fand keine. Er fand auch in der christlichen Welt keine, und so stellte er fest, man stehe heute da «mit leeren Händen, verwundert und ratlos» (S. 335). Das hat Jung im Alter geschrieben, *nach* der «Antwort auf Hiob». Aber Jung hielt es in dieser Ratlosigkeit nicht aus, und er suchte eine letzte Zuflucht, eine letzte Antwort in der «unio mystica», in der die Gegensätze von Gut und Böse als «coniunctio oppositorum» aufgehoben sind. Als solche bleiben diese Gegensätze, ebenso wie Gottes Ambivalenz, bestehen, bloß daß den Menschen diese «Ambivalenz im Bild eines Natur- und Schöpfergottes keine Schwierigkeiten» mehr verursacht, da der Mensch in dieser «unio mystica» mit Gott, die die Menschwerdung Gottes ermöglicht, diese göttliche Ambivalenz in sich selbst, in seinem «Selbst» aufhebt. Dieses Selbst ist die Synthese der Gegensätze als menschliche «Ganzheit», Totalität, und indem der Mensch diese an sich selbst erfährt, erfährt er sie dank der mystischen Union auch als eine göttliche: «In der Erfahrung des Selbst wird ... der Gegensatz im Gottesbild (überbrückt).» So wird «der Schöpfer seiner Schöpfung und der Mensch seiner selbst bewußt». Jung hat auch das *nach* seiner «Antwort auf Hiob» geschrieben, und darin ist sein letztes Wort zur Frage des Bösen zu sehen. Er schreibt denn auch, die Erfahrung dieses Selbst als «Ziel, das den Menschen sinnvoll der Schöpfung einordnet und damit auch dieser Sinn verleiht», sei «ein erklärender Mythus, der langsam im Lauf der Jahrzehnte in mir gewachsen ist» (S. 341). Selbstverständlich ist auch dieses Selbst ein Archetypus, somit etwas Numinoses, und Jung schreibt denn auch vom «Archetypus des Selbst»: «Dieser ist es, von dem wir empirisch das Gottesbild nicht mehr zu trennen vermögen.»[88] Hier muß man jedoch fragen: Wo ist in dieser mystischen Hochzeit von Mensch und Gott im Selbst eigentlich Christus geblieben? Ist für den Jung des Hiob-Buchs nicht Christus die Antwort auf Hiob?

Von der «unio mystica» her gesehen kommt Christus als Mittler zwischen Mensch und Gott, wie Jung ihn sieht, dieselbe Funktion zu wie dem Selbst. Er ist Gottessohn und Menschensohn zugleich. Aber Jung fragt sich nicht, ob der Kreuzestod Christi diese Einheit nicht dementiert, damit auch die von Jung Christus zugeschriebene Vermittlerrolle. Selbst Theologen stellen diese heute zum Teil in Frage, so etwa, wenn Christoph Türcke den Tod am Kreuz als Gegenteil der gelungenen Vermittlung und als Manifestation ihrer gewaltsamen Verhinderung bezeichnet: «Die Verhinderung für das Gelingen auszugeben – das ist die ebenso verzweifelte wie unverfrorene Tat des christlichen Opfergedankens: der Sündenfall der christlichen Theologie. Indem sie den Kreuzestod Jesu als die Erlösungstat ‹für unsere Sünden› preist, wiederholt sie die Gewalt, die der historischen Person angetan wurde, noch einmal theoretisch.»[89]

Jung stellt sich die Frage, ob der Kreuzestod und das «Mein Gott, warum hast du mich verlassen» nicht als ein Scheitern Christi zu interpretieren ist, nicht. Sein Christusbild ist ambivalent. Er spricht von einer «schillernden Christusgestalt»[90]. Dem «hêr Jesus» der Kirchentradition hatte er ja schon in der Jugend den Rükken gekehrt. Einerseits bekannte er sich immer wieder zum Christentum; andererseits schrieb er einmal in einem Brief, daß er durchaus nicht glaube, «daß das Christentum die einzige und die höchste Manifestation der Wahrheit sei. Im Buddhismus liegt zum mindesten ebensoviel Wahrheit und in anderen Religionen auch.»[91] Die christliche Botschaft gehöre zwar ins Zentrum des westlichen Menschen, bedürfe aber einer «neuen Sicht»[92]. Doch «auch Christus ist – wie Buddha – eine Verkörperung des Selbst»[93]. Damit wird Christus in die «unio mystica» einbezogen.

Aber da ist noch der Heilige Geist, dem wir schon mehrmals begegnet sind und der in Jungs Psycho-Theologie eine wichtigere Rolle spielt als Christus. Ist *er* das fehlende Glied in der Vermittlung von Gott und Mensch? In der Tat ist die Trinitätslehre der christlichen Theologie ein verzweifelter Versuch, das Problem der Vermittlung zu lösen. Aber der Heilige Geist – was immer man darunter verstehen mag – kann ebenfalls kein Drittes zwischen Gott und dem Menschen sein, da er selbst rein göttlich ist, er hat ja den Gottessohn gezeugt. Deshalb ist es durchaus folgerichtig, wenn Jung, für den Gott in der Seele west, auch dem Heiligen Geist einen archetypischen Platz in der Seele einräumt: Er wirft den Protestanten vor, «das Verständnis für den Heiligen Geist, der im Verborgenen der Seele wirkt, eingebüßt zu haben»[94]. In der Seele sitzen freilich – Jung scheint das vergessen zu haben – bereits Wotan, Odin und was der germanischen Götter mehr sind, «seelische Gewalten»[95], jedenfalls als «Grundeigenschaft der deutschen Seele»[96], und man wäre höchst begierig zu erfahren, wie der Heilige Geist mit dieser germanischen Konkurrenz zu Rande kommt.

Jung «löst» also das Vermittlungsproblem, indem er kurzerhand alles Göttliche – Gott, Heiliger Geist, Christus – zu einer archetypischen seelischen Potenz erklärt und deren Verhältnis zum Menschen Inkarnation, Fleischwerdung nennt. Damit wird das Problem der Vermittlung obsolet, wirken doch diese göttlichen Potenzen, wie Jung immer wieder betont, «unmittelbar». Die

Offenbarung am Sinai hat sich in ein permanentes psychisches Geschehen verwandelt. Jung betont ausdrücklich, daß er sich «niemals mit der Offenbarungswahrheit befaßt» habe.[97] Gott ist, verkleidet als Archetyp, Mensch geworden, freilich noch «nicht ganz»[98]; denn «die zukünftige Einwohnung des Heiligen Geistes im Menschen bedeutet so viel als eine fortschreitende Inkarnation Gottes. Christus ... ist ein Paradigma, das gefolgt wird von weiteren Inkarnationen des Heiligen Geistes im wirklichen Menschen» (S. 76). Viel Arbeit für den Heiligen Geist, um so mehr, als auch der Individuationsprozeß Gottes noch «nicht ganz» zu Ende ist, da ja Satan noch immer nicht an die Kette genommen und bestraft worden ist. Was bedeutet, daß Gott sich nicht «bloß in seinem lichten Aspekt inkarniert» (S. 77), also nicht nur als der liebe Gott. Inkarniert sich also auch Satan? Immer noch gibt es einen «unerträglichen Widerspruch im Wesen der Gottheit», und diese «Paradoxie Gottes zerreißt auch den Menschen in Gegensätze» (S. 98). Seit der Apokalypse wissen wir wieder, «daß Gott nicht nur zu lieben, sondern auch zu fürchten ist. Er erfüllt uns mit Gutem und mit Bösem ..., und weil er Mensch werden will, muß die Einigung seiner Antinomie im Menschen stattfinden. Das bedeutet für den Menschen eine neue Verantwortlichkeit ..., denn der dunkle Gott hat ihm die Atombombe und die chemischen Kampfstoffe in die Hand gedrückt» und «ihm sozusagen göttliche Macht» geschenkt (S. 105).

Christus als Mittler ist da verlorengegangen, denn Christus ist für Jung noch nicht das letzte Wort Gottes, sein, Christi, Werk ist offenbar unvollendet geblieben. So weit, im Kreuzestod und dem «Mein Gott, warum hast du mich verlassen?» ein Scheitern Christi zu sehen, geht Jung zwar nicht; aber er meint, sein Werk müsse von einem anderen weitergeführt werden: «Der heilige Geist ist zwar der Erzeuger des Sohnes, aber als Paraklet dessen Hinterlassenschaft. Er führt in Vielem das Erlösungswerk weiter, indem er auf diejenigen sich niederläßt, welche der göttlichen Wahl entsprechen ...» – «Damit ist der Paraklet als krönende Figur des Erlösungswerkes einerseits und der Selbstoffenbarung Gottes andererseits wenigstens angedeutet. Wir können daher sagen, daß der

Heilige Geist die Vollendung der Gottheit und des göttlichen Dramas darstellt.»[99]

Im Brief an einen Pfarrer wurde Jung noch deutlicher: «Das Bekenntnis zum Hl. Geist ... ist jenseits von Christus (wofür ich höflichst um Entschuldigung bitte) und darum ... zur Erreichung jenes Heiles ... dienlicher als jene rückschauende Erinnerung an den präfigurierenden Gottmenschen, der doch ein Wegbereiter war für den Parakleten. Und dieser ist es, der die Gottesoffenbarung in den einzelnen, eigentlichen ... Menschen darstellt.»[100] Wir erinnern uns, daß im Jungschen Selbst(miß)verständnis das alles keine Theologie, keine Religion, keine Metaphysik, sondern lediglich die Beschreibung des Wirkens formaler, inhaltsleerer Archetypen ist ...

Aber auch das Bekenntnis zum Heiligen Geist löst die Hiobs-Frage nach dem Warum, dem Sinn der Fortexistenz des Bösen ebensowenig wie die sich dahinter verbergende nach dem Warum der Gleichgültigkeit Gottes dem Schicksal des einzelnen gegenüber. Jung muß die Frage der Gleichgültigkeit ausblenden, da diese unvereinbar ist mit einem Gott, der als Archetyp in der Seele zumindest «vieler» einzelner Wohnsitz genommen hat, weil er dort Mensch werden will. Gott wäre sonst als Menschgewordener sich selbst gegenüber gleichgültig. Aber da dieser Inkarnationsprozeß Gottes offenbar bereits begonnen hat, stellt sich mit seinem Fortschreiten die Frage nach dem Bösen immer dringender. Zumal trotz dieses Fortschreitens keine entsprechende Abnahme des Bösen in der Welt festzustellen ist. Ja, sogar das Gegenteil ist der Fall. Bezeichnenderweise sucht man in Jungs «Antwort auf Hiob» vergeblich nach dem Namen Auschwitz. Der paßt in der Tat schlecht in Jungs Psycho-Theologie, ganz abgesehen davon, daß Jung 1938 in der deutschen Kristallnacht die Augen fest geschlossen hatte. Auch sieht Jung nicht, daß im Monotheismus, dem er verpflichtet bleibt, eine Antwort auf die Theodizee-Frage nicht möglich ist. Da hilft auch Mariä leibliche Himmelfahrt nicht weiter, und auch der Heilige Geist bleibt vor Auschwitz stumm. Selbst Jung scheint zu resignieren. In den Schlußsätzen der «Antwort auf Hiob» triumphiert das Böse nach wie vor. Der Satansengel plagt selbst die Erleuchteten weiter, die ebenfalls sündige Menschen bleiben, genau wie «die gewöhnlichen, von der Erbsünde nicht befreiten Sterblichen», und so wird selbst der elitäre Unterschied zwischen der Plebs und den Auserwählten verwischt. Sie bleiben beide allzumal Sünder. Der psycho-theologische Papierberg hat nicht einmal eine Maus geboren.

Die Schlußsätze der «Antwort auf Hiob» lauten: «Selbst der erleuchtete Mensch bleibt der, der er ist, und ist nie mehr als ein beschränktes Ich gegenüber dem, der ihm einwohnt, und dessen Gestalt keine erkennbaren Grenzen hat, der ihn allseits umfaßt, tief wie die Gründe der Erde und weiträumig wie der Himmel.»[101] Schön und geheimnisvoll gesagt, aber das verdeckt bloß, daß damit nichts gesagt ist. Jahre später kommt Jung in seinen «Erinnerungen» zum Schluß: «Die ... Frage: ‹Woher kommt das Böse?› hat in der christlichen Welt keine Antwort gefunden ..., wir stehen da mit leeren Händen, verwundert und ratlos ...»[102] Das läßt nur den Schluß zu: Jungs Antwort auf Hiob ist keine.

Dieses Scheitern Jungs an der Frage des Bösen ist ein Scheitern des Anspruchs seiner Psycho-Theologie und -Religion. Jung selbst hat erklärt, wir erinnern uns, seine Therapie bestehe letztlich darin, seine Patienten an das Numinose heranzuführen. Er wollte Heilung durch Heil und dieses als Aufhebung des Bösen im «Selbst» einer «unio mystica». Aber am Ende seines Lebens mußte er resigniert feststellen, daß selbst der Erleuchtete der Sünder und das beschränkte Ich bleibt, die er immer war. Dieses Scheitern und die Resignation Jungs lassen erkennen, was seiner Psycho-Theologie und -Therapie fehlt: das Du und die Liebe. Man fragt sich, ob die Funktion des Numinosen in der Psycho-Therapie von Jung nicht als Kompensation einer Liebesunfähigkeit gedeutet werden kann, zumal dieser Numinosismus stark narzißtisch-egozentrisch wirkt. Jung selbst hat ja zugegeben, daß er mit der Liebe seine Probleme hatte, und angedeutet, das hänge mit der nachwirkenden Erfahrung der Eheschwierigkeiten seiner Eltern zusammen. Jungs deterministische Archetypenlehre mit ihrem Dämonenkult und ihrem Besessenheitsstolz weiß nichts von Liebe, und auch die Regression in den Bollinger Turm war ein narzißtischer Ego-Trip, der ohne Du auskam.

Es mag, um eine mögliche Gegenposition zu skizzieren, zum Schluß einem Dichter das Wort gegeben werden, der, ohne an Hiob oder an Jung zu denken, in wenigen Zeilen eine Antwort auf Hiob und auch auf Jung formuliert hat, die erkennen läßt, warum es Jung versagt bleiben mußte, eine Antwort zu finden. Es dichtet ein ehemaliger Kommunist, der im Sowjetkommunismus das Heil und die Erlösung zu erfahren geglaubt hatte, der dann aber durch dessen Entwicklung zu einem brutalen Repressionssystem von seinem Irrglauben geheilt wurde, freilich ohne dabei zum Apostaten dessen zu werden, was ihn motiviert hatte. Und er spricht zu einem Freund, der, allerdings in führender Position, genau dieselbe Entwicklung durchgemacht hatte. 1964 widmete Erich Fried «Überlegungen» in Gedichtform seinem Freund Ernst Fischer [103], Überlegungen, denen er das Motto voranstellte:

«... und hätte der Liebe nicht ...
Es rettet uns kein höh're Wesen
kein Gott, kein Kaiser, kein Tribun!»

Und in einem der Gedichte spricht er zu dem Freund:

Auch du hast Bilder gesehen
und gewußt daß wir Bilder brauchen
aber du hast zuletzt die Gedanken
nicht verwechselt mit ihren Bildern.
...
Du sollst dir kein Abbild machen
weil das Bild zum Gott wird
und das Abbild zum Abgott.

Hiob am Alexanderplatz

Alfred Döblins Dialektik von Gut und Böse

Hiob im Berliner Ganovenmilieu der zwanziger Jahre. Ein größerer Gegensatz als der zwischen dem christlich-okkultistischen Hiobbuch von C. G. Jung, das keine Notiz von der Lebenswelt nimmt und den Menschen zur Marionette angeblich numinoser Archetypen degradiert, und dem des Armenarztes und Schriftstellers Alfred Döblin, dessen Hiob sich auf dem Alex tummelt und sich gelegentlich als Krimineller durchschlägt, scheint kaum denkbar. Auf den ersten Blick jedenfalls.[1]

Aber dieser erste Blick trügt. Man kann nicht, wie Döblin es tut, in seinem Roman ein «Gespräch mit Hiob» führen (S. 153 ff) und seiner Hauptfigur – etwas verfremdete – Züge Hiobs verleihen, ohne von religiösen Motiven inspiriert zu sein. Gewiß war dem Juden und Sozialisten Alfred Döblin die okkulte Transzendenz-Akrobatik eines Jung fremd, obschon er sich – außer mit Kant, Hegel, Kierkegaard und Marx – auch mit der Psychoanalyse befaßt hatte. Aber auch ihm, dem Juden, bedeuteten Maria und Christus viel, so viel, daß ihm die vor einem angeblich wundertätigen Madonnenbild betenden Menschen in Wilna und der Gekreuzigte von Veit Stoß in der Marienkirche von Krakau zum religiösen Erlebnis wurden. Ein Kapitel des Alexanderplatz-Romans trägt die Überschrift: «Kampf mit dem Engel, ein Gang durch die Bibel». Unter demselben Titel veröffentlichte er 1946 ein 330 Seiten umfassendes «Religionsgespräch», dem ein beinahe ebenso umfangreiches Buch «Der unsterbliche Mensch» folgte. In einem anderen Roman, dem «Wallenstein», lobpreist Döblin die Mutter Gottes. Erst durch die Veröffentlichung seiner Religionsgespräche wurde dann bekannt, daß er – 1941 in der Emigration in Hollywood – zum Katholizismus übergetreten war. Aus der jüdischen Gemeinde war er schon 1912 ausgetreten. Das auserwählte Volk sei in eine Sackgasse geraten, habe versagt, sei degeneriert und ins Heidnische abgeglitten. Den Staat Israel lehnte er ab.[2]

«Der fromme Christ Döblin» nennt ihn Walter Muschg in seinem panegyrischen Essay «Ein Flüchtling. Alfred Döblins Bekehrung»[3]. Aber auch im Zen-Buddhismus war Döblin bewandert, und Muschg stellt fest: «Er war immer ein religiöser Dichter gewesen» (S. 121), der um die Erlösung durch die göttliche Gnade gerungen habe. Auch ihn trieb die Frage des Bösen um, das zentrale Thema im «Alexanderplatz»-Roman. Seine epischen Großwerke seien «keine Gesellschafts- oder Zeitromane, sondern Darstellungen einer kosmischen Weltvision» (S. 111). Aber – und das unterscheidet ihn grundsätzlich von Jung – «seine Werke wurden durch das Zeitgeschehen ausgelöst, er deutete in ihnen visionär die Gegenwart» (S. 119).

Dieses Zeitgeschehen, das Jung verächtlich als Zeitungsgeschwätz abtat, das ihn dann aber mit dem Nationalsozialismus und seiner Verstrickung in diesen rächend einholte, war für den Döblin des «Alexanderplatz» primär gekennzeichnet durch den im Berlin der Weimarer Zeit erlebten Verfall einer bürgerlichen Gesellschaft, die nach der mißglückten Novemberrevolution auch die Linke mit in den Abgrund riß. Der politisch engagierte Sozialist und Moralist Döblin schuf in Franz Biberkopf, dem Straßenhändler am Alexanderplatz, eine Symbolfigur dieses allgemeinen Verfalls und des von diesem verursachten Leidens, des Bösen in dieser Welt, das auch in ihm war und das ihn immer wieder schwach werden ließ, obschon er ein anständiger Mensch werden wollte. Dieser Franz Biberkopf war wie Joseph Roths Mendel Singer ein ganz alltäglicher Mensch, kein Feudalherr wie der biblische Hiob, aber leiden mußte er wie dieser.

Der Politiker Döblin, der mit deutlich spürbarer Resignation auch im «Alexanderplatz» zu Wort kommt, versuchte noch nach dessen Veröffentlichung, 1931, mit einem Appell an die deutschen Gebildeten, diesen die Augen für das nahende braune Unheil zu öffnen und sie zu bewegen, mit der – politisch freilich bereits zutiefst gespaltenen – Arbeiterschaft eine Widerstandsfront aufzubauen. Vergebens. Seine Bücher gehörten zu den ersten, die die germanischen Horden – denen im selben Augenblick C. G. Jung am Berliner Rundfunk seine Sympathie bekundete – öffentlich verbrannten. Döblin floh in die Schweiz, von dort aus weiter nach Frankreich, wo er in ein Flüchtlingslager geriet und den Zusammenbruch miterlebte. Das Hiob-Schicksal, dem sein Franz Biberkopf so gnadenlos ausgeliefert war, hatte ihn selbst eingeholt. Er beschrieb es in seiner «Schicksalsreise»: «Dies ist die Zeit der Beraubung. Mein Ich, meine Seele, meine Kleider wurden mir weggenommen. Ich weiß nicht, was eigentlich von mir noch Bestand hat ...»[4]

Dieses Hiob-Schicksal weckt die Frage nach der Schuld: «Es war das Gefühl von Schuld, vieler Schuld, großer Schuld ... Es ist etwas geschehen und es ist mehr als ein Entschluß, wenn man sich als erwachsener Mann, ja als alter auf die Knie niederläßt, ... vieles beklagt und bereut und nichts denken mag als: ‹Herr vergib uns unsere Schuld›, und ferner: ‹Dein Wille geschehe wie im Himmel also auch auf Erden.›»[5] Döblin flüchtete dann weiter nach Kalifornien, wo er zum Katholizismus übertrat. 1945 kehrte er – als Franzose, der er in Paris geworden war – nach Deutschland zurück, gab im Auftrag der französischen Besatzungsmacht eine Zeitschrift heraus, veröffentlichte seine Religionsgespräche und vollendete seinen letzten, in Kalifornien begonnenen Roman «Hamlet oder Die lange Nacht nimmt ein Ende», von dem Walter Muschg schreibt: «Er ist sein Vermächtnis, das schrecklich-wunderbare Meisterwerk des Christen Döblin»[6], der «den Tiefblick des modernen Seelenarztes für das Unbewußte» habe und die Frage nach der Schuld des Menschen am heutigen Zustand der Welt und nach dem Wesen des Bösen und der Möglichkeit seiner Überwindung stellt. Döblin habe sie «auf eine Weise beantwortet, daß man die letzten Kapitel mit Tränen liest und kein Mensch guten Willens sich seiner Wahrheit verschließen kann»[7].

Doch zum Alexanderplatz. Franz Biberkopf, ein ebenso gutmütiger wie jähzorniger, triebbesessener und liebesfähiger Ganove und reiner Tor zugleich, hat im Affekt seine Freundin umgebracht. Nach der Entlassung aus dem Gefängnis beschließt er, ein anständiger Mensch zu werden, und bemüht sich redlich, seinem guten

Vorsatz treu zu bleiben. Aber die widrigen äußeren Verhältnisse und sein Anteil an der «condition humaine» stellen ihm immer wieder ein Bein. Es kommt zu einem fiktiven – so der Titel des entsprechenden Kapitels – «Gespräch mit Hiob, es liegt an dir, Hiob, du willst nicht»[8].

Was schon an dieser Kapitelüberschrift auffällt: Dieser Hiob ist nicht wie der biblische ein hochfahrend Selbstgerechter, der mit seinem, wie er meint unverdienten Schicksal hadert, sondern er sucht die Schuld für seine Unbill bei sich selbst: «Es liegt an dir, Hiob, du willst nicht.» Dann stellt Franz Biberkopf sich in seinem Selbstgespräch, das auch ein Gespräch mit dem biblischen Hiob ist, die Frage: «Was quält dich am meisten, Hiob? Daß du deine Söhne und Töchter verloren hast, daß du nichts besitzt, daß du in der Nacht frierst, deine Geschwüre im Rachen, an der Nase? Was, Hiob?» Es ist nur «eine Stimme», die fragt (S. 153 f). Hiob hat resigniert: «Für mich braucht keiner zu beten, wenn ich tot bin ... Hiob muß man vergessen» (S. 155). Die Stimme: «Ich weiß nicht, warum du jammerst.» Darauf Hiob: «Ich habe keine Kraft, das ist es ... Keine Kraft mehr, zu hoffen, keinen Wunsch ... Ich bin weich, ich schäme mich» (ebd.).

Das ist ein völlig anderer Hiob als der Feudalprotz aus dem Lande Uz. Er beschuldigt nicht Gott, sondern sich. Er fühlt sich als schwacher Mensch, schämt sich seiner Weichheit, wo der andere mit seiner Stärke, seiner verlorenen Machtposition auftrumpft: «Das ist es, Hiob, woran du am meisten leidest. Du möchtest nicht schwach sein, du möchtest widerstreben können, oder lieber ganz durchlöchert sein, dein Gehirn weg, die Gedanken weg ... Wünsche dir etwas.» Hiob: «Heile mich! wenn du kannst!» (S. 156). Da ist nichts von Selbstgerechtigkeit, von allem Anfang an fühlt dieser Hiob Biberkopf sich schwach und krank, sehr krank; denn wie die Stimme sagt: «Ich bin Satan!», kommt als Antwort nur wieder ein «Heile mich!» Die Stimme: «Und wenn ich der Satan bin, wie wirst du mit mir fertig werden?» Hiob ist das egal, er schreit: «Du willst mich nicht heilen ...» Die Stimme: «Du willst ja nicht! ... Wer kann dir helfen, wo du selber nicht willst! ... Gott und der Satan, Engel und Menschen, alle wollen dir helfen, aber du willst nicht ...» – «‹Nein, nein› lallte, brüllte Hiob ... Er suchte die Stimme zu ersticken, sie steigerte sich immer mehr ... Gegen Morgen fiel Hiob auf das Gesicht. Stumm lag Hiob. An diesem Tag heilten seine ersten Geschwüre» (S. 156f).

Da ist kein allmächtiger Schöpfergott, der Hiob zusammendonnert, bis dieser seine Ohnmacht eingesteht und mit einem «pater peccavi» in die Knie sinkt. Hiobs «Resurrektion» ist nicht eine Belohnung für die wiederhergestellte Gottesfurcht, sondern die Folge eines inneren Dialogs, der die Wirkung einer Katharsis zeitigt, damit ein Akt der Mündigkeit. Dieser Hiob beteuert nicht seine Un-Schuld, sondern bekennt sich von allem Anfang an als schuldig. Er deutet die Ursache seines Schicksals als seine Schwäche. Er klagt *sich* an, nicht Gott. Die Stimme, von der Hiob seine Heilung erhofft – Heilung, nicht das Heil! –, ist seine eigene, der Satan – der für den biblischen Hiob überhaupt nicht existiert – ist er selbst. Dieser höhnt, Hiob wolle ja gar nicht geheilt werden, was man psychoanalytisch interpretieren könnte: Satan als Symbol einer Neurose mit einem Krankheitsgewinn, die Hiobs Heilungswillen lähmt. Es ist die typische Situation des Neurotikers: Er möchte, aber er kann nicht. Hiob praktiziert hier erfolgreich eine Selbstanalyse. Die psychosomatischen Symptome beginnen zu verschwinden, seine Geschwüre beginnen zu heilen.

Diesem Hiob würde es nichts nützen, wenn ein Gott ihm als Lohn für seinen Kniefall «zwiefältig so viel, als er gehabt hatte» schenken würde, denn er hatte ja nichts gehabt. So blieb er innerlich wie äußerlich der «condition humaine» verhaftet: innerlich, weil seine Selbstheilung nicht vor Rückfällen bewahrt bleiben und auch nicht zum Heil führen konnte, äußerlich, weil das Böse damit nicht aus der Welt geschafft war: «In den Februar hinein säuft Franz Biberkopf in seinem Widerwillen gegen die Welt ... Er versäuft, was er hat, ihm ist egal, was wird. Er wollte anständig sein, aber da sind Schufte und Strolche und Lumpen, darum will Franz Biberkopf nichts mehr hören und sehen von der Welt ...» (S. 159). Denn er muß mit ansehen, wie das Böse belohnt wird, «und wer noch fragt, ob Gerechtigkeit auf der Welt ist, der wird sich mit der Antwort bescheiden; vorläufig nicht ...» (S. 242).

Aber da ist diese Dialektik von Gut und Böse. Franz Biberkopf, der sich wieder hatte verführen lassen, bei einer Dieberei mitzumachen, wird das Opfer eines Mordversuchs seiner Kumpanen, die den Unbequemen loswerden möchten, und verliert dabei einen Arm. Aber dann lernt er ein hübsches Mädchen kennen: «Das geht im Leben rauf und runter, wunderbar» (S. 281). Das Schema des biblischen Buches Hiob ist Glück – Unglück – Glück. Das Schema hier: Glück und Unglück sind beide nichts Dauerhaftes, sie wechseln einander ständig ab. Das versöhnt mit der Erfahrung, daß das Böse belohnt, das Gute bestraft werden kann: «Auf welcher Höhe steht jetzt unser Franz Biberkopf! Wie gut geht es ihm, wie hat sich alles gewandelt! Er war schon dicht am Tode, wie hat er sich gehoben! Welch sattes Geschöpf ist er jetzt, dem nichts fehlt ... Ein Mädel hat er, das ihn glücklich macht, Geld hat er, mehr als er verbraucht ...» (S. 290). Aber die Versöhnung ist doch keine, sie ist die Illusion, der schöne Augenblick würde verweilen, während das Karussell von Gut und Böse, von Glück und Unglück sich unbekümmert weiterdreht. «Du hast geschworen, Franz Biberkopf, du willst anständig bleiben. Du hast ein dreckiges Leben geführt ..., das war fürchterlich. Und jetzt? Sitzest auf demselben Fleck ... und alles fängt dann nochmal an, dann aber schlimmer, und dann ists aus» (ebd.).

Biberkopfs hübsches Mädel, die Mieze, wird von Reinhold, einem gemeinsamen «Freund», aus Rachsucht umgebracht: «Wieviel hat Hiob ... gelitten, bis er alles erfuhr, bis nichts mehr auf ihn fallen konnte ... Du hast nicht so viel verloren wie Hiob aus Uz, Franz Biberkopf ... Du seufzt: wo krieg ich Schutz her, das Unglück fährt über mich, woran kann ich mich festhalten. Es kommt näher! ... Du wirst keine Gelder verlieren, Franz, du selbst wirst bis auf die innerste Seele verbrannt werden!» (S. 418f).

Franz Biberkopf wird des Mordes an seinem Mädel mitverdächtigt, sein Bild ist in der Zeitung, sie suchen ihn: «... ich nehme mich zusammen, ich kann mich halten, wie ich will, es nutzt nichts, es will mich kaputt machen ... Was ist das für eine Mühle, die Räder drehen sich ... Und ich soll sie umgebracht haben ... ist wat an mir, an mir muß wat sinn» (S. 423). Wiederum sucht er die

Ursache seines Unglücks bei sich selbst, innen, nicht außen. Aber er findet sie nicht, nicht einmal an seiner Schuld kann er sich halten, und so fällt er, der doch anständig bleiben wollte, ehrlich, ins Bodenlose: «Wat liegt an mir. Mir könnt ihr aufn Misthaufen schmeißen ... Mein Leben ist zu Ende, mit mir ist es aus, ich habe genug» (S. 425 f). So ein Unrecht, klagt er, er habe doch gemacht, was er konnte.

Doch plötzlich, mitten auf dem Alexanderplatz in Berlin, 1928, gehen zwei Engel neben ihm, einem ehemaligen Totschläger, jetzigen Einbrecher und Zuhälter. Sie heißen Sarug und Terah. Hier wird die biblische Hiob-Geschichte auf den Kopf gestellt: Die beiden Engel sollen den Berliner Hiob beschützen. Sarug fragt, aus was für einem Grund sie gerade diesen Menschen – offenbar im Auftrag Gottes – beschützen sollen. Terah: «Dieser Mann hier ist dicht daran, sehend zu werden. So weit sind viele gekommen. Aber er ist auch daran, hörst du, er ist dicht daran, fühlend zu werden.» Sarug: «Aber er will uns ja nicht ..., er will uns abschütteln.» Terah: «Er möchte sterben, Sarug, es hat noch niemand einen sehr großen Schritt getan, ... ohne zu wünschen, er möchte sterben.» Sarug fragt sich aber, ob bei diesem Franz Biberkopf denn Hoffnung bestehe. Terah meint: «Ja, weil er stark und unverbraucht ist.» Die Engel sehen tiefer als Franz Biberkopf selbst: Seine Schwäche ist seine Stärke, weil er sie sich selbst eingesteht und zurechnet und nicht einen Gott dafür verantwortlich macht. Weil er so auf dem Weg ist, ein mündiger Mensch zu werden, während der biblische Hiob ein Knecht Gottes bleibt. Darum beschließen die Engel, bei ihm zu bleiben (S. 434 f).

Gott hat also Satan in Berlin nicht freie Hand gelassen, die Gottesfurcht und -treue des zumindest religiös untadeligen biblischen Hiob auf die Probe zu stellen, sondern er hat zwei Engel ausgeschickt, um den alles andere als gottesfürchtigen und in seinem Selbstverständnis schwachen und kriminellen Hiob Biberkopf vor dem Untergang zu bewahren. Das ist nicht mehr Jahwe, der zornige, eifersüchtige, an sich selbst zweifelnde, machtbesessene Neurotiker, sondern das ist ein Gott verzeihender Liebe. Er zeigt sich dem Totschläger, Einbrecher und Zuhälter Biberkopf, der doch ein anständiger Mensch werden möchte, gegenüber deshalb so großzügig, weil dieser von sich aus zur Selbsterkenntnis, aber auch zum (Mit-)Fühlen gelangt ist, und was wäre das anderes als Liebe? Dieser Hiob braucht nicht von einem auf seine Allmacht pochenden Gott zusammengedonnert zu werden, um seine Sündhaftigkeit zu erkennen und zu bekennen, er hat sich dazu allein durchgerungen. Er ist zwar ein schwacher Mensch geblieben, aber er war sich seiner «condition humaine» immer bewußt und strebte bloß nach ein bißchen Glück, ohne auf die Erlösung, das Heil zu spekulieren.

Während ein C. G. Jung nur den Individuationsprozeß seines Gottes im Auge hatte und Hiob schlicht vergaß, ist Döblins «Alexanderplatz» die Geschichte des Individuationsprozesses eines Menschen, eines Großstadt-Hiobs der zwanziger Jahre, und von Gott ist hier direkt gar keine Rede. Der Mensch ist hier, sosehr er durch seine Gene, durch seine Umwelt bestimmt sein mag, keine Marionette irgendwelcher Archetypen und eines sich mit diesen tarnenden Gottes, sondern – im Rahmen der «condition humaine» – ein sich ohne Hilfe eines andern seines Verstandes und seines Fühlens bedienender «homme de bonne volonté», der den Weg zur Mündigkeit sucht. Schon auf den ersten Seiten des Romans von Döblin steht mit Blick auf das Schicksal Hiobs: «Woran alles lag ... an ihm selbst» (S. 10). Die Engel, die dann auftauchen, um Franz Biberkopf zu schützen, symbolisieren, daß dieser Berliner Hiob auf dem richtigen Weg ist, nicht mehr. Sie versprechen kein Hollywood-Happy-End, sie wollen Franz Biberkopf nicht von der «condition humaine» erlösen, sondern ihn bloß davor bewahren, sich umzubringen. Sie sind ebenso er selbst, wie es die Stimme des Satans war. Sie sind keine metaphysischen Wesen, Abgesandte des Heiligen Geistes, sondern Symbole für das Gute in Biberkopf, das aus ihm einen anständigen Menschen machen will und auch bereit ist, dafür zu zahlen, dem aber das Böse bisher immer wieder ein Bein gestellt hat.

Die Theodizee-Frage nach dem Ursprung des Bösen interessiert Döblin hier nicht, ihm geht es um die anthropologische Frage, wie ein Mensch mit dem Bösen in sich und in den gesellschaftlichen Verhältnissen, die in ihn hineinwirken, fertig werden kann. Gott braucht keinen Satan zu beauftragen, der Mensch ist sich selbst Satan – freilich auch Engel – genug. Satan und Engel halten sich in Franz Biberkopf gegenseitig in Schranken. Es ist keiner Seite erlaubt, eine Alleinherrschaft zu errichten. Einmal mehr kommen einem Pascals Worte in den Sinn: «L'homme n'est ni ange ni bête ...» Was Kant auf seine Weise sagte mit dem berühmten Satz in seiner «Idee zu einer allgemeinen Geschichte in weltbürgerlicher Absicht»: «Aus so krummem Holze, als woraus der Mensch gemacht ist, kann nichts ganz Gerades gezimmert werden. Nur die Annäherung zu dieser Idee ist uns von der Natur auferlegt.»[9] Fast scheint es, als hätte Franz Biberkopf Kant gelesen.

Doch die Geschichte unseres Berliner Hiobs ist noch nicht zu Ende. Die Polizei hat ihn noch immer nicht gefaßt. Wie der Engel Terah sagt, möchte er sterben. So hadert er jetzt mit seinem und der Menschheit Schicksal. Als ob Döblin ahnte, was auf Deutschland und die Welt zukommen werde, läßt er seinen Hiob ausrufen: «Wir fahren in die Hölle mit Pauken und Trompeten, für diese Welt haben wir nichts übrig, sie kann uns bleiben gestohlen mitsamt allem, was drauf und drunter und drüber ist. Mit ihren ganzen Menschen ..., mit dem ganzen höllischen Gelichter, es ist auf keinen zu bauen ... Der liebe Gott hat die Erde gemacht, das soll mir ein Pfaff sagen, wozu. Aber er hat sie doch noch besser gemacht als die Pfaffen wissen, er hat uns erlaubt, auf den ganzen Zauber zu pissen, und hat uns zwei Hände gegeben, und einen Strick dazu, und da weg mit dem Dreck, das können wir, dann ist der höllische Mist vorbei, viel Vergnügen, mein Segen, wir fahren in die Hölle mit Pauken und Trompeten» (S. 437).

Reinhold, der Mörder Miezes, wird gefaßt. Franz Biberkopf läßt sich freiwillig fassen, schießt einen Polizisten an, verweigert Sprache und Nahrung, kommt zur Beobachtung in eine Irrenanstalt. Der Oberarzt diagnostiziert: «katatoner Stupor». Zwei junge Ärzte vertreten die Psychoanalyse: «Verlust des Kontaktes mit der Realität, nach Enttäuschungen, Versagungen, dann kindliche Triebansprüche an die Realität, fruchtlose Versuche, den Kontakt wiederherzustellen» (S. 471).

Dann kommt der Tod zu Franz Biberkopf und hält ihm eine Strafpredigt. Dieser Tod ist wie Satan und die Engel eine Stimme in ihm selbst – er spricht Berliner Jargon –, in der schlimmsten Verzweiflung, die insofern realitätsfremd ist, als sie – wie die Freunde des biblischen Hiob – nur das Böse in ihm sehen will. Das heißt, Franz Biberkopf selbst sieht sich nur noch als böse: «Was bistu fürn Richter über die Menschen und hast keene Oogen. Blind bist du gewesen und frech dazu, hochnäsig und die Welt soll sein wie er will. Ist anders, mein Junge ... Die kümmert sich nicht um dir ... und zuletzt Mieze ... Was war dir ein Mensch, son Mensch wie eine Blume, und du gehst hin und prahlst mit ihr vor Reinhold ... Du willst ja bloß stark sein ... Das überlege dir, ob du nicht selbst schuld bist, wenn sie nicht lebt. Und keine Träne um sie geweint ... Nur geklönt, ‹Ich› und ‹Ich› und ‹das Unrecht, das ich erleide› und wie edel bin ich ...» (S. 478). Was der Hiob vom Alexanderplatz sich hier indirekt vorwirft, ist nicht mangelnde Gottesfurcht, sondern mangelnde Menschenliebe. Das steht so weder im biblischen Buch Hiob, noch interessiert die Menschenliebe C. G. Jung in seiner Antwort auf Hiob. Döblins Hiob ist um vieles reifer, mündiger als seine Vorgänger. Und auch das Problem der Gleichgültigkeit Gottes ist angetönt: Die Welt «kümmert sich nicht um dir».

Aber der Tod ist mit seiner psychoanalytisch argumentierenden Strafpredigt noch nicht zu Ende: «Son Luder. Hat ein Herz gekriegt und ein Kopp und Augen und Ohren, und er denkt, ist gut, wenn er anständig ist, was er anständig nennt, und sieht nichts und hört nichts und lebt druff los und merkt nichts ... Du Mißgeburt mit Wahnideen» (S. 479). Hiob tut sich da mit der Stimme des Todes unrecht. So schlimm war er nicht. Das Gute in ihm bleibt hier ausgeblendet: Die Stimme des Todes erscheint als eine Ideologie zur Legitimierung seiner Absicht zu sterben, eine Ideologie, an der wie an jeder Ideologie etwas Wahres ist.

Die Dialektik von Gut und Böse, von Lebenwollen und Sterbenwollen, ist Franz Biberkopfs Individuationsprozeß. Andere Menschen geben auf und sterben: «Sie haben nicht gewußt, daß sie sich nur noch einen einzigen Schmerz antun müssen, um weiterzukommen, aber den Schritt konnten sie nicht tun ...» (S. 480).

Es ist nicht Gott oder der Heilige Geist oder was für eine externe Instanz auch immer – und auch nicht der interne Archetypengott Jungs –, die das Schicksal dieses Berliner Hiob bestimmen; er muß allein durch das ihm Unbegreifliche hindurch, das er selbst ist und das er als Schuld empfindet. Es ist auch nicht die schuldlose Schuld der «condition humaine», die sein Gewissen entlasten könnte, es ist seine ganz persönliche Schuld. Da helfen kein Gott und keine Ideologie. Da gibt es nur ein Entweder-Oder, das nach einer von ihm selbst zu verantwortenden Entscheidung verlangt: entweder die Hände und der Strick oder das «Weiterkommen» mit der selbstreflexiven Verarbeitung des damit verbundenen Leides und der Fähigkeit zu trauern. Es geht letztlich um eine Metanoia: «Worüber ... weint Franz Biberkopf? Er weint darüber, daß er leidet und was er erleidet, und auch über sich. Daß er dies getan hat alles und so gewesen ist, darüber weint Franz Biberkopf. Jetzt weint Franz Biberkopf über sich ... ‹Wat hab ich gemacht›» (S. 486). Franz ringt mit sich selbst, und immer wieder versucht der Tod, ihn zur Flucht zu verführen. Der Hiob Jungs wollte moralisch besser sein als sein Gott, Franz Biberkopf will bloß so gut sein wie ein gewöhnlicher Mensch: «Franz weint und weint, ich bin schuldig ..., ein Untier. Gestorben ist in dieser Abendstunde Franz Biberkopf, ehemals Transportarbeiter, Einbrecher, Ludewig, Totschläger. Ein anderer ist in dem Bett gelegen. Der andere hat dieselben Papiere wie Franz, er sieht aus wie Franz, aber in einer anderen Welt trägt er einen neuen Namen. Das also ist der Untergang des Franz Biberkopf gewesen, den ich beschreiben wollte ... Jetzt hänge ich noch einen Bericht an von den ersten Stunden und Tagen eines neuen Menschen, der dieselben Papiere hat wie er» (S. 488).

In der Irrenanstalt wird der bettlägerige Mann, der einmal Franz Biberkopf war, von Kriminalbeamten und Ärzten ausgefragt. Sein Alibi wegen des Mordes an Mieze erweist sich als wahr. Die Diagnose Katatonie wird fallengelassen, es ist ein psychisches Trauma. Franz wird aus der Anstalt entlassen. Im Prozeß gegen Reinhold, in dem er als Zeuge auftritt, verhält er sich anständig. «Dem Biberkopf wird gleich nach dem Prozeß eine Stelle in einer mittleren Fabrik angeboten. Er nimmt an. Weiter ist hier von seinem Leben nichts mehr zu berichten» (S. 499).

Es ist die Legende von Tod und Auferstehung, aber dies geschieht hienieden, und es geschieht einem gewöhnlichen Menschen. Döblin preist nicht verzückt die durch das päpstliche Dogma bestätigte Aufnahme der Himmelskönigin am himmlischen Hofe, der Berliner Armenarzt flüchtet nicht in Erlösungsideologien zur Linderung des Neurosendrucks zahlungskräftiger Zürcher Patienten und Patientinnen, sondern es geht ihm um unendlich viel mehr: darum, wie einer als gewöhnlicher Mensch, der auf die falsche Fahrbahn geraten ist, auf die richtige zurückfindet, ohne dabei aufzuhören, ein gewöhnlicher Mensch zu sein. Er kommt zwar weiter auf dieser Fahrt, aber sie führt ihn nicht zum Heil der Erlösung, sondern ‹nur› zur Stelle als Hilfsportier in einer mittleren Fabrik.

Döblins Hiob ist der ‹menschlichste› von allen Hiob-Gestalten, Gestaltungen, von denen hier die Rede war. Er wäre ein Bruder des Mendel Singer von Joseph Roth, hätte dieser seine Geschichte nicht mit einem Hollywood-Ende verkitscht. Paradox, daß Döblin, der später im realen Hollywood zum Katholizismus konvertierte, seinem Franz Biberkopf dieses Schicksal erspart. Das Rezept, das er Franz Biberkopf auf den letzten Seiten des Romans verschreibt, lautet schlicht: Mensch, steh nicht mehr allein auf dem Alexanderplatz herum, tu dich mit andern zusammen und wehre dich! In Döblins eigenen Worten: «Viel Unglück kommt davon, wenn man allein geht. Wenn mehrere sind, ist es schon anders. Man muß sich gewöhnen, auf andere zu hören, denn was andere sagen, geht mich auch an. Da merke ich, wer ich bin und was ich mir vornehmen kann … Aber es ist auch schöner und besser, mit andern zu sein. Da fühle ich und weiß ich alles noch einmal so gut … Was wahr und falsch ist, werd ich jetzt besser wissen …» Und dann – wir schreiben das Jahr 1929 – die politische Moral: «Lieb Vaterland, kannst ruhig sein, ich hab die Augen auf und fall so bald nicht rein … Wenn ich marschieren soll, muß ich das nachher mit dem Kopf bezahlen, was andere sich ausgedacht haben … Wach sein, wach sein, es geht was vor in der Welt … Die Luft kann hageln und regnen, dagegen kann man sich nicht wehren. Da werde ich nicht mehr schrein wie früher: das Schicksal, das Schicksal. Das muß man nicht als Schicksal verehren, man muß es ansehen, anfassen und zerstören» (S. 500f).

Franz Biberkopf hat das ihm Mögliche an Mündigkeit erreicht. Ein paar Jahre später werfen Nazi-Horden den «Alexanderplatz» des Juden Döblin auf den lodernden Scheiterhaufen des Bösen.

Manès Sperber: ein kommunistischer Hiob

Autobiographie

Ein größerer Gegensatz in der Sicht und im Erleben der Hiob-Problematik als der zwischen C. G. Jung und Manès Sperber läßt sich kaum denken, obgleich auch Manès Sperber Psychoanalytiker war, freilich als Schüler und Mitarbeiter von Alfred Adler. Während Jung in seinem blinden Psychologismus alle Politik als «Zeitungsgeschwätz» verächtlich von sich wies und nicht einmal seine Sympathiekundgebungen für Hitler und Mussolini als Politik deklariert wissen wollte, hat Manès Sperber neben seiner – freilich nur temporär ausgeübten – Tätigkeit als Psychoanalytiker in Theorie und Praxis fast sein ganzes Leben als Schriftsteller und Berufsrevolutionär der Politik gewidmet, und dies anfangs im Dienste des Kommunismus. Aber noch etwas trennt die beiden: Jung empfand sich selbst keineswegs als ein Hiob, er lebte zeitlebens im materiellen und geistigen Wohlstand des Geld und Gott Besitzenden; Manès Sperber jedoch hat sich selbst am Ende seines gewaltigen Jahrhundert-Romans «Wie eine Träne im Ozean» in dessen autobiographische Züge aufweisenden Hauptfigur Dojno als Hiob bezeichnet.[1]

Sperbers Hiob zeichnet sich auch innerhalb der Hiob-Literatur durch eine einzigartige Interpretation aus: Sein Hiob – und damit er selbst – hadert nicht mit Gott wegen als ungerecht empfundenen Verlustes materieller Güter, einer sozialen Machtposition, seiner Familie, seiner Gesundheit, also eines ‹Habens›, sondern er hadert mit der Partei, mit deren Hilfe und in deren Dienst er glaubte und hoffte, eine neue, gerechtere, friedlichere, schönere Welt herbeirevolutionieren zu können, und die ihn um diesen moralischen, politischen, existentiellen und letztlich auch religiösen Einsatz betrogen hat. Dieser idealkommunistische Hiob beklagt nicht den Verlust eines Habens, sondern eines Sinns.

Eine solche Deutung des Hiob-Schicksals war wohl nur einem Juden möglich. Wie Ludwig Marcuse und wie Alfred Döblin – Sperber ist beiden persönlich begegnet – hat auch dieser Jude sich von seiner Religion getrennt, ohne sich aber von seinem Volk trennen zu können, und sei es, indem er es, notdürftig säkularisiert, in der Partei wiederzufinden glaubte. So ist Manès Sperber eine der großen Gestalten eines Judentums, das – angefangen mit Karl Marx – der Tradition der Ahnen gleichzeitig abschwor und treu blieb, indem es im Proletariat sein Volk Israel wiederfand, das es aus der kapitalistischen Knechtschaft in das gelobte Land des Kommunismus zu führen galt. Es lohnt sich, dieses für eine echte revolutionäre Linke in diesem Jahrhundert paradigmatische existentielle Schicksal des Menschen Manès Sperber und die entsprechende Aussage seines Werks aus dieser Perspektive auf ihre Hiob-Erfahrung und deren Bedeutung für Politik und Religion zu befragen.

Auch Manès Sperber war, wie Joseph Roth, ein Städtel-Jude. In seiner dreibändigen Autobiographie, der wir hier folgen[2], berichtet der 1905 im galizischen Zablotow geborene Sohn wohlhabender orthodoxer Eltern – eine chassidische Familie, wie der Sohn sie charakterisiert – ausführlich und nicht ohne Wehmut von diesem zu über neunzig Prozent jüdischen Städtel, in dem er die ersten zehn Jahre seines Lebens verbrachte.[3] Das Städtel war eine autonome Gemeinschaft mit einer eigen-artigen Kultur inmitten von Armut und Häßlichkeit, eingekreist von Feinden des jüdischen Glaubens. In all seiner Misere war es eine kleine Civitas Dei – die sich Sperber später als moderne sowjetische Civitas erträumte –, in mancher Hinsicht um Jahrhunderte zurückgeblieben, aber dennoch bewundernswert, weil das Leben dieser Menschen bis in die letzte Einzelheit durch ihre wahrhaft beispiellose Treue zu einem unablässig fordernden Glauben bestimmt wurde.

Sperber hat im dreizehnten Lebensjahr mit diesem Glauben gebrochen; doch die Zuversicht, mit der er den Messias erwartet hatte, war die gleiche geblieben. Das messianische Gegenstück heißt nun revolutionäre Aktivität. Überall sucht er Gründe für die messianische Zuversicht. Er meint, es möge sein, daß er auch jetzt noch – im Alter – darin fortfahre. Es möge sein, daß er, seit er denken könne, keiner Idee begegnet sei, die ihn so überwältigt und bestimmt habe wie die Idee, daß die Welt nicht bleiben könne, wie sie ist, und daß sie besser werden kann und wird.

Dahinter verbirgt sich früh schon ein Hiobsches Hadern mit Gott. Sperber glaubt an einen allwissenden, strafenden Gott, und er steigt mehrmals auf das Dach einer Scheune, um mit voller Wucht Kieselsteine gegen den Himmel zu werfen, um Gott zu strafen. Er macht ihm Vorwürfe, weil er noch immer den Messias zurückhält.

Aber früh erfährt er, daß der Glaube der Juden ihnen die Feindseligkeit aller Nichtjuden einträgt. Es empört ihn, daß Gott den Juden ihre Treue so schlecht belohnt, ja daß er sie bestraft. Und dann die Hiob-Frage: Wenn er gerecht ist, wie kann er es dann zulassen, daß die Juden in Ewigkeit bloß seine Wasserträger bleiben? Er liest die Propheten Jesaja, Jeremias, Amos, die ihn so tief beeindrucken, daß er noch jetzt unter ihrem Einfluß steht, während die biblischen Chroniken in ihm oft Empörung hervorrufen.

Aus Angst vor den Russen flüchtet die Familie im Ersten Weltkrieg nach Wien. Manès ist elf Jahre alt. Er erkennt mit tiefer Erschütterung, daß es keinen schützenden Himmel über den Menschen gibt, und «daß es ... für uns alle nur die Erde, die grenzenlos gleichgültige, unachtsame Erde gibt ... Also war das Schicksal blind, und man mußte gegen das Schicksal sein und alles dazutun, daß wir uns selber Schicksal seien ... Ich wußte von nun an, daß ... man (die Welt) ändern mußte; und daß kein *Ich*, sondern nur ein *Wir* es zustande bringen könnte» (I, S. 109 f). Mit anderen Worten: Die Erfahrung der Gleichgültigkeit Gottes dem Schicksal der Menschen gegenüber hat ihn zum kommunistischen Revolutionär gemacht.

In Wien verarmt die Familie, ja sie erleidet eine radikale Verelendung. Manès erlebt die Klassen- und Standesunterschiede als himmelschreiend. Er begegnet einem anarchistischen Revolutionär, der für einen herrschaftslosen Sozialismus eintritt. Was ein Marxist ist, weiß er noch nicht genau. Da Lenin und Trotzki, die seit 1917 in Rußland herrschten, den Krieg beenden wollten, bedeutet ihre Revolution für ihn etwas Gutes. Aber eine jiddische Zeitung behauptet, die beiden würden eine neue Despotie errichten, was Manès als ungeheuerliche Verleumdung empfindet. Er tritt der jüdischen Pfadfinder-Organisation Schomer bei, die sich bald einmal – unter dem Einfluß von Kropotkin – in eine revolutionäre Jugendbewegung verwandelt, Vorbild des späteren israelischen Kibbuz. Manès findet in dieser Bewegung ein Wir.

Wie in einer kommunistischen Versammlung ein Redner die Oktoberrevolution preist, hört man den wilden Ruf: «Lüge, Lüge, unverschämte Maskerade! ... Nicht die Sowjets herrschen dort, sondern ein bolschewikischer Machtklüngel, der die Arbeiter- und Soldatenräte entmachtet und die Konstituante mit Bajonetten auseinandergejagt hat.» Manès hat daraufhin eine schlaflose Nacht: «Weil ich damals zum ersten Mal die eigenen Motive mißtrauisch in Frage gestellt habe» (I, S. 171 f). Der Gott der Väter war diesem jungen Hiob abhanden gekommen, und es kündigt sich nach diesem religiösen Scheitern bereits das seiner kommunistischen Ersatzreligion an.

Nach Kriegsende erlebt er die – ebenso gescheiterten – Revolutionsversuche in Deutschland. Vorläufer der Nazis ermorden Rosa Luxemburg, Karl Liebknecht, Gustav Landauer, Kurt Eisner. Judenprogrome in Polen, Rumänien, Ungarn, der Ukraine, Antisemitismus in Wien. Manès Sperber greift in seiner Autobiographie gelegentlich vor: «Was ich seit 1937, meinem Bruch mit der Kommunistischen Partei, besonders aber seit dem (Zweiten Welt-)Krieg veröffentlicht habe, ist im drückenden Schatten eines überpersönlichen, vielschichtigen Unglücks entstanden, das meinesgleichen nicht nur mit Entwurzelung bedrohte, mit Demütigung und Vernichtung, sondern uns in Gefahr brachte, uns mit Haß anzufüllen» (II, S. 24). In ihm ist nicht eine Spur des verlorenen Gottesglaubens zurückgeblieben, was einen Bruch bewirkt, der nie heilen sollte. Der Vater wirft dem Sohn in heftigen Auseinandersetzungen vor, die Geschichte seines Volks zu verwerfen. Aber niemals hat dieser erwogen, sein Judentum zu verleugnen oder aus der jüdischen Glaubensgemeinschaft auszutreten, solange Juden noch wegen ihres Glaubens verfolgt wurden. Etwa sechzig Generationen von Juden haben sich auf den unerreichbaren Zustand der Erlösung vorbereitet und oft mit dem Leben ihren Unglauben büßen müssen, den sie der Verkündung entgegensetzten, daß der Erlöser schon gekommen wäre und mit seinem Opfertod die Menschheit erlöst hätte. Diesen Unglauben teile er nach wie vor, aber nicht mehr den Glauben an die messianische Zukunft, in welchem man ihn erzogen hatte.

Sperber ist in dieser Ambivalenz steckengeblieben, ein Hiob, der seinen Gott endgültig verloren hat, aber dem Gottesvolk die Treue hält, einem Volk freilich, das immer wieder vernichtet wurde. Wie schon in der Revolutionstheorie von Marx erhalten auch im Denken und Träumen von Manès Sperber das Proletariat und die kommunistische Bewegung die Dignität eines neuen Volkes Israel. Vom Volk der Juden, dem er sich zugehörig fühlt, schreibt er in seiner Autobiographie: «Nach so vielen Toden werden wir zu wandelnden Friedhöfen und unsere Fahnen zu Leichentüchern.» Und am Ende seines großen Romans fließen ihm, wie er selbst berichtet, dieselben Worte aus der Feder, aber diesmal als Worte eines Kommunisten, «der verzweifelt ins Nichts springt, um Stalins Verbrechen nicht gutheißen zu müssen … ‹Wir werden zu den wandelnden Friedhöfen unserer ermordeten Freunde werden, ihre Leichentücher werden unsere Fahnen sein›» (II, S. 62 f). So wie als Jude scheitert dieser Hiob später auch als Kommunist.

Aber zurück nach Wien. Sperber begegnet hier dem «Begründer der Individualpsychologie» Alfred Adler und wird dessen Schüler und Freund. Später spricht er allerdings von einer zehnjährigen «merkwürdigen» Beziehung. Nun gerät die Politik in den Hintergrund, und er wird zu einem «marxistischen Adlerianer», der als solcher praktiziert und lehrt. Doch die Politik holt ihn wieder ein. Er erlebt das Scheitern des Wiener Arbeiteraufstandes von 1927. Er hat inzwischen den Marxismus ernsthaft studiert, bekennt sich zum «Historischen Materialismus» und entschließt sich, mitzukämpfen bei der Schaffung einer klassenlosen Gesellschaft – ohne Verzug. Dann siedelt er um nach Berlin, als «Abgesandter» Adlers.

Er hält psychologische Kurse und setzt sich politisch entschieden für die Sowjetunion ein, glaubt an den nahen Sieg des Kommunismus, trotz aller Warnungen von Menschewiken und Anarchisten und trotz der Vernichtung der Kronstädter Matrosen und der Kulaken. Er braucht den Glauben an die Sowjetunion und deutet alles zu deren Gunsten um.

Im Sommer 1931 fordert die Kommunistische Partei ihre Anhänger auf, zusammen mit den Nazis die preußische Regierung zu stürzen. Nun regen sich in Sperber Zweifel an der Politik der KP. Im selben Jahr fährt er zu einem Psychologiekongreß nach Moskau. Seine Erfahrungen faßt er später in einem erschreckenden Bild zusammen. Er spricht von einem Ineinander «von Verzweiflung über die getäuschte Hoffnung und von Begeisterung für alles, was auch nur im entferntesten einer Erfüllung nahekommen konnte. Man denkt an das in einem undurchsichtigen Behälter aufgespeicherte Spülicht, das unter einer Ölschicht unsichtbar bleibt, bis ein Schlag die fette Oberfläche auseinanderreißt und das schmutzige Wasser hochspritzen läßt …» Aber «trotz allem änderte sich nichts an meiner politischen Haltung; nach Berlin zurückgekehrt, setzte ich mich intensiver als je … für die Sowjetunion ein» (II, S. 182). Er weiß nun, daß in Rußland nicht das Proletariat die Diktatur ausübt, nicht die Sowjets – die Räte –, ja nicht einmal die Kommunistische Partei, sondern eine dünne, skrupellose herrschsüchtige Führerschicht, die niemandem verantwortlich ist. Die Idolisierung Stalins – eine byzantinische Geschmacklosigkeit.

Gleichzeitig erkennt Sperber, daß die wütende Bekämpfung der Sozialdemokraten durch die Kommunisten in Deutschland eine wahnwitzige Politik ist. Aber er ballt nur die Fäuste in der Mantel- und Hosentasche. Nach der Machtergreifung Hitlers 1933 wird der 28jährige als verdächtiger Ausländer verhaftet, kommt in eine Einzelzelle, kann dann aber zurück nach Wien. Stück um Stück wird diesem kommunistischen Hiob sein einziger Besitz – sein Glaube an die Revolution – aus der Hand geschlagen. In den Monaten der faschistischen Triumphe beginnt sich ihm der marxistische Mythos von der Arbeiterklasse und ihrer historischen Rolle aufzulösen. Die Partei erscheint ihm entwertet, ihre Führung subaltern und unfähig, aber trotz allem bleibt ihm der Kommunismus die Quelle seines Lebenssinns.

Sperber reist nach Jugoslawien, nimmt dort Kontakt mit seinen kommunistischen Genossen auf. Er erfährt, daß ein jugoslawischer kommunistischer Freund ohne Prozeß in Moskau von Stalins Geheimpolizei ermordet wurde. Eine Hiobsbotschaft mehr, und es folgen weitere. Ein Arbeiteraufstand in Österreich im Jahre 1934 bricht sogleich zusammen. Liegen bleiben angeblich 1200 Tote. Sperber glaubt aber, das sei ein Neubeginn der Sozialistischen Partei Österreichs. Er wird von seiner Partei nach Paris gerufen. Die französische KP beginnt, ihre Politik gegenüber den Sozialdemokraten, der bürgerlichen Demokratie und dem Staat zu ändern. Auf Befehl Stalins werden die Kommunisten die entschiedensten, chauvinistischsten Patrioten Frankreichs und bedingungslose Anhänger der Demokratie: Die Volksfrontpolitik wird proklamiert.

Gleichzeitig beginnen die Moskauer Prozesse gegen führende Weggefährten Stalins. Trotzki, der Gründer der Roten Armee, wird als Agent im Dienste des Monopolkapitalismus verleumdet. Sperber stimmt nicht zu, aber schweigt. In seiner Autobiographie nennt er das «meine ‹selbstgewählte Unmündigkeit›» (III, S. 72). Er bleibt trotzdem noch «dabei», weil ihm die Volksfrontpolitik als Strategie des Antifaschismus als richtige Politik erscheint. Er ist noch immer ein Doppelzüngler. Der Anfangserfolg der Volksfrontpolitik läßt ihn wieder hoffen und glauben: «Niemals, seit die Losungsworte: *Freiheit*, *Gleichheit*, *Brüderlichkeit* die Schritte von Aufständischen gelenkt hatten – niemals hatte man sich der Brüderlichkeit so nahe gefühlt wie in den Maitagen 1936» (III, S. 110). Er erlebt Stunden wirklichen Glücks, der Versöhnung aller, die guten Willens sind.

Der Bürgerkrieg in Spanien und die französische Politik der Nichtintervention sind für Sperber eine Bestätigung, recht gehabt zu haben, der Sowjetunion trotz allem treu geblieben zu sein. Sie allein liefert der republikanischen Armee Waffen. Aber eine neue Hiobsbotschaft erreicht ihn: Es kommen Nachrichten, daß in

Moskau täglich zahllose Menschen gegen Ende der Nacht aus ihren Wohnungen geholt werden und verschwinden. Sperber bleibt trotzdem immer noch «hoffnungssüchtig» (III, S. 114). In Moskau kommt es jedoch zu weiteren Schauprozessen. Endlich, 1937, nimmt Sperber seinen Abschied von der Partei und beendet seine Arbeit als Berufsrevolutionär. Jetzt überfallen ihn Mutlosigkeit und Trauer, und er wünscht, nicht mehr zu sein. 1938 marschiert Hitler in Österreich ein, und im Münchner Abkommen zwischen Deutschland und Italien einerseits, Frankreich und England andererseits wird die Tschechoslowakei an Hitler verhökert. Nun kommen die Hiobsbotschaften Schlag auf Schlag: Hitler besetzt Prag, er schließt einen Pakt mit Stalin und überfällt Polen: «Für die gesamte antifaschistische Bewegung ..., für die gesamte Linke bedeutete der Stalin-Hitler-Pakt die größte politische und moralische Niederlage, die ihr je zugefügt worden war» (III, S. 166).

Stalins Verrat am Antifaschismus befreit Sperber endgültig von der letzten Bindung an den verrotteten Kommunismus. Er ist in Paris, als der Krieg zwischen Frankreich und Nazi-Deutschland ausbricht. Als Freiwilliger rückt er in die französische Armee ein. Frankreich bricht zusammen, er fühlt sich als der Jämmerlichste aller Besiegten. Es kommt zum Waffenstillstand, und Sperber formuliert in seiner Autobiographie rückblickend die besondere Art seines Hiob-Schicksals. Er trauert nicht um einen materiellen, sondern um einen ideellen Verlust: «Was in jenen Jahren ... geschehen ist, ... hat mir mehr Leid bereitet als die schmerzlichsten all meiner persönlichen Erlebnisse. Es hat mich auch mehr, ausdauernder gequält und gedemütigt» (III, S. 198). Aus der Armee entlassen, geht er nach Nizza in den nicht von den Nazis besetzten Teil Frankreichs. Er ist total mittellos und hat ein Zwölffingerdarmgeschwür – Hiob! –, das er, wohl mit Recht, psychosomatisch deutet.

Es kommen die ersten Berichte über Hitlers Politik der Judenausrottung. Sperber traut ihnen nicht, er wehrt sich gegen den Bruch mit Deutschland, auf das er so große revolutionäre Hoffnungen gesetzt hatte, um nicht noch einsamer zu werden. Schließlich flüchtet er in die Schweiz und wird in einem Arbeitslager interniert. Nach einer neuen Erkrankung nimmt ihn Pfarrer Rudolf

Maurer in Zürich in seinem Haus auf, wo er ein ganzes Jahr bleibt. Später mietet er mit Frau und Sohn, die ebenfalls in die Schweiz flüchten konnten, am Fuß des Ütlibergs bei Zürich eine Wohnung, wo er bis Kriegsende bleibt.

Aber noch ist Hiob nicht alles aus der Hand geschlagen worden. Auschwitz ist der letzte Schlag. Wie er von den Vernichtungslagern in Polen hört, wird ihm gewiß, «daß Deutschland für mich fortab nie mehr das bedeuten könnte, was es mir bis zu diesem Augenblick ... trotz allem gewesen war. Der Bruch ist unheilbar geblieben.» Die Welt seiner Kindheit ist vernichtet. Und dann noch der zusätzliche Schlag: «Die Sieger (die Westmächte) ... verdienten nicht den Sieg. Sie hatten den Aufständischen des Warschauer Ghettos nicht beigestanden ... Sie griffen die Vernichtungslager nicht an ... Und ein Jahr später kamen sie den Aufständischen Warschaus nicht zu Hilfe» (III, S. 234f).

Nach Kriegsende kehrt Sperber nach Paris zurück. Nach einer unbefriedigenden Tätigkeit im französischen Generalkommissariat für die besetzten Gebiete wird er Lektor im Calman-Lévy-Verlag. Kein Hollywood-Happy-End, sieht man vom großen Erfolg ab, der später dem Schriftsteller Manès Sperber beschieden ist.

«Wie eine Träne im Ozean»

Seinem autobiographischen «Buch Hiob» schickt Sperber später dessen dichterische Gestaltung – Verfremdung wäre zuviel gesagt – in Form des über tausendseitigen Romans «Wie eine Träne im Ozean» nach.[4] Für Menschen, die am Zeitgeschehen interessiert sind und in diesem Jahrhundert früh genug geboren wurden, um vor allem das wechselvolle Schicksal des Sowjetkommunismus und seiner europäischen Trabanten mitverfolgen zu können, einer der faszinierendsten Romane, die in diesem Jahrhundert des radikalen Grauens, diesem Hiob-Jahrhundert, geschrieben worden sind. Selten ist das diese Epoche politisch prägende, aufwühlende Zeitgeschehen, verwoben mit den leidvollen persönlichen Erfahrungen eines leidenschaftlich politisch und revolutionär Engagierten, so dicht, so echt, so souverän und als Kunst des Romans mit solcher gestaltenden Kraft dargestellt worden. Aber einmal ist dieser Hiob-Roman viel zu umfangreich, als daß hier ausführlich auf das Romangeschehen und seine politischen Hintergründe eingegangen werden könnte, zum andern enthält er für den mit der Biographie des Autors einigermaßen Vertrauten zum Hiob-Thema kaum Neues. Es soll deshalb nur versucht werden, den Kern dieser Hiob-Problematik herauszuschälen.

Um mit dem Ende zu beginnen: Auf den letzten Seiten des Romans identifiziert Denis Faber, genannt Dojno, ein «homo faber» der kommunistischen Revolution, Jude, Berufsrevolutionär, zunächst «linientreuer» Parteifunktionär, dann ein Abtrünniger, das Alter ego von Sperber also – «ich legte zumeist Dojno Faber ... meine Gedanken in den Mund» (III, S. 236) – sich expressis verbis mit Hiob. Es ist ein Hiob, der nicht den Verlust materieller Güter und nicht «nur» den der ihm Nächsten beklagt, sondern den seiner revolutionären Gewißheiten. Dojno berichtet 1944 über den Herbst 1929: «Es gab Verfolgung, Folter und war doch die Zeit, da wir noch unermeßlich reich waren an Gewißheiten. Und alle lebten noch. Wir standen an der Schwelle einer neuen Welt, noch einige Jahre – und bis in die Dschungel würden wir die Gerechtigkeit, das Glück bringen. Die vor uns hatten die Geschichte erlitten ... Wir aber machten die Geschichte. Ja. ‹Und dann ist ein Sturmwind von der Wüste herübergekommen, das Haus hat er angepackt an den vier Ecken, so daß es über den jungen Leuten eingestürzt ist, und sie sind umgekommen. Ich bin ganz allein entronnen, es dir zu melden, Hiob›»[2] (S. 1002). Zwei Seiten später nochmals: «Und ich bin ganz allein entronnen – so ähnlich steht es im Hiob» (S. 1004).

Ein modernes Buch Hiob ohne eine «tröstliche Moral». So steht es im Vorwort, und: «Wie so viele andere Schriftsteller vor ihm hat der Autor seinen Lesern nur eines angeboten – mit ihm seine Einsamkeit zu teilen. Vielleicht ist dies die einzige Form der Gemeinschaft, in der jene zueinanderfinden, die aus der gleichen Quelle den Mut schöpfen müssen, ohne Illusionen zu leben» (S. 6). Von Hiob ist im ganzen Roman nur noch ein einziges Mal direkt die

Rede, allerdings auf eine für das Verständnis dieses kommunistischen Hiob bedeutsame Weise. Der Historiker und Philosoph Professor Stetten, ein väterlicher Freund von Dojno, meint einmal: «Die Juden hatten die Tragödie immer um deren fünften Akt betrogen. Selbst dem Hiob, den sie im Exil fanden, gaben sie ein Happy-End. Wo immer wer rebellierte, sie waren dabei, getrieben von dem Glauben, sie könnten ein Happy-End auf Erden erzwingen» (S. 249f).

Das stimmt zwar nicht ganz. Es war und ist doch so, daß die Juden den Messias – denn dieser ist mit dem Happy-End gemeint – gerade *nicht* herbeizwingen wollen, sondern sich vom Glauben an und von der Hoffnung auf sein Kommen tragen lassen. Es sind nur die «abtrünnigen» Juden, die – von Karl Marx über Dutzende, Hunderte von führenden Kommunisten der Theorie und Praxis bis hin zu Manès Sperber – ihr Messias-Imago auf die Partei oder auf das Proletariat projizierten und das messianische Zeitalter herbeirevolutionieren wollten. Das Happy-End des Buches Hiob könnte so interpretiert werden als eine religiöse Präfiguration des von den Marxisten erträumten Happy-Ends der menschlichen Geschichte nach dem Kommen des Messias, der hier freilich die Gestalt einer Revolution angenommen hat. Das Fehlen dieses messianischen Happy-Ends im autobiographischen wie im dichterischen Buch Hiob von Manès Sperber zeigt an, daß dieser kommunistische Gott sich tatsächlich als einer entpuppt hatte, der keiner war. Sperbers «Buch Hiob» ist aufrichtiger als das biblische. Es verschönt am Schluß den Jammer der menschlichen Gottverlassenheit nicht mit den Requisiten von Hollywood-Kulissen. Dieser Gott kann sich auch nicht mehr durch einen Gnadenerlaß und durch Wiedergutmachung mit Zins und Zinseszinsen moralisch rehabilitieren, noch will dieser Hiob durch einen Kniefall in Staub und Asche einen Gnadenerlaß erwirken. Der Partei-Gott hat endgültig abgewirtschaftet.

Sperber spricht der Partei eine religiöse Dignität zu. Er läßt einen Moskauer Untersuchungsrichter zur Zeit der Schauprozesse sagen: «Die Partei muß immer recht haben, sie ist alles: die Dreifaltigkeit, die Kirche, die Heiligen und die Wunder. Das alles muß sie sein, sonst sind wir verloren. Daher muß sie sauber (im Sinne von ‹gesäubert›; A. K.) sein, leuchten in der Finsternis, wie es im Evangelium steht» (S. 395). Dojno will in einem Gespräch darüber berichten, was Stalinismus ist: «Ich werde Ihnen erzählen, wie aus der monotheistischen Erlösungsreligion einiger armer Leute eine Kirche geworden ist» (S. 551). Gegen Ende des Romans schreibt Edi Rubin, Jude, nach Palästina geflüchteter Sozialdemokrat, an Dojno: «Daß Sie und ich, daß wir beide noch leben, ist ein Wunder ... Ob ich an Gott glaube? Ja, manchmal bin ich seiner gewiß, aber öfter verliere ich ihn ... Sie haben nie versucht zu glauben ... Was bleibt ihnen noch? Gibt es einen Plan, der Ihnen nicht gescheitert wäre, eine Hoffnung, die nicht in Verzweiflung geendet hätte?» Dojno antwortet: «Ob ich mich verändert habe? Gewiß ist, daß mein Reichtum an Gewißheiten dahin ist ... Ich denke viel über Güte nach. Spät, ... aber nicht zu spät ... Glaubte ich an Gott, so würde ich ihn bekämpfen, als ob er eine totalitäre, verantwortungsflüchtige Macht wäre» (S. 999f). Hier spricht der kommunistische Hiob. Ein paar Seiten weiter fällt Hiobs Name.

Ganz am Schluß erscheint das Biblische als Grundmuster des Kommunistischen noch einmal im Bild der zehn Gerechten in Sodom und Gomorra, in einem Gespräch über die französische Résistance gegen die Nazi-Okkupanten. Es geht um «die Zahl der Reinen» – die Résistants –, die vielleicht nicht riesig gewesen war, aber groß genug jedenfalls, «um zuerst mit nackten Händen ein Volk aufzuheben und ihm zu beweisen, daß man nicht das Recht hat, liegenzubleiben, wenn man noch die Kraft hat, aufzustehen». Dojno fragt Berthier, einen kommunistischen Arbeiter, ob er jemals die Bibel gelesen habe. Berthier verneint. Darauf Dojno: «Aber du hast vielleicht von Sodom und Gomorra gehört, den zwei Städten, die Gott wegen ihrer Verderbtheit zerstört hat. Er hätte sie geschont, wenn sich in ihnen auch nur zehn Gerechte gefunden hätten.» Im Partisanenkrieg hat Dojno, nachdem er verwundet worden war, zum ersten Mal einen Menschen – einen deutschen Soldaten – bewußt getötet, dann war er neben dem Toten in der klaren Nacht liegengeblieben und hat sich dabei ausgedacht: «Es gab zehn Gerechte in diesen Städten, und deshalb wurden sie nicht vernichtet. Alle wußten, daß sie nur wegen dieser zehn verschont worden waren. Man begann, sich um sie zu scharen, man trug ihnen die Macht an. Sie gründeten eine Partei, die ‹Partei der Gerechten› – PDG, die einen riesigen Zulauf hatte. Jedes Mitglied hatte ein Zertifikat in der Tasche, das bescheinigte, daß er immer ein wahrer Gerechter gewesen war. Bald gab es so viele dieser Zertifikate, daß man sie um einen lächerlich geringen Preis kaufen konnte. Einige Zeit später vernichtete Gott die Städte Sodom und Gomorra. Die zehn Gerechten lebten zwar immer noch, aber sie waren nun so verkommen wie die anderen.» Berthier meint dazu, das mit Sodom habe mit den Franzosen nichts zu tun, denn dank der Résistance werde ein neues, besseres Frankreich entstehen (S. 1030ff).

Die Rede war in diesem Gespräch zwar nur von der Résistance und von Frankreich, aber in der PDG erkennt man auch die Kommunistische Partei. Die zehn Gerechten spielen im Judentum eine bedeutende Rolle als messianische Hoffnungsträger. Die Kommunistische Partei als Partei der Gerechten erhält hier einmal mehr eine religiöse Dignität, und einmal mehr erscheint hinter diesem Hinweis Dojnos auf ein biblisches Geschehen das Gesicht Hiobs: Dojno erscheint als der Letzte der Gerechten [5], dem wie Hiob alles aus der Hand geschlagen worden war, an das er geglaubt, das ihm einen Lebens-Sinn vermittelt, ja das schlechthin sein Leben bedeutet hatte, und der mitansehen muß, wie seine Freunde verkommen und er als unrettbar Vereinsamter, umgeben von den Trümmern seiner Hoffnungen und seiner Werke, zurückbleibt. Das Buch Hiob als religiöses Paradigma der Geschichte eines «gerechten», gläubigen, parteifürchtigen Kommunisten. Seine dreitausend Kamele waren seine vielen revolutionären Gewißheiten. Die verstörende Ambivalenz Jahwes war die langsam alle Gewißheiten zerstörende Ambivalenz einer Partei, einer «Internationalen», die gleichzeitig dieser Welt das irdische Heil versprach und ihrer selbst so ungewiß war, daß sie ihre eigenen Gläubigen zu Abertausenden ermordete. Freilich – Hiob Dojno tat nicht Buße in Staub und Asche, er hatte erkannt, daß sein Gott keiner war. Die letzten Worte Dojnos im Roman: «Ich habe viel zu lernen» (S. 1033).

Aber die Partei war ja identisch mit der Geschichte, sie war deren ausführendes Organ. Die biblische Heilsgeschichte hatte sich in eine intelligible, vom Motor der Notwendigkeit in Betrieb gesetzte und gehaltene Dialektik verwandelt, die erst im Reich der Freiheit zum Stillstand gelangen würde. In Sperbers Autobiographie steht der Satz: «Wir zweifelten fast an allem, aber nicht daran, daß die Geschichte einen Sinn haben mußte und daß wir berufen waren, gleichzeitig diesen Sinn von ihr zu übernehmen und ihn ihr unsererseits zu geben.»[6] Aber am Ende des Romans sagt Oberstleutnant Anthony Burns, der Verbindungsoffizier zwischen der britischen Regierung und den Tito-Partisanen, die von jener unterstützt wurden, «daß das Verhältnis zwischen Geschichte und Mensch am ehesten einem Dialog gleicht, den ein Tauber mit einem Taubstummen führt». Darauf Dojno: «Die beiden können sich gut verständigen. In Ihrem Gleichnis müßte der Taube auch völlig lahm sein und der Taubstumme blind» (S. 985). Das ist eine Art negative Theologie. Bei aller Verschiedenheit der unmittelbaren Motive und der Methode der Durchführung erhalten die Verbrechen Stalins und seiner Partei hier für gläubige Kommunisten, die ihren Grundwerten nicht untreu werden und ihre Vernunft nicht mit einem «quia absurdum est» besänftigen wollten, dieselbe ihren Glauben erschütternde Bedeutung wie Auschwitz für so manche christliche Theologen.

Noch ein weiteres Hiob-Motiv taucht in Sperbers monumentalem Roman und damit in der Geschichte des Sowjetkommunismus auf: die fehlende Alternative. Das Buch Hiob kennt nur den Dualismus von Gottesfurcht und Unglauben, die mit Gut und Böse identifiziert werden. *Tertium non datur.* Das ist eine Erpressung mit der fehlenden Alternative, eine terroristische ‹Gehirnwäsche›, die mit der Verteufelung jeder Alternativmöglichkeit die eigene Machtposition zu konsolidieren und unangreifbar zu machen versucht. Der polnische Philosoph Leszek Kołakowski, ein Dojno der Philosophie, der als Marxist begonnen hatte und sich dann angesichts der Entwicklung des Sowjetkommunismus in einen Liberalen verwandelte, hat in seinen brillanten frühen Essays als einer der ersten den Typus des Stalinisten als «Mensch ohne Alternative» gekennzeichnet. Er spricht von der «stalinistischen Erpressung mit der einzigen Alternative ... Tatsächlich ging der Stalinismus immer so vor, daß er Situationen schuf, in denen jede Kritik an ihm objektiv und automatisch zu einer Befürwortung der Reaktion, zu einer Solidaritätserklärung für den Imperialismus der kapitalistischen Welt wurde.»[7]

Diese stalinistische Erpressung – die in unseren Tagen in einer milderen Form als kapitalistische Erpressung durch die Leugnung jeder möglichen Alternative zu einer sozialdarwinistisch konzipierten neoliberalen Marktwirtschaft wiederauferstanden ist – war besonders erfolgreich in der Zeit des Faschismus und Nationalsozialismus: Wer gegen Stalin war, so wurde den gläubigen Kommunisten und darüber hinaus der gesamten Linken eingehämmert, unterstützte Hitler. Deshalb wurde die nichtkommunistische Linke und wurden dissidente Kommunisten, die nach der Alternative eines Dritten Wegs suchten, von Moskau zum Hauptgegner erklärt. Das allerdings hat Hitler dann tatsächlich in die Hände gearbeitet, ja vielleicht sogar seinen anfänglichen Triumph überhaupt ermöglicht. Für Jahwe wie für Stalin gab es keinen Dritten Weg, und der biblische wie der kommunistische Hiob mußten sich entscheiden, entweder für den Kniefall oder für die Abkehr von ihrem Gott.

In Sperbers Roman spielt – wie in seinem Leben – dieses Problem der fehlenden Alternative eine zentrale Rolle. Dojno meint: «Es gibt kein Niemandsland zwischen den Fronten; wendet man sein Gesicht gegen die einen, wird man, ohne es zu wollen und es verhindern zu können, zum Vortrupp der anderen, eben jener, die zu vernichten doch noch die vordringlichste Aufgabe bleibt» (S. 445). Wie Dojno von den sibirischen Straflagern Stalins erfährt, will er immer noch keinen Zweifrontenkrieg führen, um nicht als ein Konterrevolutionär dazustehen. Erst nach Beginn des Zweiten Weltkriegs erkennt und bekennt er: «Die Bewegung (des Weltkommunismus) wird endgültig zur Agentur eines totalitären Staates ... Die Arbeiterklasse ist ihrer wahren Sendung untreu geworden – in diesen Tagen ändert sich die welthistorische Perspektive.» Und über eine Versammlung von Kommunisten in Paris berichtet er: «Ich habe heute schon gestritten. Mit Männern, von denen sich loszulösen bedeutet, alles zu entwerten, was ich bisher getan habe» (S. 641 f). Hiob Dojno verliert alles, was ihm, dem Berufsrevolutionär de bonne volonté, bisher in seinem Leben wichtig war, diesem einen Sinn verliehen hatte. Jahwe-Stalin hatte sich als grausamer Tyrann erwiesen, der die eigenen Kinder mordete. Dojno schlägt sich nach Jugoslawien durch, zu einer Partisanengruppe, die weder kommunistisch-titoistisch noch reaktionär-faschistisch ist. Also endlich doch noch eine Alternative als Dritter Weg zwischen den Fronten? Aber diese politisch und materiell unabhängige Gruppe wird ebenso aufgerieben wie später in Polen eine Gruppe von Juden, die zu den Waffen greifen, und ebenso wie die Juden im Warschauer Ghetto und die Polen des Warschauer Aufstands. Hiob-Dojno ist jetzt «ein tödlich verwundeter Revolutionär» (S. 726). Er ist «radikal befreit ... Alle Lebensphasen habe ich abgeschlossen, es gibt niemanden mehr, den ich noch verlassen, der mich verlassen könnte» (S. 975). Er ist erst zweiundvierzig Jahre alt, «und schon glich er einem Mann, der zu lange gelebt hatte. Die ihn angingen, waren nicht mehr» (S. 992).

Und auch im Persönlichsten ist Dojno gescheitert. Er hatte sich eines Kindes, einer Doppelwaise, angenommen, es wie sein eigenes Kind behandelt. Aber als er auf der Flucht vor den Nazis in Südfrankreich überlegt, was er nun tun soll, siegt noch einmal der Revolutionär über das einfach Menschliche in ihm, der Einsatz für eine bessere Zukunft der Menschheit über die Verantwortung für einen einzelnen Menschen: Dojno verläßt Jeannot, sein Adoptivkind, um in Jugoslawien mit den Partisanen gegen die Nazis und die Faschisten zu kämpfen. Aber dieser Hiob weiß sich schuldig. Er führt ein Selbstgespräch: «... warum hatte er das Kind und Relly (eine frühere Geliebte; A. K.) verlassen? Was wollte er in Jugoslawien? Nichtswürdiges Tun! Wie alles, was er bisher unternommen hatte. Nichtswürdig, unwichtig, töricht, ohne Wirkung. Idiot, der glaubt, er hat sich geändert. Einbildung, Geschwätz! Nichts hatte er gelernt, ein Gefangener der alten Automatismen war er geblieben ... Blind und wahnsinnig ... Das Spiel durchschaut zu haben, den Betrug und den Selbstbetrug, und dennoch fortfahren, als ob nichts geschehen wäre.

Nichts aus dem eigenen Leben gelernt und nichts aus dem Sterben der anderen» (S. 743 f). Und später, nach dem ebenfalls gescheiterten Partisanenabenteuer, führt er mit seinem Gewissen nochmals ein Selbstgespräch: «Von allen Mißerfolgen war das Scheitern des einen Plans, des bescheidensten: ein Kind vor Unglück und Not zu retten, dem Bewußtsein am unerträglichsten. Und es gab niemanden mehr, vor dem er sich selbst anklagen, sich verteidigen konnte» (S. 1008). Dieser Hiob hadert mit sich selbst, auch er wirkt – wie Mendel Singer und Franz Biberkopf – weit aufrichtiger, einsichtiger als der biblische. Die Entzauberung der Partei hat ihn zu sich selbst finden lassen, zur Mündigkeit der Selbstverantwortung. Er hat seinen Partei-Gott endgültig verloren, entlarvt, und was ihm zu tun übrigbleibt, ist bloß noch herauszufinden, wieso er so lange unbelehrbar an ihn hatte glauben können. Und das hat er noch nicht aufgegeben. Der Gott war tot, aber was ihn diesem in die Arme getrieben hatte, die Idee und der revolutionäre Impuls, lebte weiter in ihm: «Wir sind verloren, aber die Sache selbst ist unverlierbar. Wir waren Nachfolger, wir werden Nachfolger haben. Es hat Phasen der Zivilisation gegeben, in denen die Freiheit unterdrückt war, aber nie ..., nie ist sie vergessen worden» (S. 984 f). Die Hoffnung auf, der Glaube an die Freiheit sind stärker als die Verbrecher, die sich ihrer als Verblendete oder Verführte bedienten.

Hiob Dojno widersteht der Verführung durch die ihm von Freunden offerierte Möglichkeit eines Happy-End als Kleinbürger-Idylle. Das jüdische Städtel als «Civitas Dei», als Keimzelle und Hoffnungsträger des kommunistischen «Reichs der Freiheit» lebt in seinem Unbewußten als Imago von Sinn, Geborgenheit und friedlicher Gemeinschaft fort. Allem Scheitern zum Trotz hat diesen kommunistischen Hiob die messianische Zuversicht nicht *ganz* verlassen. Aber er will jetzt nicht mehr blind glauben, sondern er hat «viel zu lernen». Seine Einsicht in die selbstgewählte Unmündigkeit des Parteihörigen und Heilshörigen ruft ihn auf zur Besinnung auf die Möglichkeit, doch noch eine Alternative zum Dualismus zu finden, der bisher sein Leben bestimmte: daß außerhalb der Partei kein Heil sei. Seine Hoffnung lebt noch, aber es soll von nun an eine *docta spes* sein, eine, die aus ihren Irrtümern lernen will. Seine Gewißheiten freilich bleiben endgültig verloren, und kein Partei-Gott schenkt sie ihm verdoppelt und zusätzlich vergoldet zurück. Er nimmt sich Kants Aufruf zum «sapere aude!» zu Herzen, er wird ein Aufklärer und beginnt mit der Aufklärung bei sich selbst.

Mit diesem politischen Hiob Manès Sperbers hat der Hiob-Mythos eine moderne Deutung erfahren, die ihn durch ebendiese Möglichkeit einer Aktualisierung über seine Zeit- und Raumgebundenheit hinaushebt. Er ist zeitgebunden in seiner jeweiligen formalen Gestaltung, aber überzeitlich in seinem Kern. Freilich bleibt er insofern raumgebunden, als er ein exklusiv monotheistischer Mythos ist. Deshalb konnte er auch einem Monopolkommunismus als religiöse Folie dienen. Er ist weiter zu verstehen als eine Mythologisierung, eine mythologische Deutung der «condition humaine», und solange der Mensch dieser unterworfen bleibt, so lange wird er durch den Hiob-Mythos verführbar bleiben, wider alle Evidenz der Gleichgültigkeit Gottes dem einzelnen und den Völkern gegenüber. Der Hiob-Mythos, vor allem der mit einem Happy-End, kann Gläubigen als Sinndeutung, Sinnvermittlung, Trostspender, Befriedigung ihres Glücksstrebens, «Kontingenzbewältigung», Hoffnungsspender dienen. Für Ungläubige ist er ein Placebo. Und wenn von theologischer Seite hervorgehoben wird, daß im Hiob-Mythos Gott sich zu einem Dialog mit den Menschen bereit finde, so bleibt deren Verhältnis doch eines von Herrn und Knecht, eine in den Himmel projizierte Klassenstruktur, und vom Menschen wird ein absoluter Gehorsam verlangt, auch und gerade *quia absurdum est.* Trotz Dialog bleibt es bei der Gottestyrannei, hinter der sich – im Widerspruch zum Happy-End – Gottes Gleichgültigkeit verbirgt. Eine Entstalinisierung der Bibel täte not. Ernst Bloch hat damit begonnen, freilich als einer, der gleichzeitig auf den irdischen Stalin hereingefallen ist. Dojno-Sperber geht über Bloch hinaus und entmythologisiert auch noch diesen irdischen Autokraten, dem Bloch dann, allerdings im Alter, ebenfalls die weitere Gefolgschaft versagt hatte.

Es bleibt die Frage nach dem Bösen. Auf sie hat keiner eine Antwort, sie muß im Monotheismus offenbleiben. Die Monopolpartei hat es da leichter, allerdings nur so lange, wie sie unangefeindet die Macht über den ganzen Erdball ausübt. Solange sie mit Gegnern zu kämpfen hat, ist für sie die Frage des Bösen gelöst: Das Böse ist immer nur der andere. Das ist auch die raison d'être der Erpressung mit der einzigen Alternative: Die Monopolpartei ist die einzige Alternative zum Bösen. Umgekehrt formuliert: Die einzige Alternative zur Monopolpartei ist das Böse. Im biblischen Buch Hiob sind das Böse die Ungläubigen, die Nicht-Gottesfürchtigen, die Ungerechten. Aber ebenso wie später Stalin straft Jahwe Gerechte wie Ungerechte. Ebenso wie später Stalin ist Jahwe das Schicksal des einzelnen und der Völker letztlich gleichgültig. Im Hollywood-Happy-End allerdings zeigt Jahwe wenigstens ein schlechtes Gewissen, das sich in den Glücksgütern äußert, mit denen er Hiob überhäuft. Stalin hat kein schlechtes Gewissen erkennen lassen, er hat bis zuletzt gemordet.

Hegel hat diese Philosophie des Hiob-Mythos auf seine Weise formuliert: Die obersten Chefs der irdischen Monopolismen erscheinen in seiner Geschichtsphilosophie als «welthistorische Individuen», die «die Geschäftsführer des Weltgeistes» sind: «Die Individuen werden aufgeopfert und preisgegeben.»[8]

Die Unlösbarkeit der Frage des Bösen im Monotheismus und die im Hiob-Mythos nur schlecht getarnte und mit dem Happy-End noch schlechter revidierte Gleichgültigkeit Gottes dem Leiden und der Not der Menschen gegenüber haben wesentlich mitgeholfen, die heutige «Gotteskrise» auszulösen. Der Gott Hiobs ist tot. Aber Hiobs Schicksal, sieht man vom Schluß des biblischen Textes ab, bleibt ein Paradigma menschlicher Existenz, in dem sich wiedererkennt, wer auf dem turbulenten Jahrmarkt der sich esoterisch und neoliberal anpreisenden Ersatzreligionen dessen noch fähig ist. Hiob wäre heute wohl ein Arbeitsloser, aber ein diesem gewidmetes zeitnahes Buch Hiob steht noch aus. Vielleicht ist die Warteschlange vor den Arbeitsämtern noch immer nicht lang genug.

Aber es gilt noch, eine letzte zeitgenössische Hiob-Variante kennenzulernen, ein aktuelles Buch Hiob, ebenfalls ohne Happy-

End und ohne Versöhnung mit Gott – oder einem Gottersatz –, die denkbar radikalste «Antwort auf Hiob» hinausschreiend: eine Gottverfluchung. Die Gotteskrise nimmt hier ein tragisches Ende.

Hiob an Zürichs Goldküste
Fritz Zorns Gottverfluchung

Er war zweiunddreißigjährig, als er starb, an Krebs. Für seine Krankheit und seinen grausam frühen Tod machte er die Eltern, die Gesellschaft und Gott verantwortlich, in einem abgründig verzweifelten Zorn, den er sich als Autor seiner Leidensgeschichte zum Pseudonym wählte.[1]

Fritz Zorn war das «overprotected child» einer puritanischen Schweizer Millionärsfamilie an den Gestaden des Zürichsees – rechtes Ufer, wegen der dort versammelten damaligen Millionäre und heutigen Milliardäre im Volksmund «Goldküste» genannt –, aufgewachsen in einem «Gespensterhaus, wo man Patiencen legt und Berührungen vermeidet» (S. 13). Er hatte erfolgreich ein Studium der Germanistik und Romanistik abgeschlossen und war Lehrer an einem Zürcher Gymnasium. Adolf Muschg nennt ihn in seinem Vorwort zu «Mars» einen «Beziehungs-Invaliden» (S. 15).

Als einen solchen hat er sich selbst gesehen. Sein Buch, das Riesenauflagen erlebte, packt den Leser gleich mit den ersten Sätzen: «Ich bin jung und reich und gebildet; und ich bin unglücklich, neurotisch und allein ... Ich bin bürgerlich erzogen worden und mein ganzes Leben lang brav gewesen. Meine Familie ist ziemlich degeneriert, und ich bin vermutlich auch erblich belastet und milieugeschädigt. Natürlich habe ich auch Krebs, wie es aus dem Vorhergesagten eigentlich selbstverständlich hervorgeht. Mit dem Krebs hat es nun aber eine doppelte Bewandtnis: einerseits ist er eine körperliche Krankheit, an der ich mit einiger Wahrscheinlichkeit in nächster Zeit sterben werde, die ich vielleicht aber auch überwinden und überleben kann; andererseits ist er eine seelische Krankheit, von der ich nur sagen kann, es sei ein Glück, daß sie endlich ausgebrochen sei. Ich meine damit, daß es bei allem, was ich von zuhause auf meinem unerfreulichen Lebensweg mitbekommen habe, das bei weitem Gescheiteste gewesen ist, was ich je in meinem Leben getan habe, daß ich Krebs bekommen habe» (S. 25).

Was für ein unsäglicher Jammer. Natürlich ist das alles voller Widersprüche. Wenn der Verzweifelte es als Glück empfindet, daß die Krankheit endlich ausgebrochen ist, dann meint er damit das Gefühl der Befreiung von einer Neurose, die ihn sein ganzes kurzes Leben lang gefangengehalten hatte: Der Krebs hat die Gefängnismauern aufgesprengt, und die Somatisierung hat der Neurose gleichsam die Kleider vom Leib gerissen. Nun stand sie nackt da, und ihr Häftling erkannte sie endlich als das, was sie und wieso er ihr Opfer geworden war. Leid und Verzweiflung sind oft die sichersten Wege zur Erkenntnis.

So stark hat der Gezeichnete den Ausbruch der Krebskrankheit als seelische Befreiung empfunden, daß er seine Überzeugung, der Krebs sei eine «natürliche» Folge seiner Neurose, keinen Augenblick in Frage stellte. Hätte er zu zweifeln begonnen, die Frage der Neurose als möglicher Krebsursache offengelassen – wie es dem Stand der Wissenschaften entsprechen würde –, so hätte er seine Neurose gleichsam entlastet, und er hätte den Hauptanklagepunkt in seinem fulminanten Plädoyer gegen die Eltern und die Gesellschaft fallenlassen müssen: daß sie ihm über die Neurose das Krebsleiden auf den Hals – besser: in den Hals, wo der Tumor entstand – geschickt hätten. Nur die Hiob-Klage gegen einen Gott, der die Menschen mit Krebs foltert, wäre auch dann noch stehengeblieben; denn warum hat dieser die Welt so eingerichtet, daß ein junger, unbescholtener Mann elendiglich an Krebsgeschwüren zugrunde gehen muß? Die Anklagepunkte müssen deshalb auseinandergehalten werden, auch wenn sie im Leidensbericht Fritz Zorns einander bedingen und eine Einheit bilden. Schon hier sei deshalb auf die Originalität dieses Buchs in der Hiob-Literatur hingewiesen, in dem nicht nur Gott angeklagt wird, sondern auch die Familie und die Gesellschaft. Man schrieb ja das Jahr 1976 und hatte einiges über Psychoanalyse und Soziologie gehört, vielleicht auch gelesen.

Zunächst also zur Familie.[2] Fritz Zorn ist in der besten aller Welten aufgewachsen, aber eben dies war das Schlechte. In ihren Grundfesten war diese Welt falsch und verlogen. Sie war die fiktive und dogmatische Konstruktion einer vollkommenen, harmonischen und heilen Welt. In der Familie galt: «Wer reich ist, ist auch gut.» Religion und Sexualität waren im Elternhaus tabu. Die Antisexualerziehung hatte den Erfolg, daß Fritz Zorn gestorben ist, ohne je eine Freundin gehabt, ohne je mit einer Frau geschlafen zu haben. Diese Tabuisierung der Sexualität war echt christlich, Sexualität galt als der Pfuhl alles Bösen. Auch war der junge Mann als völlig an sein Milieu Angepaßter zu korrekt, um der Liebe fähig sein zu können. Er litt an einer vollkommenen seelischen Impotenz.

So erfüllte er alle Voraussetzungen, um ein sehr unglücklicher Mensch zu werden. Seit seinem siebzehnten Lebensjahr litt er an Depressionen. Die Welt stand grau und feindlich vor ihm. Die Eltern schickten ihn zu einem Psychotherapeuten. Gleichzeitig entwickelte sich ihm ein Tumor am Hals, der sich als bösartig erwies. Er resigniert: «Lieber Krebs als Harmonie» in dieser «besten und heilsten und harmonischsten und sterilsten und falschesten aller Welten» (S. 160).

Aber diese Welt der Familie war die Welt der bürgerlichen Gesellschaft an Zürichs Goldküste. Die Eltern – er spricht immer mitleidig von seiner armen Mutter und seinem armen Vater, dem Superreichen – waren weniger die Schuldigen als die Mitopfer der verfehlten Situation, ein repräsentativer Fall. Auch war die Goldküste repräsentativ nicht nur für die bürgerliche Gesellschaft von Zürich, sondern auch für die der Schweiz, Europas und des sogenannten freien Westens. Im Elternhaus pflegte man die Ansicht, je weiter rechts ein Politiker stehe, desto besser und respektabler sei er, je weiter er sich jedoch nach links bewegte, desto schlechter. Die Schweiz war «gut», denn es gab hier keine Kommunisten. Noch als Student war Fritz Zorn im Bereich der Politik ein treues Kind seiner Eltern, deren Ansichten er unbesehen übernahm. Er war, was man ‹vernünftig› nannte, und fand alles Rechte gut und alles Linke schlecht. Der Maßstab für alle politischen Bewertungen waren die bösen Kommunisten. Rückblickend spricht Zorn von einem «kanzerogenen bürgerlichen Milieu» (S. 156) und nennt dieses einen «Moloch, der seine eigenen Kinder frißt» (S. 165).

Doch nun zur Anklage gegen Gott, die in Wahrheit gar keine Anklage, sondern eine leidenschaftliche, von Leiden geschaffene hemmungslose Verfluchung ist. Die Eltern waren zutiefst areligiös, gestanden sich das aber nicht ein. Alle zu Hause wußten, daß niemand christlich fühlte, daß aber kein Zweifel an der christlichen Kirche geduldet werden konnte. In seinem Elternhaus hat Fritz Zorn die Bekanntschaft Gottes und seines eigenartigen Sohns (eigentlich Stiefsohns) Jesus nicht gemacht. Diese beiden unwürdigen Gestalten wurden ihm erst in der Schule vorgeführt: «Ich durfte in meinem Elternhaus nicht von Gott sprechen, denn das konnten sie auf den Tod nicht leiden ... Ich ahnte, daß Gott etwas sehr Zwiespältiges war, das man eigentlich positiv hätte bewerten sollen – sprach man doch auch vom sogenannten ‹lieben› Gott ...» (S. 69).

Aber wie vertrug sich dieser liebe Gott mit dem Haß und der Verzweiflung in ihm, die er empfand wie einen «Vulkan, der in mir explodiert»? – «Wenn ich nachts nicht schlafen kann und mich ächzend und brüllend in meinem Bett herumwälze, wenn ich sinnlos schreiend in meiner Wohnung herumrenne und meine Zimmerwände anheule, dann ist dieser Vulkan tätig.» Die Erkenntnis seiner «Vernichtetheit» durchlöchert ihn «pausenlos wie ein Maschinengewehr ... Je mehr ich mich selbst erkenne, desto mehr erfahre ich mich, wie ich bin: vernichtet, kastriert, zusammengeschlagen, entehrt, geschändet ... Meine Welt starrt vor Leid» (S. 164f). Seine Gottverfluchung muß auf dem Hintergrund dieses Leidens und dieser unsäglichen Verzweiflung, aber auch seines Hasses auf die bürgerliche Gesellschaft gesehen werden, in den er auch Gott als den letztlich für sein Elend Verantwortlichen einbezog.

Es ist das Hiob-Thema. Aber selbst von Hiob distanziert er sich. Er wirft ihm vor, Gott gegenüber Geduld bewiesen und schließlich vor ihm gekuscht zu haben, anstatt ihn zu verfluchen. Dann führt er Hiobs Gespräch mit Gott auf seine Weise weiter, so wie *er* dieses Gespräch geführt hätte. Er antwortet Gott, nachdem dieser mit seiner Macht geprahlt hatte: «Du hast recht. Ich anerkenne, daß du der gemeinste, widerlichste, brutalste, perverseste, sadistischste und fieseste Typ der Welt bist. Ich anerkenne, daß du ein Despot und Tyrann und Gewaltherrscher bist, der alles zusammenschlägt und umbringt ... Du bist das größte Schwein des Universums ... Du hast die Gestapo, das KZ und die Folter erfunden, ich anerkenne also, daß du der Größte und Stärkste bist. Der Name des Herrn sei gelobt» (S. 106f). Hiobs Reaktion auf Gottes Verhalten sei nicht nur feige, sondern auch dumm. Aber von solchen Hioben wimmle es heute. Nicht zuletzt sein Vater sei ein solcher Hiob gewesen. Und er plädiert dafür, «daß man, selbst wenn man von der Hypothese ausgeht, daß es Gott nicht gibt, ihn geradezu erfinden müßte, bloß um ihm eins in die Fresse zu hauen ...» (S. 218). Aber das würde den Haß auf Gott noch immer nicht befriedigen. Fritz Zorn, der wenige Monate nach der Niederschrift seiner Passionsgeschichte sterben mußte, plädiert für die «Notwendigkeit, daß Gott sterben muß». Und er berichtet von einer «visionären Sicht»: Er habe sich «in einen Kampf mit Gott verwickelt gesehen, in dem wir einander beide mit derselben Waffe bekämpfen, und zwar beide mit Krebs. Gott schlägt mich mit einer bösartigen und tödlichen Krankheit, aber anderseits ist er selbst auch wieder der Organismus, in dem ich die Krebszelle verkörpere. Dadurch, daß ich so schwer erkrankt bin, beweise ich, wie schlecht Gottes Welt ist ... Ich bin das Karzinom Gottes ...» (S. 218f). Will sagen: Daß Gott als Schöpfer dieser Welt die Menschen mit der Folter des Karzinoms zu Tode quält, ist nicht anders zu deuten, als daß er selbst unheilbar an Krebs erkrankt ist. Der Mensch ist sein Krebsgeschwür, an dem er sterben wird.

Mit diesem kranken Gott hat Fritz Zorn kein Mitleid, wie sollte er auch, da die Krankheit Gottes ja seine eigene ist, beides Krankheiten zum Tode: «Mein Motiv (im Kampf gegen Gott; A. K.) habe ich als einen flammenden Haß erkannt.» In Gott jedoch erkennt er «eine gewisse schläfrige und amorphe Bösartigkeit, mich im Rahmen eines allgemeinen Zerquetschungsprogramms auch gerade noch mitzuzerquetschen ... (So) erschien mir Gott ... wie ein riesengroßes böses Tier, wie eine ekelhafte Qualle, die mich zu ersticken und zu vergiften sucht, oder wie eine Krake mit tausend

Fangarmen, die mich von allen Seiten umschlingen» (S. 219). Die Hiob-Frage als die Frage des Bösen. (Die der Gerechtigkeit Gottes interessiert Fritz Zorn schon gar nicht mehr.) In dem Begriff eines allgemeinen Zerquetschungsprogramms Gottes ist auch die Erkenntnis der Gleichgültigkeit Gottes dem Einzelschicksal gegenüber enthalten. Ob durch Krebs oder durch ein Erdbeben, so darf man dieses Programm interpretieren, der Mensch wird wahllos vernichtet.

Aber Fritz Zorn, dem die grausame Qual seines Leidens die kritische Vernunft geschärft hat, gibt sich mit dieser Antwort auf Hiob noch nicht zufrieden. Ist Gott also, so hinterfragt er sich selbst, das absolute Böse? Da kommt ihm ein aus seinen Erfahrungen mit Familie und Gesellschaft geborener origineller Gedanke, den er eine Arbeitshypothese nennt: «Gott ist das Böse, aber nicht das absolute Böse ... Gott ist ... das regionale Böse. (Das bedeutet), daß Gott in jedem Winkel der Erde etwas ganz Verschiedenes ist ... Götter kommen immer aus einem geographisch bestimmbaren Raum ... denn sie sind ihrem Wesen nach zutiefst lokal. Außerdem sind sie nicht ewig, sondern endlich» (S. 220f).

Dieses Gottes-, vielmehr Götterbild hat freilich mit dem biblischen Gott nichts mehr zu schaffen. Es bedeutet eine radikale Relativierung des Gottesbegriffs, die Gott den Kategorien von Raum und Zeit unterwirft. Auch wäre das ein sterblicher Gott. Aber in Fritz Zorns Verwandlung Gottes in eine Schar lokaler Götter verbirgt sich die Erkenntnis, daß die Frage des Bösen im Monotheismus nicht zu lösen ist, es sei denn, man schreibe es Gott selbst zu. Mit seiner Relativierung Gottes zu lokalen Göttern sucht Fritz Zorn das Gottesbild seiner Familie und der bürgerlichen Gesellschaft als das lokale Gottesbild der Goldküste zu entlarven, als – Ideologie. Diesen Gott, den er verantwortlich macht für seinen Krebs, hat er getötet. Es ist der selbst kranke Gott einer karzinogenen Gesellschaft, die er selbst geschaffen hat.

Aber Fritz Zorns «Polytheismus» ist keine Alternative zum Monotheismus, kann er doch hinterfragt werden mit der Frage, ob es über, hinter den lokalen Göttern nicht noch einen einzigen Gott gibt, den man für deren böses Tun ebenfalls verantwortlich machen müßte. Die Hiobs-Frage bleibt ungelöst, weil sie unlösbar ist. Auf den letzten Seiten seiner Passionsgeschichte meditiert Fritz Zorn über diese Fragen, da er offenbar spürt, daß seine Verfluchung und Tötung des Goldküsten-Gottes keine letzte, gültige Antwort auf die Hiobs-Frage sein kann. So oder so bleibt das Böse in der Welt. Dieses Böse aber personifiziert und symbolisiert der Teufel. Da greift Fritz Zorn in seiner Krebs-Theologie zum Mittel des Absurden: «Ich glaube ..., der Teufel ist unsere letzte und vielleicht sogar einzige Chance.» Merkwürdigerweise wisse man vom Teufel sehr wenig, und er komme in der Bibel kaum vor, denn es sei nicht gut, daß in der Pulverkammer zu viele Funken sprühten. Man habe also den Teufel «stark verdrängt», und zwar in die Hölle, wo Gott nicht ist. Deshalb «lohnt es sich, in der Hölle zu sein, denn die Hölle ist da, wo Gott nicht ist.» Mit Satan als dem Rebellen gegen Gott kann Fritz Zorn sich «in gewisser Hinsicht ... identifizieren», da er lieber freiwillig in der Hölle sitzen will, «als den Anblick des Monstrums Gott noch länger ertragen zu müssen». Er habe seine Krankheit und seinen Krebs ja «*gewollt*; ich habe in die ‹finsteren Höhlen der Unterwelt hinabgestürzt werden› wollen, um *anderswo* zu sein, als in der depressiven Welt, in der ich die ersten dreißig Jahre meines Lebens verharrt habe. In dieser Hinsicht sehe ich im Satanischen auch das Erlösende ... Die Hölle ist zwar grauenhaft, aber es lohnt sich, darin zu sein.» Er gehe dabei von der Voraussetzung aus, daß auch die Hölle einmal ein Ende haben müsse. Er betrachte die Hölle als eine Zwischenstation. Die letzten Worte dieses Berichts aus der Krebs-Hölle lauten: «Ich habe über die Sache, die ich bin, noch nicht gesiegt; ich habe aber auch noch nicht verloren, und, was das Wichtigste ist, ich habe noch nicht kapituliert. Ich erkläre mich als im Zustand des totalen Krieges» (S. 224f).

Was heißt das alles? Darf man diese von einer abgründigen Verzweiflung eingegebenen Gedanken, diesen erschütternden Aufschrei einer zu Tode gequälten Seele überhaupt auf deren Logik befragen? Wenn ja, dann deshalb, weil Fritz Zorn hier selbst versucht hat, seinem Schicksal Rationalität abzugewinnen. Es gibt auch eine Rationalität des Absurden, so absurd das tönen mag. So ungefähr könnten die Reflexionen dieses Goldküsten-Hiobs vielleicht verstanden werden:

Fritz Zorn hat sich bewußt selbst ‹somatisiert›, er hat, um dem Leiden an seiner chronischen Depression entfliehen zu können, das Leiden am Krebs gewählt, er hat – in seinem Selbstverständnis zumindest – gleichsam den psychischen Teufel mit dem physischen Beelzebub austreiben wollen. Da er seine Familie, deren Gesellschaft und Gott für sein psychisches Leiden verantwortlich machte, empfand er die Hölle des Krebses, in die er sich bewußt hineingestürzt hatte, als Erlösung aus der Hölle von Familie, Gesellschaft und Gott. Freilich bleibt Hölle Hölle. Aber während es aus der Hölle der bürgerlichen, abgründig verlogenen und lebenszerstörenden ‹Harmonie› für Fritz Zorn keine andere Möglichkeit des Entkommens gab, als ihr den totalen Krieg zu erklären, barg die freiwillig aus therapeutischen Gründen gewählte Hölle des Krebses noch eine Chance, ihr eines Tages entkommen und so von beiden Höllen erlöst werden zu können. Und diese Chance bestand so lange, wie er nicht kapituliert hatte.

Es war Fritz Zorn nicht vergönnt, seinen totalen Krieg zu Ende, bis zum Sieg zu führen. Er hat die Heilkraft einer Somatisierung seiner chronischen Depression und seiner anerzogenen Lebensverweigerung überschätzt. Dieses Selbstheilungsexperiment, das eine Gift mit einem anderen auszutreiben, wäre nur gelungen, wenn es gelungen wäre, den Krebs zu besiegen. Aber das wäre – folgt man der Logik von Fritz Zorn – nur möglich gewesen, wenn der Prozeß der Somatisierung als solcher aufgehoben, zu einem Ende gekommen wäre. Daran ist Fritz Zorn gescheitert. Er wollte seine Erlösung vom psychischen Leiden an der Depression den Onkologen überlassen in der Annahme, daß die Heilung vom physischen Krebs auch eine Heilung vom psychischen zur Folge haben würde. Aber jede Somatisierung ist eine Flucht und keine Therapie, sondern im Gegenteil Symptom einer Angst vor dieser. Bei der Verlagerung eines psychischen Leidens in den Körper hebt eine mit medizinischen Mitteln erzielte Heilung des körperlichen Leidens – falls diese möglich wäre – das seelische keineswegs auf. So oder so wäre Fritz Zorn auf sein seelisches Leiden zurückgeworfen worden und hätte sich wieder, diesmal im Bewußtsein der Vergeblichkeit einer Somatisierung, intensiv mit diesem beschäftigen müssen. Um diesen Prozeß sich abwickeln zu lassen, reichte jedoch die Zeit nicht. Wer dem Teufel den kleinen Finger gibt, dem nimmt er die ganze Hand. Der Krebs-Teufel hat diese Hand festgehalten und der Medizin keine Chance gegeben, er hat den Kampf gewonnen, damit aber auch der Teufel der Depression mitsamt seinen Zuhältern von Familie, bürgerlicher Gesellschaft und Goldküsten-Gott.

Doch diese Rationalität der Passionsgeschichte des armen Fritz Zorn setzt voraus, daß es sich bei dessen Krebsleiden tatsächlich um eine Somatisierung seines psychischen Leidens gehandelt hat. Das aber kann bestenfalls nur vermutet werden. Daß es das Phänomen der Somatisierung psychischer Konflikte gibt, ist – außer für eine pharma-fundamentalistische, rein biologistische Medizin – evident und tausendfach bestätigt. Ob das aber auch für den Krebs gilt, ist zwar nicht auszuschließen, aber wissenschaftlich bislang nicht erwiesen. Vielleicht gilt es in dem einen oder andern Fall, doch wohl kaum generell.

Was hat das alles mit Hiob zu tun? Zunächst wäre auf die Möglichkeit hinzuweisen, daß sich bereits in der von der Bibel wiedergegebenen Hiob-Legende vielleicht eine Erfahrung von Somatisierungen niedergeschlagen hat: Bei Hiobs Schwären, die ihn ebenso plötzlich überfielen, wie sie ihn wieder verließen, könnte es sich um eine Somatisierung seines Konflikts mit Gott gehandelt haben. Vielleicht hat Hiob tatsächlich – aus welchen Gründen auch immer – einen Teil seines Hab und Guts verloren, was ihn an Gottes Gerechtigkeit und Güte zweifeln ließ, was der Gottesfürchtige sich aber nicht einzugestehen wagte. Er hätte dann unbewußt diesen inneren unlösbaren Konflikt somatisiert und den Teufel des religiösen Zweifels mit dem Beelzebub der Schwären auszutreiben versucht. Die biblischen Erzähler der Hiob-Legende hätten dann vielleicht den Horror der Schwären noch akzentuiert und zusätzlich zu den Schwären auch noch objektive Heimsuchungen – der Verlust der ganzen Familie! – dazuerfunden …

Aber das sind reine Spekulationen, über die unsere Bibelgelehrten wohl die Köpfe schütteln werden. Weit wesentlicher ist, daß wir in Fritz Zorn einem modernen Hiob begegnen, der nicht nur mit Gott hadert – auch das Verfluchen ist ja noch ein Hadern –, sondern der ihn, indem er ihn zum Goldküsten-Gott relativiert, als absoluten Herrscher mit diesem sogar tötet. Die Gottesverfluchung ist in dieser Radikalität und Kompromißlosigkeit ein Mord. So etwas überlebt kein Gott unbeschadet. Und zwar ist es nicht Jahwe, nach Girard der Gott der Folterer, der hier umgebracht wird, weil er nichts Besseres verdient hat, sondern der Gott der Christen, der sich als transzendenter Schutzpatron der Goldküstengesellschaft entlarvt hat. Freilich, dieser Hiob des schweizerischen – aber auch europäischen, ja ‹westlichen› – Establishments macht dieses zwar verantwortlich für seine seelische Verkrümmung, ja Invalidität und über die Somatisierung für seine Krankheit zum Tode; doch es bleibt bei dieser pauschalen Schuldzuweisung, und der vor dem Leben geschützte Millionärssohn macht sich keine weiteren Gedanken über die sozialen, ökonomischen und politischen Strukturen, von denen die Herrschaft der Bourgeoisie getragen wird. Er bleibt, wie der biblische Hiob, im Narzißmus seines Leidens gefangen, und so verzweifelt er in Gott auch diese Gesellschaft verflucht, es gelingt ihm letztlich nicht, den Bourgeois, zu dem er erzogen wurde, zu überwinden. Er flüchtet – im Selbstverständnis – vor dieser Aufgabe in den Krebs.

Das ist keine Schuldzuweisung, wer wäre in dieser Situation nicht überfordert gewesen? Es ist nur allzu verständlich, wieso dieser Hiob der Goldküste keinen Ausweg aus seinen Höllen fand. Die Somatisierung seines psychischen Leidens zum Krebsleiden erscheint so als ein unbewußter Selbstmordversuch – immer von seinem Selbstverständnis her gesehen. Er hätte dann nicht nur ein Todesurteil über Gott und die bürgerliche Gesellschaft ausgesprochen, sondern – da er dieser mit seiner Neurose verhaftet blieb – gleichzeitig auch eines über sich selbst. So ist er denn unversöhnt gestorben – kein *happy*, sondern ein *tragic end* –, ein Opfer seines totalen Kriegs, der nicht zu gewinnen war, weil er seinen Konflikt mit Familie und Gesellschaft durchzustehen nicht die Kraft hatte – er war dazu allzusehr «Beziehungs-Invalide» –, und den er mit Gott im Haß begrub und mit der Ermordung des Konfliktpartners beendete.

So ist die Passionsgeschichte des Fritz Zorn ein Paradigma der Gotteskrise unserer Zeit, die auch eine Gesellschaftskrise ist. Goldküsten finden sich – ebenso wie die Abfallgruben der Slums – fast überall. Deshalb ist dafür gesorgt, daß die Hiobs nicht aussterben werden. Aber das Leiden des Zürcher Hiobs könnte noch in anderer Hinsicht einen für die Zeit einer stürmischen ‹Globalisierung› der Lebenswelt paradigmatischen Charakter haben. Das unbegrenzte Wachstum von Wirtschaft, Wissenschaft und Technik, das diese Zeit zu ihrem das Heil versprechenden Dogma erhoben hat, zum Gott, neben dem kein anderer sein darf, erinnert in fataler Weise an das unbegrenzte Wachstum eines Krebsgeschwürs. Fritz Zorn hat Gott für krebskrank erklärt, auch von einer karzinogenen Gesellschaft gesprochen. Man sollte sein Buch als Menetekel lesen.

Lob des Agnostizismus

Prolegomena

Wie auch immer man die biblische Hiob-Legende interpretieren mag – das Gottesbild hat in ihr einen Riß bekommen. Aber anstatt in diesem Riß ein alarmierendes Anzeichen einer Krise zu erkennen, deutete man seinen Sinn um in dessen Gegenteil: der Riß als Lücke, durch die Gott und Mensch sich die Hand bieten und miteinander einen Dialog führen konnten und fortan können. Die Krise wurde und wird bis zum heutigen Tag als Heilung gepriesen. Ist da nicht das Großartige geschehen, daß Gott sich zu einem Gespräch mit dem Menschen herabgelassen hat und mit sich rechten ließ? Geschah damit nicht eine unerhörte Rangerhöhung des Menschen? Und um diese Gottes-Ideologie noch glaubwürdiger zu machen, hatten die Autoren des Hiob-Buchs diesem noch ein rührendes Hollywood-Happy-End hinzugefügt, in dem Gott Hiob wieder als allmächtigen Feudalherren installiert und ihm als Genugtuungssumme für die ungerechte Untersuchungshaft samt Folter seinen materiellen Besitz verdoppelt zurückerstattet. Wahrlich ein Gott nach dem Geschmack des herrschenden Sozial- und Wirtschaftssystems. Als ein solcher leistete er denn auch bis heute seine guten Dienste, über die Spaltung zwischen Juden und Christen hinweg und trotz der zu allen Zeiten aufstehenden Revoltierenden, die in ihrem Gott nur den des Exodus aus einer Tyrannei, der Zehn Gebote und der Bergpredigt sehen, der das Kommen eines Reichs des Friedens und der Liebe verbürgt. Die Bibel ist eine gewaltige Kulturleistung, eine Schatzkammer des menschlichen Geistes; aber solange sie darüber hinaus als «Heilige Schrift» und als Protokoll der Offenbarung Gottes gepriesen und geglaubt wird, werden auch die Morde, Kriegsverbrechen, Genozide und die krassen Verletzungen der Menschenrechte und der Menschenwürde mitgeheiligt. Mit irdischen Konsequenzen.

Die Praxis der Kirchen bestätigt dies. Die Blutspur, die sich durch deren Geschichte zieht, kann kein Glaube an einen Liebesgott verwischen. Darin manifestiert sich keineswegs nur das Menschlich-Allzumenschliche, dem sich auch die Kirchen als Menschenwerke nicht entziehen können, sondern diese Blutspur läßt sich bis in die Bibel selbst zurückverfolgen, und zwar durchzieht sie beide Testamente. Franz Buggle, Psychologie-Professor an der Universität Freiburg im Breisgau, ist dieser Blutspur in seinem 1992 veröffentlichten Buch «Denn sie wissen nicht, was sie glauben – Oder warum man redlicherweise nicht mehr Christ sein kann»[1] nachgegangen. Eine erschreckende Lektüre. Wer die Bibel nie gründlich gelesen haben sollte, erfährt hier etwa, daß selbst Jesus einen Kindermord plant: «Und ihre Kinder will ich zu Tode schlagen» (Offenbarung Johannes 2, 23).

Aber die Hiob-Ideologie von der Dialogfreudigkeit Gottes fällt immer mehr in sich zusammen. Im Laufe der Zeit und vor allem der jüngsten Zeit mit ihren Mahnmalen des Grauens, die sie sich selbst errichtete – in Verdun, in Workuta, in Auschwitz, in Hiroshima und Nagasaki, im Roten Khmer-Kambodscha, um nur die symbolträchtigsten Namen zu nennen –, stellte sich die Frage immer dringlicher, ob dieser angeblich so dialogfreudige Gott in Wahrheit nicht ein Taubstummer ist. Wo war er denn, als die Todesschreie der Millionen und Abermillionen von Hingeschlachteten zum Himmel drangen? Hat er mit Stalin und Hitler einen Dialog geführt, um sie von ihren Untaten abzuhalten? Hat er sich ihrer Opfer angenommen? Alles Fragen, denen sich heute auch nachdenkliche Theologen nicht entziehen können. So spricht einer der bedeutendsten katholischen Theologen unserer Zeit, Johann Baptist Metz, von einer «Gotteskrise»[2] und identifiziert damit die religiöse Situation der Zeit.

Diese Gotteskrise – in Wahrheit eine Krise des Gottesbildes – manifestiert sich immer deutlicher im fortschreitenden Verfall der tradierten Religionen und ihrer Kirchen. Die Ohnmacht der Altreligionen, das religiöse Bedürfnis der Menschen – offenbar eine anthropologische Konstante – zu befriedigen, ihnen glaub- und glaubenswürdige Antworten auf ihre Fragen nach dem Sinn, auf ihr Suchen nach Orientierung, auf ihre Hoffnung auf Glück und Versöhnung, wenn nicht Erlösung zu geben und ihnen in einer Welt voll Leid und Tränen, die völlig aus den Fugen zu geraten droht, ein Gefühl der Geborgenheit zu schenken – diese Ohnmacht erweist sich besonders deutlich im massenhaften Zulauf, dessen sich die verschiedensten Arten von Neureligionen in zunehmendem Maße erfreuen. (Von ‹Sekten› soll hier nicht gesprochen werden, da dieser Begriff eine einzig ‹wahre› Religion voraussetzt.)

Es handelt sich um einen spektakulären Siegeszug des ungeprüft Irrationalen, der mit der New-Age-Bewegung begann und der sich dann in tausend Formen von Esoterik, «Spiritualismus», Transpersonalismus, Fundamentalismen jeglicher Couleur, Geistheilung, Heilig-Geist-Bewegungen, Exorzismen, Endzeitbewegungen, Ufologie, schwarzer Magie, Pseudopsychologien usw. fortsetzte und weiter fortsetzt. Der nicht minder spektakulären Entwicklung der kapitalistischen Marktwirtschaft entsprechend hat sich ein permanenter globalisierter Jahr-Markt von zumeist unverhohlen und unverschämt kommerzialisierten Glücks- und Heilsangeboten etabliert. Erleuchtung und Erlösung werden in schicken Hotels in Form teurer Seminare angeboten und als Ware gehandelt, die man gegen bar oder mit Kreditkarte erwerben kann, und die Esoterik-Literatur sprengt die Regale der Buchhandlungen.

Damit nicht genug, bieten sich auch noch zahlreiche andere Möglichkeiten einer Befriedigung der Glücks- und Heilssucht an, die um so mehr zunimmt, je mehr man sich vom Druck der Anpassung an eine Zeitentwicklung überfordert fühlt, die in einem rasanten Tempo und einer unerhörten Leistungsforderung unsere Lebenswelt revolutioniert. Der Konsum an Glücks- und Beruhigungspillen der Pharmaindustrie hat gigantische Ausmaße angenommen, keineswegs nur unter Jugendlichen. Die Drogensucht der Jungen ist nichts, verglichen mit der der Älteren. Auch wird der Beichtstuhl der Kirche immer mehr durch die Couch des Psychoanalytikers ersetzt. Liegen ist bequemer als knieen, und der aufrechte Gang wird immer mehr zu einem Desideratum. Ein Technokult vermittelt übers Wochenende Hunderttausenden von

Jugendlichen pseudo-schamanistische Ekstasen und das Pseudo-Glück einer Ich-Auflösung in Form einer ‹musikalisch› erzeugten Wir-Besessenheit. Schließlich kann man auf dem Internet in eine virtuelle Welt entfliehen, die insofern auch religiöse Bedürfnisse zu befriedigen scheint, als sie einen temporär von der eintönigen Realität und Plackerei des Alltags erlöst und in die bunte, unverpflichtende, entmoralisierte und entpolitisierte Scheinrealität einer Bildschirmwelt entläßt, die die Lust auf die Lust befriedigt.

Doch dieser gewaltige Boom von neureligiösen oder pseudoreligiösen Angeboten und Bewegungen – ein nahezu globales Phänomen, das sich nicht nur in Europa und den USA, sondern besonders auch in Lateinamerika und Japan feststellen läßt – ebenso wie die geheime religiöse Bedürfnisse befriedigenden Errungenschaften von Wissenschaft und Technik, die sich in einer rasanten permanenten Revolution befinden – all dies weist auf den unaufhörlich fortschreitenden Attraktivitäts-, Glaubens- und Überzeugungsverlust hin, den die Heilsangebote der tradierten Religionen und ihrer Kirchen erleiden.

Diese Religionen, Konfessionen und Kirchen haben sich mitsamt ihrem Gott zusätzlich in Frage gestellt durch ihre oft gewalttätig ausgetragenen Fehden und Kriege untereinander. Das gilt in besonderem Maße von der christlichen Religion und ihren Konfessionen, aber – in größerem oder geringerem Ausmaß – auch von fast allen anderen. Gelegentlich gewinnt man – etwa mit Blick auf Irland, Ex-Jugoslawien und die Fundamentalisten im Islam und in Israel – den Eindruck, als handle es sich hier nicht um religiöse Bewegungen oder Institutionen, sondern um Terrororganisationen.

So stellt sich am Ende dieses Blut-Jahrhunderts unabweisbar die Frage, der hier im folgenden – ohne Anspruch auf eine wissenschaftlich-systematische und historisch umfassende Analyse – nachgegangen werden soll, nach einer Antwort auf die Gotteskrise, die mit Hiob aufbrach und in Auschwitz ihren vorläufigen Höhepunkt erreichte. Jede Antwort kann aber nur der Versuch einer solchen sein, und dieser steht zur Diskussion. So ist es gemeint, wenn die folgenden Überlegungen in ein Lob des Agnostizismus münden.

Religion als Legitimation der Politik

Heilsgeschichte geht davon aus, daß Gott eine Strategie zur Erlösung der Menschheit und vielleicht sogar auch der Natur entworfen hat und befolgt. In der vom Alten Testament der Bibel begründeten Tradition bedient Gott sich eines von ihm auserwählten Volks, um seinen Heilsplan zu verwirklichen. Er ernennt dieses Volk zu *seinem* Volk, nicht, um es über alle anderen Völker zu stellen, sondern um mit dessen Hilfe alle anderen Völker, die Menschheit als solche, zum Heil zu führen. Da sein Volk zur Zeit des Entwurfs seiner Heilsstrategie in Ägypten zu einem Sklavendasein verurteilt war, mußte Gott als erste strategische Maßnahme es aus dieser Knechtschaft befreien. Er beauftragte damit Moses, schloß mit diesem und seinem Volk einen heiligen Bund und diktierte Moses auch gleich noch die Gesetze, die sein befreites Volk einhalten mußte, wenn es seinen Heilsauftrag sollte erfüllen können. Und also geschah es: Moses befreite Gottes Volk aus der ägyptischen Knechtschaft und begann mit ihm den langen Marsch durch die Bergwüste Sinai. Dieser Mythos erhielt den Namen «Exodus».

Zweierlei ist im Exodus-Mythos von fundamentaler Bedeutung: Gott basiert seine Heilsstrategie nicht auf das Individuum, sondern auf ein eindeutig ethnisch definiertes Volk, und dieses Volk ist nicht etwa ein willenloses Werkzeug Gottes, sondern es ist weitgehend autonom, und das heißt: Es hängt von *seinem* Verhalten – seiner Bundestreue, Gesetzestreue – ab, ob die Heilsstrategie Gottes zum erhofften Erfolg führt oder nicht. Das auserwählte Volk kann also seinem Gott und dessen Auftrag untreu werden, was dann allerdings den Zorn Gottes wachruft und diesen veranlaßt, es zu bestrafen, um es wieder zur Räson zu bringen.

Dieser biblische Exodus-Mythos nun hat in einem noch viel zu wenig bewußten Ausmaß den Völkern dieser Erde immer und immer wieder als religiöse Legitimation ihrer Befreiungskämpfe, Nationbildungen und deren Kriege gedient. Der Schlachtruf lautete jeweils – und lautet oft noch heute –, auf ein Schlagwort reduziert: über die Befreiung zur Nation und über die Nation zum Heil. Daß dabei der biblische Exodus-Mythos für partikulare Interessen als deren religiöse Legitimation mißbraucht wurde und wird, ist evident. Allerdings hat man sich – wohl aus verständlicher Rücksicht auf das vom Schicksal so grausam geprüfte Volk Israel – viel zu wenig mit der Frage beschäftigt, ob ein solcher Mißbrauch nicht bereits im biblischen Exodus-Mythos selbst programmiert ist.

Es geht um die Frage nach dem Unheil im Heil, nach dem Bösen im Guten, präziser: um die Frage, ob ein an ein Volk ergangener und von diesem geglaubter Heilsauftrag dieses Volk nicht überfordert, ja überfordern *muß*, solange es aus Menschen besteht, die wie alle anderen Menschen der «condition humaine» unterworfen und deshalb ebenso fähig zum Bösen bleiben wie alle anderen. Es geht um die Frage, ob deshalb nicht *jede* Berufung eines Volks oder einer Nation auf einen «heiligen» Auftrag, damit auf Gott, mit Notwendigkeit zum Scheitern verurteilt ist, das heißt mehr Unheil als Heil stiftet. Davon soll im folgenden die Rede sein.[1]

Wesentliche Orientierungspunkte aller Politik sind Werte und Interessen, soweit man von irrationalen Impulsen wie Machtstreben und Wahnvorstellungen aller Art absieht. Oft ist es nicht leicht auszumachen, wo jeweils die Orientierung an Werten aufhört und die an Interessen beginnt, um so mehr, als man die beiden selten scharf voneinander trennen kann. Dies erleichtert es partikularen Interessen von einzelnen oder Gruppen, die über ein tolerables Maß hinaus Werte verletzen und – zum Beispiel völkerrechtliche – Normen mißachten, sich eben dieser Werte zur Legitimation ihres Tuns zu bedienen, sich gleichsam diese Werte als Masken vors Gesicht zu halten.

Nun gibt es gewiß universale oder universalisierbare Interessen, die selbst an Werten orientiert sein mögen, wie etwa das Interesse an der Gesunderhaltung unserer Umwelt. Aber im allgemeinen driften partikulare und universale Interessen mehr oder weniger stark auseinander. Nicht immer ist das, was für General Motors gut ist, auch gut für Amerika, und was für Amerika gut ist, gut für die ganze Menschheit. Sehr oft scheint eher das Gegenteil der Fall zu sein. Je größer der Graben zwischen dem Partikularen und dem Universalen auf der Interessenskala sowie vor allem der zwischen Interesse und Wert, desto größer ist das Bedürfnis des partikularen Interesses, sich als ein universales oder als ein ebenfalls universaler Wert zu legitimieren. Ein paradigmatischer Fall ist das Interesse der Politik an ihrer Legitimation durch Religion.

Die Sakralisierung der Werte erfolgte in der abendländischen Geschichte ursprünglich über den Mythos. Die mythischen Götter waren die transzendente Instanz, die gleichzeitig Sinn stiftete, die Welt deutete und die Werte legitimierte. Von allem Anfang an wurden diese Mythen in den Dienst gesellschaftlicher Interessen und der Politik gestellt. Ein besonders anschauliches Beispiel ist die mythische Legitimation einer aristokratischen Klassengesellschaft durch Platon in der «Politeia»:

«Ihr alle im Staate seid Brüder, so erzählen wir Mythendichter ihnen. Aber als der Gott euch formte, hat er den künftigen Herrschern Gold mitgegeben, darum sind sie die Ehrwürdigsten. Den Gehilfen hat er Silber mitgegeben; den Landwirten und den übrigen Arbeitern Eisen und Erz. Und da ihr alle eines Geschlechts seid, so zeugt ihr meist Kinder, die euch gleich sind ... Und der Gott befiehlt zuerst und zumeist den Herrschern, über nichts so gut zu walten und über nichts so scharf zu wachen wie über ihre Kinder, damit sie erkennen, was sie in sich haben ...»[2]

Mit diesem Mythos erhält die aristokratische Klassengesellschaft eine sakral-biologische Weihe, und er ist insofern besonders raffiniert, als er ein antirevolutionäres Immunisierungskonzept enthält. Damit die von den Göttern festgelegte hierarchische Ordnung nicht umgestürzt werden kann, muß Platons Gerechtigkeitsprinzip «Jedem das Seine» streng gewahrt bleiben: Wer bloß Eisen im Blut hat, zeugt «meist» nur eiserne Kinder, und die vergoldeten Herrscher müssen streng darüber wachen, daß die Eisernen unter sich bleiben und nicht etwa auf den Gedanken verfallen, zu den Silbernen und Goldenen aufsteigen zu wollen. Freilich war auch

Platon schon ein Entzauberer, denn er stellt dann gleich die Frage: «Siehst du eine Möglichkeit, wie man die Menschen dazu bringen kann, an diesen Mythus zu glauben?» Und die Antwort lautet: «keine»[3].

Im Zuge der Dialektik von Säkularisierung und Sakralisierung und als Reaktion auf die unsere Zeit so maßgeblich bestimmende Entzauberung, Entmythologisierung und Rationalisierung ist das Interesse am Mythos neu erwacht. Max Horkheimer und Theodor W. Adorno glaubten in ihrer «Dialektik der Aufklärung» Zeichen eines «Rückfalls von Aufklärung in Mythologie» zu erkennen und verfolgten die Dialektik von Mythos und Aufklärung an der Odyssee.[4]

Leszek Kołakowski, der sich vom jugendlichen Marxisten zum Liberalen entzauberte, schreibt in seinem Buch über «Die Gegenwärtigkeit des Mythos»: «Die Mythen, die uns lehren, was ganz einfach einen Wert darstelle, sind unvermeidlich, wenn die menschliche Gesellschaft existieren soll»[5]; aber er weist auch auf «die Gefahr des Mythos» hin, die darin bestehe, daß die Mythen «in ihrem Inhalt keine Garantien gegen Interpretationen liefern» können, «die sie zu Organen der Unterdrückung und der Despotie machen». So habe die Mythologie eine «natürliche Neigung ..., sich in ein Narkotikum zu verwandeln»[6]. Trotzdem: Der Mythos enthält «sinnspendende Energie»[7], und Kołakowski spricht ihm eine Legitimationsfunktion zu, wenn er auf seine «permamente Bemühung» hinweist, «einen Namen für etwas zu finden, was nicht zufällig ist»[8]. Kontingenzbewältigung nennt man das heute.

Abgelöst hat den Mythos als Legitimationsinstanz zunächst schon bei den Griechen der Logos einer objektiven Vernunft, die sich identisch wähnte mit dem Sein, dem Absoluten, dem Göttlichen, und die dann unter dem Einfluß des Christentums unter anderem die Form eines Naturrechts angenommen hat. Politische Theoreme wurden naturrechtlich begründet, und das Naturrecht spielte nun die Rolle des Absoluten, das den jeweiligen politischen Werten und Interessen zur notwendigen Legitimation verhelfen sollte. Es blieb der modernen Ideologiekritik vorbehalten, dieses sakralisierte Naturrecht durch den Hinweis zu entzaubern, daß man immer nur aus ihm herausgelesen hat, was vorher in dasselbe hineinprojiziert worden war, was Ernst Topitsch veranlaßte, das Naturrecht als eine Leerformel zu charakterisieren, in die Beliebiges hineingegossen werden kann: «Naturrechtslehren … vermögen … die Überzeugung zu erwecken, daß bestimmten … moralischen oder politischen Idealen und Programmen der absolute Vorrang vor anderen zukomme, und dadurch die Bereitschaft hervorzurufen, gerade diesen Forderungen zu gehorchen und entgegengesetzte abzulehnen. Doch da die naturrechtlichen Denkformen in Wirklichkeit leer sind, unterlegt ihnen jeder Denker und jeder soziale Verband seine eigenen Werte und Ziele und bestätigt sich dadurch im Glauben an deren absolute Richtigkeit und Berechtigung. Im Lauf der Jahrhunderte hat man auf diese Weise Monarchie und Republik, Aristokratie und Demokratie, Sklaverei und Menschenrechte, Freihandel und Gemeinwirtschaft verteidigt. Die Herrschenden und Besitzenden konnten ihre Vorrechte unter Berufung auf die ‹Natur› oder die ‹Vernunft› genauso legitimieren wie die Revolutionäre ihre Auflehnung gegen eben diese Vorrechte.»[9]

Sosehr das zutrifft, so wenig darf unterschätzt werden, daß der Glaube an ein «revolutionäres» Naturrecht – man darf und muß hier von einem «Glauben» in einem quasi religiösen Sinn sprechen – emanzipatorischen Bewegungen wie vor allem den bürgerlichen Revolutionen in England und Frankreich die Selbstgewißheit und die Kraft verlieh, die sie benötigten, um sich durchzusetzen, da er in ihrem Selbstverständnis ihren Werten und Interessen zur Weihe durch ein Absolutes verhalf. Aber auch hier steuerte eine Dialektik das politische Geschehen; denn ebensowenig ist zu verkennen, daß auch der Terrorismus etwa der Französischen Revolution wohl nicht so erschreckende Ausmaße hätte annehmen können, hätte er sich nicht ebenfalls – man denke an Robespierre – durch das im Naturrecht entäußerte Absolute legitimiert gefühlt.

Im Verlauf der Christianisierung des Abendlandes ist das Absolute im Naturrecht so oft als Gott angesprochen worden, daß es manche Staatstheoretiker und Staatsmänner vorzogen, lieber gleich Gott selbst als Legitimationsinstanz zu bemühen. Mit ihren

Monarchen erhoben auch die Staaten selbst über ihre Theoretiker und Politiker den Anspruch, «von Gottes Gnaden» zu sein. Das läßt sich etwa am Extremfall der Theokratievorstellungen des spanischen Ultramontanen Donoso Cortés demonstrieren, den Metternich hoch verehrte. Cortés ist auch deshalb so interessant, weil er sich der Legitimationsproblematik klar bewußt war. Ein Kapitel seines Buchs über den «Staat Gottes» ist überschrieben: «Die Notwendigkeit einer übermenschlichen Autorität»[10].

Da die väterliche Autorität zum Schutz der Familie und die politische Autorität zum Schutz der Gemeinschaft nicht genügen, muß «unbedingt noch eine höhere Autorität aufgestellt werden, eine Autorität über alle menschlichen Autoritäten, dazu berufen, als unfehlbare Verkünderin aller Dogmen, als erhabene Hüterin aller Kriterien aufzutreten. Eine Autorität mußte es sein, die – selber heilig – Heiligkeit spenden sollte. Sie sollte das in der Welt fleischgewordene Wort Gottes darstellen ... Eine Autorität sollte es sein, so hoch gestellt, daß sie zu allen mit Macht sprechen kann ... Es sollte eine Autorität sein, die, weil von Gott begründet, nicht den Schwankungen der Erdendinge unterliegt ... Mit einem Wort, eine Autorität, die immer und überall sich Gottes besonderen Beistands erfreut ... Diese höchste, unfehlbare, für die Ewigkeit gegründete Autorität, an der Gott ewig Sein Wohlgefallen hat, ist die heilige, katholische, apostolische, römische Kirche» (S. 31f).

In einem Staat, dem über eine unfehlbare Kirche Gott selbst beisteht, kann nichts fehlgehen, und ein solcher Staat bedarf zu seiner Legitimation auch keiner demokratischen Willensbildung. Cortés weist denn auch auf die Lehre des Katholizismus hin, wonach sich aus der Irrtumsfähigkeit der Menschen «die Absurdität der Diskussion» ergebe (S. 38). Die dogmatische Intoleranz der Kirche habe die Welt vor dem Chaos bewahrt, da sie «die Wahrheiten der Politik, der Familie, der Gesellschaft und der Religion außer alle Diskussion gestellt» hat (S. 40). Donoso Cortés, zu dessen Verehrern auch Carl Schmitt gehörte, nahm schon dessen Theorie vorweg, daß alle Politik sich durch ein Freund-Feind-Denken bestimmen lasse, indem er etwa den «Sozialismus wegen seines satanischen Geistes» bekämpfte (S. 195). Sogar Ronald Reagans

Armaggedon-Vision eines apokalyptischen Endkampfs zwischen dem Westen und der Sowjetunion hat der militante Spanier präfiguriert im Bild von «dem schreckensvollen Kampftage, wo die Entscheidungsschlacht wird geschlagen werden, wo auf dem breiten Schlachtfeld in unabsehbaren Reihen die Kämpferscharen der Katholiken und die Horden der Sozialisten auf- und niederwogen werden ...» (S. 200).

In etwas milderer Form haben aber auch zahlreiche andere Politiker, Dichter, Philosophen und Theologen ihre Staatskonzeption oder ihre Nation unter Berufung auf Gott und Kirche legitimiert. Johann G. Fichte etwa ernannte in seinen «Reden an die deutsche Nation» die Deutschen zu einem «Urvolk», das «das Recht hat, sich das Volk schlechtweg ... zu nennen», weil «nur der Deutsche ... wahrhaft ein Volk hat» und, «so lange dieses Volk besteht, auch alle ferneren Offenbarungen des Göttlichen in demselben eintreten und in ihm sich gestalten» werden.[11]

Ähnliches reklamierte Giuseppe Mazzini für Italien. Er identifizierte zunächst abstrakt «das» Volk mit Gott und sprach von einem Messias-Volk, das zu den Waffen greifen werde, wenn die Zeit reif sei. Gott wird das Volk inspirieren, das am meisten gelitten hat. Und dieses Volk ist für Mazzini in seiner Zeit das italienische. Die italienische Nation hat das päpstliche Rom zu ersetzen, denn von Rom allein kann das Wort von der modernen Einheit und Emanzipation der Völker ausgehen.[12]

Für den polnischen Nationaldichter Adam Mickiewicz wiederum war Polen «der Christus der Nationen», der die Völker in Freiheit zur Einheit führen wird.[13] Fjodor Dostojewski sagt dasselbe von Rußland und liefert gleich noch die nötige Theorie mit, wenn er Schatoff in den «Dämonen» sagen läßt: «Das Volk – das ist der Körper Gottes. Jedes Volk ist nur so lange Volk, wie es noch seinen besonderen, seinen eigenen Gott hat, und all die anderen Götter auf der Welt stark und grausam von sich stößt; solange es noch glaubt, daß es nur mit *seinem* Gott siegen und alle anderen Götter und Völker sich unterwerfen kann ... Wenn ein großes Volk nicht glaubt, daß in ihm *allein* die Wahrheit ist ..., wenn es nicht glaubt, daß es ganz allein fähig und berufen ist, alle anderen

Völker zu erwecken und sie mit seiner Wahrheit zu erretten, so wird es sofort zu ethnographischem Material, doch nicht zu einem großen Volk ... Das einzige Gottträgervolk aber – das sind wir, das ist das russische Volk»[14].

John Milton wiederum hat das Wort von «Gottes Engländern» geprägt, und der britische Politiker Cecil Rhodes, seit 1890 Premierminister der Kap-Kolonie in Südafrika, zeigte sich literaturpolitisch bewandert, als er ausrief: «Um Miltons berühmtes Wort zu gebrauchen, der Glaube an ‹Gottes Engländer› wird unser leitendes Prinzip sein ... Die englisch sprechende Rasse ist eines von Gottes erwählten Werkzeugen, die kommenden Verbesserungen im Schicksal der Menschheit auszuführen ... zur Erfüllung ihrer von der Vorsehung bestimmten Mission ...»[15]

So erhielt auch der britische Kolonialismus seine religiöse Weihe. Der Drang, die eigene Nation göttlich zu legitimieren, manifestiert sich begreiflicherweise besonders stark in Krisenzeiten. Dann gibt es jeweils viel Arbeit im Himmel, und die Götter der Nationen haben alle Hände voll zu tun, die Träume und Wünsche ihrer nationalistischen Klientel zu erfüllen. Paradebeispiel sind die «Ideen von 1914», ein politischer Paroxysmus der deutschen Dichter, Denker und Beter, der dann nur noch von den Nazis überboten wurde. Der Krieg, so etwa schrieb der Philosoph Max Scheler, sei «ein positiver Wesensbestandteil der göttlichen Erlösungsordnung. Und wie hart, rauh gewunden und dornig dieser Weg immer sei, so ist er doch noch ein geraderer und sanfterer Weg zu dem überschwenglichen Ziele des ‹Reiches Gottes›, als ein ‹ewiger Friede› wäre ...»[16]

«Wie uns das kriegerische Prinzip der Ritterlichkeit an die Schwelle der Feindesliebe, die erschaute Realität der Nation an die Schwelle des Gottesreiches ..., also führt uns die mit jedem echten Kriege verbundene Empfindung eines in seinem Ausgang stattfindenden ‹Gottesgerichtes› ... an die Schwelle des Erlebens der göttlichen Autorität selbst ... Nur der allerverständnisloseste Aberwitz hat daran Anstoß genommen, daß sich im Kriege *alle* kämpfenden Parteien gleichmäßig auf Gott stützen und von seiner Gnade und Gerechtigkeit den Sieg erflehen und erhoffen» (S. 127).

«Sieg gibt der Gott der Liebe den Liebenden ... Ist Gott ein Gott der Liebe, so wird er auch dem Volke den Sieg geben, in dem die Liebe die reichste, die tiefste, die hochgeachtetste ist! Und eben hier wird der Genius des Krieges wie von selbst zur Religion – zum Führer zu Gott» (S. 150). Natürlich ist dieses Liebesvolk das deutsche und nur das deutsche Volk, denn alle anderen Völker sind vorwiegend «Zweckarbeiter», nicht «Liebesarbeiter»[17]. Scheler predigt den «Glauben an unser höheres Recht im Kriege» und ernennt diesen «zu einem heiligen Kriege ... durch uns – aber für Europa ..., ja, für die Welt Gottes»[18].

Ähnliches hatte vorher schon der Nationalökonom Johann Plenge geschrieben: «Wir müssen diesen Kreuzzug im Dienste des Weltgeistes bis zu Ende fechten. Gott will es. Uns und der Welt zum Heile»[19]. Der Neukantianer Paul Natorp schwärmte vom «Gott der Deutschen».[20] Der Sozialphilosoph Werner Sombart, für den der Krieg zwischen England und Deutschland einer zwischen «Händlern und Helden» war, formulierte es noch erhebender: «So sollten auch wir Deutsche in unserer Zeit durch die Welt gehen, stolz erhobenen Hauptes, in dem sicheren Gefühl, das Gottesvolk zu sein»[21]. Und von der anderen Seite des Kanals rief der Professor für moderne Geschichte des Queens College in London, J. A. Cramb, zurück: «... this mysterious, deathless, onwardstriving force, call it God, call it Destiny – but name it England. For England it is»[22].

Die deutschen «Ideen von 1914», die als Negation der «Ideen von 1789» konzipiert waren und in denen der deutsche Geist seine politische Identität zu finden hoffte, beriefen sich – obgleich auch Kantianer von der Kollektivneurose erfaßt worden waren – philosophisch auf Hegel, und Johann Plenge hat Hegel ausdrücklich zum «Vorläufer der Ideen von 1914» ernannt[23], ja, die Auseinandersetzung zwischen 1789 und 1914 – und damit den Ersten Weltkrieg – sogar auf den «Gegensatz von Kant und Hegel» zurückzuführen versucht.[24] In der Tat hat Hegels philosophischer Absolutismus als politische Philosophie, vor allem in seiner geschichtsphilosophischen Montur, verhängnisvoll gewirkt, da Hegel nicht irgendeinen Staat, sondern die Idee des Staates vergöttlichte: «Der Staat ist die göttliche Idee, wie sie auf Erden vorhanden ist»[25]. Religion und Staat sind «an der Wurzel eins»[26]. «Wie es ein berühmtes Wort geworden ist, daß ... die wahre Philosophie zu Gott führe, so ist es dasselbe mit dem Staate»[27]. «Es ist der Gang Gottes in der Welt, daß der Staat ist»[28]. «... die Wirklichkeit des Himmelreichs ist der Staat»[29]. Schlimmer noch: Hegel vergöttlichte auch die Repräsentanten des Staates. Alexander, Cäsar, Napoleon, all diesen «welthistorischen Individuen, welche den Beruf hatten, Geschäftsführer des Weltgeistes zu sein», billigt Hegel das Recht zu, «rücksichtslos dem einen Zwecke» zu dienen: «solche große Gestalt muß manche unschuldige Blume zertreten, manches zertrümmern auf ihrem Wege»[30].

Schlechthin absurd ist, was Hegel von der Idee der Regierung geschrieben hat. Diese ist «die Erscheinung Gottes. Ihre Worte sind seine Aussprüche ... Sie ist das unmittelbare Priestertum des Allerhöchsten, in dessen Heiligtum sie mit ihm Rat pflegt und seine Offenbarungen erhält»[31]. Die Kabinettssitzung als Berg Sinai. Da in den «Ideen von 1914», die vielleicht den tiefsten Fall des deutschen Geistes markieren, der Erste Weltkrieg politisch auf einen Kampf zwischen 1789 und 1914 und philosophisch auf einen zwischen Kant und Hegel reduziert wurde, darf diesen religiösen Wahnvorstellungen Hegels ein Wort Kants entgegengestellt werden. Dieser schrieb in «Die Religion innerhalb der Grenzen der bloßen Vernunft», er nehme folgenden Satz als einen Grundsatz an, der keines Beweises bedürfe: «Alles, was außer dem guten Lebenswandel der Mensch noch tun zu können vermeint, um Gott wohlgefällig zu werden, ist bloßer Religionswahn und Afterdienst Gottes»[32].

Aber Kant hat umsonst gewarnt. Diesen Afterdienst Gottes hat ein Adolf Hitler, dessen tausendjährigem Reich die Rechtshegelianer philosophisch vorgearbeitet hatten – mehrere von ihnen sind wackere Nationalsozialisten geworden –, zur Staatsreligion proklamiert: «So glaube ich heute im Sinne des allmächtigen Schöpfers zu handeln: indem ich mich des Juden erwehre, kämpfe ich für das Werk des Herrn»[33]. So hat auch Hitler, wenn auch in einem völlig anderen Sinn, als Margarete Susman es meinte, Auschwitz durch Gott legitimiert. Die Geschichte der Rechtfertigungen von Kriegen, Genoziden, Barbareien und Verbrechen aller Art durch eine Berufung auf Gott oder religiöse Schriften und Dogmen würde Bände füllen. Die Versuchung, die eigene ethnische Gruppe als Gottesvolk und die staatliche Interessenpolitik als Gottesdienst im eigentlichen Wortsinn zu legitimieren, scheint unüberwindlich zu sein.

Die Reichs-Eschatologie

Der politische Begriff des Reichs ist geprägt durch eine Dialektik von Säkularisierung und Sakralisierung. Er leitet sich einerseits ab von der biblischen Konzeption eines Reiches Gottes und erhebt den Anspruch, auf Erden eine umfassende Friedensordnung zu errichten; andererseits sonnt er sich gleichsam im legitimierenden Glanze des transzendenten Heils: «Das Heilige Römische Reich Deutscher Nation». Der politische Reichsbegriff hatte immer einen numinosen Charakter. Der Papst und damit der Stellvertreter Gottes krönt die Kaiser, und deren Reich ist somit immer ein Gottesstaat. Obgleich Augustin mit seiner Civitas Dei, die er der Civitas terrena gegenüberstellte, kein irdisch-politisches Reich meinte, hat sein Buch, das ja im Zusammenhang mit der aktuellen Geschichte Roms geschrieben worden war, einen bedeutenden Einfluß auf spätere Reichs-Utopien und -Eschatologien ausgeübt. Dasselbe gilt für Joachim di Fiores Drei-Reiche-Lehre. Vater, Sohn und Heiliger Geist bestimmen in aufeinanderfolgenden Geschichtsepochen das jeweilige Reich. Das Reich des Geistes habe, so glaubte Joachim, in seiner Zeit – also im 12. Jahrhundert – begonnen. Aber 800 Jahre später schrieb Ernst Bloch, der sich ausdrücklich auf diese «folgenreichste Sozialutopie des Mittelalters», die das erloschene Evangelium wieder angezündet habe, berief – zu Stalins Zeiten –, vom Dritten Reich der Joachiten, daß es «in der Sowjetunion anfängt zu beginnen»[1].

Schon das Marxsche «Reich der Freiheit» ist von unverkennbar eschatologischer Abstammung und als eine Art permanenter Sabbat oder – um es mit Moses Hess zu sagen – als «Geschichtssabbat» konzipiert worden.[2] Bloch wiederum hatte mit der großen Geste des von der Bibel inspirierten Universalhistorikers Augustins Civitas Dei als «himmlischen Sabbat» interpretiert: «Der siebte Schöpfungstag steht noch offen, über ihn setzte Augustin gerade das zentralste utopische Wort: ‹Der siebente Tag werden wir selbst sein, Dies septimus nos ipsi erimus› ... Das ist eine Art Transzendenz, die, wenn sie im Menschen durchgebrochen ist, zugleich, gegen Augustins Abrede, den Willen erregt, selber den Durchbruch vollzogen zu haben ... Gottesreich als Politikum wurde das revolutionäre Zauberwort durchs Mittelalter und die erste Neuzeit hindurch ... Civitas Dei bleibt ein politisches Wunschbild auch ohne Gott»[3]. Und das verleugnete Sakrale im Reichsgedanken von Marx rehabilitierend fügt er hinzu: «... nicht grundlos lebt im Marxismus ... auch das gleichsam Kathedralische, das eben im Reich der Freiheit, in der Freiheit als einem *Reich* sich ausdrückt» (S. 88).

Aber da lauern Gefahren, denn das Numinose blendet nicht nur, es kann auch verblenden. Auf eine Schrift des von Marx als «Kommunistenrabbi» verspotteten Moses Hess anspielend, läßt Bloch sich zu den Sätzen hinreißen: «Dieser würde sein gemeintes Jerusalem, im Zeitalter der Sowjetunion und der Bewegung zu Sowjetunionen, jetzt nicht mehr nach Jerusalem verlegen. Ein Ende des Tunnels ist in Sicht, gewiß nicht von Palästina her, aber von Moskau; – ubi Lenin, ibi Jerusalem» (S. 193 f). Trotz all der Enttäuschungen seiner Hoffnungen ist Bloch dem Reichsgedanken treu geblieben. In seinem Buch «Atheismus im Christentum. Zur Religion des Exodus und des Reichs» spricht er der – marxistisch verstandenen – Emanzipation christologische und messianische Züge zu, schreibt von «Archetypen der ‹Freiheit› und des ‹Reichs›», die im Marxismus implizit seien, und erklärt «das Messianische» zum «rote(n) Geheimnis jeder revolutionär, jeder in Fülle sich haltenden Aufklärung»[4].

Für den heilsgeschichtlichen Skeptiker Karl Löwith erscheint das Dritte Testament Joachim di Fiores als «Dritte Internationale» wieder, «und als ‹drittes Reich›, verkündet von einem dux oder Führer, der als Erlöser bejubelt und von Millionen mit ‹Heil› begrüßt wurde»[5]. Er weist auf Schelling hin, der freudig überrascht sein eigenes Schema in Joachims Verkündigung antizipiert gefunden habe, und schreibt: «Es ist bekannt, wie Hegel und Schelling russische Denker des 19. Jahrhunderts beeinflußt haben. Die Konstruktion eines dritten Testaments hat viele russische Parallelen, z. B. in Krasinskys ‹Drittes Reich des heiligen Geistes› und in Mereschkowskys ‹Christentum des dritten Testaments›. Weniger bekannt ist, daß der Titel … ‹Das Dritte Reich› von der Bekanntschaft des Autors, A. Moeller van den Bruck, mit Mereschkowsky herrührt» (S. 193).

Damit tritt der Mißbrauch des Reichsbegriffs durch den Nationalsozialismus ins Blickfeld. Der schwermütige Bohemien Arthur Moeller van den Bruck, der sich mit 49 Jahren umbrachte, hatte mit seinem 1923 erschienenen Buch «Das Dritte Reich» Hitler das eschatologische Losungswort gegeben. Schon frühere Schriften Moellers hatten Hitler bewogen, ihm ein Bündnis anzubieten: «Sie haben alles das, was mir fehlt. Sie erarbeiten das geistige Rüstzeug zu einer Erneuerung Deutschlands. Ich bin nichts als ein Trommler und Sammler. Lassen Sie uns zusammenarbeiten.»[6] Moeller ist zwar nicht auf das Angebot eingegangen, aber sein Buch hat diese Weigerung mehr als kompensiert. Er nennt darin den Gedanken des dritten Reichs – nach dem ersten des «Heiligen Römischen …» und dem zweiten Bismarcks – einen alten deutschen Gedanken, der früh mit der Erwartung eines tausendjährigen Reichs verquickt worden sei. Er sei ein Weltanschauungsgedanke, der über die Wirklichkeit hinausstrebe: «Der deutsche Nationalismus ist Streiter für das Endreich. Es ist immer verheißen. Und es wird niemals erfüllt … Und es ist die besondere Verheißung des deutschen Volkes, die ihm alle anderen Völker streitig machen … Es gibt nur Ein Reich, wie es nur Eine Kirche gibt.»[7] Das Buch endet mit den apokalyptischen Sätzen: «Das Tier im Menschen kriecht heran. Afrika dunkelt in Europa herauf. Wir haben die Wächter zu sein an der Schwelle der Werte» (S. 350). Moeller van den Bruck erfreut sich wieder eines gewissen Interesses, da maßgebende Vertreter einer Neuen Rechten wie der Schweizer Armin Mohler und der Franzose Alain de Benoit sich auf ihn berufen.[8]

Ein anderer Verkünder der Konservativen Revolution, Friedrich Hielscher, hat 1931 ein Buch «Das Reich» veröffentlicht, in dem er eine «Einheit von Innerlichkeit und Macht» zu begründen suchte, in einem Reich, «dessen Seele im Herzen des Ewigen den Willen ihrer Heimat und durch ihr ewiges Werk den Willen Gottes tut»[9]. Rudolf Borchardt hat 1932 einen Aufsatz geschrieben unter dem programmatischen Titel «Das Reich als Sakrament»[10]. Und noch 1943 war der damals bekannte Schulbuchautor Walter Gehl seines Reiches so voll, daß er schreiben konnte: «Wer sich zum göttlichen Ursprung der Macht bekennt, kann sie nicht gewalttätig mißbrauchen, sondern baut in heiliger Verantwortung das Reich»[11]. Einmal mehr dient Gott hier gleichzeitig zur Legitimierung und zur Immunisierung politischer Macht, wobei sich hinter diesem abstrakten Begriff des Reichs, bedenkt man die Zeit der Publikation, eine reale Mordmaschinerie verbarg. Aber was von den Nationalsozialisten zur Rechtfertigungsideologie ihres Terror- und Mordsystems zusammengeschustert wurde, hatte seine geschichtsphilosophische Tradition. Anderthalb Jahrhunderte zuvor hatte Friedrich Schlegel geschrieben: «Der revolutionäre Wunsch, das Reich Gottes zu realisieren, ist ... der Anfang der modernen Geschichte. Was in keiner Beziehung auf's Reich Gottes steht, ist in ihr nur Nebensache»[12]. Immanuel Kants skeptische Anthropologie hingegen versagte sich einem solchen Geschichtsbewußtsein. Für Kant ist es «in der Tat ... ein widersinniger Ausdruck, daß Menschen ein Reich Gottes stiften sollten ...; Gott muß selber der Urheber seines Reiches sein»[13].

Der Gedanke eines Reiches Gottes mag religiöse Sozialisten wie etwa den Kreis, der sich um das Vermächtnis von Leonhard Ragaz geschart hat, motivieren, sich für eine friedliche Emanzipation aus allen Verhältnissen, in denen die Freiheit und die Würde des Menschen mißachtet werden, zu engagieren. Aber in einer Zeit der Gotteskrise verliert dieser heilige Gedanke zusehends an Überzeugungskraft, und es bleibt auch die Gefahr bestehen, daß Unberufene ihn nach ihrem Gutdünken interpretieren und für ihre unheiligen Zwecke mißbrauchen. Der vom Reich Gottes inspirierte Gedanke eines politischen Reichs – sei es ein Kaiserreich, ein Königreich, ein «Drittes Reich» oder ein Imperium – ist immer ein Numinosum. Und jede Verbindung von Politik und Numinosität, auch die bestgemeinte, bleibt explosiv.

Der Exodus des Volkes Israel als Archetyp des Nationalismus

Die Völker haben sich nicht an Kant gehalten. Sie wollten sich das Reich – dem ja auch die Funktion einer Pseudoharmonisierung gesellschaftlicher Antagonismen zukommt: «Ein Volk, ein Reich, ein Führer»! – selbst erbauen. Dazu bedarf es allerdings eines göttlichen Auftrags: Baumeister des Reichs konnte nur ein von Gott auserwähltes Volk sein. Aber dasselbe gilt schon für die Nation: Archetyp fast aller Nationalismen ist der Mythos vom Exodus des Volkes Israel. Wenn hier die Exodus-Geschichte als ein Mythos bezeichnet wird, dann entspricht das nicht nur der agnostischen Grundhaltung dieses Buchs, sondern erscheint auch aufgrund jüngster Forschungsergebnisse von Archäologen und Alttestamentlern als legitim. Diese sprechen zum Teil sogar von einer Fiktion und einer Art Propagandaschrift, und für den Heidelberger Alttestamentler Bernd Jörg Diebner ist die Exodus-Geschichte sogar bloß eine «Retrojektion eigener Großmachtträume in die Vergangenheit»[1]. Aber Mythen – die ja auch einen Wahrheitskern beinhalten können – bleiben manchmal über Jahrhunderte, ja Jahrtausende hinweg geschichtswirksam. Die Geschichte eines geknechteten Volks, das von einem Gott den Auftrag erhält, sich von der Knechtschaft zu befreien, und dem – falls es sich nur recht gottesfürchtig verhält – darüber hinaus das Heil versprochen wird, für sich und durch sich für die Welt, lädt geradezu zu deren Mißbrauch für irdisch-allzuirdische und eher unheil-volle Ziele und Taten ein.

Schon der Gründervater des rechtsrheinischen ethnischen Nationalismus, Herder – der selbst keineswegs ein bornierter Nationalist war –, hat sich immer wieder auf das Volk Israel berufen. Er hatte die Legitimationsfunktion der Berufung auf Gott bereits klar gesehen: «Moses Gesetzgebung hatte die Idee, ein freies Volk zu bilden, das keinem als dem Gesetz unterworfen wäre, und damit niemand ihnen die Freiheit nähme, ward Gott selbst Gesetzgeber, Gesetzesbewahrer, König ... Das ganze Volk war ein priesterlich Reich ...»[2] Für Herder waren Religion, Poesie, Sprache die tragenden und integrierenden Elemente eines «echten» Volks- und Nationalgefühls, weshalb er den Königs-Psalmen eine besondere Rolle in dessen Bildung bei den Hebräern zusprach, aber auch den Klageliedern des Jeremias: «Welche Nation hat schönere Stücke dieser Art als die Hebräer! sie, denen ihr Vaterland Alles war, die mit ihrem Tempel und heiligen Lande Nationalwürde, Gottesdienst, Glückseligkeit, Alles verloren. Nur Eins verloren sie nie, den Trost der Zukunft» (S. 335).

In seiner Preisschrift «Über die Wirkung der Dichtkunst auf die Sitten der Völker in alten und neuen Zeiten» (1778) ist das erste Kapitel der «Wirkung der Dichtkunst bei den Hebräern» gewidmet, eine einzige Hymne auf das Volk Israel: «Groß ist die Wirkung, die die Dichtkunst der Hebräer auf dies Volk und durch sie auf so viel andre Völker gemacht hat. Zu welchem Volke tat sich auch in Gesängen und Liedern sein Gott also, wie zu diesem der seine? ... Die einzelne Vorsehung Gottes, wo ist sie kräftiger gepriesen und erwiesen als in der Geschichte dieses Volkes und in den Liedern, Prophezeiungen, Psalmen, die aus dieser Geschichte reden?»[3] Aber fast alle, die sich später auf Herder beriefen, haben übersehen oder verschwiegen, daß Herder ein «Vaterland der Menschheit»[4] erstrebte, den «Nationalwahn» etwas Furchtbares nannte (S. 54) und die Völker anwies, die schwere Lektion zu lernen: «Kein Volk sei ein von Gott einzig auserwähltes Volk der Erde, die Wahrheit müsse von allen gesucht, der Garten des gemeinsamen Besten von allen gebaut werden» (S. 49).

In Frankreich war es Rousseau, der in seinen «Considérations sur le Gouvernement en Pologne» (1772), mit denen er den von Preußen, Rußland und Österreich bedrängten Polen praktische Anweisungen in der Kunst der nationalen Identitätsstiftung geben wollte, ebenfalls auf den Archetyp «Volk Israel» zurückgriff. Er weist auf Moses hin, der das erstaunliche Unternehmen ausgeführt habe, einen Schwarm unglücklicher Flüchtlinge ohne Waffen, ohne

Tugenden, ohne Mut und ohne ein Stück Land zur Nation zu bilden. Er wagte es, aus dieser herumirrenden und servilen Schar eine politische Körperschaft zu machen, ein freies Volk. «Und während es in der Wüste herumirrte, ohne einen Stein zu haben, auf den es sein Haupt legen konnte, gab er ihm diese dauerhafte Institution ..., die fünftausend Jahre nicht zerstören, ja nicht einmal verändern konnten und die noch heute in ihrer ganzen Kraft weiterbesteht, obgleich die Körperschaft der Nation nicht mehr existiert ...» So habe diese einzigartige Nation, die so oft unterjocht, zerstreut und scheinbar zerstört wurde, sich bis in unsere Tage erhalten, «zerstreut unter die anderen, ohne sich mit ihnen zu vermengen, und ihre Sitten, ihre Gesetze, ihre Riten werden so lange bestehen bleiben wie die Welt, trotz des Hasses und der Verfolgung durch den Rest des Menschengeschlechts»[5].

Eine bedeutende Rolle hat der Archetyp «Volk Israel» auch im Denken Saint-Simons und vor allem der Saintsimonisten gespielt, die die Gedanken ihres Meisters in eine messianische Lehre verwandelten und unter denen es zahlreiche Juden gab. Hier wurde freilich nicht eine Nation zur auserwählten erklärt, sondern – noch vor Marx – eine Klasse, das Proletariat, sowie das besondere Kultobjekt der Saintsimonisten: die Frau. Einer ihrer Führer, Enfantin, meinte: «Ich, Vater der neuen Familie ..., mir hat Gott die Mission erteilt, das Proletariat und die Frauen zu einem neuen Schicksal aufzurufen ...»[6] Sie träumten von einem kommenden Reich des Messias, und nachdem Enfantin zum «Christus der Nationen» und zum «père suprême» erklärt worden war, ließ man neben seinem Stuhl noch einen Platz frei für die «Femme-Mère-Messie», die eine Jüdin sein wird, gleich der Mutter von Jesus.[7]

In England war es die ebenfalls wesentlich vom Alten Testament inspirierte puritanische Revolution gewesen, die im Schicksal des Volkes Israel das ihrer eigenen Nation präfiguriert fand. In seiner ersten Ansprache an das Parlament im Jahre 1653 rief Oliver Cromwell den Abgeordneten zu: «Gott hat euch wahrlich in diese Welt berufen durch so wunderbare Gnadenbeweise, wie sie noch niemals den Menschensöhnen innerhalb so kurzer Zeit zuteil geworden sind ... ihr seid wahrlich von Gott berufen, so wie Juda, um mit ihm und für ihn zu herrschen ...» Und ein Jahr später, wiederum vor dem Parlament: «Die einzige Parallele für Gottes Handlung an uns, die mir bekannt ist, ist die Herausführung Israels aus Ägypten durch die Wüste hindurch, nach einer Stätte der Ruhe, vermittels vieler Zeichen und Wunder»[8].

Erst recht haben sich dann jene englischen Puritaner als ein neues Volk Israel gefühlt, die ebenfalls einen Exodus unternommen und jenseits des Ozeans ihr gelobtes Land, ihr neues Jerusalem gesucht hatten. Bis auf den heutigen Tag hat der amerikanische Nationalismus sich immer und immer wieder durch die Berufung auf das Volk Israel zu legitimieren versucht, und der Dollar-Imperialismus verdankt seine Dynamik nicht nur einer entfesselten Besitzgier und Machtarroganz, sondern wesentlich auch einem von der Bibel inspirierten und an den politischen Idealen der Gründerväter orientierten messianischen Sendungsglauben.

William Bradford schrieb in seiner «History of Plymouth Plantation»: «Seht ihr nicht die Früchte unserer Arbeit, oh ihr Knechte des Herrn? die ihr für seine Wahrheit gelitten habt und seine treuen Zeugen gewesen seid, und doch nur eine Handvoll seid unter der Menge, die Wenigsten unter den Tausenden Israels?» Cotton Mather ist von Bradford mit Moses verglichen worden, und John Winthrop nannte er «unseren neu-englischen Nehemia, den Führer der politischen Geschäfte unseres amerikanischen Jerusalems»[9]. Samuel Langdon, ein Präsident von Harvard, sagte 1775 vor der Gesetzgebenden Versammlung von Massachusetts: «Die Staatsform von Israel ist, unter Berücksichtigung einiger Eigentümlichkeiten, zweifellos ein hervorragendes, allgemeingültiges Vorbild.» Und sein Kollege Ezra Stiles, Präsident von Yale, begann 1783 eine Rede über «The United States Elevated to Glory and Honor» mit dem Hinweis auf den Bund, den Gott zur Zeit von Mose mit Israel geschlossen hatte, und sprach dann von «Gottes amerikanischem Israel»[10].

Auch Thomas Jefferson, der Vater der amerikanischen Verfassung, zog immer wieder einen Vergleich zwischen Israel und Amerika. Er meinte einmal, er wünschte, daß die Tore Amerikas offengehalten würden für alle geknechteten Europäer, die gezwungen seien auszuwandern, und er verstand das als eine Warnung an die Zuchtmeister in Europa, «die besagt, daß, wenn die Übel der ägyptischen Knechtschaft schlimmer werden ..., ein neues Kanaan offen steht, wo ihre Untertanen als Brüder aufgenommen werden». Die Vorsehung habe die neue Welt von der alten durch einen Ozean getrennt, damit Amerika, das auserwählte Volk Gottes, nicht vom korrupten Europa verdorben werden könne.[11]

Präsident Reagan hat das – bloß ohne den Seitenhieb auf Europa – fast wörtlich wiederholt.[12] Robert N. Bellah schreibt in seinem Aufsatz «Zivilreligion in Amerika»: «Fast von Anfang an wurde das Thema des amerikanischen Israel als Rechtfertigung für die schändliche Behandlung der Indianer verwendet ... Dasselbe Thema kann ... mit der Idee der ‹offenbaren Bestimmung› (Manifest Destiny) in Verbindung gebracht werden, welche seit dem frühen 19. Jahrhundert zur Legitimation einer ganzen Reihe von imperialistischen Abenteuern gebraucht worden ist»[13]. Und weiter: «Hinter der Zivilreligion stecken überall biblische Archetypen: Exodus, das auserwählte Volk, das gelobte Land, das neue Jerusalem, der Opfertod und die Wiedergeburt ... Die Zivilreligion ist darum bemüht, Amerika als eine Gesellschaft darzustellen, die so vollkommen mit Gottes Willen in Übereinstimmung ist, wie es für Menschen möglich ist, und als strahlendes Licht für alle Völker.»[14]

Keine Nation war gegen die Verführung gefeit, sich als auserwähltes Gottesvolk zu legitimieren. So hat Vincenzo Gioberti, einer der Vorkämpfer der Einigung Italiens, von Italien als einem «Israel des modernen Zeitalters» gesprochen[15], und sogar afrikanische Befreiungsbewegungen unserer Zeit suchen ihre Legitimation in den Ursprüngen unseres westlichen Kulturraums: «Für Afrikaner, die sich der Bedrückung durch koloniale Herrschaft bewußt geworden sind, hat das Thema vom unterdrückten Volk, das gleichzeitig ein erwähltes Volk ist, das jetzt in der Wüste wandert, dem aber bestimmt ist, einen Führer aus den eigenen Reihen zu finden, der es unter göttlicher Leitung ins verheißene Land bringen wird, einen unmittelbaren ... Bezug. Die Identifizierung der Briten, Franzosen oder Belgier mit Ägyptern, Philistern oder Römern und der eigenen afrikanischen Gemeinschaft mit den

Kindern Israels oder mit den ersten Christen ist natürlich und unvermeidlich.»[16]

Hier wird auch die dem Exodus-Archetyp immanente Dialektik deutlich erkennbar, kann dieser doch in einem durchaus positiv zu wertenden Sinn auch die Funktion eines Motors legitimer Emanzipationsbewegungen spielen. Freilich ist kaum eine Garantie institutionalisierbar, die die sich auserwählt Glaubenden gegen die Versuchung zu immunisieren vermöchte, diesen Glauben auch zur Legitimierung eines Strebens nach Besitz und Macht über andere zu mißbrauchen. Das läßt sich wohl nirgends so deutlich erkennen wie bei der folgenreichsten – wenn auch unbewußt unternommenen – Identifizierung einer Emanzipationsbewegung mit dem Exodus des Volkes Israel, derjenigen des Marxschen Proletariats. Dieses Proletariat existierte zwar real, war aber einerseits als Kategorie der Hegelschen Dialektik in die Marxsche Revolutionstheorie gelangt und trug andererseits unverkennbar die Züge des Volkes Israel, dem die Vorfahren von Karl Marx mütterlicher- und väterlicherseits über Jahrhunderte hinweg als zum Teil weltberühmte Rabbiner treu gedient hatten. Indem Marx das Proletariat zum neuen Volk Israel ernannte, das von der Dialektik der Geschichte den Auftrag erhalten hatte, einen revolutionären Exodus aus dem kapitalistischen Ägypten zu unternehmen, um durch die Wüste einer Diktatur des Proletariats ins gelobte Land des Reichs der Freiheit zu gelangen und so gleichzeitig die Welt von der Klassenherrschaft zu erlösen, indem Marx so dem Proletariat einen biblischen Auftrag erteilte, hat er es einerseits messianisch überfordert, andererseits messianisch beflügelt. Der Marxsche Exodus als solcher endete – in der pervertierten Gestalt der russischen Oktoberrevolution – in einer Katastrophe, was freilich seine soziale, ökonomische und politische Legitimität nicht in Frage stellt. Wir leben ein Jahrhundert nach Marx' Tod in einem globalen Ägypten.[17]

Die biblische Geschichte vom Volk Israel als dem auserwählten Volk Gottes hat in der säkularisierten und pervertierten Form des Nationalismus und Imperialismus viel Unheil angerichtet, nicht zuletzt im Judentum selbst. Martin Buber hat deshalb dem «jüdischen Nationalismus» einen «hebräischen Humanismus» entgegengestellt und dazu erklärt: «Die Natur unserer Auserwählungslehre ist gänzlich verschieden von den Erwählungstheorien anderer Völker, obwohl diese häufig auf unsere Lehre zurückgehen. Was sie übernommen haben, war niemals der wesentliche Teil. Unsere Lehre ist von ihren Theorien dadurch unterschieden, daß unsere Erwählung ganz und gar eine Forderung ist. Sie ist nicht die mythische Form für die Wunschträume eines Volkes. Sie ist nicht die bedingungslose Verheißung von Größe und Macht an ein Volk. Sie ist eine strenge Forderung ... Was er (Gott) fordert, nennt er ‹Wahrheit› und ‹Gerechtigkeit› ... Israel ist erwählt, damit es fähig sei, von dem biologischen Gesetz der Macht, das die Nationen in ihrem Wunschdenken verherrlichen, zur Sphäre von Wahrheit und Gerechtigkeit aufzusteigen.»[18]

Das ist gewiß alles wichtig und richtig, aber welches Volk – und Israel selbst beweist es zur Genüge – wäre durch eine solche göttliche Forderung nicht überfordert? Es gibt kein heiliges Volk, jedes Volk setzt sich aus Menschen zusammen, die allesamt ohne Ausnahme der «condition humaine» unterworfen sind. «L'homme n'est ni ange ni bête ...» Auch wird durch einen Anspruch auf Auserwähltheit – und mag er sich noch so humanistisch verstehen – die Menschheit in Auserwählte und Nichtauserwählte gespalten eine Wiederholung des narzißtischen Gedankens individueller Erleuchtung auf völkischer Ebene. Solange solche Teilungen fortbestehen, besteht die Gefahr, daß die sich auserwählt Glaubenden ihre angebliche göttliche Legitimation mißbrauchen und die Nichtauserwählten ihre religiöse Unterprivilegierung an den Auserwählt-Privilegierten rächen wollen. Die Vorstellung von Göttern, die sich Lieblingsvölker halten, und sei es, um sie mit ihren heilsgeschichtlichen Aufträgen besonders zu belasten, rechnet nicht mit der «condition humaine».

Religion für Krieg und Frieden

Im Exodus-Mythos hat Gott sich Israel zu seinem Volk auserwählt, höchstpersönlich die Rösser und Streitwagen des ägyptischen Pharao im Meer ertrinken und versinken lassen und das ägyptische Volk mit grausamen Plagen bestraft. Nach dem durch Gott ermöglichten Sieg Israels über die Amalekiter baute Moses einen Altar und sprach: «Der Herr mein Panier» (2 Mose 17, 15). Gott erhält damit die Rolle eines Generalstabschefs im Exodus des Volkes Israel aus der ägyptischen Knechtschaft durch die Wüste ins gelobte Land, wo Milch und Honig fließen.

Die heutigen Palästinenser entsprechen in etwa den Völkern, die in den Zeiten des Exodus das Land besiedelten, durch das Israel ziehen mußte. Diese standen den Kindern Israels im Wege. Da der Herr Israel zu seinem «heiligen» Volk (2 Mose 19, 6) auserwählt hatte, machte er als transzendenter Oberbefehlshaber Israels mit diesen Völkern kurzen Prozeß. Zwar lautet ein Exodus-Gebet: «Die Fremdlinge sollt ihr nicht unterdrücken; denn ihr wisset um der Fremdlinge Herz, dieweil ihr auch Fremdlinge in Ägyptenland gewesen» (2 Mose 23, 9). Aber die «Palästinenser» zählten offenbar nicht zu den Fremdlingen, denn der Herr sprach zu Mose: «Wenn nun mein Engel vor dir her geht und dich bringt an die Amoriter, Hethiter, Pheresiter, Kanaaniter, Heviter und Jebusiter und ich sie vertilge, so sollst du ihre Götter nicht anbeten» (2 Mose 23, 23 f).

Sofern sie nicht vertilgt wurden, sollten sie vertrieben werden: «Ich will Hornissen vor dir her senden, die vor dir her ausjagen die Heviter, Kanaaniter und Hethiter ... Einzeln nacheinander will ich sie vor dir her ausstoßen, bis daß du wächsest und das Land besitzest, ... laß sie nicht wohnen in deinem Lande, daß sie dich nicht verführen wider mich» (2 Mose 23, 28–33). Dieser Gott ist machtversessen und eifersüchtig: «Du sollst mit ihnen oder mit ihren

Göttern keinen Bund machen» (ebd.). So geht das auch in den andern Büchern Mose munter weiter. Im dritten Buch werden genaue Vernichtungsanweisungen gegeben: «Ihr sollt eure Feinde jagen, und sie sollen vor euch her ins Schwert fallen. Euer fünf sollen hundert jagen, und euer hundert sollen zehntausend jagen» (3 Mose 26, 7f). Nach den Weisungen des vierten Buchs sollen die Einwohner Kanaans wie Brot aufgefressen werden (4 Mose 14, 9). Der Herr werde die Verfolger Israels «fressen und ihre Gebeine zermalmen und mit seinen Pfeilen zerschmettern» (4 Mose 24, 8). Im Auftrag Gottes töteten im Kampf gegen die Midianiter 12000 Mann Israels «alles, was männlich war ... Und die Kinder Israels nahmen gefangen die Weiber der Midianiter und ihre Kinder ... und verbrannten mit Feuer alle ihre Städte». Aber Mose ward zornig, der Genozid war ihm noch nicht perfekt genug: «Warum habt ihr alle Weiber leben lassen? ... So erwürget nun alles, was männlich ist unter den Kindern, und alle Weiber, die Männer erkannt und beigelegen haben; aber alle Kinder, die weiblich sind und nicht Männer erkannt haben, die laßt für euch leben» (4 Mose 31, 7–18). «Für euch»: Das tönt beinahe wie eine Aufforderung, ein Bordell zu errichten. Schließlich heißt es im Deuteronomium, dem fünften Buch, lapidar: «Du (Israel) wirst alle Völker verzehren, die der Herr, dein Gott, dir geben wird» (5 Mose 7, 16).

Man erstarrt. Die fünf Bücher Mose, die Thora, sind das heilige Grundbuch des Judentums, neben dem Talmud. Sie sind, was die Feinde Israels anbelangt, ein einziger Aufruf zum Völkermord. Aber auch in den eigenen Reihen muß gesäubert werden. Als Strafe für die Anbetung des Goldenen Kalbs spricht Moses zum Volk: «So spricht der Herr, der Gott Israels: Gürte ein jeglicher sein Schwert um seine Lenden ... erwürge ein jeglicher seinen Bruder, Freund und Nächsten. Die Kinder Levi taten, wie ihnen Mose gesagt hatte; und fielen des Tages vom Volk dreitausend Mann» (2 Mose 32, 27f). Das ist Brudermord. Gott und Moses gebärden sich da wie Stalin. Michael Walzer, jüdischer Sozialwissenschaftler in Princeton, schreibt in seinem Buch über «Exodus und Revolution» sehr zurückhaltend, die Kanaaniter würden «ausdrücklich aus der Welt moralischer Rücksichten ausgeschlossen»[1].

Nicht weniger blutrünstig ist das Lied Moses, in dem er Gott für seine Treue und Gerechtigkeit preist und ihn von der Verantwortung für das Böse in der Welt freispricht. Aber wehe, wenn Gottes Volk fett wird, seinen Gott fahrenläßt und fremden Göttern nachläuft. Da wird der Herr zornig, und er will «alles Unglück über sie häufen» und «alle meine Pfeile in sie schießen». – «Vor Hunger sollen sie verschmachten und verzehrt werden vom Fieber und von jähem Tod. Ich will der Tiere Zähne unter sie schicken und der Schlangen Gift. Auswendig wird sie das Schwert berauben und inwendig der Schrecken, beide, Jünglinge und Jungfrauen, die Säuglinge und den grauen Mann ... Die Rache ist mein ... Sehet ihr nun, daß ich's allein bin und ist kein Gott neben mir! Ich kann töten und lebendig machen ...» Es folgt eine Explosion sadistischer Vernichtungslust, die diesen Gott als einen psychisch gefährlich Kranken erscheinen läßt: «Ich will meine Pfeile mit Blut trunken machen – und mein Schwert soll Fleisch fressen –, mit dem Blut der Erschlagenen und Gefangenen, von dem entblößten Haupt des Feindes» (5 Mose 32, 23–46). Die Bibel – eine Heilige Schrift?

Für heutige israelische Fundamentalisten ist das alles immer noch ein Gebot Gottes. Kennzeichen allen Fundamentalismus ist, die eigenen Zweifel und die Angst vor dem Verlust oder der Erosion der eigenen Religion unter Ausschaltung der Mündigkeit anstrebenden kritischen Vernunft dadurch zu beschwichtigen, daß man den bequemeren Weg einschlägt, eine «heilige» Schrift mit all ihren Geboten und Verboten zur nicht mehr hinterfragbaren Handlungsanweisung zu erklären. Wobei es freilich ebenfalls jeden Fundamentalismus kennzeichnet, daß jeweils eine bestimmte Interpretation von Schriftstellen als die einzig wahre geglaubt wird. So wollen etwa die «Gush Emunim» («Gemeinschaft der Getreuen») das Königreich Gottes in Erez Israel wieder aufbauen, und für sie ist die Vertreibung der Nichtjuden aus diesem Gebiet religiöses Gebot. Für die Cach-Partei des in New York ermordeten Rabbiners Kahane ist der totale Krieg gegen die sieben Völker, die zur Zeit des Exodus in Kanaan lebten, eine religiös legitimierte und verpflichtende Aufforderung, mit den heutigen Palästinensern ebenso zu verfahren.

Aber es gibt auch israelische Fundamentalisten, die sich in ihrem Kampf um die Rettung des jüdischen Glaubens auf die Thora berufen, um ihre Ablehnung des Staates Israel zu legitimieren. Zu ihnen gehört etwa der Rabbiner Moshe Hirsch, der erklärte: «In der Bibel versprach Gott, den Juden das Land Israel zu geben unter der Bedingung, daß wir seinen Gesetzen folgen. Weil sich die Juden früherer Generationen nicht daran hielten, wurden wir ins Exil geschickt. Zur Erleichterung dieser schweren Strafe hat uns Gott zwar versichert, daß wir das Land eines Tages zurückerhalten werden, aber erst nach dem Kommen des Messias. Im Talmud wird dargelegt, wie jeder Versuch, Gott zur vorzeitigen Einlösung dieses Versprechens zu zwingen – wie zum Beispiel die Gründung des Staates Israel –, die Juden unweigerlich in ein neues Unglück stürzen würde. Heute sind wir so weit.»[2]

In der Tat. Der Mord am israelischen Ministerpräsidenten Itzhak Rabin durch einen fundamentalistischen Talmud-Studenten, der im Auftrag Gottes gehandelt zu haben glaubte, ist ein vorläufiger Höhepunkt dieses andauernden Unglücks. Daß solche Fundamentalisten die Gotteskrise, von der auch das Judentum keineswegs verschont ist, nur noch verschärfen, belegt der Kommentar eines israelischen Politikers zu diesem Mord: «Seit dem 4. November 1995 sind wir nicht mehr das auserwählte Volk»[3]. Was die Siedler von Kiryat Arba nicht hinderte, ihrer Freude über die Ermordung Rabins Ausdruck zu verleihen und diese als «heilige Tat im Namen Gottes» zu preisen. Die Tötung eines Verräters, so erklärte Arie Bar Jossef einem Journalisten, sei ein «heiliges Recht» und «Ausdruck der Größe und des Stolzes des jüdischen Volkes ... Nach Bekanntwerdung der Ermordung Rabins sind alle auf die Straße gerannt. Sie haben getanzt und gefeiert und am Grab von Goldstein gebetet» (ebd.).

Bernd Goldstein war der junge israelische Arzt, der am 24. Februar 1994 in eine Moschee in Hebron eingedrungen war und mit einer Maschinenpistole unter den dort betenden Moslems ein Massaker verübt und neunundzwanzig von ihnen getötet hatte. Jahre zuvor, 1988, hatte dieser Goldstein einer Redakteurin des «Multinational Monitor», Ellen Hosmer, ein Interview gewährt, in dem er unter anderem erklärte, Demokratie sei «ein nettes Konzept für Nichtjuden. Es hat seine Verdienste, aber im Judentum haben wir eine absolute Wahrheit. Das ist die Thora. Dies ist unser Gesetz. Es steht über den Menschenentscheidungen. Nicht wir haben entschieden, ob das ein jüdischer Staat werden soll, sondern Gott ... Wir haben kein Recht, diesen Staat zu einem nichtjüdischen arabischen Staat werden zu lassen, sei es auf demokratische oder andere Weise ... Wir müssen als Juden handeln, und das heißt, die Gebote einhalten ... und das schließt ein, am Land Israel festzuhalten. Dann wird Gott uns beschützen. Andernfalls können wir bestraft werden ...» Es gebe keine Chance für eine Koexistenz mit den Arabern: «Ich sage, das Land gehört uns ... Früher oder später werden wir sie hinaustreiben müssen, oder *wir* werden hinausgetrieben ... Militärisch ist es kein Problem.»[4]

Das ist das Programm der «ethnischen Säuberung», wie sie die christlichen Serben mit dem Segen der orthodoxen Kirche in Bosnien praktizierten. Ein Mord-Programm, wie es der junge israelische Mediziner mit dem von ihm verübten Massaker in der Moschee von Hebron bewies.

Aber dieser jüdische Fundamentalismus ist nicht repräsentativ für ganz Israel. Ehud Sprinzak, Politologe an der Hebräischen Universität, kommentierte: «Wenn Sie die Bibel lesen, werden Sie feststellen, daß lauter Gewalt darin vorkommt.» Als die israelische Armee im Sechstagekrieg in Hebron, Nablus, Jericho einmarschierte, «war das für Maximalisten ... die Umsetzung von Gottes Willen. Sein Instrument war die israelische Armee. Es war Gottes Wille ..., weil ... der Prozeß der jüdischen Erlösung neu beginnen sollte ... Die Siedlerbewegung (nach 1967; A. K.) ... ist ein Teil des messianischen Traums der Israelis.»[5]

David Landau, Redakteur der israelischen Zeitung «Haaretz», schrieb, es gebe in Israel «Zehntausende, vielleicht sogar Hunderttausende von Menschen», die der Ansicht seien, Rabin habe diesen Tod verdient: «Absolventen von national-religiösen Jeshivas und Seminaren, Anhänger der mit fundamentalistischem Fanatismus verkündeten Überzeugung, das jüdische Volk sei von Gott dazu bestimmt, die Herrschaft über das ganze Heilige Land zu übernehmen, und zwar auf der Stelle ... Die Ähnlichkeit mit dem islamischen Fundamentalismus ist beängstigend.»[6]

Weitaus schärfer kritisierte der in Israel geborene Schriftsteller Yoram Kaniuk, der im Unabhängigkeitskrieg von 1948 verwundet wurde, die israelischen Fundamentalisten. Die Religiösen in Israel seien heute in zwei Lager geteilt: «in fundamentalistische Ultra-Orthodoxe, die so leben, wie Gott es angeblich auf dem Berge Sinai befohlen hat, und zionistische Nationalisten, eine neue Spezies, die zum großen Teil in den Siedlungen in den besetzten Gebieten lebt, eine jüdische Hamas-Bewegung, eine ungenießbare Mischung aus Juden und Kosaken.» Und er ruft diesen zu: «Ihr laßt den Rabbiner Elba in eurem Namen sprechen, der gesagt hat, das Gebot ‹Du sollst nicht töten› gelte nicht für einen Juden, der einen Nichtjuden tötet.» Kaniuk griff auch die von Margarete Susman vertretene These auf, Gott habe Auschwitz angeordnet, zitiert aber nicht sie, sondern den «Lubawitscher Rebbe, einer der berühmtesten Rabbiner unserer Generation», der auf die Frage, wie der Holocaust habe geschehen können, wenn der Gott Israels die Welt regiere, geantwortet habe, es habe einen faulen Ast im Judentum gegeben – wie Mischehen oder das Reformjudentum –, der abgesägt werden mußte. Kaniuk: «Israels Gott handelte somit eigentlich nur im Auftrag des Führers, als er den faulen Ast abschlug.» Und in seinem heiligen Zorn wirft Kaniuk den Fundamentalisten «politische Erpressung» vor und spottet: «Vielleicht sollten wir Gott bitten, sich ein anderes Volk auszusuchen, das nicht täglich betet: ‹Du hast uns auserwählt von allen Völkern›»[7]. Diese religiös bedingte Spaltung Israels in zwei einander derart feindlich gesinnte Lager läßt für die Zukunft der jüdischen Heimstätte wenig Gutes ahnen. Die Gotteskrise verschont offensichtlich auch das «Gottesvolk» nicht.

Kaum einer hat das deutlicher und unerschrockener ausgesprochen als der – gläubige – jüdische Querdenker Jeshajahu Leibowitz, der nach seinem Tod – er starb 1994 im Alter von 91 Jahren – vom israelischen Präsidenten Ezer Weizman als einer «der größten Menschen des jüdischen Volkes und des Staates Israel seit Generationen» gewürdigt worden ist.[8] Leibowitz hat die israelischen

Fundamentalisten als «Judennazis» bezeichnet[9] und festgestellt, die jüdische Religion befinde sich «in einer Krise, die – Gott möge es verhüten – vielleicht ihre letzte Krise ist»[10].

Aber auch das Christentum, angeblich eine Religion der Liebe, hat die Tradition einer biblisch legitimierten Gewalt in Ehren gehalten. Schon Spinoza fällte das vernichtende Urteil: «Ich habe mich oft darüber gewundert, daß Leute, die sich rühmen, die christliche Religion zu bekennen, also Liebe, Freude, Frieden, Mäßigung und Treue gegen jedermann, dennoch in der feindseligsten Weise miteinander streiten und täglich den bittersten Haß gegeneinander auslassen, so daß man ihren Glauben leichter hieran als an jenen Tugenden erkennt»[11].

Aber im Neuen Testament ist keineswegs nur von den Tugenden die Rede, die Spinoza aufzählte. Da predigt etwa der Apostel Paulus die Judenfeindschaft: Er nennt die Juden diejenigen, «welche auch den Herrn Jesus getötet haben und ihre eigenen Propheten und haben uns verfolgt und gefallen Gott nicht und sind allen Menschen zuwider» (1 Thessalonicher 2, 15). Noch ärger tönt es aus dem Brief von Paulus an Titus: Sonderlich die Juden seien «freche und unnütze Schwätzer und Verführer ..., welchen man muß das Maul stopfen, die ... lehren, was nicht taugt, um schändlichen Gewinns willen.» Und er verlangt, diese Juden scharf zu bestrafen. Denn «den Reinen ist alles rein; den Unreinen aber und Ungläubigen ist nichts rein, sondern unrein ist ihr Sinn sowohl als ihr Gewissen» (Titus 1, 10–15). Reine und Unreine, das nannte man zweitausend Jahre später in Deutschland Arier und Nichtarier, oder noch präziser: Germanen und Juden ...

Auch wer die Psalmen liest, wundert sich immer wieder über den Haß, der in dieser Liebesreligion gepredigt wird, nicht zu reden von der Offenbarung Johannes', einem Text, der zum Teil nicht weniger von sadistischen Impulsen zeugt als die zitierten Stellen aus den Büchern Mose. Sogar Jesus – es ist bereits darauf hingewiesen worden – plant hier einen Kindermord (Offenbarung 2, 23). Und was die Geschichte des Kreuzestodes Jesu anbelangt – es wird darauf zurückzukommen sein –, so kann man sich nur wundern über einen Gott der Liebe, der – um der Erlösung der

Menschen willen – seinen eigenen Sohn mit einer solchen sadistischen Grausamkeit zu Tode foltern läßt.

Vieles wäre dazu noch zu sagen. Aber die Praxis der Christen und ihrer Kirchen hat in den zweitausend Jahren ihrer religiösen Tätigkeit der Gewalt, dem Mord, dem Krieg nicht minder gehuldigt als die Bibel, auf die sie sich beriefen. Selbst aufgeschlossene christliche Theologen sprechen heute von einer «Blutspur», die sich durch die Geschichte des Christentums ziehe. Dieser Erkenntnis entsprechend befinden sich die Theologien der christlichen Konfessionen in einem permanenten Umbruch, in dem sich die Gotteskrise reflektiert, und es wird deshalb von der Theologie ein «Kassensturz» gefordert.[12]

Aber die Frage nach der Relation zwischen dem Heil und dem Unheil, die die biblische Religion in ihren diversen, Authentizität beanspruchenden Interpretationen den Menschen gebracht hat, ist kaum gültig zu beantworten. Die erschreckende Blutspur ist zwar klar sichtbar, historisch verbürgt; aber die «Versöhnungsspur», um es einmal so zu nennen, bleibt weitgehend unsichtbar. Mögen die biblischen Religionen Illusionen, Mythen sein – wer könnte ermessen, wie vielen Menschen im Verlauf der Jahrtausende diese Mythen Halt, Trost, Geborgenheit, Lebenssinn, Identität, Hoffnung, inneren Frieden, ja Glück geschenkt haben? Die Rechnung bleibt offen, aber eines kann nicht geleugnet werden: Selbst wenn die Versöhnungsspur um vieles breiter wäre als die Blutspur – diese ist bis in unsere Tage so erschreckend, sie wird markiert durch so viele Tote, im Namen Gottes oder durch eine Berufung auf Gott Hingeschlachtete, durch so abscheuliche Grausamkeiten, Kriegsverbrechen, Folterungen, daß es wohl legitim ist, sich zu fragen, ob der Preis für die Versöhnungsspur nicht viel zu hoch, ja ethisch unbezahlbar ist. Wobei noch nicht einmal berücksichtigt wurde, daß Religion und Kirchen dazu neigen, die Gläubigen in Unmündigkeit zu halten – «Schäfchen». Die bewußte und intensive Pflege der Sündenangst etwa ist, was ein Nietzsche in seinem «Antichrist» erbarmungslos gegeißelt hat, ein probates Mittel kirchlich reglementierten Glaubens, eine Kirchenmacht zu etablieren und zu konsolidieren.[13]

Es ist an der Zeit, im Sinne des «Kassensturzes» die Rolle der Religion – der biblischen vor allem – für Krieg und Frieden zu überdenken. Aufgeschlossene Theologen beider christlichen Konfessionen wie etwa der Hamburger Theologie-Professor und Studienleiter an der Evangelischen Akademie in Bad Boll, Hans-Joachim Thilo, haben damit bereits begonnen. In seinem 1993 erschienenen Buch über Aggression und Sexualität in den Religionen schreibt er: «Goethes Äußerung zur Kirchengeschichte fällt uns ein, wonach die Geschichte des Christentums ein grausiges Mischmasch von Blutvergießen und Irrtum gewesen sei. Wir denken zurück an die Kreuzzüge und an die Jahre der Hexenverfolgung, in denen mehr Frauen umgebracht worden sind, als in Hitlers Konzentrationslagern sterben mußten ...»[14]

Sogar die Legitimität eines Rekurses auf ein angeblich dem bedingungslosen Pazifismus verpflichtetes Neues Testament wird von diesen Theologen in Frage gestellt. Thilo schreibt dazu, es gebe «eine Fülle neutestamentlicher Interpreten, die ... die Gewaltlosigkeit Jesu und der Urgemeinde anzweifeln ... An keiner Stelle (der Bibel) wird davon geredet, daß durch die Verbreitung der Botschaft Jesu Krieg und Gewalt auf dieser Erde aufhören würden. Im Gegenteil ...» (S. 27ff). Thilo wirft weiter die ketzerische Frage auf, ob nicht gar dem Monotheismus die Schuld an dieser religiösen Aggressivität anzulasten sei, eine Frage, «die in der christlichen Theologie absolut verpönt ist ... Wir sehen ja, daß der Eifer um Gott in vielfacher Weise zum Antriebsmotor aggressiver Handlungen von Individuen und Kollektiven geworden ist ... Die Kreuzritter schrieben auf ihre Fahnen ‹deos lo vult› – Gott will es – und stürmten damit auf den Feind, um ihn zu töten. In der ersten Schlacht von Tannenberg zwischen den Deutschrittern und den Polen kämpften beide Heere im Namen Mariens gegeneinander ...» (S. 56f, 59).

Schließlich sei noch das harte Urteil des Theologen und Psychologen Martin Odermatt zitiert, der in seinem Buch über den Fundamentalismus schreibt: «In der Geschichte der Völker keiner anderen Religion wurde wohl im Namen der Religion so viel gerichtet und hin-gerichtet wie im Raum der christlichen Tradition»[15].

Nichts wischt die Erkenntnis vom Tisch: Zweitausend Jahre Christentum haben den Menschen nicht verändert, er ist der alte Adam und der alte Kain geblieben. Die Bilanz muß für einen Christen niederschmetternd sein: Das letzte Jahrhundert dieser zweitausend Jahre war dank der atemberaubenden Entwicklung von Wissenschaft und Technik wohl das blutigste der bisherigen Menschheitsgeschichte. Es ist das Jahrhundert des technisch perfektionierten Massenmords. Und es gab keinen Krieg, ohne daß christliche Geistliche sich auf die Bibel und deren Gott berufen hätten, um diesen Krieg zu rechtfertigen oder gar anzuheizen. Des Moses «Der Herr mein Panier» und «Der Herr ist der rechte Kriegsmann ... Herr, deine rechte Hand hat die Feinde zerschlagen» (2 Mose 17, 15 und 15, 3–6) findet allenthalben geistliche Zustimmung.

Um ein Beispiel zu nennen, das zu seiner Zeit besonderen Abscheu erregte: «Ich, der Herr, dein Gott, der da heimsucht der Väter Missetat an den Kindern bis in das dritte und vierte Glied» (2 Mose 20, 5) wurde von der serbisch-orthodoxen christlichen Kirche als Aufforderung interpretiert, die Missetat der Väter heute lebender Kroaten und Muslime an den Serben zu rächen, indem sie den Vernichtungskrieg der bosnischen Serben gegen die als «Türken» diffamierten bosnischen Moslems religiös absegnete. Immer wieder konnte man am Bildschirm miterleben, wie der vom Haager UNO-Tribunal als Kriegsverbrecher angeklagte Massenmörder Radovan Karadžić zur Kirche ging, sich fromm bekreuzigte, Gott Kerzen spendete und von der Geistlichkeit hofiert wurde.

In einem im Dezember 1992 in Belgrad verbreiteten Memorandum konnte man lesen: «Das serbische Volk ist das erste Opfer einer Welt ohne Gleichgewicht, einer Welt ohne Gott. Auf der einen Seite ist die ganze Welt, auf der anderen Seite stehen die Serben, deren einzige Hoffnung Gott ist.»[16] Der heilige Synod der serbisch-orthodoxen Kirche beschwor die serbischen Kriegsherren, nicht weich zu werden: «Wir müssen alles unternehmen, daß in diesem schicksalsträchtigen Augenblick unser Volk nicht gespalten wird. Wir appellieren an alle Verantwortlichen, dem riesigen Druck der Mächtigen dieser Welt standzuhalten und die Staaten Bosnien und Kroatien in ihren künstlichen Grenzen nicht anzuerkennen.»[17] Weiter konnte man im Fernsehen hören und sehen, wie das selbsternannte «Parlament» der Karadžić-Bande in Pale seine Sitzung mit einem geistlichen Lied eröffnete. Nachdem die Kroaten die Krajna zurückerobert hatten, forderten die Bischöfe den Rücktritt des untätig gebliebenen Serbenführers Slobodan Milošević: Eine neue Regierung müsse «die nationale Ehre retten (und) das moralische und politische Ansehen der Serben in der Welt wiederherstellen»[18]. Die christliche Religion, der christliche Gott als Chef des Kriegspropagandabüros.

Ebenso christlich verhielt sich die russisch-orthodoxe Kirche. Der Vernichtungskrieg, den der russische Präsident Jelzin gegen das mit einer Sezession liebäugelnde Tschetschenien 1995 begann und der wegen seiner hemmungslosen Grausamkeit selbst von russischen Generälen verurteilt wurde, hat die russische Bischofskonferenz zu der Erklärung inspiriert, dieser Krieg erfolge «zur Bewahrung der russischen Nation und der staatlichen Macht». Der Metropolit Johann von Sankt Petersburg, der zweite Mann in der Führung der russisch-orthodoxen Kirche, hat kraft seines göttlichen Amtes sich berufen gefühlt, folgenden Kommentar abzugeben: «Die wichtigste Aufgabe besteht heute darin, die staatliche Ideologie des russischen Patriotismus zu entwickeln. Das ist die Ideologie des Großen Rußlands ...»[19] In einem Bericht des Moskauer Korrespondenten des Zürcher «Tages-Anzeigers», Roman Berger, liest man: «Die russisch-orthodoxe Kirche ist zu einem Sammelbecken nationalistischer und antiwestlicher Kräfte geworden. Es hat in den vergangenen Jahren kein wichtiges innen- oder außenpolitisches Ereignis gegeben, bei dem die Kirche nicht die offizielle Politik mit Nachdruck unterstützt hätte. So etwa bedankte sich der damalige russische Verteidigungsminister Pawel Gratschkow bei der Kirche für die moralische Unterstützung während des Einmarsches in Tschetschenien.» Auch sei Patriarch Alexej II. bereit gewesen, «die Kommandozentrale der strategischen Raketentruppen zu besuchen und Rußlands ‹geheimstes Militärobjekt› unter den Schutz der heiligen Barbara zu stellen. – Bei jeder Bank- oder Geschäftseröffnung, aber auch beim Jungfernflug eines Militärflugzeugs spendet heute ein Pope seinen gutbezahlten Segen. ‹Heilige Quellen› heißt eine Firma, die ein Bischof mit einem amerikanischen Unternehmen zur Vermarktung von Mineralwasser gegründet hat.» An der Spitze dieses Systems von Schattenwirtschaft stehe der Leiter des wichtigen kirchlichen Außenamtes Metropolit Kyrill[20].

Das sind nur einige wenige ‹Kostproben› aus einer zweitausendjährigen Praxis ausnahmslos aller christlichen Kirchen. Dieser christliche Bellizismus und Nationalismus ist keine Spezialität serbischer und russischer Orthodoxer. Als in den fünfziger Jahren der schweizerische Generalstab und die Schweizer Regierung die Produktion einer helvetischen Atombombe erwogen, erklärte ein führender Protestant, der Zürcher Fraumünsterpfarrer Peter Vogelsanger: «Es gibt ein klares und sittliches Recht zur Herstellung, Bereithaltung und, als ultima ratio, Anwendung dieses Mittels im Dienste der Rechtsordnung.» Und zur gleichen Zeit schrieb der katholische Bischof von Lausanne, Monsignore Charrière, in «La semaine catholique»: «Wenn jetzt der Bundesrat (die Schweizer Regierung; A. K.) den grundsätzlichen Beschluß gefaßt hat, die Frage der Atomwaffenbeschaffung für unsere Landesverteidigung prüfen zu lassen, so nötigt uns unser menschliches und christliches Gewissen, das Ergebnis dieser Prüfung abzuwarten und uns nicht unbewußt zu Helfern derjenigen zu machen, die unseren Willen zur Verteidigung untergraben möchten»[21].

Diese maßgebenden Vertreter der christlichen Liebesreligion wären also bereit gewesen, im Namen Gottes und Christi Atombomben herzustellen und als «ultima ratio» zu zünden. Und es waren keineswegs vereinzelte Stimmen. Erinnert sei hier auch an den USA-Kardinal Spellman, einen der Hauptkriegstreiber im amerikanischen Vietnamkrieg.

Aber Religionen und Konfessionen haben sich immer wieder auch gegenseitig mit Waffengewalt bekämpft, ohne vor Erpressung und Terror zurückzuschrecken. Kein Messias kam, sie zur Vernunft zu bringen, auch kein Heiliger Geist. Man kann Bücher füllen mit historischen Belegen für den Bellizismus der christlichen Kirchen. Als sich 1995 zum neunhundertsten Mal der Tag jährte, an dem Papst Urban II. während eines Konzils in Clarmont den «Heiligen Krieg» gegen die «Heiden» ausrief und damit das Trompetensignal für den Beginn der Kreuzzüge gab, veröffentlichte die «Neue Zürcher Zeitung» einen Jubiläumsartikel unter dem die heutige Situation kennzeichnenden Titel: «‹Gott will es›. 900 Jahre Kreuzzugsideologie und kein Ende?» Darin wird festgestellt, «daß es sich dabei um ‹heilige Kriege› gegen alle Feinde des Christentums handelte, neben den Muslimen auch heidnische Slawen, Mongolen, orthodoxe Christen (Griechen und Russen), Häretiker (Katharer, Bogomilen und Hussiten) sowie politische Gegenspieler des Papstes wie z. B. Staufenkaiser Friedrich II.» Die Kreuzzüge dauerten fast zweihundert Jahre, von 1096 bis 1291, und kosteten Tausende und Abertausende von «Christen» und «Heiden» das Leben. Sie waren begleitet von Judenverfolgungen in Deutschland. Sie «bedeuteten nicht nur ‹Sündenvergebung› und, im Falle des Todes, einen Platz im Paradies, sondern vor allem Macht für das Papsttum, Landbesitz für die Anführer und Geld für die Söldner, Händler, Kaufleute und Geldverleiher.» Also eine schamlose Kommerzialisierung und barbarische «Materialisierung» der christlichen Kreuzessymbolik, im Namen Gottes. Der Kreuzzugsgedanke blieb jedoch bis in unsere Tage eine unschätzbar hilfreiche Ideologie zur Legitimierung einer handfesten Interessenpolitik: «Im 19. und 20. Jahrhundert tauchte der Kreuzzugsgedanke immer dann auf, wenn es den europäischen Mächten darum ging, die ‹europäische Kultur und Zivilisation› in ihren kolonialen Besitzungen zu verteidigen, wie zum Beispiel in Algerien, das die Franzosen 1830 erobert hatten.» Aber damit nicht genug: «Während des Dritten Reiches feierte der Kreuzzugsgedanke seine letzte Auferstehung. Hitler erklärte den deutschen Überfall auf die Sowjetunion als ‹Kreuzzug gegen den Bolschewismus›.»[22] Wer wagt zu hoffen, daß es tatsächlich der letzte war?

Erst heute, fast ein Jahrtausend nach Beginn der Kreuzzüge, bequemte sich ein Teil der christlichen Kirchen, gleichsam offiziell Frieden zu schließen mit den «Heiden». Aus Anlaß des neunhundertsten Jahrestags des päpstlichen Trompetensignals zum Beginn der Kreuzzüge fand auf Einladung der Schweizerischen Akademie für Entwicklung in Biel eine «Friedenskonferenz» von muslimischen und christlichen «Würdenträgern» und Wissenschaftlern statt. Es wurde eine «Friedenserklärung» veröffentlicht, in der es heißt: «Die Christen bitten ihre Brüder und Schwestern aus den muslimischen, orthodoxen und jüdischen Glaubensgemeinschaften um Vergebung für die Zerstörung, das Blutvergießen und die Greueltaten, unter denen sie während der Kreuzzüge leiden mußten.» Gleichzeitig werden die «religiösen Führer» dazu aufgefordert, Gewaltanwendung und Krieg im Namen der Religion zu vermeiden und zu verurteilen. Der polnische Papst, der sonst so gern in der Welt umherreist, fand es – als Nachfolger der Anstifter der Kreuzzüge – nicht für nötig, nach Biel zu kommen, er beschränkte sich auf eine Grußbotschaft. Auch die protestantischen Kirchen ließen sich nicht offiziell vertreten. Immerhin betonten der Großmufti von Syrien, Ahmed Kiftaro, und der iranische Ayatollah Mohammad Taghi Jafari die gemeinsamen Wurzeln der auf Abraham zurückgehenden jüdischen, islamischen und christlichen Religionen. Schön, bloß wies dann Smail Balic vom türkischen Informationszentrum in Wien darauf hin, daß die traditionellen Ressentiments der christlichen Orthodoxen gegenüber den Muslimen sich gerade heute wieder bemerkbar machten, und zwar im Bosnien-Krieg durch die serbisch-orthodoxe Kirche, die sich als neues Israel verstehe …[23]

In einem Vergleich der «künstlichen Massen» Kirche und Heer schrieb Sigmund Freud, eine Religion, auch wenn sie sich die Religion der Liebe heiße, müsse «hart und lieblos gegen diejenigen sein, die ihr nicht angehören. Im Grunde ist ja jede Religion eine solche Religion der Liebe für alle, die sie umfaßt, und jeder liegt Grausamkeit und Intoleranz gegen die Nichtdazugehörigen nahe.»[24] Als 1995 das geistige Oberhaupt der Tibeter, der feinsinnige Dalai Lama, nach Zürich kam und das Schweizer Fernsehen eine Kirche suchte, um dort ein Gespräch mit ihm über sein Verhältnis zu Jesus aufzunehmen, verweigerten drei katholische Kirchen dem Tibeter das Gastrecht. Schließlich stellte nach langer Diskussion die reformierte Kirchenpflege des Großmünsters dieses zur Verfügung. Der Gemeindepfarrer Werner Gysel wurde daraufhin, wie er selbst erklärte, «überfallen von empörten Telefonanrufen ...»[25] Praxis einer Liebesreligion.

Wenn ein emotional, rational und politisch Unbeteiligter von einem fremden Stern aus die Geschichte der Menschheit mitverfolgt hätte, müßte dieser zum Schluß kommen, daß die Religionen, ganz besonders in ihrer kirchlich institutionalisierten Form, von allem Anfang an eine der wichtigsten Kriegsursachen waren und zum Teil bis heute geblieben sind, auch wenn sie oft ‹nur› als Legitimationsideologie für nationale und ökonomische Interessen dienten und dienen. Es ist kaum zu bezweifeln: Im Namen Gottes sind im Verlauf der Geschichte nicht weniger Menschen umgebracht worden als im Namen etwa eines Stalin oder eines Hitler. Unser Unbeteiligter würde weiter staunend feststellen, daß es nicht nur zwischen verschiedenen Religionen, sondern immer wieder auch zwischen verschiedenen Konfessionen ein und derselben Religion, ja gelegentlich sogar innerhalb ein und derselben Konfession zu blutigen Auseinandersetzungen bis hin zu Bürgerkriegen kommt. In Nord-Irland herrschen seit Jahrzehnten zwischen Katholiken und Protestanten bürgerkriegsähnliche Zustände. Auf beiden Seiten wurde bedenkenlos gemordet. In Jugoslawien kämpften zunächst christlich-orthodoxe Serben gegen christlich-katholische Kroaten, dann begann der gnadenlose Vernichtungskrieg der christlichen Serben gegen das multireligiöse, vorwiegend muslimische Bosnien-Herzegowina. Die Kirchen haben die jeweiligen Kriegsparteien offen unterstützt. In Tschetschenien führten die christlich-orthodoxen Russen einen blutigen Kolonialkrieg gegen ein moslemisches Land, das unabhängig werden wollte. In der Türkei kam es 1955 zu blutigen Auseinandersetzungen zwischen schiitischen Alewiten und fundamentalistischen Sunniten, beide Moslems. Im Libanon wüteten jahrzehntelang «christliche Milizen». In ganz Europa ist noch immer ein latenter und gelegentlich sogar wieder aggressiver Antisemitismus von Christen zu verzeichnen. Wobei daran erinnert sein mag, daß eine angeblich christliche Nation für Auschwitz verantwortlich ist und nicht nur der Vatikan zu den Judenmorden des Dritten Reichs geschwiegen hat. Weiter entstanden in allen Religionen und Konfessionen in den letzten Jahrzehnten fundamentalistische Bewegungen, die teils gegen die eigenen Glaubensbrüder und -schwestern, teils gegen Gläubige anderer Religionen oder gegen eine Staatsmacht terroristische Anschläge verübten und weiter verüben. In Pakistan und Indien kommt es immer wieder zu grausamen Auseinandersetzungen zwischen Sunniten und Schiiten. All dies Blutvergießen geschieht im Namen desselben Gottes. Im Namen Gottes und im Schatten des christlichen Fundamentalismus eines polnischen Papstes hat sich im Vatikan eine verschworene Gemeinschaft von «Kreuzrittern» im Maßanzug und mit Aktenköfferchen eingenistet – die «Ritter vom Heiligen Grabe» –, die als «schwarze Elitetruppe des Heiligen Stuhls» bezeichnet wird und der Verbindungen zur Mafia und kriminelle Machenhaften vorgeworfen werden.[26]

Aber das alles sind nur Sandkörner in einer geschichtlichen Wüste von religiöser Gewalt. Zeichen einer Welt voller Unmündiger, die eines kollektiven Vaters oder einer kollektiven Mutter bedürfen, welche ihnen eine Wir-Identität, Geborgenheit, Orientierung, Sinn und Erlösung versprechen und die es ebenso zu verehren wie zu verteidigen gilt, wobei auch hier der Angriff oft als die beste Verteidigung aufgefaßt und praktiziert wird. Ein weites Feld für Psychoanalytiker und Soziologen. Religionen gründen auf dem Glauben an eine absolute Wahrheit, und im Verein mit dem Identität und Geborgenheit vermittelnden Wir-Gefühl der Gläubigen kann ein solcher Glaube moralisch enthemmend wirken, selbst wenn diese absolute Wahrheit Liebe genannt wird. Liebe wird dann zur Lebenslüge unmündiger Liebesunfähiger. All das gilt ebenso von den Auswirkungen eines Glaubens an die Nation, der ja allzuoft den Charakter eines religiösen Glaubens annimmt.

Freilich: Das ist nur die eine, dunkle Seite, die Schattenseite der Religionen und ihrer Konfessionen und Kirchen. Die andere, helle, sind jene einzelnen, Gruppen, Vereinigungen, kirchlichen Institutionen, die mutig und ohne Rücksicht auf ihr Wohlergehen die ethischen Gebote ihrer Religionen ernst nehmen, sei es als Theologen, sei es als Priester, sei es als Laien. Auch wird einem von religiöser Seite auf die Kritik an Religion und Kirche etwa geantwortet: Die Schattenseite der Religionen ist zwar allzu deutlich erkennbar, dennoch kann nur ein echter Gottesglaube, ein Glaube an die Erlösung, an ein Reich Gottes diese Welt noch retten. Nur ein solcher Gottesglaube sei imstande, den Menschen die Kraft, den Mut, die Liebe zu schenken, ohne die es keine Rettung gibt. Auch vermögen die Menschen nur in einem echten Gottesglauben eine Letztbegründung ihrer Werte und eine Letztverpflichtung auf diese zu finden. Was anderes als ein Gottesglaube könne den Menschen die Demut verleihen, sich in den Dienst ihrer Nächsten zu stellen, Erfüllung zu finden im fraglosen Sichverschenken? Und ist nicht ein Gottesglaube, wie ihn etwa die Bibel vermittelt, die einzige Garantie, nicht falschen Göttern aufzusitzen, wie sie an allen Ecken des bunten religiösen Jahr-Marktes angeboten werden?

Wer so argumentiert, verweist etwa auf charismatische Gottesgläubige wie Franz von Assisi, auf Märtyrergestalten wie Dietrich Bonhoeffer, auf beispielgebende, sich aufopfernde Armenfreunde wie Abbé Pierre und die – allerdings nicht unumstrittene – Mutter Teresa, auf den mutigen Widerstand von protestantischen und katholischen Geistlichen gegen die Naziherrschaft, auf die Befreiungstheologie in Lateinamerika und den Kampf der ihr verpflichteten Kirche für soziale Gerechtigkeit und politische Autonomie, auf den selbstlosen Einsatz mancher gottesgläubiger Frauen und Männer unserer Tage für einen religiös fundierten demokratischen Sozialismus – Leonhard Ragaz sei einmal mehr genannt –, gegen die Ausbeutung der Dritten Welt und die weitere Zerstörung unserer Umwelt, gegen eine weitere Hochrüstung mit Massenvernichtungswaffen, für Gewaltlosigkeit und Frieden …

Wer wollte das bestreiten? Aber findet man solche Menschen nicht auch außerhalb der Kirchen und Religionen? Es mag manche politisch schockieren, aber es gab etwa während des Zweiten Weltkriegs zahllose Kommunisten, die in der Widerstandsbewegung, als Partisanen, sich nicht minder furcht- und selbstlos für das eingesetzt haben, was sie als Freiheit und ein menschenwürdiges Leben verstanden. Ihr Gott war die Partei, die Internationale, aber von diesem Gott gilt dasselbe wie vom Gott der Religionen: Er ist einer Dialektik unterworfen, die mit der einen Hand wieder nimmt, was sie mit der anderen gegeben hat. Wiegt ein Franz von Assisi die Schreckens- und Greueltaten der Inquisition, ein Bonhoeffer die religiöse Legitimierung der Nazi-Herrschaft durch die «Deutschen Christen», wiegt eine Mutter Teresa die jahrzehntelange bedingungslose Unterstützung des faschistischen Franco-Regimes in Spanien durch die katholische Kirche, wiegt der mutige Kampf kommunistischer Partisanen die Schreckensherrschaft Stalins auf?

Man weiß nicht, soll man es als Bestätigung der Religionskritik oder als ein Zeichen der Hoffnung werten, wenn namhafte christliche Theologen wie Hans-Joachim Thilo dieselbe Frage stellen: «Gefragt und untersucht werden muß heute, ob Religion an sich dem Zustand eines immerwährenden Friedens dient oder die Gewalt fördert. Religiöser Fanatismus hat über ganze Völker und einzelne Menschen ... unendliches Leid gebracht. Religionen haben aber ebenso auch zur Befriedung und Vermenschlichung der Welt Entscheidendes beigetragen.»[27]

Doch was sollen eine Religion und eine Kirche, die in der linken Hand einen Palmwedel und in der rechten ein Schwert halten und von denen man nie so recht weiß, ob sie nun links- oder rechtshändig sind? Die Befreiungstheologie beruft sich auf denselben Gott, dieselbe Bibel und dieselbe Kirche, auf die sich auch jene Theologen und Diener der Amtskirche berufen, die den Befreiungstheologen das Handwerk legen wollen und die die bestehenden entwürdigenden sozialen und ökonomischen Verhältnisse christlich legitimieren. Beide Seiten interpretieren die Bibel einseitig, so daß sie ihre vorgefaßten sozialen, politischen und ethischen Meinungen als Gottes Wort bestätigt. Zu fast jeder Meinung findet sich ein passendes Bibelzitat. Mit Bibelworten läßt sich trefflich streiten. Was soll eine Befreiungstheologie, deren erklärtes religiöses Ziel es ist, einen zwar «reformierten», aber auch dann noch autoritär vom Vatikan dogmatisierten und gelenkten Katholizismus als vorherrschende Religion Lateinamerikas zu erhalten?[28] In einem Gespräch mit Fritjof Capra bestätigte der einem Mönchsorden angehörende Religionsphilosoph Thomas Matus, die Befreiungstheologen seien «inhaltlich nicht besonders originell ... Sehr oft halten sie sich bei den großen Themen des christlichen Glaubens – etwa der Dreifaltigkeit, der Inkarnation und dergleichen – sehr traditionell an die allgemein akzeptierte Lesart.»[29]

In einem als Gesamtdarstellung der Befreiungstheologie angekündigten zweibändigen Werk, das der 1989 ermordete ehemalige Rektor der zentralamerikanischen Universität von San Salvador, Ignacio Ellacuria, zusammen mit Jon Sobrino herausgegeben hat – «Mysterium Liberationis»[30] –, wird denn auch immer noch von der Geschichte als Heilsgeschichte und Offenbarung Gottes sowie von der Vorliebe Gottes für die Reinen und Schwachen gesprochen. Aber hat der bisherige Verlauf der Weltgeschichte nicht zur Genüge bewiesen, daß, falls sich tatsächlich Gott in ihr offenbart, dieser Gott vorwiegend die Reichen und Mächtigen begünstigte? Ganz abgesehen davon, daß jedes Erdbeben die Annahme grausam dementiert, ein gerechter und liebender Gott kümmere sich um das Schicksal der Menschen hienieden. Damit soll das Verdienst der Befreiungstheologie und ihrer mutigen – oft todesmutigen – Priester im Kampf um die Behebung der sozialen Not in Lateinamerika in keiner Weise geschmälert werden. Und doch stützt auch sie letztlich eine Kirche, die diese soziale Not mitverschuldet hat und deren Kommandozentrale in Rom nach wie vor alles unternimmt, um – im Einklang mit dem amerikanischen Geheimdienst CIA – den Befreiungskirchen das Handwerk zu legen.

Weiter ist zu fragen: Gab und gibt es unter denen, die mutig Widerstand gegen das existierende Böse, in welcher Form auch immer sich dieses manifestiert, leisteten und leisten, nicht mindestens ebenso viele Nichtgläubige wie Gottesgläubige? Von religiöser Seite wird darauf gern geantwortet, das möge ja zutreffen, aber diese «hommes (et femmes) de bonne volonté» würden durch ihnen unbewußte, nicht kirchlich definierte religiöse Motivationen bewegt. Denn wie lasse sich ihr selbstloser Einsatz für emanzipatorische Werte verstehen, wenn anders als Erfüllung eines Auftrags, den ihnen der Gedanke an ein mögliches Heil verleihe? Der Gedanke dieser Möglichkeit sei religiöser Natur, da er unsere empirischen Erfahrungsmöglichkeiten transzendiert. Daran mag etwas Wahres sein, aber das wäre eine völlig andere – gleichsam ungeschützte – Religiosität als diejenige, die durch die Blutspur, die sie durch die Geschichte zog, sich und ihren Gott in Frage gestellt und so eine Gotteskrise provoziert hat.

Um diese Auseinandersetzung über die Frage, wie die Religionen sich in «Theorie» und Praxis in Sachen von Krieg und Frieden verhalten haben und verhalten, abzuschließen, sei noch auf die akribische Arbeit Helmuth von Glasenapps über «Die fünf Weltreligionen» hingewiesen.[31] Glasenapp ist nach seiner geistigen Wanderung durch die Weltreligionen zu der Überzeugung gelangt, daß insbesondere die monotheistischen Offenbarungsreligionen für Verführungen zur Gewaltanwendung anfällig sind. Zunächst stellt er verallgemeinernd fest, «die Unduldsamkeit gegen andere Auffassungen» sei «eines der traurigsten Kapitel in der Geschichte der Religionen», um aber hinzuzufügen, «daß die Religionen der geschichtlichen Gottesoffenbarung intoleranter sind als die des ewigen Weltgesetzes (Hinduismus, Buddhismus, chinesischer Universismus; A. K.)» (S. 444). Zwar sei die Geschichte des Hinduismus der letzten tausend Jahre die Geschichte der Kämpfe der Sekten untereinander und gegen die Orthodoxie; aber diese Streitigkeiten hätten «nie zu Ketzerverfolgungen und Religionskriegen geführt, die auch nur entfernt mit denen verglichen werden können, die für die gleiche Zeit in Europa charakteristisch sind» (S. 50). Dazu wäre allerdings zu bemerken, daß nach dem Rückzug der Engländer aus Indien (1947) zwischen den Hindus in Indien und den Moslems in Pakistan blutige Streitigkeiten ausgebrochen sind und der Konflikt um Kaschmir sogar zu einem Krieg zwischen den beiden Staaten entartet ist.

Der Buddhismus, der keinen Offenbarungsgott kennt, hat nach Glasenapp nur in Japan ein nationalistisches und kriegerisches Gepräge erhalten (S. 105), davon abgesehen aber «zweifellos das Prinzip der Duldung am meisten verwirklicht» (S. 445). Das gilt freilich nicht für den auf beiden Seiten mit der üblichen Grausamkeit geführten Krieg zwischen den buddhistischen Singhalesen und den hinduistischen Tamilen in Sri Lanka.

Auch der chinesische Universismus kennt kein persönliches Absolutes. Konfuzianer wie Taoisten – ebenso Hindus und Buddhisten – bekennen sich zu einem ewigen natürlichen und moralischen Weltgesetz (S. 209). Hingegen sei es für das Christentum aller Zeiten charakteristisch geblieben, «daß sich bei ihm mit einer friedlichen und mitleidigen Gesinnung und werktätiger Nächstenliebe eine fanatische Kampfstimmung gegen Andersgläubige verbindet» (S. 255). Diese beiden Wege fänden sich «bereits im Evangelium vorgezeichnet ... Der friedliche Weg derer, die ihr Selbst verleugnen, ihren Nächsten wie sich selbst lieben ..., und der kämpferische Weg der Inquisitoren, Ketzerrichter und Kreuzritter, welche jedem, der nicht ihre eigenen dogmatischen Ansichten teilt, Vernichtung in dieser und Verdammnis in der anderen Welt wünschen» (S. 256).

Was den Islam anbelangt, habe Mohammed sich nach seiner Übersiedlung nach Medina zu einem «skrupellosen Staatsmann» entwickelt und nach der Schlacht von Badr sich «mit dem Lorbeer eines siegreichen Heerführers» geschmückt (S. 372). Weiter hätten ihn die Verspottungen, die er von den Juden erfahren habe, «so in seinem Stolz verletzt und mit Haß erfüllt, daß er die Juden fortan als seine schlimmsten Feinde betrachtete und jede Gelegenheit benutzte, um an ihnen Rache zu nehmen» (S. 376). Mit den Heiden solle so lange gekämpft werden, bis sie den Islam angenommen haben (S. 399). Die verschiedenen Richtungen innerhalb des Islam «haben sich auch häufig in blutiger Weise bekämpft», was allerdings zusammen mit dem Nachsatz zu lesen ist: «Im allgemeinen aber ist der Mohammedaner toleranter als der Christ» (S. 409).

Mißt man die Geschichte der Religionen an ihrem Anspruch, den Menschen unter Berufung auf kosmische Gesetze, transzendente Mächte oder einen Gott, der sich ihnen offenbart habe, Heil, Erlösung, Versöhnung, Frieden zu bringen, sieht die Bilanz bedenklich negativ aus. Und zwar schneiden die Offenbarungsreligionen, die sich auf einen persönlichen Gott berufen, wesentlich schlechter ab als die einem unpersönlichen Absoluten verpflichteten. Das Tao als ewiges natürliches und ethisches Weltgesetz in einem kosmischen Prozeß ohne Anfang und Ende oder gar der Aufruf zu Meditationen, die zur Weltflucht des Nirvana führen sollen, verführen die Gläubigen – wenn überhaupt – weit weniger zu Fanatismus und Aggressivität als der die monotheistischen Offenbarungsreligionen charakterisierende Glaube, ein persönlicher Gott, der keine anderen Götter neben sich duldet, habe einem die Gnade einer exklusiven Offenbarung erwiesen, eine Gnade, die an die Bedingung geknüpft ist, diesen und nur diesen Gott als Heilsgaranten anzuerkennen. Fast scheint es, der Mensch sei durch diesen Anspruch überfordert, und die Verheißung werde durch eben das pervertiert, was aufzuheben sie verspricht: durch die «condition humaine». Die Versuchung für die Konfliktnatur des Menschen, diesen persönlichen Gott als unfehlbaren, weil transzendenten und allmächtigen Manager im Dienste irdisch-allzuirdischer Interessen einzuspannen, ist offenbar durch den Anspruch derselben Religion, den Menschen von seiner Konfliktnatur zu erlösen, nicht zu bekämpfen. Die bisherige Menschheitsgeschichte lehrt eher, daß – nehmt alles nur in allem – nicht die Religionen die Menschen gebessert, sondern die Menschen die Religionen korrumpiert haben. Das kann aber nur besagen, daß sie ebenfalls Menschenwerk und damit von der Konfliktnatur des Menschen geprägt sind. Letztlich ist das der Kern der Erkenntnis, die auf den Namen «Gotteskrise» getauft wurde. Mit Recht, geht es doch keineswegs nur um die Kirchen, sondern um den, den diese predigen. Die Kirchen und ihr Gott legitimieren und desavouieren sich gegenseitig. Was soll man von einem Gott halten, der jahrtausendelang alles duldete, was die Kirchen und ihre Religionen in seinem Namen angerichtet und unterlassen haben?

Vielleicht der radikalste Kritiker dieses inneren Zwiespalts, dieses Versagens und dieser Unglaubwürdigkeit der monotheistischen Religionen und ihrer Kirchen aus dem Lager der Gläubigen selbst war der Pfarrer, Theologie-Professor und religiöse Sozialist Leonhard Ragaz. Dieser hat nicht nur die Kirchen, sondern die Religion als solche im Namen Gottes, um des Reiches Gottes willen radikal bekämpft. So schrieb er etwa 1917, das Schlimme sei, «daß die Religion heiligt, was sonst zu überwinden wäre ... Das ist von jeher so gewesen. Das alles wird uns heute am Kriege besonders klar. Die Kirchen und Theologen haben seit langem den Glanz der Religon auf ihn geworfen ... Und heute sind sie die schlimmsten militaristischen und nationalistischen Treiber. Einige von ihnen sind blutberauschte Wütriche … Man darf aber vielleicht noch weiter gehen und sagen: An der Wurzel des Krieges liegt Religion … Jesus Christus hat die Religion zerstört und das Reich Gottes ans Licht gebracht. Jesus Christus ist das Ende der Religion.»[32] Freilich: Auch Ragazens Christologie einer Unmittelbarkeit Christi ist eine – umstrittene – Interpretation der Bibel, und auch sie hat keine Antwort auf die Frage, wieso – zumindest nach Ansicht einiger jüdischen Glaubenden – der Weg ins Reich Gottes über Auschwitz führen muß.

Das religiöse Bedürfnis in der Sicht von Spinoza, Rolland und Freud

Stirbt ein Gott, stirbt damit keineswegs auch das religiöse Bedürfnis der Menschen. Im Gegenteil, dieses scheint ebenfalls zur «condition humaine» zu gehören, als durch diese motivierter Versuch ihrer Aufhebung, und so weckt denn auch der Tod eines Gottes das Bedürfnis nach einem neuen. Die Geschichte des «homo sapiens» ist, zumindest als Kulturgeschichte, so sehr auch eine Geschichte seines religiösen Bedürfnisses und der immer wieder neu unternommenen Versuche, dieses zu befriedigen, daß es erlaubt sein mag, in diesem religiösen Bedürfnis eine anthropologische Konstante zu sehen. Tiere haben kein religiöses Bedürfnis. Daß wir es haben, verdanken wir dem, was uns von bloßer Natur unterscheidet: dem Geist als Möglichkeit der Reflexion und Selbstreflexion. Aber derselbe Geist, der uns dies erkennen läßt, macht sich auch anheischig, das religiöse Bedürfnis befriedigen zu können. Seine Vorstellungskraft schenkt ihm die Gabe, Möglichkeiten der Befriedung des religiösen Bedürfnisses zu entwerfen oder an einen ihm übergeordneten «heiligen» Geist zu glauben, von dem er abstammt und der ihn erleuchtet.

Doch angesichts der ubiquitären Bereitschaft des Menschen, sich täuschen, ja betrügen zu lassen – «mundus vult decipi» –, bloß um den Druck seines unbefriedigten religiösen Bedürfnisses loszuwerden, öffnet sich hier allen nur denkbaren Illusionen, Konstruktionen, Mythen, Utopien, Eschatologien, Ideologien, Geschichtsphilosophien und vor allem religiösen Glaubenssystemen ein weites Feld. Zumal ja nie gültig ausgemacht werden kann, ob einem Transzendentes meinenden Denken und Glauben eine Realität entspricht. Man könnte mit Popper sagen, ein Glaube entziehe sich der Verifizierbarkeit, er sei nur falsifizierbar durch Aufdeckung von Selbstwidersprüchen oder als eindeutig falsch erwiesenen

Aussagen. Da aber unser Geist über die Vorstellung einer Erlösung oder Versöhnung – sei es hienieden, sei es in einem Jenseits – verfügt, ist man um der «Kontingenzbewältigung» und um des eigenen Seelenheiles willen rasch bereit zu glauben, daß wir die Vorstellung einer solchen Möglichkeit nicht hätten, wenn ihr nicht auch eine Wirklichkeit – und sei es als eine transzendente – entsprechen würde.

Aber der Gottesbeweis, der von der Möglichkeit auf die Wirklichkeit schließt, ist keiner, anders ja auch die Möglichkeit «Satan» – oder was immer unserer Vorstellungskraft als Möglichkeit einfällt – fraglos eine Wirklichkeit wäre. Das alles bleibt Glaube. Dieser muß seine Früchte vorzeigen, falls er sich legitimieren will. Denn was die einen mögliche oder mit Sicherheit zu erwartende Wirklichkeit nennen, nennen andere Illusionen und warnen unter Hinweis auf die bisherige Menschheitsgeschichte vor den möglichen Folgen eines Anspruchs, über eine Glaubensgewißheit zu verfügen, die über die Ganzheit von Immanenz und Transzendenz, über eine, ja die absolute Wahrheit Bescheid wissen will.

So wendet sich etwa Spinoza in seinem theologisch-politischen Traktat aus dem Jahre 1670 gegen den «Aberglauben» und den «Wahnsinn» der Menschen, denen das Glück nicht allezeit hold war, die «sich gar keinen Rat wissen, und weil sie meistens bei ihrem maßlosen Streben nach ungewissen Glücksgütern kläglich zwischen Furcht und Hoffnung schwanken», dazu neigen, «alles Beliebige zu glauben». Die Vernunft nennen sie blind und die Weisheit eitel, «dagegen halten sie die Ausgeburten ihrer Phantasie, Träume und kindischen Unsinn für die Antwort Gottes … Zu solchem Wahnsinn treibt die Angst den Menschen». Aber auch Spinoza sieht im Religionsbedürfnis eine anthropologische Konstante, wenn er schreibt, «daß alle Menschen von Natur dem Aberglauben unterworfen sind»[1]. Und er fügt hinzu, es sei «ebenso unmöglich …, dem Volk den Aberglauben zu nehmen wie die Furcht» (S. 12).

Spinoza weist weiter auf die Gefahren eines solchen, durch das religiöse Bedürfnis geschaffenen Aberglaubens für die Vernunft und die Gesellschaft hin und übt daran Ideologiekritik: «Mag es auch das letzte Geheimnis einer monarchischen Regierung bleiben und völlig in ihren Interessen liegen, die Menschen in der Täuschung zu erhalten, und die Furcht, durch die sie im Zaum gehalten werden wollen, unter dem schönen Namen Religion zu verbergen, damit sie für ihre Knechtschaft kämpfen, als sei es für ihr Heil», so ist es «kein Wunder, daß von der alten Religion nichts mehr geblieben ist als ihr äußerer Kultus ... und daß der Glaube schon nichts anderes mehr ist als Leichtgläubigkeit und Vorurteile. Und was für Vorurteile! Solche, die die Menschen aus vernünftigen Wesen zu Tieren machen, die es ganz und gar verhindern, daß noch einer seine Urteilskraft gebraucht und wahr und falsch unterscheidet, und die mit Fleiß ausgedacht scheinen, um das Licht des Verstandes völlig auszulöschen» (S. 5 ff).

Aber deshalb das religiöse Bedürfnis mit Hilfe eines womöglich noch Wissenschaftlichkeit beanspruchenden Atheismus ausrotten zu wollen, wäre nicht nur ein vergebliches Unterfangen, sondern würde die durch dieses Bedürfnis mobilisierten Energien nur auf die Suche nach zweideutigen Ersatzbefriedigungen jagen. Man kann dieses Bedürfnis freilich auf mancherlei Art erleben. Sigmund Freud und Romain Rolland haben sich in einem faszinierenden Briefwechsel darüber unterhalten.[2] Freud hatte Rolland sein Buch «Die Zukunft einer Illusion» geschickt und berichtet über Rollands Reaktion: «... er antwortete, er wäre mit meinem Urteil über die Religion ganz einverstanden, bedauerte aber, daß ich die eigentliche Quelle der Religiosität nicht gewürdigt hätte. Diese sei ein besonderes Gefühl, das ihn selbst nie zu verlassen pflege, das er von vielen anderen bestätigt gefunden und bei Millionen Menschen voraussetzen dürfe. Ein Gefühl, das er die Empfindung der ‹Ewigkeit› nennen möchte, ein Gefühl wie von etwas Unbegrenztem, Schrankenlosem, gleichsam ‹Ozeanischem›. Dies Gefühl sei eine rein subjektive Tatsache, kein Glaubenssatz; keine Zusicherung persönlicher Fortdauer knüpfe sich daran, aber es sei die Quelle der religiösen Energie, die von den verschiedenen Kirchen und Religionssystemen gefaßt ... werde. Nur aufgrund dieses ozeanischen Gefühls dürfe man sich religiös heißen, auch wenn man jeden Glauben und jede Illusion ablehne.»[3]

Dieses «ozeanische Gefühl», durch das Rolland den Kirchenglauben ersetzte und mit dem er seine Religiosität umschrieb, hat in seinem Leben und Denken eine bestimmende Rolle gespielt. Rolland verdankt ihm wohl seine unermüdliche kämpferische Energie im Dienste hoher ethischer, sozialer und kultureller Werte. Aber auch er ist, man sagt es mit großem Bedauern, ein Beispiel dafür, wie leicht eine religiöse Grundhaltung, die Befriedigung eines religiösen Bedürfnisses in die Irre führen können: Rolland ist auf Stalin ebenso hereingefallen wie Jung auf Hitler.[4] Ein illustres Beispiel mehr für das Gefahrenpotential religiöser Gefühle, denen man sich unter Preisgabe seiner kritischen Vernunft anvertraut und die dazu neigen, Immanentes zu sakralisieren.

Sigmund Freud blieb denn auch Rollands «ozeanischem Gefühl» gegenüber skeptisch und deutete das religiöse Bedürfnis auf seine psychoanalytische Weise: «Ich selbst kann dies ‹ozeanische Gefühl› nicht in mir entdecken»[5]. «Für die religiösen Bedürfnisse scheint mir die Ableitung von der infantilen Hilflosigkeit und der durch sie geweckten Vatersehnsucht unabweisbar ... Damit ist die Rolle des ozeanischen Gefühls, das etwa die Wiederherstellung des uneingeschränkten Narzißmus anstreben könnte, vom Vordergrund abgedrängt» (S. 204). Den Ursprung der religiösen Einstellung könne man bis zum Gefühl der kindlichen Hilflosigkeit verfolgen. Allerdings räumte Freud ein: «Es mag noch anderes dahinterstecken, aber das verhüllt einstweilen der Nebel» (ebd.).

In seiner Religionskritik «Die Zukunft einer Illusion», die den Anlaß zur Auseinandersetzung mit Romain Rolland bildete, hatte Freud seine Gedanken in seiner präzisen, klaren Sprache ausführlich entwickelt.[6] Die religiösen Vorstellungen, so meint er, seien «nicht Niederschläge der Erfahrung oder Endresultate des Denkens, es sind Illusionen, Erfüllungen der ältesten, stärksten, dringendsten Wünsche.» Aber dann präzisiert er sogleich: «Eine Illusion ist nicht dasselbe wie ein Irrtum, sie ist auch nicht notwendig ein Irrtum ... Für die Illusion bleibt charakteristisch die Ableitung aus menschlichen Wünschen, sie nähert sich in dieser Hinsicht der psychiatrischen Wahnidee ... Die Illusion muß nicht notwendig falsch, d. h. unrealisierbar oder im Widerspiel mit der

Realität sein ...» Die religiösen Lehren seien in diesem Sinn «sämtlich Illusionen ... Einige von ihnen sind so unwahrscheinlich, ... daß man sie ... den Wahnideen vergleichen kann.» Es folgt die klassische Formulierung eines radikalen Agnostizismus: «Über den Realitätswert der meisten von ihnen kann man nicht urteilen. So wie sie unbeweisbar sind, sind sie auch unwiderlegbar» (S. 164f).

Dann läßt Freud aber in einer Art Dialog «die laute Stimme unseres Gegners» reden, der erklärt, die Erhaltung der menschlichen Gesellschaft habe zur Voraussetzung, daß die Menschen in ihrer Überzahl an die Wahrheit dieser religiösen Lehren glauben. Wenn man sie lehre, daß es keinen allmächtigen und allgerechten Gott gebe, keine göttliche Weltordnung und kein künftiges Leben, so würden sie sich aller Verpflichtung zur Befolgung der Kulturvorschriften ledig fühlen. Jeder werde ungehemmt seinen asozialen, egoistischen Trieben folgen (S. 168f). Freud antwortet darauf: «Die Religion hat der menschlichen Kultur offenbar große Dienste geleistet, zur Bändigung der asozialen Triebe viel beigetragen, aber nicht genug ...» Es sei ihr nicht gelungen, die Mehrzahl der Menschen zu beglücken, zu trösten, mit dem Leben auszusöhnen, im Gegenteil, sie seien mit der Kultur unzufrieden und in ihr unglücklich. Und schon damals stellte Freud fest: «Wir haben das Zugeständnis gehört, daß die Religion nicht mehr denselben Einfluß auf die Menschen hat wie früher. (Es handelt sich hier um die europäisch-christliche Kultur.) Dies nicht darum, weil ihre Versprechungen geringer geworden sind, sondern weil sie den Menschen weniger glaubwürdig erscheinen» (S. 171f). Ähnlich wie das Menschenkind in seiner Entwicklung zur Kultur eine Phase von Neurose passieren müsse, habe man anzunehmen, daß die Menschheit als ganze in ihrer säkularen Entwicklung in Zustände gerate, welche den Neurosen analog sind: «Die Religion wäre die allgemeine menschliche Zwangsneurose, wie die des Kindes stammte sie aus dem Ödipuskomplex, der Vaterbeziehung. Nach dieser Auffassung wäre vorauszusehen, daß sich die Abwendung von der Religion mit der schicksalsmäßigen Unerbittlichkeit eines Wachstumsvorganges vollziehen muß ...» (S. 177). Freud deutet damit die Religion phylogenetisch-entwicklungsgeschichtlich, macht sich aber hier keine Gedanken über den weiteren Verlauf dieses Entwicklungsprozesses.

Der Opponent wendet ein, indem er auf die Französische Revolution und auf Robespierre hinweist: Ein Versuch, die Religion durch Vernunft zu ersetzen, sei ja schon einmal gemacht worden, und man brauche nicht neugierig zu sein, wie das Experiment der russischen Revolution ausgehen werde. Freud entwirft als Antwort das Bild eines mündigen Menschen, der nicht an der Neurose leidet und keine Intoxikation benötige, um sich zu betäuben: «Gewiß wird der Mensch sich dann in einer schwierigen Situation befinden ..., seine Geringfügigkeit im Getriebe der Welt eingestehen müssen, nicht mehr der Mittelpunkt der Schöpfung, nicht mehr das Objekt zärtlicher Fürsorge einer gütigen Vorsehung. Er wird in der selben Lage sein wie das Kind, welches das Vaterhaus verlassen hat.» Der Mensch könne nicht ewig Kind bleiben. Und wenn sein Opponent finde, der Mensch werde diese schwere Probe nicht bestehen, dann soll er uns immerhin hoffen lassen. Wenn man auf seine eigene Kraft angewiesen sei, lerne man diese auch richtig zu gebrauchen. «Dadurch, daß er (der Mensch) seine Erwartungen vom Jenseits abzieht und alle freigewordenen Kräfte auf das irdische Leben konzentriert, wird er wahrscheinlich erreichen können, daß das Leben für alle erträglich wird und die Kultur keinen mehr erdrückt.» Und er zitiert Heinrich Heine:

Den Himmel überlassen wir
Den Engeln und den Spatzen (S. 182f).

Aber Freud läßt noch einmal seinen Opponenten zu Wort kommen. Dieser wirft nun seinerseits ihm Illusionen vor, die den Einfluß seiner Wünsche verrieten. Was den erhofften Primat der Intelligenz über das Triebleben anbelange, werde die Menschheit sich kaum ändern. «Wenn Sie aus unserer europäischen Kultur die Religion wegschaffen wollen, so kann es nur durch ein anderes System von Lehren geschehen, und dies würde von Anfang an alle psychologischen Charaktere der Religion übernehmen, dieselbe Heiligkeit, Starrheit, Unduldsamkeit, dasselbe Denkverbot zu seiner Verteidigung» (S. 184). (Wie recht der Opponent hat, lehrt ein Blick auf den heutigen Boom der in allen Farben der Vorstellungskraft schillernden Neureligionen.) Aber Freud verteidigt sich: «Meine Illusionen ... sind nicht unkorrigierbar wie die religiösen, haben nicht den wahnhaften Charakter ... Der Primat des Intellekts liegt gewiß in weiter, weiter, aber wahrscheinlich doch nicht in unendlicher Ferne» (S. 186).

Ganz leise und schamhaft meldet sich doch auch in Freuds Argumentation ein heilsgeschichtlicher Glaube zum Wort. Freud glaubte, bei aller Skepsis, an eine Entwicklung der Menschheit – analog zu der des Einzelmenschen – zu einer universellen Mündigkeit, und er sah diese als Aufklärer in einem Reich der Vernunft, einer Vernunft, die sich der «condition humaine» bewußt ist und die Energien der Menschen, die von der Hoffnung auf das Heil als Erlösung von derselben absorbiert waren, auf das Schaffen des emanzipatorisch real – aber beschränkt – Möglichen und Notwendigen lenkt. Offenbar glaubte er, daß ein Engagement im Dienste der Emanzipation die Hoffnung auf Erlösung und das religiöse Bedürfnis dann weitgehend absterben lassen würden.

Freud ist einige Jahre später, 1930, in seiner Schrift über «Das Unbehagen in der Kultur» auf das Thema zurückgekommen.[7] Er betont hier nochmals, daß das, was der gemeine Mann unter seiner Religion versteht, ein System von Lehren und Verheißungen sei, «das ihm einerseits die Rätsel dieser Welt mit beneidenswerter Vollständigkeit erklärt, anderseits ihm zusichert, daß eine sorgsame Vorsehung über sein Leben wachen und etwaige Versagungen in einer jenseitigen Existenz gutmachen wird. Diese Vorsehung kann der gemeine Mann sich nicht anders als in der Person eines großartig erhöhten Vaters vorstellen ...» Das Ganze sei so offenkundig infantil und wirklichkeitsfremd, «daß es einer menschenfreundlichen Gesinnung schmerzlich wird zu denken, die große Mehrheit der Sterblichen werde sich niemals über diese Auffassung des Lebens erheben können» (S. 206). Auch hier also noch die leise Hoffnung, die Menschheitsneurose Religion könne – wenigstens von einer Minderheit – überwunden, der Vater im Himmel als Projektion entlarvt und die Menschheit endlich mündig werden.

Aber kaum hat er das gesagt, meldet sich der Pessimist mit seiner skeptischen Anthropologie wieder gebieterisch zu Wort: «Das Leben, wie es uns auferlegt ist, ist zu schwer für uns, es bringt uns zuviel Schmerzen, Enttäuschungen, unlösbare Aufgaben. Um es zu ertragen, können wir Linderungsmittel nicht entbehren.» Er nennt deren drei: mächtige Ablenkungen, Ersatzbefriedigungen und Rauschstoffe. Eines dieser Linderungsmittel ist auch die Religion, aber Freud meint, es sei «nicht einfach, die Stellung der Religion innerhalb dieser Reihe anzugeben» (S. 207). Einmal mehr nennt er die Religion einen «Massenwahn». Dessen Voraussetzung sei «die Einschüchterung der Intelligenz», also ein Denkverbot. Diese gewaltsame Fixierung eines psychischen Infantilismus erspare freilich vielen Menschen die individuelle Neurose: «Aber kaum mehr ... Die Religion kann ihr Versprechen nicht halten» (S. 216).

Freud nennt als selbstgesetzten Lebenszweck der Menschen das Lustprinzip; doch dieses Programm sei «überhaupt nicht durchführbar», so daß man sagen möchte: «Die Absicht, daß der Mensch ‹glücklich› sei, ist im Plan der ‹Schöpfung› nicht enthalten» (S. 208). Und dann schreibt er Sätze, in denen er die Entwicklung unserer Epoche geradezu prophetisch voraussieht: «In den letzten Generationen haben die Menschen außerordentliche Fortschritte in den Naturwissenschaften und in ihrer technischen Anwendung gemacht, ihre Herrschaft über die Natur in einer früher unvorstellbaren Weise befestigt ...» Aber gleichzeitig haben die Menschen die Erfahrung gemacht, «daß diese neu gewonnene Verfügung über Raum und Zeit, diese Unterwerfung der Naturkräfte, die Erfüllung jahrtausendealter Sehnsucht, daß Maß von Lustbefriedigung, das sie vom Leben erwarten, nicht erhöht, sie nach ihren Empfindungen nicht glücklicher gemacht hat ...» (S. 218f). Freud identifiziert hier freilich Lust und Glück auf unzulässige Weise, was seiner einseitigen Fixierung auf das Lustprinzip als gleichsam naturgegebenem Lebenszweck zuzuschreiben ist. Die ungeahnten Errungenschaften von Wissenschaft und Technik, von denen er spricht, haben die Möglichkeiten der Lustbefriedigung zweifellos gewaltig erhöht; aber wir machen dabei immer schmerzlicher die Erfahrung, daß bloße Lustbefriedigung nicht glücklich macht, sondern bestenfalls eine temporäre Befriedigung verschafft.

Freud identifiziert letztlich das religiöse Bedürfnis mit dem «Trieb» zur Lustbefriedigung und die Religion mit dessen Pseudo-Befriedigung, die den Menschen im Entwicklungsstadium einer infantilen Vater-Abhängigkeit und damit der Unmündigkeit fixiert. Daran mag noch so viel wahr sein – es bleibt eine Teilwahrheit. Zum einen erklärt Freud nicht nur die Art der Befriedigung, sondern auch das religiöse Bedürfnis selbst für neurotisch und reduziert es auf eine infantile Vatersehnsucht. Das mag zwar der psychischen Konstellation Gläubiger oft entsprechen, aber als universalisiertes Erklärungsschema muß es sich den Vorwurf des Psychologismus gefallen lassen. Ebensowenig wie die Lust der einzige anthropologisch gesetzte Lebenszweck des Menschen ist, ebensowenig ist das religiöse Bedürfnis einzig auf einen neurotisch-infantilen «Trieb» zur Lustbefriedigung zurückzuführen. Freuds Psychologismus übersieht merkwürdigerweise die doch mindestens ebenso wichtigen Momente der Ungeborgenheit, der Angst, des Leidens, der Sinnsuche ...

Freuds Position könnte umschrieben werden als die eines sanften, sich selbst gegenüber immer etwas skeptischen Atheismus. Das mag damit zusammenhängen, daß er – in der Vorrede zur hebräischen Ausgabe von «Totem und Tabu»[8] – «die Gefühlslage des Autors» umschreibt als «der väterlichen Religion – wie jeder anderen – völlig entfremdet», aber doch betont, «die Zugehörigkeit zu seinem Volk nie verleugnet» zu haben, seine Eigenart als jüdisch zu empfinden und sie nicht anders zu wünschen. Aber diese jüdische «Eigen-Art» war und ist ja nicht ein biologisches Rassenmerkmal, sondern religiös bedingt durch den Bund am Sinai. Sie war und ist da und dort vielleicht mitbedingt durch die Folgen einer Fortpflanzungsgemeinschaft, die aber keine biologische Konstante darstellt. Hier mag Freud sein Biologismus in die Quere gekommen sein. Aber – und da darf man vielleicht seine Theorie auf ihn selbst anwenden – er hat mit dem Bekenntnis zu seinem Judentum unbewußt vielleicht doch auch ein *religiöses* Bekenntnis abgelegt. Daher vielleicht die Ambivalenz seines Atheismus und seine Unfähigkeit oder Unwilligkeit, sich frank und frei als Agnostiker zu bekennen. Er drückte sich um dieses Bekenntnis durch die pauschale Neurotisierung des religiösen Bedürfnisses.

Der ohnmächtige Gott

Wenn es darum geht, ihren Gott zu retten, sind Theologen oft bewundernswert findige Leute. Auschwitz war wohl die bisher größte Herausforderung der biblischen Theologie. Wie kann man weiterhin einen Glauben rechtfertigen, der verkündet, es gebe einen gleichzeitig gütigen und allmächtigen Gott, der diese Welt geschaffen habe und deren Geschicke lenke, wenn dieser Gütige und Allmächtige ohne einzugreifen Auschwitz zuläßt? Aber wie ist Gott vorstellbar, es sei denn als Allmächtiger? Und wie ist der biblische Gott vorstellbar – jedenfalls der christliche –, es sei denn als Allgütiger? «Wenn Sie den Begriff ‹Vorsehung› in seinem eigentliche Sinne verstehen, dann sind auch sechs Millionen Juden in den Gaskammern mit Hilfe Gottes ermordet worden»[1]. So der jüdische Religionsphilosoph Jeshajahu Leibowitz. Wir wissen, daß für Margarete Susman Gott seinem Sohn Satan den Auftrag erteilt hat, diesen Massenmord zu veranstalten, um sein Volk Israel wieder auf den rechten Weg zu ihm zu bringen. Die solches verkünden, können sich sogar auf die Thora berufen: «Wenn du aber nicht gehorchen willst der Stimme des Herrn», so droht dieser Herr seinem Volk Israel, «daß du hältst und tust alle Gebote und Rechte, die ich dir heute gebiete, so werden alle diese Flüche (die Gott zuvor in seiner Moralpredigt auf dem Berg Ebal ausgestoßen hat; A. K.) über dich kommen und dich treffen ... Der Herr wird unter dich senden Unfall, Unruhe und Unglück ... bis du vertilgt werdest und bald untergehest um deines bösen Wesens willen, darum daß du mich verlassen hast ... Der Herr wird ... dich verfolgen, bis er dich umbringe ... Der Herr wird deinem Lande Staub und Asche für Regen geben ... bis du vertilgt werdest» (5. Mose 28, 15–24).

Ein anderer großer Jude unserer Tage, Hans Jonas, hat ebenfalls schwer mit dem Unfaßbaren in Auschwitz gerungen, das den biblischen Gott wie nichts zuvor in Frage stellt. Er hat 1987 ein Buch veröffentlicht mit dem Titel: «Der Gottesbegriff nach Auschwitz»[2]. Seine Frage lautet: «Nur von einem gänzlich unverstehbaren Gott kann gesagt werden, daß er zugleich absolut gut und absolut allmächtig ist und doch die Welt duldet, wie sie ist.» Die «Güte, d. h. das Wollen des Guten, (ist) untrennbar von unserem Gottesbegriff und kann keiner Einschränkung unterliegen» (S. 37). Hans Jonas' Antwort auf diese Gottesfrage: «Durch die Jahre des Auschwitz-Wütens schwieg Gott ... Und da sage ich nun: Nicht weil er nicht wollte, sondern weil er nicht konnte, griff er nicht ein.» Er proponiere deshalb «die Idee eines Gottes, der für eine Zeit – die Zeit des fortgehenden Weltprozesses – sich jeder Macht der Einmischung in den *physischen* Verlauf der Weltdinge begeben hat ...» Damit radikalisiere er, Jonas, «die Idee des *Zimzum*, diesen kosmogonischen Zentralbegriff der Lurianischen Kabbala. *Zimzum* bedeutet Kontraktion, Rückzug, Selbsteinschränkung. Um Raum zu machen für die Welt, mußte der *En-Ssof* des Anfangs, der Unendliche, sich in sich selbst zusammenziehen und so außer sich die Leere, das Nichts entstehen lassen, in dem und an dem er die Welt schaffen konnte ...» (S. 40–49). Die Schwäche dieses Arguments ergibt sich jedoch allein schon aus dem ihm innewohnenden Widerspruch: Zunächst schreibt Jonas, daß Gott «nicht konnte», dann aber hat Gott offenbar gar nicht gewollt, denn er hat sich freiwillig der Einmischung in die Weltdinge «begeben». Und da wir schon bei der Logik sind: Wenn Gott «nicht konnte», dann gibt es offenbar noch etwas Höheres als Gott, das auf diesen einen Zwang ausübt. Der Zimzum-Mythos ist das, was er ist, ein Mythos, und Jonas ist so ehrlich einzugestehen, daß auch seine eigene Deutung den Namen «Mythos» verdient: «Solcherart ist der hypothetische Mythos, von dem ich glauben möchte, er sei wahr ...»[3] – «All dies ist Gestammel ...»[4]

Aber noch einen weiteren Gedanken entwirft Jonas in seinem Bemühen, den allgütigen Gott – der freilich, wie wir gesehen haben, schon in der Thora alles andere als gütig ist – zu retten: Er denkt den Sinn des Hiob-Mythos als eine Erfahrung, daß in Hiob

«Gott selbst leidet», um dann aber sogleich hinzuzufügen, wir könnten nicht wissen, ob diese «Antwort an Hiob ... wahr ist» (ebd.). In einer früheren Schrift hatte es allerdings etwas dezidierter geheißen: «Dies möchte ich glauben: daß Weinen war in den Höhen über die Verwüstung und Entweihung des Menschenbildes; daß ein Stöhnen dem aufsteigenden Schrei unedlen Leides antwortete – und Zorn dem entsetzlichen Unrecht, das an der Wirklichkeit und Möglichkeit jeden so frevelhaft hingemordeten Lebens begangen wurde – jedes von ihnen ein vereitelter Versuch Gottes»[5].

Sowohl das Thema vom ohnmächtigen wie das vom leidenden Gott erscheint auch in der neueren christlichen Theologie, die sich ja ebenfalls mit der Deutung des Verhaltens Gottes in Auschwitz schwer – oder auch allzu leicht – tut. Auschwitz hat ein für allemal die Einheit des gleichzeitig gütigen und allmächtigen Gottes zerschlagen und die Theologie der monotheistischen Religionen vor die unbarmherzige Alternative gestellt: Entweder ist Gott allgütig, dann aber ist er nicht allmächtig; oder er ist allmächtig, dann aber ist er nicht allgütig. Wobei dann immer auch noch die Frage offenbliebe, warum er die Menschen so geschaffen hat, daß sie zu Auschwitz fähig sind. Das alles bedeutet eine Rechtfertigung des tollen Menschen von Nietzsche, der am hellen Tage auf dem Marktplatz mit der Laterne Gott sucht und feststellt: Gott ist tot. Gemeint ist: Der biblische Gott ist tot.

Die christlichen Theologen, die den ohnmächtigen und leidenden Gott verkünden, haben weniger Skrupel als Hans Jonas, der seine theologischen Spekulationen als Mythos deklariert und als Gestammel: Sie wissen aufs erfreulichste Bescheid. Ihr Gott ist gleichsam online, er kann auf dem Internet abgefragt werden. Wenn Gott Auschwitz zugelassen hat, so behauptet man kühn, dann nicht etwa, weil er angewidert von den Greueltaten der von ihm Geschaffenen weggeblickt hätte, sondern weil er es, selbst wenn er es gewollt hätte, nicht verhindern konnte – er ist beim Anblick von Auschwitz ohnmächtig geworden. In den Worten von Dorothee Sölle: «Worum es heute geht: Daß man Gott nur lieben kann, wenn man seine Schöpfung liebt und sie nicht für einen

Dreckhaufen hält»[6]. Wobei ihr immerhin bewußt ist, daß diese liebenswerte Schöpfung Auschwitz hervorgebracht hat. Keinen Dreckhaufen, gewiß, wohl aber einen Aschenhaufen. Doch das stört ihr Gottesverständnis nicht: «Man kann nicht sagen, Gott saß oben im Himmel und guckte sich das (Auschwitz; A. K.) an, er hätte eingreifen können, zog es aber vor, gerade etwas anderes zu tun. Wenn das so wäre, wäre Gott ein Sadist. Ich denke, daß Gott während der Hitlerzeit in Deutschland sehr klein war, keine Freunde und Freundinnen hatte. Gott war entsprechend machtlos ...»

Hitler war also mächtiger als Gott. Deshalb braucht nicht vor allem der Mensch Gott, sondern «Gott braucht uns». Wozu, wird nicht gesagt. Der Gott, den die Menschen brauchen, ist offensichtlich unbrauchbar geworden durch Auschwitz. In der Tat: Gerade wenn man ihn am dringendsten gebraucht hätte, hat er sich verkrümelt und sich mit einem Ohnmachtsanfall aus der leidigen Affäre gezogen. *Difficile est satiram non scribere.* Da die traditionelle christliche Gottesvorstellung mit Auschwitz unvereinbar ist, paßt man im Sinne einer theologischen Mimesis sein Gottesbild Auschwitz an: Der Allmächtige wird zum Ohnmächtigen degradiert. Auschwitz war also nur möglich infolge eines momentanen Schwächeanfalls Gottes «während der Hitlerzeit». Diese dauerte zwar nicht wie geplant tausend, wohl aber immerhin zwölf Jahre. Fortan kann jedes Verbrechen mit einem momentanen Schwächeanfall Gottes entschuldigt werden. Da Auschwitz nicht wegzuleugnen ist, leugnet man den allmächtigen Gott weg und diagnostiziert einen Ohnmachtsanfall Gottes. Wenn die Welt nicht mehr zu Gott paßt, paßt man Gott der Welt an. Anstatt endlich einzugestehen, daß Gott, sollte es ihn denn geben, das Schicksal des Einzelmenschen gleichgültig ist, mogelt man diese Gleichgültigkeit in einen Ohnmachtsanfall um. Gott wird so zum Neurotiker, der einen inneren Konflikt somatisiert und der nicht will, weil er nicht kann.

Die Geschichte der Theodizee ist um eine originelle Variante reicher geworden: Man schreibt Gott krank, um ihn von der Verantwortung für das Böse, das die ihm ebenbildlichen Menschen veranstalten und gegen das er vom Krankenbett aus nichts unternehmen kann, zu entlasten. Dieser theologische Hokuspokus ist nur möglich, weil man es tunlichst unterläßt zu sagen, was eigentlich man hier unter «Gott» versteht. Das Bild vom ohnmächtigen Gott gäbe einen Sinn nur her, wenn man Gott als eine Art platonische Idee oder im Sinne Kants als regulative Idee verstünde. Gott wäre dann eine Funktion der Vorstellungskraft des Menschen. Was dann in Wirklichkeit ohnmächtig wäre, wäre nicht Gott, sondern die menschliche Vorstellungskraft, die sich ein Gottesbild schafft. Die Theologen der Ohnmacht Gottes in der Hitlerzeit mogeln sich um die Erkenntnis herum, daß ihr Gott in Auschwitz gestorben ist. Übrigens: Auschwitz ist gewiß mit nichts anderem zu vergleichen; aber wo war Gott in Verdun, in Hiroshima, im Kambodscha der Roten Khmer, um aus Hunderten symbolischer Massakerstätten nur diese zu nennen? Weiter noch: Wo war Gott bei Kain? Die Theologie der Ohnmacht Gottes mogelt sich um die Theodizeefrage herum: Die Frage nach der Verantwortung Gottes für das Böse wird als unzulässig erklärt, da man einen, der ohnmächtig im Spital liegt, nicht für das Böse verantwortlich machen kann, das gleichzeitig geschieht. Aber wenn das Wort «Gott» einen Sinn haben soll, dann doch nur, wenn es ein Absolutes, ja das Absolute meint. Ein Absolutes, das ohnmächtig wird, ist keines mehr. Ein ohnmächtiger Gott ist ein Widerspruch in sich. Darum wäre den Theologen der Ohnmacht Gottes zuzurufen: S*i tacuisses theologus mansisses.* Oder mit Wittgenstein: «Wovon man nicht reden kann, darüber soll man schweigen.»

Aber anstatt zu schweigen und einzugestehen, daß spätestens seit Auschwitz die Hoffnung auf eine Lösung des Theodizee-Problems im Monotheismus endgültig zu begraben ist, sind manche Theologen redselig wie eh und je. Günther Schiwy weist in seinem diese Theologie der Ohnmacht Gottes wacker verteidigenden Buch «Abschied vom allmächtigen Gott»[7] nach, daß diese ihre Tradition hat. Schiwy, der sich als Verlagslektor des Atheisten Günther Anders vorstellt, zitiert diesen, um ihn dann mit seiner Theologie der Gottesohnmacht zu widerlegen. «Wenn es ihn gibt», schrieb Günther Anders über Gott, «dann ist er einer, der

Auschwitz und Hiroshima nicht verhindert hat» (Zit. S. 7), und: «Nach Auschwitz und Hiroshima» könnten «nur Gedankenlose noch an Gott glauben» (Zit. S. 9). Schiwy antwortet Anders unter Hinweis auf Hans Jonas' eben zitierte Schrift «Der Gottesbegriff nach Auschwitz», in der Jonas als «eine jüdische Stimme» versucht habe, der Theologie des ohnmächtigen Gottes eine jüdisch-religionsphilosophische Grundlage zu zimmern. Die Antwort habe jedoch schon der evangelische Theologe Jürgen Moltmann in seiner Interpretation des Philipperbriefs gegeben: «Schon um Himmel und Erde zu schaffen, entäußerte Gott sich seiner alles erfüllenden Allmacht und nahm als Schöpfer Knechtsgestalt an» (Zit. S. 10). Schiwy weist dann auch noch auf den bei Auschwitz weinenden Gott hin, was zunächst die Frage aufwirft, ob man gleichzeitig ohnmächtig sein und weinen kann. Und überdies: Weint Gott auch bei jedem Erdbeben, das in Sekundenschnelle Tausende, ja gelegentlich sogar Zehntausende hinmordet? Ja, hätten Gott nicht bereits die Tränen kommen sollen, als Kain seinen Bruder Abel totschlug? Wäre dann Gott nicht während der ganzen Menschheitsgeschichte überhaupt je aus dem Weinen herausgekommen? Und hätte er nicht in ganz besonderem Maß über diejenigen weinen und stöhnen müssen, die immer und immer wieder in seinem Namen mordeten? Schiwy schreibt in einem Kapitel, dem er die Überschrift gibt: «Abschied vom ‹Krieg der Religionen›»: «Der größte Skandal der Menschheitsgeschichte – wenn wir von Auschwitz absehen – sind der Krieg der Religionen untereinander, vor allem der christlichen Konfessionen gegeneinander, und die unzähligen Kriege, in denen religiöse Gegensätze eine Rolle gespielt haben – bis heute» (S. 109). Das ist leider nur allzu wahr, aber Schiwy macht dafür nicht Gott, sondern nur den ganz besonderen *Allmächtigen* Gott verantwortlich: «So ziehen die Religionen im Namen des allmächtigen Gottes von den Kreuzzügen über den Dreißigjährigen Krieg bis zum ‹Gott mit uns› auf den Koppelschlössern der Weltkriege durch die Menschheitsgeschichte eine blutige Spur, die nach Auschwitz führt, wo arische ‹Gläubige› meinten, das fällige Strafgericht über das jüdische Volk vollziehen zu sollen im Namen der ‹allmächtigen Vorsehung›. Selten sind die

Religionen dabei den Mächtigen in den Arm gefallen, öfter haben sie mit den herrschenden Mächten paktiert oder haben zum Mißbrauch angemaßter Macht geschwiegen, wie zum Beispiel Pius XII. zu dem Abtransport der Juden aus Rom 1943» (S. 110f).

Aber da kann man – wie Schiwy – noch so viele religionsgeschichtlich bedeutende oder namhafte zeitgenössische Theologen zitieren – von den «Kenotikern» Nikolaj Berdiajew und Sergej Bulgakow bis Jacques Maritain, Hans Urs von Balthasar und Eberhard Jüngel, von Dietrich Bonhoeffer bis Teilhard de Chardin, von Kurt Marti bis Dorothee Sölle –, der Gedanke eines ohnmächtigen Gottes bleibt ein Widerspruch in sich selbst. Es lohnt sich nicht, sich damit ernsthaft auseinanderzusetzen.

In der Theologie der Ohnmacht manifestiert sich die Ohnmacht der Theologie. Die Ohnmacht Gottes ist ein Alibi für die Zeit von Auschwitz. Die Theologie der Ohnmacht ist eine Alibi-Theologie. Kann man sich eine Verfassung vorstellen, die beginnt: «Im Namen Gottes des Ohnmächtigen»? Oder eine Eidesformel: «So wahr ich Gott in seiner Ohnmacht helfe»? Auschwitz markiert das Ende einer biblischen Theologie, die Aussagen über Gott zu machen sich gestattet. Darüber hinaus stellt es den Monotheismus radikal in Frage. (Was nicht bedeutet, daß ein Polytheismus, wie ihn etwa Odo Marquard vorschlägt, die Alternative wäre.) Außerdem funktionalisiert jedes Wort, mit dem Gott eine positive oder absentistische Rolle in Auschwitz zugeschrieben wird, theologisch den Tod derjenigen, die dort – und anderswo – Opfer der nationalsozialistischen Massenvernichtungsmaschinerie geworden sind. Sie werden zu Objekten theologischer Spekulationen. Und was die Pathologisierung Gottes anbelangt: Ein Blick auf das Weltgeschehen kann nur den Schluß zulassen, daß Gott noch immer nicht aus seiner Ohnmacht erwacht ist. Muß man nicht vermuten, er habe während der ganzen Menschheitsgeschichte geschlafen?

Günther Anders hat die entscheidenden Fragen schon vor der großen Diskussion über den ohnmächtigen und leidenden Gott gestellt.[8] Ist ein Gott, der Auschwitz und Hiroshima zuläßt, «ein gerechter Gott? … ein liebender Gott? … ein barmherziger Gott … Einer, den wir anbeten dürfen, ohne uns zu schämen? Ohne uns zu Komplizen seines Zulassens zu machen? Finden Sie nicht: dann schon besser kein Gott?» (S. 33 f). Auch Anders bringt Auschwitz – was das Verhalten Gottes anbelangt – in Zusammenhang mit dem Kreuzestod Christi: Seines Wissens sei «die Tatsache, daß er (Gott; A. K.) die geseufzte Frage des verscheidenden Jesus (Mark. 15) ‹warum hast du mich verlassen?› nicht beantwortet hat, Gott von keinem Christen je aufgerechnet worden» (S. 83). Für ihn sei es deshalb «eine moralische Zumutung ..., mir oder irgendwem sonst nach dem Holocaust mit Gott zu kommen ...» Auch sei es «eine Blasphemie ..., heute an Gott zu glauben ... Wäre es nicht frömmer ... zu sagen, kein Gott hätte das zugelassen? Und wäre es nicht ehrfürchtiger ..., einzuräumen, daß es ihn nicht gebe, weil so unbarmherzig ein Gott, vor allem ein Gott der Liebe, nicht hätte sein können?» (S. 103 f).

Günther Anders bezieht damit die Position eines Atheisten. Aber ist das die einzige mögliche Alternative?

Aporien des Monotheismus

Der Atheismus ist keine Antwort auf Auschwitz. Auch er maßt sich an, eine Antwort zu wissen, wo alles Wissen versagt. Eine Negation ist der Partner einer Position und spielt ihren Part innerhalb einer – wie auch immer gearteten – Dialektik des Bescheidwissens. Aber Auschwitz fällt aus jeder Dialektik heraus, es ist im wahren Wortsinn un-faßbar. Auch der Atheismus glaubt, über Jenseitiges Bescheid zu wissen, nämlich zu wissen, daß es Gott *nicht* gibt. Er ist nur die Kehrseite des Theismus.

Als einzige redliche, vor der Vernunft bestehende Antwort auf Auschwitz bietet sich deshalb der *Agnostizismus* an, ein offenes, standhaftes Bekenntnis zum Nichtwissen, und das heißt das Eingeständnis, daß man keine Antwort hat. Aber auch der Agnostizismus wirft Fragen auf, die ernst genommen werden müssen. Diesen soll nachgegangen werden.

Philosophen, deren höchstes Glück im Argumentieren besteht, seien «ganz versessen auf sogenannte ‹Letztbegründungen› … Exemplarisch gesprochen: Sie möchten ihre Werturteile auf Fundamente stellen, die nicht ihrerseits wieder Werturteile sind», meint Joachim Güntner in einem Essay über die «Schwierigkeiten mit der Vernunft»[1]. Aber diese Versessenheit der Philosophen wurde nicht mit dem Finden einer Antwort belohnt, es sei denn mit der negativen, daß es diese philosophische Letztbegründung nicht gibt: Es gibt keinen Wert, der nicht auf ein Vor-Urteil hinterfragt werden könnte. Diese Erkenntnis vom Verlust der objektiven Vernunft ist eine philosophische Parallele zur Gotteskrise. Nicht besser steht es denn auch um die theologischen Bemühungen um eine Letztbegründung der Werte, und das heißt immer auch um eine auf diese verpflichtende letzte Instanz. Gott, ein heiliger Text, eine sich auf diese berufende Religion, Konfession und Kirche sollen diese Letztbegründung der Werte und die Letztverpflichtung auf diese vermitteln: ein Absolutes, das nicht mehr hinterfragbar, sondern offenbart ist und dem gehorcht werden muß. Das gilt zumindest für die Offenbarungsreligionen, doch erheben auch die – um mit Glasenapp zu sprechen – Religionen der ewigen Weltgesetze in der Wertfrage letztlich einen Anspruch auf Absolutheit. Dieser wird aber allein schon dadurch in Frage gestellt, daß man sich in der Alltagspraxis des jeweiligen Glaubens nie auf ein eindeutig formuliertes Absolutes, sondern immer nur auf die sehr menschliche Interpretation eines geglaubten Absoluten berufen kann. Alles wird so weitgehend zu einer Frage der Interpretation, und es kommt über den Konflikt zwischen den Glaubenssystemen hinaus auch noch innerhalb ein und desselben Systems zu einem Konflikt der Interpretationen, wie hier am Beispiel des jüdischen Glaubens gezeigt wurde. Aber man kann keine Werte auf Interpretationen letztbegründen, es gibt deshalb keine nicht weiter hinterfragbare monotheistische Moral.

Die Überzeugungskraft einer religiösen Letztbegründung der Werte steht und fällt mit der Macht der jeweiligen Religion über die Gläubigen oder die sich aus Tradition, Gewohnheit oder Bequemlichkeit zu dieser Bekennenden. Damit ist es aber, wie es Vertreter der biblischen Religionen selbst zugeben, schlecht bestellt. Gotteskrise heißt entsprechend immer auch Wertkrise, oder präziser: Wertbegründungskrise. Evangelische Theologen wie Hans-Joachim Thilo scheuen sich nicht, offen festzustellen: «Die Krise der religiösen Institutionen ist unübersehbar und vermutlich unaufhaltbar. Es ist nicht mehr zulässig, Kirchenaustritte, geringe Besucherzahlen der Gottesdienste, Abwendung von den herkömmlichen Amtshandlungen und den allgemeinen Verfall der kirchlichen Sitte äußeren Erscheinungen der modernen Welt allein zuzuschreiben. Die Krise sitzt tiefer.»[2] Thilo spricht weiter von einem «religiösen Chaos» und stellt die Frage: «Ist dies alles das Ende des Religiösen überhaupt, oder ist es der Beginn einer neuen Numinosität?» Und er versucht sich zu trösten: «Ist es vielleicht sogar die Geburtsstunde eines erneuerten, lebendigen christlichen Glaubens?» (S. 138)

Thilo ist keine vereinzelte Stimme. Heinrich Ott, Ordinarius für systematische Theologie an der Universität Basel – auf dem Lehrstuhl von Karl Barth –, hat in seinem großangelegten Werk über Dietrich Bonhoeffer schon 1966 geschrieben: «Die Situation des evangelischen Christentums in unseren Tagen ist gekennzeichnet durch erstarrte Fronten im Innern einerseits, durch machtvolle Herausforderungen von außen andererseits»[3]. Er spricht von einem «‹impliziten Atheismus› der Christen und Nichtchristen im technischen Zeitalter» (S. 26) und meint, «eine ‹kollektive Prämisse› der abendländischen Menschheit, die ... Voraussetzung: daß ein Gott sei, (sei) ins Wanken geraten» (S. 29). Und er zitiert Bonhoeffer, der in einem Brief vom 30. April 1944 geschrieben hat, die Zeit der Religionen sei vorbei: «Wir gehen einer völlig religionslosen Zeit entgegen; die Menschen können einfach, so wie sie nun einmal sind, nicht mehr religiös sein» (Zit. S. 87). (Was freilich nur für die tradierte biblische Religiosität zutreffen würde.) Die Sprache, die die Kirche heute spreche, verändert nach Ott die Welt nicht, «niemand entsetzt sich über sie ... Sie bleibt irgendwo im Unverbindlichen» (S. 129). Aber vielleicht das bewegendste Dokument des inneren Ringens Bonhoeffers mit seinem Gott und seinem Glauben ist der Brief an Helmut Rössler vom 18. Oktober 1931, geschrieben also noch vor der Machtergreifung Hitlers: «Ein großes Land möchte ich noch sehen, ob vielleicht von dort die Lösung kommt – Indien; denn sonst scheint es aus zu sein, scheint das große Sterben des Christentums da zu sein ... Wenn wir's nicht in unserem persönlichen Leben sehen können, daß Christus da war, dann wollen wir's wenigstens in Indien sehen, aber dieses wahnwitzige dauernde Zurückgeworfenwerden auf den unsichtbaren Gott selbst – das kann doch kein Mensch mehr aushalten» (Zit. S. 279).

Die Verzweiflung Bonhoeffers, der Christus in Indien suchen gehen wollte, da er ihm in Europa abhanden gekommen war, mutet heute wie ein frühes Zeichen der Gläubigkeit an, mit der sich in unseren Tagen so viele Jugendliche in die offenen Arme indischer Gurus warfen. Aber kann ein Christentum, eine Religion, ein Gott noch als Letztbegründung unserer Werte dienen und uns auf diese verpflichten, an denen selbst so glaubwürdige Christen wie Bonhoeffer verzweifeln? Die tiefsitzende Krise des Christentums, von der diese Theologen sprechen, ist jedoch keineswegs eine Krise des «Religiösen», wie Thilo meint, sondern «bloß» die unserer tradierten, etablierten Religionen. Das «Religiöse» erlebt ja im Gegenteil in Form von Psycho-Religionen à la Jung, Esoterik, Neureligionen verschiedenster Art usw. einen gewaltigen Boom. Die neue Numinosität, die sich Thilo erhofft – hier lebt sie sich bereits auf oft spektakuläre und von manchen als pervers empfundene Weise aus.

Ein religiöses Chaos, eine Religion, die sich von ihren eigenen Theologen die Frage gefallen lassen muß, ob sie nicht eher der Gewalt als dem Frieden diene, deren Gläubigen ein impliziter Atheismus vorgeworfen wird, deren Sprache von Theologen als unverbindlich erklärt wird, deren Sitten verfallen, an deren Gott selbst ein Bonhoeffer gelegentlich verzweifelt, oder deren Gott – zeitweise ebenfalls von Bonhoeffer[4] – als ohnmächtig erklärt wird: Wie können eine solche Religion, ein solcher Gott die Letztbegründung unseres Sollens liefern?

Besonders schonungslos hat sich diese Fragen unter den christlichen Theologen Johann Baptist Metz gestellt. Auch er meint, die Krise, die das europäische Christentum befallen habe, sei «nicht primär oder gar ausschließlich eine Kirchenkrise. Alle Kirchen stehen heute wie entlaubte Bäume in unserer postmodernen Landschaft. Woran liegt es? Gewiß auch an den Kirchen selbst. Doch die Krise sitzt tiefer: sie ist keineswegs nur am Zustand der Kirchen selbst festzumachen; die Krise ist zur *Gotteskrise* geworden.»[5] Und auch Metz betont, daß es sich nicht um ein Absterben des religiösen Bedürfnisses handelt, sondern um eine radikale Infragestellung der tradierten christlichen Gottesvorstellung, also des Monotheismus: «Wir leben in einer Art religionsförmiger *Gotteskrise*. Das Stichwort lautet: Religion, ja – Gott, nein, wobei dieses Nein wiederum nicht kategorisch gemeint ist im Sinne der großen Atheismen. Es gibt keine großen Atheismen mehr» (S. 77). Aber auch Metz bleibt der biblischen Religion, deren Gott in Krise geraten ist, noch immer treu – sogar in der Form der katholischen

Kirche. Anstatt eine Alternative außerhalb der tradierten Religion zu suchen, antwortet er auf die Frage «Ist die intelligible und kommunikative, die verheißungsvolle Macht des Wortes Gott endgültig geschwunden?» (S. 78) mit dem «Vorschlag», zur «Sprache der Gebete» zurückzukehren, die die Sprache der «zünftigen Theologie» ersetzen solle, und zwar im Sinne einer «Karsamstagssprache, einer Karsamstagschristologie» (S. 79f).

Aber Metz ist sich bewußt, daß damit die Frage der Letztbegründung nicht beantwortet ist. Er zitiert Nietzsche, der als Folge des von ihm angezeigten Todes Gottes den Einsturz unserer ganzen europäischen Moral prophezeit habe, und er fragt: «... hat er nicht recht behalten? Leben wir nicht in einem Stadium der moralischen Erschöpfung Europas? ... Das moralische Klima in Europa schwankt zwischen dem erklärten Willen zur moralischen Suspension überhaupt und der *Kleinen Moral* postmoderner Spielart» (S. 82). Aber er bezweifelt «energisch», daß diese Kleine Moral den gegenwärtigen Herausforderungen Europas Rechnung tragen könne, da dieses Europa die Heimstatt einer universalistischen Menschenrechtsethik sei, auf die nicht verzichtet werden könne. In diese Ethik seien die biblischen zehn Gebote ebenso eingegangen wie die Imperative der politischen Aufklärung (S. 82f). Metz wirft aber dem Christentum vor, dieses habe sich aus einer Leidensmoral in eine Sündenmoral verwandelt und nicht dem Leid der Kreatur, sondern ihrer Schuld die primäre Aufmerksamkeit gewidmet. Dem stellt er «die Vorstellung von einer Moral des Christentums, die nicht primär schuldorientiert, sondern leidensorientiert ist», entgegen. Das fordere «die unbedingte Anerkennung einer Autorität ...: nämlich die Autorität der Leidenden» (S. 85ff). Der Begriff erscheint hier nicht, aber gemeint ist das an anderer Stelle so genannte «Leidensapriori»[6]. Metz befindet sich damit in Übereinstimmung mit Horkheimer und Adorno, in deren Schriften ebenfalls das Leiden als deren normative Grundlage auszumachen ist. Aber braucht man, um die Autorität des Leidens anzuerkennen, deren Letztbegründung in einer noch höheren Autorität eines in eine tödliche Krise geratenen Gottes? Metz sucht einen Ausweg aus dieser Aporie der Letztbegründung und stellt zunächst fest, daß «diese *Große Moral* des Christentums ... die logische Figur einer transzendentalen oder quasi-transzendentalen Letztbegründung» nicht kenne: «Sie kennt allenfalls eine Art Zuletztbegründung, will sagen: die leidensempfindliche Moral des Christentums fordert eine zeitempfindliche Theologie» (Gotteskrise, S. 87f). Darunter versteht er eine «Zeitbotschaft», die die biblische Botschaft als «eine Botschaft vom Ende der Zeit» begreift. Es gehe um das finale Wesen der Weltzeit, wie es in der Apokalyptik erscheine, als befristete Zeit. Aber gleichzeitig stellt Metz fest, daß «inzwischen ... ein Zuletzt, ein Finale, eine Befristung der Zeit extrem fraglich geworden» seien (S. 88). Trotzdem fordert er das Christentum auf, «seine befreienden Erinnerungen vom Ende der Zeit aufzubieten», was «eine Art *metaphysischer Zivilcourage*» verlange (S. 92).

Die Zuletztbegründung, die an die Stelle der Letztbegründung treten soll, erweist sich damit als eine Neuformulierung der christlichen Eschatologie, sie legitimiert sich als Heilsgeschichte. Einmal mehr wird hier Emanzipation von selbstverschuldetem Leiden «zuletztbegründet» durch eine religiös in Aussicht gestellte Erlösung vom Leiden überhaupt. Aber wie kann eine heilsgeschichtliche «Zuletztbegründung» noch glaubwürdig wirken, wenn der Gott dieser Soteriologie in eine Existenzkrise geraten ist? So atmet auch diese Zuletztbegründung noch den Geist eines monotheistischen Absolutismus. Die Autorität des Leidens ist nicht selbstbezogen autonom, sondern wird ihrerseits auf dem Umweg über eine Endzeiterwartung wieder an die Autorität des in eine Krise geratenen Gottes gebunden. Oder jedenfalls an eine transzendente Autorität. Es soll als mögliche Alternative zu dieser Zuletztbegründung später noch der Gedanke einer «Vorletztbegründung» erörtert werden. Hier jedoch muß zunächst die Frage aufgeworfen werden, ob der Versuch einer – wie auch immer formulierten – religiösen Letzt- oder Zuletztbegründung innerhalb des Rahmens der tradierten Religion heute die Menschen überhaupt noch erreicht.

1993 wurden unter dem Titel «Jede(r) ein Sonderfall? Religion in der Schweiz» Ergebnisse einer Repräsentativbefragung veröffentlicht, die 1988/89 im Rahmen eines Forschungsprogramms des Schweizerischen Nationalfonds durchgeführt worden war.[7] Diese Studie will «erstmals ein präzises und umfassendes Bild der religiösen Situation der Schweiz vermitteln» (S. 9). Dabei wird zunächst ein mehrheitlich synkretistisches Verhalten der Religion gegenüber festgestellt, ebenso ein Verlust an Normierungs- und Integrationskraft. Nur noch sieben Prozent der Schweizer Bevölkerung bezeichnen sich als «exklusive Christen», nur noch 25 Prozent als «allgemein religiöse Christen», 51 Prozent hingegen zählt die Studie zu den «religiösen Humanisten», was immer darunter zu verstehen sein mag. Zwölf Prozent seien «Neureligiöse» und vier Prozent «Humanisten ohne Religion». Diese Ergebnisse deuten einerseits auf einen deutlichen Verfall der an eine bestimmte Kirche oder Konfession gebundenen Religiosität hin, andererseits auf eine Bereitschaft, sich selbst – in einer allerdings äußerst vagen Form – als religiös zu empfinden. Abgesehen davon, daß auch das religiöse Verhalten der großen Mehrheit durch eine ausgeprägte Individualisierung geprägt ist – man könnte von einer Kirchenabstinenz sprechen –, fehlt dieser synkretistischen Religiosität der feste Glaube an eine ethisch normierende transzendente Instanz, die nicht mehr hinterfragt werden kann und einen auf die Grundwerte verpflichtet, wie sie in ihren Geboten und Verboten formuliert sind. Diese tradierten Grundwerte mögen zwar immer noch als solche empfunden werden, aber sie haben ihren «numinosen» Charakter verloren. Das bestätigt denn auch die Feststellung der Studie: «Den Kirchen wird mehrheitlich, von den Protestanten (71 %) wie von den Katholiken (66 %) keine Einwirkung auf die eigenen Wertpräferenzen attestiert» (S. 157). Das heißt nichts mehr und nichts weniger, als daß die traditionellen Religionen die Funktion der Letztbegründung unserer Werte verloren haben.

Was heute undifferenziert «Verfall der Werte» genannt wird, ist in Wahrheit der Verlust ihrer Letztbegründung. Die Ethik ist «freischwebend» geworden, als solche in ihrem Anspruch dermaßen relativiert, daß das unsägliche «anything goes» der Postmodernen keine große Mühe hatte, in die Lücke zu springen, die der Verfall der Letztbegründung hinterlassen hat. Martin Buber hat einmal geschrieben: «Ich meine ..., daß keine sittliche Norm einen absoluten Anspruch an einen Menschen hat, wenn sie nicht als Gabe des Absoluten geglaubt wird.» Aber Buber hat dabei nicht einen bestimmten Glauben an einen bestimmten Gott im Auge gehabt: «Man schreibt mir ... die Lehre zu, keine Handlung sei von sittlichem Belang, wenn sie nicht an Gott gebunden ist. Nichts liegt mir ferner, als das zu lehren: ich habe immer für die Guttaten der Gottlosen eine geradezu naive Sympathie gehabt, und ich finde es herrlich, wenn der fromme Mensch das Gute mit ganzer Seele tut ‹ohne an Gott zu denken›.»[8]

Freilich: Die Frage der Letztbegründung ist damit nicht gelöst. Es wäre an der Zeit, sich zur Erkenntnis durchzuringen, daß sie ebenso unlösbar ist wie die Frage der Theodizee. Der Mensch ist nicht fürs Absolute gemacht, und wo er glaubt, sich auf ein Absolutes berufen und in seinem Namen handeln zu können – oder gar zu müssen –, stiftet er, wie die Erfahrung von Jahrtausenden beweist, allzuoft mehr Unheil als Heil. In der Diskussion über die Letztbegründung wird denn auch das Faktum gern verdrängt, daß in der Geschichte der biblischen Religionen mit ihrem monotheistischen Gott dieser ja keineswegs nur einer Letztbegründung des Guten diente, mindestens ebensosehr einer solchen des Bösen – um es einmal so vereinfacht zu sagen. So muß noch einmal die Frage aufgeworfen werden, ob das Positive – im Sinne einer Begründung von Werten und der Verpflichtung auf diese –, das durch eine religiöse Letztbegründung erreicht wurde, nicht durch das Negative – im Sinne einer Letztbegründung von Nationalismus, Rassismus, Krieg, Völkermord – immer wieder aufgehoben, wenn nicht überspielt wurde und weiterhin wird. Der Gott, auf den die Befreiungstheologie sich beruft, ist derselbe, auf den sich die serbischen Kriegsverbrecher in ihrem Genozid an den Moslems in Bosnien-Herzegowina und der Mörder des israelischen Ministerpräsidenten Rabin beriefen. Schon aus diesem Grund drängt es sich auf, den Versuch einer religiösen Letztbegründung durch eine absolute Autorität aufzugeben, da der ihr immanente Absolutismus mindestens ebensoviel Leiden schafft wie Leiden mildert oder verhütet.

Doch was legitimiert dann unsere Werte? Wie gelangt etwa ein Agnostizismus zu den Werten und Normen, ohne die ein einigermaßen friedliches Zusammenleben und ein gutes Leben der Menschen undenkbar sind? Was ersetzt nach dem Tod des gängigen Gottes die transzendente Legitimation der Ethik? Ein Agnostizismus ist da ebenso untauglich wie ein Atheismus. Nichtwissen ist legitimierungsunfähig. Aber die Frage der Letztbegründung bewegt als solche sich noch im Raum der biblischen Tradition und Theologie und verrät ein Bedürfnis nach einer außermenschlichen Autorität. Autoritätsbedürftigkeit aber ist eine Form von Unmündigkeit. In der tradierten Form des Monotheismus widerspricht sie dem Gedanken einer mündigen Gesellschaft. Langsam greift denn auch die Einsicht um sich, daß der Gedanke einer solchen Letztbegründung mit in die Krise der Religionen und damit in die Gotteskrise hineingerissen worden ist. So schreibt etwa der Sozialethiker Stefan Grotefeld: «Viel spricht für die Vermutung, daß die christliche Religion heute kaum noch die geistige Basis unserer Gesellschaft bildet.» Er weist darauf hin, daß die *invocatio Dei* – in der Schweizer Bundesverfassung: «Im Namen Gottes des Allmächtigen» – auch von theologischer Seite Kritik erfahren habe: «Moniert werden das einseitige und zumindest verkürzte Gottesbild, das dieser Ingreß impliziert.» Die Kirche könne nicht mehr «den Anspruch erheben, die entscheidende wertstiftende Kraft in einer pluralistischen Gesellschaft zu sein»[9].

Wir kommen nicht mehr um die für manche schmerzliche Einsicht herum, daß die wertstiftende und die Werte legitimierende Instanz nicht mehr in einem transzendenten, numinosen Außen des Menschen – ebensowenig wie in einer von Philosophen konstruierten «Seinsgesetzlichkeit» oder in einer ethischen Marktlogik der Nationalökonomen – gesucht und gefunden werden kann, sondern nur noch im Konsens mündiger Menschen, die sich ohne Berufung auf eine äußere Autorität und damit ohne Leitung eines anderen ihrer Vernunft bedienen und im freien Diskurs selbst die Verantwortung für die normative Basis ihrer Gesellschaft übernehmen. Wobei dem «Leidapriori», das primär immer das Leid des anderen meint, die Funktion einer regulativen Idee zukäme, über die zuallererst ein Konsens gesucht werden müßte. Da aber eine solche Mündigkeit nicht als ein ein für allemal erreichter Zustand totaler Identität und Ganzheit verstanden werden kann – insofern man auch ihr gegenüber seine kritische Reflexionsfähigkeit bewahrt –, sondern nur als ein nie abgeschlossener Prozeß, kann auch eine sich auf einen Konsens von Mündigen berufende Ethik nie eine letzt-, sondern immer nur eine vorletztbegründete sein. Diese Einsicht zwingt uns die «condition humaine» auf.

Aber die Frage nach dem Guten ist untrennbar von der Frage nach dem Bösen. Im Monotheismus ist Gott als das einpersonale Absolute verantwortlich auch für das Böse in der Welt, anders er nicht der allmächtige biblische Schöpfergott sein kann. Hat er diese Welt geschaffen, hat er auch das Böse gewollt. Hat er das Böse nicht gewollt, ist er nicht das einpersonale Absolute, als das er in der Bibel erscheint. Es müßte andernfalls neben ihm mindestens einen Konkurrenzgott geben. Auch eine Entpersonalisierung Gottes, die in Gott etwa eine unpersönliche Kraft sieht, hilft da nicht weiter. Die Frage des Bösen bliebe ungelöst. Spätestens nach Auschwitz ist der Monotheismus eines allmächtigen und gütigen Schöpfergottes nicht mehr glaubhaft. Der diesem Monotheismus immanente Widerspruch ist so evident, daß schon ein kluger Kirchenvater den Widerspruch zum Prinzip des Glaubens erklärt hat, um dadurch das Vernunft-Ärgernis dieses im Monotheismus unauflösbaren Widerspruchs zu besänftigen: «Credo quia absurdum est», ich glaube, weil es absurd ist.

Ein so engagierter katholischer Theologe wie Johann Baptist Metz schreibt beinahe resigniert von einer «christlichen Religion mit einem noch nicht völlig zersetzten monotheistischen Kern» sowie davon, daß der Monotheismus «schärfster Kritik ausgesetzt ist, weil er in exemplarischer Weise als modernitätsunverträglich gilt»[10]. Wobei noch hinzuzufügen wäre, daß der Monotheismus mit seinem autokratischen und absoluten Gott die hierarchisch-patriarchalen Strukturen unserer Produktionsverhältnisse widerspiegelt und in dieser Beziehung durchaus modernitätsverträglich ist.

Dem Gedanken des Monotheismus implizit ist weiter der Universalismus: Der eine und einzige Gott erhebt den Anspruch auf universelle Anerkennung und Macht. Die Verbindung von Universalismus und Macht-Absolutismus jedoch ist hienieden auf den Namen Imperialismus getauft worden. Deshalb ist es nicht überraschend, daß der Monotheismus sich vorzüglich auch als Projektionsträger des irdischen Imperialismus eignet. Das läßt sich etwa – wie bereits aufgezeigt – am politischen Reichsgedanken demonstrieren. Das «Heilige Römische Reich ...» ebenso wie Hitlers «Drittes Reich», nicht zu reden von den Theokratien à la Donoso Cortés, sind sakralisierte Imperialismen, deren Sakralisierungsfähigkeit einen Monotheismus als oberste, einheitliche Legitimationsinstanz voraussetzt. Denn herrschten im Himmel – populär gesprochen – demokratische und pluralistische Verhältnisse, wie könnte eine sich darauf berufende Religion dann zur Absegnung eines irdischen absoluten Imperialismus dienen? So muß man zumindest die Frage aufwerfen: Ist der Monotheismus eine der Epoche des Imperialismus adäquate Gottesvorstellung?

Sigmund Freud hat solche Zusammenhänge in seinen religiösen Schriften aufgespürt. Er datiert die Geburt eines strengen Monotheismus auf die glorreiche 18. Dynastie in Ägypten, «unter der Ägypten zuerst ein Weltreich wurde», also ein Imperium. Um das Jahr 1375 v. Chr. herum sei ein junger Pharao namens Amenhotep, der später den Namen Echnaton angenommen habe, auf den Thron gelangt. Die politischen Verhältnisse hätten um diese Zeit begonnen, die ägyptische Religion nachhaltig zu beeinflussen. Ägypten sei damals eine Weltmacht geworden: «Dieser Imperialismus spiegelte sich nun in der Religion als Universalismus und Monotheismus ... Wie der Pharao der einzige und unumstößliche Herrscher der dem Ägypter bekannten Welt war, so mußte wohl auch die neue Gottheit der Ägypter werden.»[11] Freud überlegt sich dann, wieso Griechenland einen anderen Weg eingeschlagen habe: «Die gleichen Verhältnisse (wie in Ägypten; A. K.) haben beim gewiß höchst begabten griechischen Volk nicht zum Monotheismus geführt, sondern zur Auflockerung der polytheistischen Religion und zum Beginn des philosophischen Denkens. In Ägypten war der Monotheismus erwachsen ... als eine Nebenwirkung des Imperialismus, Gott war die Spiegelung des ein großes Weltreich unumschränkt beherrschenden Pharao» (S. 513f).

Freud untersucht weiter die Frage, wie der Monotheismus in die Religion der Juden gelangt sei, die einen exklusiven Volksgott, aber nicht einen universellen Weltherrscher gekannt hätten. Er beruft sich dann auf die jüdische Geschichtsschreibung, die behaupte, die Idee eines einzigen Gottes, also der Monotheismus, sei dem jüdischen Volk von Moses gebracht worden.

Nach Freuds – freilich wohl unhaltbarer – These, daß Moses gar kein Jude, sondern ein Ägypter gewesen sei, wäre also der Monotheismus von Ägypten her in die biblische Religion gelangt. Aber wie dem auch sei: Die Religion der Bibel ist monotheistisch, auch wenn Freud meint, die christliche Religion sei «nicht mehr streng monotheistisch» gewesen und habe von den umgebenden Völkern zahlreiche symbolische Riten übernommen. Sie «stellte die große Muttergottheit wieder her und fand Platz zur Unterbringung vieler Göttergestalten des Polytheismus in durchsichtiger Verhüllung, obzwar in untergeordneten Stellungen» (S. 536). Aber diese Subalternität, die ja auch die Trinität charakterisiert – was allein schon das Vater-Sohn-Verhältnis von Gott und Christus widerspiegelt –, ändert nichts an der genuin monotheistischen Struktur des biblischen Gottesbildes. Selbst das jüdische Bilderverbot stellt diese nicht in Frage, bezieht es sich doch auf den einen und einzigen Gott und nicht auf eine Götterwelt.

Die «Gotteskrise», die ein Johann Baptist Metz im Christentum diagnostiziert, ist eine Krise des Monotheismus. Über diese Erkenntnis hinaus beginnen Theologen, den Zusammenhang zwischen Monotheismus und Fundamentalismus zu reflektieren und sich zu fragen, inwieweit der Monotheismus verantwortlich gemacht werden kann für die Religionskriege, ja für die Aggressivität der tradierten monotheistischen Religionen überhaupt. Es sei wiederholt, was der Theologe Hans-Joachim Thilo feststellt, daß nämlich «der Eifer um Gott in vielfacher Weise zum Antriebsmotor aggressiver Handlungen von Individuen und Kollektiven geworden ist». Er stellt dann die Frage, «ob etwa die polytheistischen Religionen als ‹friedlicher› einzustufen seien als die monotheistischen», und er antwortet darauf, man müsse in der Tat sagen, «daß die polytheistischen Religionen Asiens und Afrikas eine Gottesvorstellung vermitteln, die weniger als in den monotheistischen Religionen ihre Glaubensgemeinschaft als Kollektiv zu kriegerischen Handlungen auffordern. Dort, wo Gott nicht eifersüchtig darüber wacht, daß seine Anhänger sich keinem anderen zuwenden, sondern die Vielzahl der Göttinnen und Götter eine Verteilung menschlicher Zuneigung und Abneigung gewährleisten, kommt es ja zu einer individuellen Bevorzugung des einen Gottes oder der einen Göttin gegenüber den anderen, ohne daß dies den Zorn des Hauptgottes in jedem Fall hervorrufen muß.»[12] Die in der christlichen Theologie absolut verpönte «Frage nach dem Umfang des Monotheismus im Christentum» sei «deshalb wichtig, weil Eifersucht eine der stärksten Motivationen zur zügellos ausgelebten Aggression ist» (S. 56f). Was bedeutet, so muß man diese Überlegungen wohl weiterführen, daß der eine und einzige Gott des Monotheismus, den man sich bisher ja fast immer personalisiert vorgestellt hat, sich besonders gut als Projektionsträger menschlicher Besitzansprüche eignet.

Zum Teil ähnlich wie Thilo argumentiert auch der Psychologe und Theologe Martin Odermatt, der davon ausgeht, daß «die traditionellen Glaubensweisen an einen einzigen, universalen Gott – im Judentum, Christentum und Islam – … einer Bewußtseinsstruktur entsprechen, mit der eine pluralistische Weltanschauung zutiefst unvereinbar und damit existenzbedrohlich ist»[13]. Dadurch werde die monotheistische Tradition in Frage gestellt. Odermatt untersucht dann vor allem den Zusammenhang zwischen Monotheismus und Fundamentalismus. Er stellt im Neokonservatismus der katholischen Kirche einen «religiösen Totalitarismus» fest (S. 17) und meint, ein Großteil der in den letzten zwanzig Jahren von Rom eingesetzten Bischöfe seien als «Fundamentalisten» zu bezeichnen (S. 22). Das Gottesbild des Islam wiederum sei «das am konsequentesten monotheistische» (S. 28). Aber «der jüdische, der christliche und der islamische Monotheismus weisen die gleichen Grundzüge auf. Alle diese Monotheismen sind hierarchisch, prophetisch, exklusiv, männlich, geistig und theokratisch» (S. 48).

Im Monotheismus gebe es nur einen Gott, nur eine Wahrheit und nur eine Moral, der Anders-Denkende und Kritische müsse deshalb auch real aus der Gemeinschaft entfernt werden: «Die Exkommunikation gehört zu den logischen Konsequenzen der Denk-Struktur des traditionellen Monotheismus» (S. 72).

Das besondere Verdienst von Odermatts Untersuchung ist darin zu sehen, daß er den Monotheismus in einen dialektischen Zusammenhang bringt sowohl mit den gesellschaftlichen Verhältnissen wie auch mit der psychischen Situation der Menschen. Der traditionelle Monotheismus sei «streng hierarchisch» und rechtfertige «auf allen Ebenen der menschlichen Gesellschaft nicht nur die Ausübung von Macht, sondern die Existenz und die Perseveranz von Machtstrukturen. *Ein* Gott ist die absolute Macht und der oberste Gesetzgeber; *ein Mittler* (Prophet, Papst, König, Sektenführer) wird zum Künder und Stellvertreter göttlicher Macht und Ordnung; ihm schuldet jedermann Gehorsam; *einer Wahrheit* hat sich alles Denken zu unterwerfen; *eine Moral* ist für alle, überall und zu jeder Zeit verbindlich. Der traditionelle Monotheismus ist von seinem Wesen her undemokratisch oder sogar demokratiefeindlich. Alle Autorität wird von oben nach unten delegiert» (S. 84).

Die erwähnten Mittler – Prophet, Papst, König, «Sekten»-Führer – sind die Gurus des Monotheismus. Den in allen unseren monotheistischen Religionen anzutreffenden Fundamentalismus deutet Odermatt als einen «Ausdruck der Angst vor dem Verlust der Identität oder der Bemühung um die Wiederherstellung einer bereits verlorenen Identität» (S. 111). Die komplexe Welt des Pluralismus stelle für das monotheistische Bewußtsein ein Chaos dar, in dem es unterzugehen drohe. Dieses pflege weiter ein elitäres Denken, dem man auch in manchen neureligiösen Bewegungen begegne.

Odermatt, der Dozent am Zürcher Jung-Institut ist, scheint im Buddhismus und Hinduismus eine Alternative zum biblischen Monotheismus zu sehen, da diese den Menschen der jüdisch-christlichen Tradition «eine Befreiung von den Einengungen des traditionellen Gottesbildes» brächten. In den religiösen Traditionen des Ostens «tritt die Gottesvorstellung entweder völlig hinter der Praxis der eigenen Daseins- und Sinnerfahrung zurück; dies kann so weit gehen, daß sogar die Frage nach der Existenz Gottes irrelevant erscheint ... Im Hinduismus dagegen sind die Bilder für die Gottheit von einer fast unbegrenzten Vielfalt und Farbigkeit» (S. 213). Dazu wäre freilich zu sagen, daß die asiatischen Kulturen keine Aufklärung kannten und wir somit hinter die Aufklärung zurückgehen müßten, um gläubige westliche Buddhisten oder Hinduisten werden zu können. Bei aller berechtigten Kritik an der Aufklärung und ihrer Entwicklung: Die westliche Kultur insgesamt kann nicht hinter den einmal erreichten Bewußtseinsstand zurück, ohne sich zu verleugnen oder – wie die Gegenaufklärung und die ihr verwandte Postmoderne es demonstrierten – politisch zu entarten und hinter das einmal an Wertekonsens und institutionalisierter Zivilgesellschaft Erreichte zurückzufallen, so wenig diese in der Praxis ihrer ursprünglichen Zielsetzung entsprechen mögen. Deshalb stehen alle neureligiös-transpersonalistisch-esoterischen und oft von irgendwelchen zweifelhaften Gurus inspirierten Versuche, das Heil in den Religionen und der Spiritualität Asiens zu finden, unter dem Zeichen der Regression, wenn sie nicht sogar in Richtung Rechtsextremismus entarten.

Man flieht den biblischen Monotheismus, der in eine Existenzkrise geraten ist, und landet bei einem bärtigen indischen Guru, der sich allzuoft als Schwindler, wenn nicht gar als Verbrecher oder Psychopath entlarvt. Allein ein Blick auf die sozialen Verhältnisse in den Heimatländern dieser Gurus sollte zur Erkenntnis führen, daß hier kein Heil zu finden ist, zumal Gewalt, Grausamkeit und Krieg in diesen Ländern – trotz der relativen Friedfertigkeit und Toleranzbereitschaft ihrer Religionen – der entsprechenden Destruktivität unserer westlichen Gesellschaften durchaus ebenbürtig sind. Die Sehnsucht nach dem «ex oriente lux» ist eine religiöse Droge. Wir können unserer Gotteskrise nicht entfliehen, indem wir das Heil bei fremden Göttern suchen. Keiner von diesen hat sich als Heilsträger bewährt. Eine Entwicklung wäre denkbar nur auf dem Boden unserer eigenen Kultur und Religiosität. Und die Voraussetzung dazu ist eine von keinen Denkverboten behinderte offene Auseinandersetzung mit der geschichtlichen Entwicklung der biblischen Religionen, die zu dieser fundamentalen Krise führte, also deren Historisierung.

Odermatt ebnet den Weg zu einer solchen Auseinandersetzung, indem er die geschichtlichen Wurzeln unseres Monotheismus bloßlegt: «Die religiösen Anschauungen, die moralischen Normen und die politischen Ideologien der jüdischen, christlichen und islamischen Kulturen sind noch immer geprägt von den Denkstrukturen einer einfachen Stammeskultur ... Ein ‹Stammesfürst› wurde zum ‹Weltherrscher› ... Der Fundamentalismus ist die Reaktion einer monistischen Bewußtseinsstruktur auf den Pluralismus der Gegenwart. Die traditionell-monotheistische Weltanschauung ist durch die heraufkommende Bewußtseinsveränderung in ihrer Substanz bedroht. Damit gerät auch das jahrtausendealte Fundament individueller und kollektiver Identität ins Wanken» (S. 213f).

Ein Monotheismus, der hinter der Bewußtseins-, Kultur- und Gesellschaftsentwicklung zurückbleibt, kann auf die Dauer nicht überleben. Deshalb ist es auch keine Alternative, wenn Feministinnen «Gott» durch eine «Göttin» ersetzen wollen. So berechtigt die darin zum Ausdruck gelangende Kritik an der patriarchalischen Struktur der biblischen Religiosität auch ist, am Monotheismus ändert die Geschlechtswandlung Gottes nichts. Dasselbe ist von der Potenzwandlung Gottes zu sagen, der von durch Auschwitz verunsicherten Theologen als impotent erklärt wird. Ebensowenig lockern die Dreifaltigkeit und der katholische Marienkult den Monotheismus pluralistisch auf, bleibt Gott letztlich doch noch immer der unumschränkte Weltherrscher. Einer der wenigen, die den Versuch gewagt haben, den autokratisch-monotheistischen Gott abzusetzen, ohne den Boden der Bibel zu verlassen, war Ernst Bloch. Aber seine Alternative eines messianischen «Materialismus» leidet an derselben Parusieverzögerung wie die Botschaft der Evangelien und diejenige von Karl Marx.

Eine glaubwürdige religiöse Alternative zum tradierten Monotheismus, die kein Denkverbot implizierte und die Gefahr einer Regression vermiede, ist nicht in Sicht. Wir stehen erst ganz am

Anfang der Auseinandersetzung mit dem biblischen Monotheismus und seinem Gott, die eine zweite Aufklärung einleiten würde. Viel wäre schon gewonnen, wenn die psychologischen sowie die gesellschaftlichen, politischen und ökonomischen Implikationen des Monotheismus unerschrocken untersucht würden. Was für Zusammenhänge bestehen zwischen dem – wie auch immer relativierten – Ödipuskomplex, überhaupt frühkindlicher Erfahrungen mit den ersten Bezugspersonen und dem Monotheismus, besonders in dessen bisheriger patriarchalischen Gestalt? Inwiefern dient der Monotheismus einer Legitimation autoritär-autokratischer und hierarchischer, im Extremfall faschistischer gesellschaftlich-politischer Strukturen und Regimes? Eignet sich ein als Person vorgestellter, nach dem Bild des Menschen geformter anthropomorpher Gott nicht in besonderem Maß als Projektionsträger und Identifikationsfigur für Machtansprüche von einzelnen wie von Kollektiven? Inwiefern kann ein Monotheismus es dem Individuum erleichtern, ein «kapitalistisches» Verhältnis zu Gott zu entwickeln, das heißt Gott als ein Privateigentum zu betrachten, das man in der Transzendenz krisensicher angelegt hat – noch sicherer als auf einer Schweizer Bank – und von dem man erwartet, daß es lukrative Zinsen und Dividenden abwirft? Gott als religiöse Aktie? Inwiefern dient der Monotheismus allem Nationalismus und Imperialismus in ausgezeichneter Weise zu deren Legitimation, zumal wenn sein Gott, wie Odermatt meint, noch immer die Züge eines Stammesfürsten trägt? Der Herr mein Panier und oberster Feld-Herr? Man mag einwenden, einem solchen Mißbrauch des biblischen Monotheismus könne mit der Bibel selbst entgegengetreten werden; aber zum einen waren und sind es weitgehend die priesterlichen und schriftgelehrten Bibeltreuen selbst, die sich eines solchen «Mißbrauchs» schuldig machen, zum andern, haben wir gesehen, läßt sich mit den Worten der Bibel so manches «beweisen», und auf dem Schlachtfeld oder auf Massenkundgebungen bleibt keine Zeit für Bibelexegesen.

Man versteht es, daß vor allem auch die Theodizee-Frage und die mit dieser eng verbundene Frage nach der Gleichgültigkeit Gottes dem Schicksal des einzelnen gegenüber die Theologen beider biblischen Religionen heute in besonderem Maß umtreibt. Der Marburger Theologe Erhard S. Gerstenberger etwa stellt lapidar fest: «Die philosophisch-universale Theodizeefrage ist wohl für immer unbeantwortbar» (im Monotheismus, müßte man hinzufügen), und sein Kieler Kollege Reinhard Schmidt-Rost sekundiert mit dem Hinweis auf «die Erfahrung, daß keine das neuzeitliche Bewußtsein befriedigende Antwort auf die traditionelle Theodizee-Frage ... möglich ist»[14].

Damit wird endlich von der Theologie nachvollzogen, was ein Kant in seinem Aufsatz «Über das Mißlingen aller philosophischen Versuche in der Theodizee» schon vor 200 Jahren gesagt hatte. Kant stellte fest, «daß alle bisherige Theodizee das nicht leiste, was sie verspricht, nämlich die moralische Weisheit in der Weltregierung gegen die Zweifel, die dagegen ... gemacht werden, zu rechtfertigen»[15]. Und er meinte, wir sollten es dazu bringen, mit Gewißheit darzutun, «daß unsere Vernunft zur Einsicht des Verhältnisses, in welchem eine Welt, so wie wir sie durch Erfahrung immer kennen mögen, zu der höchsten Weisheit stehe, schlechterdings unvermögend sei». Dieser Beweis, daß die Frage der Theodizee für uns «zu hoch» sei, lasse sich aber «gar wohl tun» (ebd.). In diesem Zusammenhang kommt Kant auch auf Hiob zu sprechen. Dieser erkläre sich für das System des unbedingten göttlichen Ratschlusses. Gott zeige Hiob die schöne, aber auch die abschreckende Seite der Schöpfung. Letztere sei für die Menschen «zerstörend, zweckwidrig» und scheine «mit einem allgemeinen, durch Güte und Weisheit angeordneten Plane nicht zusammenstimmend zu sein» (S. 88). Also eine klare Verneinung der Möglichkeit einer Theodizee. Diese habe es mit einer Glaubenssache zu tun. Das Haupterfordernis in Glaubenssachen sei jedoch die Aufrichtigkeit, und bei der Frage der Theodizee komme es auf «die Aufrichtigkeit in Bemerkung des Unvermögens unserer Vernunft» an (S. 89).

Aber wer das Ende des biblischen Monotheismus und der Theodizee verkündet, verkündet damit – und sei es ungewollt – auch das Ende des jüdischen Auserwähltheitsglaubens, wie immer man diesen interpretieren mag. Damit aber wird das Judentum seiner religiösen Legitimation und Identität beraubt, und man versteht es, daß dem, der solches tut, nach Auschwitz sehr rasch Antisemitismus vorgeworfen wird. Das führt einen nichtjüdischen Kritiker des biblischen Monotheismus in ein selbst bei bester Absicht schier unlösbares Dilemma. Emmanuel Lévinas zitiert zum Thema «Holocaust» den kanadischen jüdischen Philosophen Emil Fackenheim, der in seinem Buch «La présence de Dieu dans l'histoire»[16] diese Frage aufgegriffen hat. Ihm zufolge «beinhaltet Auschwitz paradoxerweise eine Offenbarung eben des Gottes, der in Auschwitz schwieg: ein Gebot der Treue. Nach Auschwitz auf diesen in Auschwitz abwesenden Gott zu verzichten – das Weiterleben Israels nicht mehr zu garantieren – käme einer Vollendung des kriminellen Unternehmens der Nazis gleich, das die Vernichtung Israels und das Zum-Schweigen-Bringen der ethischen Botschaft der Bibel zum Ziel hätte, deren Träger das jüdische Volk ist ... Denn wenn Gott abwesend war in den Vernichtungslagern, war doch der Teufel dort sehr spürbar anwesend. Daher für Emil Fackenheim die Verpflichtung für die Juden, zu leben und Juden zu bleiben, um sich nicht zum Komplizen eines teuflischen Projektes zu machen.»[17]

Man fühlt sich einer solchen Argumentation gegenüber ohnmächtig, denn sie kriminalisiert jede Infragestellung des biblischen Monotheismus und macht deren Autor zu einem Komplizen der Nazis und ihrer Mordgesellen. Eine solche Theologie negiert die Gotteskrise im Namen der Identität und des Fortbestandes des sich biblisch-religiös definierenden jüdischen Volks. Wer die jüdische Religiosität und Identität respektieren will, muß dann – auch wider besseres Wissen – die Gotteskrise leugnen. Dieses Dilemma wird dadurch nicht gemildert, daß in Israel ein ansehnlicher Teil des Volks areligiös geworden ist. Es bleibt unlösbar und ein Stachel im Fleisch aller, die trotz ihres Verbundenseins mit dem Judentum und trotz eines – im Falle des Autors dieser Zeilen lebenslangen – unerschütterbaren Widerstandes gegen allen Antisemitismus aus Redlichkeit dem eigenen Geist gegenüber sich verpflichtet glauben, nicht auf ihre Diagnose «Gotteskrise» verzichten zu können und zu dürfen.

Vielleicht werden eines Tages all diese Fragen durch die Ergebnisse der Forschungen von Archäologen und Alttestamentlern gelöst, die zum Teil die Aussagen des Alten Testaments immer mehr in Frage stellen und wie der Kopenhagener Alttestamentler Niels Peter Lemche die Bibelverfasser als «Romanautoren» und das Alte Testament wie der Heidelberger Theologe Diebner als ein «Märchen» bezeichnen.[18] Aber solange keine wissenschaftlich gesicherten Forschungsergebnisse vorliegen, werden die Kritiker der biblischen Religiosität, die sie in eine Gotteskrise geraten sehen, nicht aus ihrem Dilemma befreit werden.

Auch Lévinas, selbst Jude, weiß keinen Ausweg. Einerseits sieht er im Holocaust das Paradigma eines «nutzlosen menschlichen Leidens» und stellt fest: «Das krasse Mißverhältnis zwischen dem Leiden und jeder Theodizee zeigte sich in Auschwitz mit einer Klarheit, die in die Augen sticht. Daß so etwas möglich war, stellt den jahrtausendealten traditionellen Glauben in Frage. Wurde Nietzsches Wort vom Tod Gottes in den Vernichtungslagern nicht die Bedeutung einer quasi empirischen Tatsache verliehen?» (Lévinas, S. 124f). Aber dann weicht Lévinas einer Stellungnahme aus und spricht nach wie vor von einer «Heiligen Geschichte», wo doch nichts mit solcher Unerbittlichkeit wie Auschwitz die Frage aufgeworfen hat, ob es eine «Heilige Geschichte» überhaupt gebe. Nur in einem – freilich wesentlichen – Punkt ist Lévinas kategorisch: Auschwitz markiert «das Ende der Theodizee» (S. 126). Mit anderen Worten: Auschwitz ist so unfaßbar, daß es jedes Bemühen als obsolet erklärt, eine Antwort auf die Frage nach dem Ursprung und Sinn dieses unfaßbar Bösen zu suchen. Der «Rauch der Verbrennungsöfen» in Auschwitz hat «die Theodizee endgültig undenkbar» gemacht. Aber: «Wird diese Menschheit ... in einem Glauben ohne die Theodizee die Heilige Geschichte fortsetzen?» (S. 127). Ohne die sich aufdrängende zusätzliche Frage erörtern zu wollen, was denn an der bisherigen Geschichte der Menschheit so heilig sei: Lévinas weicht einer klaren Beantwortung auch dieser Frage aus, es sei denn, daß seine wiederholte Verwendung des Begriffs «Heilige Geschichte» den Schluß zulasse, er glaube trotz Auschwitz immer noch an eine Heilsgeschichte.

Die Theodizee-Frage stellte sich aber bereits dem antiken Judentum, sie ist damit auch unlösbar mit dem biblischen Monotheismus verknüpft. So weist Carsten Colpe in seiner Untersuchung «Religion und Mythos im Altertum»[19] darauf hin, daß in den vorexilischen Schriften der hebräischen Bibel Gut und Böse als im gleichen Gott Jahwe begründet erscheinen, «eine antidualistische ... Lösung des Theodizeeproblems». Jahwe selber sei «der Entsender eines bösen Geistes, der Unheil stiftet». Erst später habe man dann, da man diesen Widerspruch nicht mehr ertragen habe, Satan an die Stelle Jahwes gesetzt (S. 71 f). Peter Schäfer erinnert im Anschluß an Colpe in seinen Überlegungen über «Das Böse in der mittelalterlichen jüdischen Mystik» daran, daß der Satan im Buch Hiob einer der Gottessöhne sei (S. 90). Das antike Judentum habe das als Teil des göttlichen Schöpfungsplanes aufgefaßt: «Die Sünde ist das movens der Geschichte». Die Erörterung der weiterreichenden Frage nach dem Verhältnis des Bösen zu Gott sei aber der Kabbala vorbehalten worden (S. 93). Doch auch diese weiß nicht mehr zu sagen, als daß das Böse in Gott selbst gründet und eine seiner Potenzen ist. Im Zohar, dem Hauptwerk der Kabbala, erscheint das Böse als integraler Bestandteil des innergöttlichen Lebens (S. 102). Es hat aber eine dialektische Funktion: «Das Gute kommt nur durch das Böse und aus dem Bösen, und nur wenn der Mensch dieses Gute tut ..., sorgt er dafür, daß die ‹andere Seite› in Gott unterdrückt wird» (S. 105).

Geradezu spannend ist dann die Begründung des Zohar für das Leiden Hiobs: Hiob gab niemals, wenn er ein Opfer darbrachte, der anderen Seite in Gott – dem Bösen – irgendeinen Anteil davon. Hätte er ihr einen Anteil gegeben, hätte sie hinterher nichts mehr gegen ihn vermocht: «So wie (Hiob) Gut und Böse getrennt und nicht zusammengefaßt hat, in genau dieser Weise wurde er gerichtet: (Gott) gab ihm Gutes und danach Böses, und danach brachte er ihn zum Guten zurück» (S. 106). Durch die Trennung von Gut und Böse habe Hiob also die Macht des Bösen gestärkt.

Dies entspricht unserer Interpretation, daß Hiob mit seinem Anspruch, ein Gerechter zu sein, der sich weder Gott noch den Menschen gegenüber etwas habe zuschulden kommen lassen, seine

Bedingtheit durch die «condition humaine» vergessen und die Sünde der Selbstgerechtigkeit begangen habe: «Der Gerechte, der das Böse meidet», so Peter Schäfer, «bewirkt letztlich dasselbe wie der Frevler. Der wahre Gerechte weiß (anders als Hiob), daß die Überwindung des Bösen nur in der Wiedervereinigung von Gut und Böse ... bestehen kann» (S. 107). Für den Zohar sei das Böse also «der Widerspruch gegen die Schöpfung in Gott selbst» (S. 108). Den Juden sei es dann aufgetragen, den Prozeß der Wiederversöhnung Gottes mit sich und der Welt zu vollenden. Gott finde seine Vollendung im Handeln Israels, das allein imstande sei, die ganze Welt ihrer ursprünglichen Bestimmung zuzuführen. Aber selbst für Gläubige bliebe die Frage des Bösen – zumindest in dieser Interpretation – so lange ungelöst, als Israel seinen Auftrag nicht erfüllt hat. Sie wäre im Monotheismus lösbar nur als Er-Lösung, als das Kommen des Messias.

Emanzipation, Erlösung und die Gleichgültigkeit Gottes

Unberührt und ungerührt durch Auschwitz lassen der Messias der Juden und die Wiederkunft Christi weiter auf sich warten. Die Parusieverzögerung ist religiös ubiquitär. Durch Auschwitz ist auch die christliche Erlösungsbotschaft noch fragwürdiger geworden, als sie es schon immer war. Wenn Christus am Kreuz tatsächlich die Sünden der Menschheit auf sich geladen hätte – warum ist davon in der Geschichte der Menschheit so gar nichts zu spüren? Wie ist nach Auschwitz Erlösung noch denkbar und glaubbar? Werden dann die Toten von Auschwitz wiederauferstehen und sich mit ihren ebenfalls wiederauferstandenen Mördern im Jenseits oder vielleicht sogar noch im Diesseits versöhnen? So naive Fragen muß man heute stellen, wenn man nach Auschwitz über Erlösung und Versöhnung nachdenkt. Und solange sich in der Geschichte der Menschen und in der Gegenwart so gar nichts von Erlösung ankündigt, solange also die Parusieverzögerung andauert, ist kein Argument gegen den Verdacht überzeugend, der Gedanke der Erlösung sei das Heubündel, welches man dem Esel vors Maul bindet, um ihn in Trab zu halten, das er aber nie erreichen wird.

Das Warten auf die Erlösung kann auch ein quietistisches Verhalten begünstigen: Soll man sich groß um die Misere hienieden kümmern, wenn doch das Kommen der Erlösung gewiß ist? Das wirft die Frage nach dem Verhältnis von Emanzipation und Erlösung auf. Der Erlösungsgedanke tritt so in Konkurrenz zu dem des Leidapriori. Dieses ruft auf zu einem Denken und Tun im Dienste unmittelbarer Emanzipation; jener hat es nicht so eilig und vertröstet die Leidenden auf den Tag des Jüngsten Gerichts. Man könnte sogar zynisch sagen, der Fortbestand des Leidens sei der Garant des Fortbestands der Erlösungshoffnung. Lieber die Taube auf dem Dach als den Spatz in der Hand. Umgekehrt sagen andere, allein die Erlösungshoffnung inspiriere zum Denken und Tun im Dienste einer Emanzipation hier und heute. Aber kann man die Erlösung herbeiemanzipieren?

Martin Buber hat das Verhältnis von Emanzipation und Erlösung umschrieben als das von Utopie und Eschatologie. Beide seien geboren aus einer Sehnsucht nach dem Rechten, die ihrerseits ein Kind des Leidens an einer sinnwidrigen Ordnung sei. In philosophischer Schau wird das als Idee, in religiöser als Offenbarung erfahren: «Die Schau des Rechten in der Offenbarung vollendet sich im Bild einer vollkommenen *Zeit*: als messianische Eschatologie; die Schau des Rechten in der Idee vollendet sich in dem Bild eines vollkommenen *Raums*: als Utopie ... Eschatologie bedeutet Vollendung der Schöpfung, Utopie Entfaltung der im Zusammenleben der Menschen ruhenden Möglichkeit einer ‹rechten› Ordnung. Ein anderer Unterschied ist noch wichtiger. Für die Eschatologie geschieht ... der entscheidende Akt von oben, für die Utopie ist alles dem bewußten Menschenwillen unterworfen.»[1] Beidemal geht es um die Überwindung des Leidens und des Bösen. Utopie und Emanzipation nehmen diese im Rahmen der «condition humaine» selbst in die Hand. Eschatologie und Erlösung erhoffen sie sich «von oben». Die eine bescheidet sich auf das dem Menschen Mögliche, die andere geht darüber hinaus und will oder erhofft ein Absolutes. Die beiden brauchen sich nicht auszuschließen, aber es kann – wie die Geschichte beweist – sehr gefährlich werden, wenn man sie verwechselt oder gar miteinander identifiziert. Dann steht Stalin *ante portas.* Denn Erlösung meint, um mit Bloch zu reden, ein Totum, und wer sie selbst in die Hand nehmen und – wenn auch vielleicht in bester emanzipatorischer Absicht – herbeizwingen will, agiert notwendig totalitär. Dann aber verwandelt sich Heil in Unheil, und mit dem Herbeizwingenwollen der Erlösung wird das Mögliche an Emanzipation versäumt, wenn es nicht sogar zu einer Regression hinter eine bereits erreichte Emanzipationsstufe kommt. In jeder Revolution, die ein Totum verwirklichen will, steckt bereits der Wurm der Konterrevolution. Zwar ist auch die Emanzipation keineswegs gegen Entartungen und Perversionen gefeit; aber diese verlieren, bleibt man der «condition humaine» eingedenk, in deren Rahmen sie sich vollzieht, wenigstens ihren totalitären Charakter.

Aber noch etwas ist von Bedeutung. Der Gedanke der Erlösung gründet auf der Voraussetzung, daß – zumindest im biblischen Raum – Gott ein Interesse am Menschen hat, daß ihm das Schicksal des Menschen nicht gleichgültig ist. Man könnte es auch anders formulieren: Gerade weil die Menschen, falls sie nicht religiös verblendet sind, alltäglich erfahren müssen, sei's am eigenen Leib, sei's bei der Zeitungslektüre, daß Gott das Schicksal des einzelnen völlig gleichgültig ist, trösten sie sich mit dem Gedanken der Erlösung: «Das kann doch nicht möglich sein, daß Gott sich an meinem Schicksal so desinteressiert zeigt, er hat mich doch geschaffen, und da er ein Gott der Liebe ist, wird er mich eines Tages auch erlösen.» Aber in Tat und Wahrheit denken die Gläubigen gar nicht so, sondern sie glauben an ein Interesse Gottes am Schicksal des einzelnen und der Menschheit, das auch schon in deren Erdendasein wirkungsmächtig ist. Zweitausend Jahre Christentum haben die Gläubigen in diesem Glauben bestärkt, anders das Beten ja Unsinn wäre.[2] Und was die Juden anbelangt, so erweist sich für sie das Interesse Gottes an ihnen in der Offenbarung auf dem Sinai, wo Gott einen Bund mit dem Volk Israel geschlossen und es damit von allen Völkern auserwählt hat.

Die Frage einer völkischen Begründung des Erlösungsglaubens soll hier nicht weiter diskutiert werden, diese Diskussion steht nur dem Judentum selbst zu. (Freilich ist es, wie bereits erörtert, unvermeidlich, daß die im christlichen Raum geführte Diskussion über die Gotteskrise auch die jüdische Gottesvorstellung tangiert.) Aber was den christlichen Gott anbelangt, erweist doch jedes größere Erdbeben das totale Desinteresse Gottes am Leid der Menschen hienieden. Der Schock des Erdbebens von Lissabon im Jahre 1755, das 60 000 Todesopfer forderte und den großen Geistern der Zeit von Voltaire über Rousseau bis zu Kant und Goethe Anlaß gab, über die Fragen der Theodizee und der Vorsehung nachzudenken, ist aber religiös folgenlos geblieben. Das religiöse Bedürfnis in seiner narzißtischen Form erwies sich als stärker als die Erfahrung des Erdbebens. Kant veröffentlichte im Jahr nach der

Katastrophe eine Schrift über «Geschichte und Naturbeschreibung der merkwürdigsten Vorfälle des Erdbebens, welche an dem Ende des 1755sten Jahres einen großen Teil der Erde erschüttert hat»[3]. Aber nicht einmal diese Naturkatastrophe vermochte Kants Vorsehungsglauben zu erschüttern. Er hält dem Menschen vor, dieser hätte «kein Recht ..., von den Naturgesetzen, die Gott angeordnet, lauter bequemliche Folgen zu erwarten» (S. 415), ja, er spricht sogar von einem «Nutzen der Erdbeben» und fragt, ob man, anstatt über die Wege der Vorsehung «ungeduldig (zu) werden», nicht besser sagen sollte: «Es war nötig, daß Erdbeben bisweilen ... geschehen» (S. 439f). Aber Kant pflegt nicht einen narzißtischen Vorsehungsglauben, sondern er prangert einen solchen sogar im Namen eines das Geheimnis der Absichten Gottes wahrenden an: «Der Mensch ist von sich selbst so eingenommen, daß er sich lediglich als das einzige Ziel der Anstalten Gottes ansieht, gleich als wenn diese kein anderes Augenmerk hätten, als ihn allein ...» (S. 443f). Aber dann stellt doch auch Kant die Hiob-Frage nach der Gerechtigkeit Gottes: «Gleichwohl sehen wir, daß unendlich viele Bösewichter in Ruhe entschlafen, daß die Erdbeben gewisse Länder von jeher erschüttert haben, ohne Unterschiede der alten oder neuen Einwohner, daß das christliche Peru so gut bewegt wird, als das heidnische, und daß viele Städte von dieser Verwüstung von Anbeginn befreit geblieben sind, die über jene sich keines Vorzugs der Unsträflichkeit anmaßen können.» Und auch Kant weiß keine Antwort auf die Hiob-Frage: «So ist der Mensch im Dunkeln, wenn er die Absichten erraten will, die Gott in der Regierung der Welt vor Augen hat» (S. 444).

Wäre Kants Vorsehungsglauben auch durch Auschwitz nicht erschüttert worden? Er hätte Margarete Susmans Satanologie zustimmen müssen, wonach Auschwitz eine Strafaktion Gottes – der Vorsehung – war, mit deren Durchführung er Satan beauftragt hatte. Das aber ist kaum wahrscheinlich. Auschwitz mit dem Vorsehungsglauben in Übereinstimmung zu bringen, strapaziert unsere Vernunft in einer schlechthin unerträglichen Weise. Hier verliert sogar das «credo quia absurdum est» seinen intellektuellen Reiz.

Das Eingeständnis, die Gleichgültigkeit des monotheistischen Gottes gegenüber dem irdischen Leiden, der Not, der Schuld, der «condition humaine» erkannt zu haben, ist die einzige ehrliche Antwort auf die Frage der Theodizee. Es sei denn, man sehe in Gott einen Sadisten. Es war in der bisherigen Menschheitsgeschichte keine Vorsehung erkennbar, die zugunsten der Leidenden auf dieser Erde eingreift. Alles deutet darauf hin, daß die Parusieverzögerung eine Verschiebung ins Unendliche ist, die über die Bitterkeit dieser Erkenntnis hinweghelfen soll. Und was den jüdischen Messias anbelangt, sei nochmals Jeshajahu Leibowitz zitiert: «Der bedeutendste Inhalt der messianischen Idee liegt darin, daß das Kommen des Messias auf ewig ein zukünftiges Kommen sein wird. Jeder Messias, der kommt, ist ein falscher Messias.»[4]

Stimmen wie die von Leibowitz, der feststellt, «daß in der Welt, so wie sie ist, ein ‹Drahtzieher› von göttlicher Hand ganz und gar unbekannt ist», sind vorerst von religiöser Seite nur vereinzelt zu hören (S. 123). Leibowitz unternahm es jedoch, unter Hinweis auf Maimonides den als solchen erkannten Skandal der Gleichgültigkeit Gottes zu interpretieren als eine Voraussetzung wahren Glaubens. Maimonides meinte, so Leibowitz, daß der Verfasser des Buches Hiob Gott eine Antwort an Hiob in den Mund lege – in den Kapiteln 39–42, in denen Gott mit seiner Macht prahlt –, «in der es keinen Hinweis auf eine Gerechtigkeit gibt, mit der Gott die Welt lenkt ...» Was wir als Antwort Gottes lesen, sei: «Das ist meine Welt; nun mußt du, Hiob, entscheiden, ob du bereit bist, die Herrschaft Gottes in dieser Welt, so wie sie ist, zu akzeptieren. Ich bin dir keine Antwort auf deine Frage, warum diese Welt so ist, schuldig ...» Das großartigste Wort im ganzen Buch Hiob jedoch ist für Leibowitz: «Ich hatte von dir (Gott) nur vom Hörensagen vernommen; aber nun hat mein Auge dich gesehen» (Hiob 42, 5). Maimonides' Auslegung dieses Satzes von Hiob sei, daß der Mensch nicht mehr fragt, ob Gott sich um die Menschen kümmere oder nicht, wenn er zu dieser Stufe der Gotteserkenntnis gelangt sei. Leibowitz stellt dann «den großen Unterschied zwischen dem Glauben an Gott und dem Glauben an die göttliche Vorsehung» fest: «Gott hat keine Aufgabe. Der Mensch hat eine Aufgabe –

Gott zu verehren, aber Gott hat keine Aufgabe gegenüber dem Menschen. Das ist Glaube!»

Vorsehungsglaube wäre demnach Aberglaube und wahrer Glaube erst ohne diesen möglich. Auch dies eine fundamentale Kränkung des menschlichen Narzißmus, der sich als den Angelpunkt der Welt und Gott als sein spirituelles Bankkonto betrachtet, auf dessen Zinsen er einen legitimen Anspruch hat. Leibowitz zitiert dann nochmals Maimonides, wonach man Gottes Wirken nicht mit unserem Wirken vergleichen könne: «Wenn aber der Mensch dies weiß, dann wird er jedes Mißgeschick für gering achten, und diese zufälligen Ereignisse werden ihn nicht mehr zum Zweifel an Gott bringen ..., sondern werden seine Liebe zu Gott steigern» (so Maimonides im «Führer der Verwirrten»; S. 200ff). Aber: Auschwitz als ein bloßes Mißgeschick und zufälliges Ereignis, das unsere Liebe zu Gott zu steigern vermag? Hier ist selbst Leibowitz das Opfer einer Gläubigkeit, die sich weder rational noch emotional durchhalten läßt, um so mehr, als die Frage nach dem Warum dieses Bösen unbeantwortet bleibt. Es bliebe wiederum nur einmal mehr das «credo quia absurdum est», das hier freilich zu ergänzen wäre durch ein «credo quia nefastum est».

Aber die christliche Antwort mit dem Hinweis auf die Erlösungsfunktion des Kreuzestodes Christi ist um nichts überzeugender. Was Theologen heute mit Bezug auf Auschwitz fragen, fragte Nietzsche mit Bezug auf den Kreuzestod Christi: «‹Wie *konnte* Gott das zulassen!› Darauf fand die gestörte Vernunft der kleinen Gemeinschaft (der Christen; A. K.) eine geradezu schrecklich absurde Antwort: Gott gab seinen Sohn zur Vergebung der Sünden, als *Opfer*. Das *Schuldopfer*, und zwar in seiner widerlichsten, barbarischsten Form, das Opfer des *Unschuldigen* für die Sünden der Schuldigen! Welches schauderhafte Heidentum! ... Von nun an tritt schrittweise in den Typus des Erlösers hinein: die Lehre vom Gericht und von der Wiederkunft, die Lehre vom Tod als einem Opfertode, die Lehre von der *Auferstehung* ...»[5] Und Nietzsche zog daraus den Schluß: «Das Christentum ist eine Metaphysik des Henkers» (S. 100). Es fehle jeder Grund dafür, «daß er (Jesus) für die Schuld andrer starb» (S. 251). Und schon Nietzsche, dieser «Hellseher», der mit seinem unbarmherzig hellen Licht in alle Winkel des menschlichen Geistes und der menschlichen Seele leuchtete, bis es ihn selbst zu Tode blendete, machte die Egozentrik und den Narzißmus als das Motiv der Mythisierung des Kreuzestodes aus, als er von der «Lüge vom ‹wiederauferstandenen› Jesus» sprach und hinzufügte: «Das ‹Heil der Seele› – auf deutsch: ‹die Welt dreht sich um mich›» (S. 271 f). Diese Reduktion des Christentums auf eine Ideologie zur transzendenten Rechtfertigung des menschlichen Wahns, Angelpunkt des Universums zu sein, und des damit verbundenen narzißtischen Seelenheilverlangens mag der Lehre Jesu noch so widersprechen, bleibt jedoch wahr, insoweit sie die Psychologie so mancher christlicher Gläubiger zu erhellen vermag.

Aber der Kreuzestod des Jesus von Nazareth – könnte er nicht auch interpretiert werden als Indiz für Gottes Gleichgültigkeit dem Schicksal des Menschen gegenüber? Wenn Gott ungerührt zuschaute, wie sein eigener Sohn unsäglich gedemütigt, gemartert und zu Tode gequält wurde, ohne ihm auf seine verzweifelte Frage «Warum hast du mich verlassen?» eine Antwort zu geben, wie sollte ein solcher Gott sich um das Wohl der anderen Menschen kümmern wollen?

Nichts stellt die Hiob-Frage nach dem Ursprung und Sinn des Bösen radikaler als Jesu Kreuzestod. Wären die Theologen der Ohnmacht Gottes konsequent, müßten sie die These vertreten, daß Gott bereits angesichts des Kreuzes sich in eine Ohnmacht geflüchtet habe. Das Kreuz – Symbol der Gleichgültigkeit Gottes dem irdischen Leid der Menschen gegenüber? Ist der Kreuzestod Christi in Wahrheit nicht der Tod eben *der* christlichen Erlösungslehre, deren Legitimation er sein soll? Diese Frage führt zu einem weiteren, noch radikaleren Gedanken. In seinem «Antichrist» hatte Nietzsche noch geschrieben: «... im Grunde gab es nur Einen Christen, und der starb am Kreuz. Das ‹Evangelium› *starb* am Kreuz» (S. 265). Starb das Evangelium am Kreuz nicht ebenso, wie später der biblische Gott in Auschwitz gestorben ist? Der Kreuzestod als «Individual-Auschwitz», das das spätere kollektive präfigurierte? Hat Jesus mit seinem Aufschrei «Mein Gott, mein

Gott, warum hast du mich verlassen?» (Matth. 27, 46) nicht sein Scheitern eingestanden? Hat er im unsäglichen Schmerz des Gefolterten Gottes Gleichgültigkeit erkannt? Wiederum ist es Nietzsche, der in seiner «Morgenröte» diese Frage bereits gestellt hatte. Unter dem Titel «Von der Erkenntnis des Leidenden» schrieb er: «Der Zustand kranker Menschen, die lange und furchtbar von ihren Leiden gemartert wurden ... ist nicht ohne Wert für die Erkenntnis ... Gesetzt, daß er bisher in irgendeiner gefährlichen Phantasterei lebte: diese höchste Ernüchterung durch Schmerzen ist das Mittel ihn herauszureißen, und vielleicht das einzige Mittel. (Es ist möglich, daß dies dem Stifter des Christentums am Kreuze begegnete: denn die bittersten aller Worte ‹mein Gott, warum hast du mich verlassen!› enthalten, in aller Tiefe verstanden, wie sie verstanden werden dürfen, das Zeugnis einer allgemeinen Enttäuschung und Aufklärung über den Wahn seines Lebens; er wurde in dem Augenblick der höchsten Qual hellsichtig über sich selber ...)»[6].

Das würde bedeuten, daß auch im Kreuzestod Jesu keine Antwort auf die Frage nach dem Bösen und auf Hiob zu finden ist. Und daß er bereits das Ende der Theodizee verkündete, aber damit auch des biblischen Monotheismus mit seinem unlösbaren inneren Widerspruch von Gut und Böse. Da hilft es nichts, wenn heutige Theologen das «Mein Gott, warum hast du mich verlassen?» uminterpretieren in ein «Mein Gott, warum bist du ohnmächtig geworden, als ich dich am dringendsten brauchte?»

Von Auschwitz her gesehen erhält vielleicht der Tod des Juden Jesus am Kreuz erst seine wahre Bedeutung als Symbol des Scheiterns einer Erlösung verheißenden biblischen Religiosität. Das auszusprechen bedeutet keine Absage an den Menschen Jesus und seine Ethik – soweit sich diese nicht durch ihre Widersprüche selbst in Frage stellt –, wie sie in radikal einseitiger Weise Burkhard Müller in seinem «Schlußstrich» unter das Christentum unternimmt.[7] Im Gegenteil, dieses Ethos wird bloß von der äußerst fragwürdigen Letztbegründung durch einen Gott befreit, der im Exodus als Generalstabschef und als unbekümmert Morde und Genozide befehlender Diktator und im Buch Hiob als machtbesessener Neurotiker erscheint und der im Evangelium wegblickt, während man seinen Sohn zu Tode foltert. Diese Befreiung wäre ein Akt des Mündigwerdens des Menschen, der nun allein und autonom verantwortlich für das Gute und das Böse in dieser Welt würde. Verantwortlich für eine Emanzipation aus vom Menschen selbstverschuldeten Leiden und auch aus seiner Unmündigkeit, eine Emanzipation, deren Interesse nicht das eigene Seelenheil wäre, das man sich narzißtisch von einer Erlösung erwartet, sondern das sich am Leid und der Not und der Entwürdigung des anderen orientiert und sich vom Gedanken einer militanten Versöhnung leiten ließe. Militant wäre diese Emanzipation im Geiste der Versöhnung zu nennen, weil sie den gesellschaftlichen Strukturen den Kampf ansagen müßte, soweit diese das Leiden, die Not, die Entwürdigung verschulden. Versöhnung wäre auch nicht gleichbedeutend mit einem faulen Kompromiß zwischen Gut und Böse und meinte nicht einen ein für allemal zu erreichenden Zustand, da der Löwe friedlich neben dem Lamm liegt, sondern einen wohl nie zur Ruhe gelangenden Prozeß der Unversöhntheit mit einer unversöhnten Gesellschaft. Versöhnung als Emanzipation aus dem Unversöhnten, soweit dieses durch den Menschen zu verantworten ist und soweit eine solche Emanzipation dem Menschen möglich ist, nicht als Aufhebung der «condition humaine». Die Frage, die sich dabei im Wirkungsbereich der Bibel stellt, lautet, ob eine solche Versöhnung mit dem Glauben an einen Gott versöhnbar ist, der vor dem Leiden der Welt seine Augen zudrückt. Es ist die Frage des Agnostizismus.

Utopie des Nichtwissens

Die Gotteskrise ist eine Krise des Monotheismus. Die nächstliegende Frage wäre, ob die Alternative zu diesem nicht mehr glaub- und glaubenswürdigen Einen Gott ein Polytheismus wäre, wie einige es vorschlagen. Aber wir können nicht zu den Göttern Griechenlands zurückkehren, ohne uns lächerlich zu machen und ohne ein paar tausend Jahre Religionsgeschichte auszuwischen. Auch der Atheismus ist keine Alternative, da ja auch er sich anmaßt, über ein – wenn auch negatives – Wissen von Gott zu verfügen, und Gefahr läuft – *vestigia terrent* –, selbst zu einem militanten Religionsglauben zu entarten. Eine Naturreligion wiederum ist ebensowenig eine Alternative, da sie die Natur mystifiziert und die Frage des – vom Menschen her gesehen – Bösen in der Natur mit ihrem in ihr als Notwendigkeit angelegten «Fressen und Gefressenwerden» verdrängt. Auch können wir mit unserer Kulturtradition keine heiligen Kühe anbeten, abgesehen davon, daß wir deren in unserer Gesellschaft – symbolisch verstanden – schon übergenug haben. Auch dem Boom der Neureligionen wird es nicht gelingen, die Lücke zu füllen, die der im Krankenbett liegende biblische Gott hinterläßt. Sie suchen Gott in esoterischen Praktiken, in einer elitären Spiritualität, in einem verwestlichten Abklatsch östlicher Religiosität oder afroindianischer Schamanenkulte usw., die alle gebieterisch eine Vernunftabstinenz fordern und sehr oft nicht viel mehr sind als kommerzialisierte Scharlatanerie. Und was den ebenfalls boomenden Polytheismus der zahllosen «Sekten» anbelangt, so lehrt die Erfahrung, daß diese Gott-Attrappen sich früher oder später selbst erledigen.

Bleibt der Agnostizismus, ein Bekenntnis des Nichtwissens in der Gottesfrage als Antwort auf die Blutspur der Religionen und die Gotteskrise, zu der diese hingeführt hat. Ein solcher Agnostizismus wäre die Alternative einer selbstkritischen Vernunft, die – um nur die Hauptreligion des Abendlandes zu erwähnen – empirisch ein ethisches, soziales und anthropologisches Fazit aus zweitausend Jahren Christentum zöge und endlich den Mut und die Redlichkeit aufbrächte einzugestehen, daß eine erkennbare Vorsehung nicht auszumachen ist, daß das Schicksal und das Leiden der einzelnen und der Völker in dieser Welt dem Gott der Bibel gleichgültig sind, daß die Hiob-Frage nach Gottes Gerechtigkeit im Monotheismus ebenso unbeantwortet bleiben muß wie die Theodizee-Frage nach dem Ursprung und Sinn des Bösen, daß nach Auschwitz der Kreuzestod Christi als sein Scheitern interpretiert werden kann und als Symbol und Versprechen der Erlösung nicht nur infolge der Parusieverzögerung unglaubwürdig geworden ist. Zu schweigen von den unzähligen Verbrechen, die im Namen des biblischen Gottes begangen wurden und begangen werden. Anstatt diese unmißverständlich zu verurteilen, haben Kirchen allzuoft sie selbst angeregt oder gar begangen.

Demgegenüber wäre Agnostizismus getragen von einer Vernunft, die durch die Dialektik der Aufklärung hindurchgegangen und damit gleichsam geläutert wäre, ohne neuen Mythen zu verfallen, vor allem nicht mehr einer Mythologisierung ihrer selbst, die aber in der Tradition der Aufklärung sich an den Grundwerten unserer Kultur, den Menschenrechten – die die Bürgerrechte implizieren – und der Menschenwürde orientieren. Es wäre eine Vernunft, die, wie Kant es formulierte, «in allen Stücken einen öffentlichen Gebrauch» von sich macht.[1]

Aber Kant war kein Agnostiker, er glaubte an eine Vorsehung und baute diesen Glauben in seine Geschichtsphilosophie ein. Deshalb ist über die Kantsche Frage «Was ist Aufklärung?» hinaus zu fragen: «Was ist ein aufgeklärter Agnostizismus?» Zunächst: Agnostizismus hat keinen dogmatischen Charakter, er behauptet nicht einmal, daß aller Gottesglaube Illusion, Wahn oder eine Zwangsneurose sei, wie Freud dies tut, sondern er läßt die Möglichkeit eines nicht pathologisierbaren Glaubens offen, nimmt sich allerdings das Recht heraus, jeden Glauben an seinen Taten, vielmehr diese an seinem Bekenntnis zu messen.

Dieses Nichtwissen- und Nichtglaubenkönnen ist nicht dem Atheismus, sondern dem Skeptizismus verwandt. Die Rationalität des Agnostizismus ist das Ethos der Wahrheitsverpflichtung. Seine normative Basis ist zunächst eine Wahrheitsliebe, die kein Denkverbot zuläßt und behauptete Wahrheiten über Transzendentes unnachgiebig auf ihre Geltung, ihre möglichen inneren Widersprüche und die Übereinstimmung zwischen Anspruch und Umsetzung in die Wirklichkeit überprüft. Das heißt: Sie akzeptiert keinen Hinterfragungs-Stop. Es ist eine Wahrheitsliebe ohne Anspruch, eine Wahrheit zu besitzen oder gar *die* Wahrheit über Transzendentes finden zu können. Aber das ist gleichsam nur die oberste Schicht seiner normativen Basis; denn diese Wahrheitsverpflichtung, die, was die Transzendenz anbelangt, nach Ansicht des Agnostizismus zum Bekenntnis eines Nichtwissens auffordert, ruht ihrerseits auf einer tieferliegenden normativen Grundschicht, einem Ethos, das sich aus unseren tradierten Grundwerten zusammensetzt. Dahinter verbirgt sich die Erfahrung und die aus dieser gewonnene Erkenntnis, daß dem Anspruch, eine Wahrheit über Transzendentes, Gott, das Absolute zu besitzen, ein gefährliches Aggressionspotential innewohnt. Die Geschichte ist ein einziger Friedhof im Namen solcher absoluter Wahrheiten – hinter denen sich meist handfeste Interessen verbergen – Getöteter. Deshalb ist Agnostizismus vor allem anderen eine Ethik. Er ist identisch mit Pazifismus. Nicht mit einem schwärmerisch-fundamentalistischen Pazifismus, der dogmatischen Charakter hätte, sondern mit einem situationsbedingten. Oder mit Max Weber gesprochen: nicht mit einem gesinnungsethischen, sondern mit einem verantwortungsethischen. Wobei die Verantwortung sich freilich an den erwähnten Grundwerten zu orientieren hätte. Der Agnostizismus geht dabei wesentlich von der Erfahrung des bellizistischen Potentials und der Machtarroganz religiöser Wahrheits- und Wissensansprüche aus. Absoluter Wahrheit ist angesichts der Konfliktnatur des Menschen die Gewaltanwendung zu ihrer Durchsetzung potentiell implizit. Situationsbedingt pazifistisch müßte ein Agnostizismus insofern sein, als ein absoluter, fundamentalistischer Pazifismus ebenfalls einen implizit oder explizit religiös motivierten Wahrheitsbesitz behauptet und sich selbst ad absurdum führt, indem er tatenlos zusehen muß, wie vor seinen Augen Menschen massakriert werden. Dem Bösen nicht widerstehen heißt, es zu unterstütztén.

Agnostizismus macht nur Sinn, wenn das Leben, die Freiheit, die Gerechtigkeit, die Würde, die Mündigkeit des Menschen zu seinen primären Grundwerten zählen. Deshalb ist er ein Ethos. Deshalb auch ist die letzte normative Grundschicht, auf der er steht, das, was Johann Baptist Metz das «Leidensapriori» nennt: daß dem Gedanken an das mögliche oder tatsächliche Leiden, wo immer es sich zeigt und ohne Ansehen von Geschlecht, «Rasse», Alter, Nationalität, Religiosität, psychophysischer Integrität als Denk- und Handlungsmotiv Priorität zukommt. Deshalb kann man auch sagen: Agnostizismus nimmt das christliche Liebesgebot ernster als die Bibel.

Das Nichtwissen des Agnostizismus bleibt der «condition humaine» unterworfen, es versteht sich nicht als ein absolutes, sondern als ein vorläufiges, und es läßt die Frage offen, ob diese Vorläufigkeit je ein Ende haben könnte. Dieses Nichtwissen hält sich offen für neue Erfahrungen, neue Erkenntnisse, neue Deutungsversuche. Seinem Ethos freilich muß es treu bleiben, will es nicht seines Sinnes verlustig gehen. Es ist gegen die Verführungen zur Macht und zur Gewalt immun. Wer wollte schon für das Nichtwissen auf die Barrikaden gehen, es mit Bomben und Granaten durchsetzen? Es ist nicht motiviert durch einen Machtwillen der Vernunft, sondern durch die Selbsterkenntnis ihrer Grenzen. Das Nichtwissen schickt keinen unter die Guillotine, der sich nicht zu ihm bekennt. Kein Terrorregime kann sich auf das Nichtwissen berufen. Niemand schlägt im Namen des Nichtwissens seinem Nachbarn den Schädel ein. Im Namen des Nichtwissens werden keine Kriege und keine Kreuzzüge geführt, das «Ich weiß nicht» eignet sich in keiner Weise als Parole, die man auf die Fahne schreibt, mit der man ins Feld zieht – im Gegensatz zum «Gott mit uns» oder dem «deos lo vult». Das Nichtwissen hat keine Feldprediger, die Soldaten zu segnen, die in den Kampf ziehen, man kann mit ihm keine Waffen segnen. Es schließt keine Verträge mit irdischen Mächten, die es korrumpieren. Das Nichtwissen hat – *hor-*

ribile dictu – kein Vaterland und prägt keine Münzen mit einem «Dominus providebit», wie es die Schweizer Fünffrankenstücke verkünden. Oder man stelle sich die Dollarnoten vor, die «In ignorance we trust» aufgedruckt hätten.

Auch ist es nicht durch hintergründige und hinterhältige partikulare Interessen motiviert, die sich seiner ideologisch bedienen. Feindbilder von Nicht-Agnostikern sind dem Nichtwissen fremd, es wertet diese nach ihren Taten. Es braucht keine Sündenböcke, um das Böse in sich schmerzlos herausprojizieren zu können. Das Nichtwissen veranstaltet keine Inquisition und keine Hexenverbrennungen, auch keine Exkommunikation, und es ist völlig ungeeignet für religiöse Massenveranstaltungen, in denen ein Stellvertreter Gottes die Menschen lehrt, was sie zu denken und zu glauben haben. Es vernebelt die Vernunft der Menschen nicht mit Weihrauch, es macht keine Proselyten und häuft keine Kirchenschätze an. Das Nichtwissen ist auch völlig ungeeignet, politischen Parteien als Aushängeschild und als Tarnkappe ihrer Interessen zu dienen. Man stelle sich vor, die CDU würde sich in eine «Agnostisch-demokratische Union» umtaufen! Auch eben ernannte Minister könnten mit einem Eid «So wahr mir mein Nichtwissen helfe» nicht im vorhinein ihr späteres Versagen heiligen. Nichtwissen ist das Grab unserer Lebenslügen. Völlig undenkbar wäre auch ein Fundamentalismus des Nichtwissens, gar einer, der sich des Terrorismus bedient und Massaker verübt. Ebensowenig sind Religionskriege unter Agnostikern denkbar. Weiter läßt das Nichtwissen sich nicht vermarkten, nicht kommerzialisieren, und die Devotionalienhändler müßten ihre Buden schließen, weil sie ihre Heiligenknöchelchen nicht mehr absetzen könnten. Es gibt auch keine esoterischen Jahres-Nichtwissermessen geschäftstüchtiger NichtwisserInnen und keine Nichtwisser-Seminare in gepflegten Hotels an romantischen Seeufern oder Meeresstränden, wo sich das Nichtwissen erlernen läßt. Es gibt ferner keinen Streit darüber, ob das Nichtwissen nun männlich oder weiblich oder androgyn sei, damit weder ein patriarchalisches noch ein feministisches Nichtwissen. Auch als numinoser Archetypus macht das Nichtwissen eine schlechte Figur, es ist völlig unbrauchbar für jedweden

Geheimniskult und auch kein Residuum eines kollektiven Unbewußten, das sich als Gott drapieren läßt …

Genug! Der in seiner Bedeutung für die Erhaltung des Friedens unter den Menschen und ihren Nationen gar nicht abzuschätzende Vorteil einer Kultur des Agnostizismus wäre, daß das Nichtwissen sich im Gegensatz zu den Religionen nicht als Letztinstanz zur Legitimation des Menschlich-Allzumenschlichen mit seiner immanenten Aggressivität und seinen egoistischen Interessen ge- und mißbrauchen läßt. Eine agnostische Kultur bedeutete das Ende der religiösen Legitimationsideologien, die unser gesellschaftliches und politisches Leben allzusehr in einen Tummelplatz individueller und kollektiver Lebenslügen verwandeln.

Kein Agnostizismus vermöchte freilich die Menschen vom Bösen zu befreien, aber ein Eingeständnis des Nichtwissens entzöge der menschlichen Aggressivität wenigstens die religiös-legitimierende Grundlage. Ein Bekenntnis zum Nichtwissen in Sachen Transzendenz könnte eine heilsame Wirkung auf die immer wieder explodierende nationalistische und rassistische Destruktivität ausüben, da es völlig ungeeignet ist, Machtansprüche numinos aufzuladen. Dem Krieg wäre der Heiligenschein genommen, den er sich zu allen Zeiten bei den Religionen und ihren Kirchen entlehnte. Heiligenscheine sind per se Scheinheilige.

Freilich – eine solche Kultur des Agnostizismus bleibt in einer Zeit der Wissensmaximierung, die Wissenschaft, Technik und ihrem globalisierten Wirtschaftssystem eine religiöse Dignität und Erlösungsfunktion zuspricht, eine Fata Morgana, ein schöner Traum, eine realitätsferne Utopie. Doch Utopien kommt zunächst immer die Funktion einer radikalen Kritik des Bestehenden zu, und die Frage einer Verwirklichung stellt sich, wenn überhaupt, erst sekundär. Was wiederum nicht heißt, daß sie über ihre kritische Funktion hinaus nicht auch eine konstruktive hätten, indem ihre Kritik die Augen zu öffnen vermag für die Notwendigkeit, Überholtes abzubauen und so Raum zu schaffen für den Aufbau eines Besseren. So möchte diese Utopie des Agnostizismus mithelfen, einen Weg aus der Gotteskrise zu finden, in die wir geraten sind und die unsere Gesellschaftskrise widerspiegelt.

Einwände

Gegen die Utopie einer agnostischen Kultur erheben sich mindestens drei gewichtige Einwände, die im Grunde alle dasselbe aussagen wollen: Wie befriedigt ein Agnostizismus das religiöse Bedürfnis der Menschen, das doch eine anthropologische Konstante zu sein scheint? Ist der Mensch, so wie wir ihn als der «condition humaine» unterworfenes Konfliktwesen kennen, überhaupt fähig, den Grad an Mündigkeit zu erreichen, dessen Möglichkeit eine sich zum Agnostizismus bekennende Kultur voraussetzt? Wie «letztbegründen» wir unsere Werte und Normen ohne Berufung auf eine religiöse Instanz?

Spricht nicht allein schon das tief in uns verwurzelte religiöse Bedürfnis gegen die Möglichkeit einer agnostischen Kultur? Die Frage kann auch anders gestellt werden: Kann ein religiöses Bedürfnis nur auf tradierte Weise, nur auf einem von den Religionen – den biblischen jedenfalls – bisher vorgezeichneten Weg befriedigt werden? Genügt die tradierte Form des Glaubens an einen monotheistischen Einen Gott überhaupt noch, die Sehnsucht nach Antworten aus der Transzendenz zu erfüllen? Sind der Boom der Neureligionen, die Glaubensapathie der Mehrheit des Volks, der grassierende Eskapismus, die in dieser Beziehung unser gesellschaftliches Leben charakterisieren, nicht ein untrügliches Zeichen des Versagens unserer tradierten Glaubensformen, unser religiöses Bedürfnis noch befriedigen zu können?

Weiter ist zu fragen: Steht die drängende Kraft des religiösen Bedürfnisses eines Menschen unserer Tage nicht oft in einer umgekehrt proportionalen Relation zur abnehmenden Gewißheit seiner Identität und damit zum Entwicklungsgrad auch seiner Mündigkeit? Sucht das religiöse Bedürfnis dann nicht über das Bedürfnis nach «Kontingenzbewältigung» hinaus kompensatorisch in der Transzendenz, was dem Individuum aus eigener Kraft an Identität und Mündigkeit zu erreichen nicht oder nur ungenügend gelungen ist? Kant bemerkte skeptisch: «Faulheit und Feigheit sind die Ursachen, warum ein so großer Teil der Menschen, nachdem sie die Natur längst von fremder Leitung freigesprochen, dennoch gerne zeitlebens unmündig bleiben; und warum es anderen so leicht wird, sich zu deren Vormündern aufzuwerfen. Es ist so bequem, unmündig zu sein.»[1] Wir würden heute sagen: Es ist so bequem, sich irgendeinem selbsternannten Guru an den Hals zu werfen oder sein Heil in einem Esoterik-Seminar zu suchen, anstatt sich seiner Vernunft zu bedienen. Kant hat sogar schon die Kommerzialisierung der Angebote der Erlösungsindustrie angeprangert: «Ich habe nicht nötig, zu denken, wenn ich nur bezahlen kann; andere werden das verdrießliche Geschäft schon für mich übernehmen.» Und der Unbestechliche kritisiert sarkastisch einen Gesellschaftszustand, wie er sich – *mutatis mutandis* – heute noch präsentiert, sogar in noch viel ausgeprägterem Maß: «Daß der bei weitem größte Teil der Menschen ... den Schritt zur Mündigkeit außer dem, daß er beschwerlich ist, auch für sehr gefährlich halte: dafür sorgen schon jene Vormünder, die die Oberaufsicht über sie gütigst auf sich genommen haben.» Kant spricht dann sogar noch von einer dem Menschen «beinahe zur Natur gewordenen Unmündigkeit». Trotzdem glaubt er an die Möglichkeit, «daß ... ein Publikum sich selbst aufkläre», vorausgesetzt, man lasse ihm Freiheit. Es würden sich dann immer «einige Selbstdenkende» finden, welche «den Geist einer vernünftigen Schätzung des eigenen Werts und des Berufs jedes Menschen, selbst zu denken, um sich verbreiten werden». Freilich werde ein solches Publikum «nur langsam zur Aufklärung gelangen». Aber dann folgt der vielleicht entscheidende Satz: Unter der Freiheit verstehe er, «von seiner Vernunft in allen Stücken einen *öffentlichen Gebrauch* zu machen». Kant versteht darunter eine Vernunft, die nicht das Privatinteresse, sondern «das Interesse des gemeinen Wesens» (S. 10f), also das Gemeinwohl im Auge hat. Und er macht unmißverständlich klar, daß es ihm um eine Aufklärung, nämlich um Freiheit und Mündigkeit «vorzüglich in *Religionssachen*» geht (S. 16).

Seit der argen Kränkung unserer Vernunft durch die Psychoanalyse, die festgestellt hat, daß das Ich mit seiner Vernunft nicht alleiniger Herr in seinem Haus ist, sind wir, was die Erfolgsaussichten der Aufklärung anbelangt, freilich noch erheblich skeptischer geworden, als Kant es war. Wir wissen heute, daß nicht nur Faulheit und Feigheit den Menschen daran hindern, sich der «Leitung eines anderen» zu widersetzen und mündig zu werden, selbst zu denken, sondern daß dieser andere auch in uns selbst sitzt und uns aus unserem eigenen Unbewußten zu leiten oder zumindest zu bevormunden und zu beeinflussen vermag. Das Andere der Vernunft sitzt in ihr selbst. Gewiß setzt die Psychoanalyse die von Kant verteidigte und geforderte Aufklärung auf psychisch-kognitivem Gebiete fort; doch zum einen konnte sie nicht verhindern, daß Unberufene einen «Psycho-Boom» provoziert haben, der ihren Sinn und ihr Bemühen, in ihrer psychischen Entwicklung steckengebliebenen Menschen zu einer ihnen möglichen Mündigkeit zu verhelfen, in ihr Gegenteil verkehrt und sie abhängig macht von irgendwelchen – zum Teil abstrusen – Selbstheilungs-, ja Selbsterlösungspraktiken. Aber keine Vernunft ist vor dem Mißbrauch durch eine Unvernunft geschützt, die in ihr selbst steckt, da auch eine «reine» Vernunft die Leiblichkeit, in der sie ruht, ebensowenig völlig abstreifen kann wie das ihr Unbewußte, auf dem sie ruht. Zum andern hat es in diesem Jahrhundert sich mehr denn je gezeigt, wie wenig ein Appell an die Vernunft und ein Aufruf zum «sapere aude!» vermögen.

Das Jahrhundert der Massentötungsorgien veranstaltet als Abschiedsfest zum einen ein sinn- und geistbetörendes Feuerwerk von Irrationalismen aller Art, das unser religiöses Bedürfnis durch Verblendung und Verzauberung befriedigen und vom Selberdenken abhalten soll. Zum anderen wird Vernunft immer mehr zum wissenschaftlich-technischen Verstand instrumentalisiert und an den Computer delegiert. Der neue Gott über all den Göttern der Neureligionen und metaphysischen Surrogaten heißt Internet, und das Händefalten der Betenden wird fortan ersetzt durch das Tastendrücken der Vernetzten. Damit hat die Idee der Mündigkeit einen neuen Status erreicht: Mündigkeit wird virtuell.

Aber das Postulat der von Kant und der Aufklärung gemeinten Mündigkeit läuft zusätzlich Gefahr, zur Legitimierung eines Elite-Denkens – mit entsprechender sozialer Praxis – mißbraucht zu werden. Schon Spinoza hat auf die Frage, «für wen und in welchem Sinne der Glaube an die in der Heiligen Schrift enthaltenen Geschichten notwendig ist», geantwortet, es sei «ganz augenscheinlich ..., daß ihre Kenntnis und der Glaube an sie nur für das gewöhnliche Volk notwendig ist, weil sein Geist nicht imstande ist, die Dinge klar und deutlich zu erfassen»[2]. Den Wert der Bibel schätzte er geradezu utilitaristisch ein: Er wolle, so schrieb er, «ausdrücklich bemerken, ... daß ich die Heilige Schrift oder die Offenbarung hinsichtlich ihrer Nützlichkeit und Notwendigkeit sehr hoch schätze ... Da ausnahmslos alle Menschen gehorchen können und nur sehr wenige ... durch die bloße Leitung der Vernunft eine tugendhafte Lebensführung erreichen, so müßten wir an dem Heil fast aller Menschen zweifeln, wenn wir das Zeugnis der Schrift nicht hätten» (S. 231). Zynisch formuliert lautet das: Da die große Mehrheit der Menschen zu dumm, zu faul und zu schwach ist, um vernunftgeleitete Mündige werden zu können, brauchen sie ein Religionsbuch als Vernunftersatz und als Autorität, das ihnen das Selberdenken abnimmt und ihnen sagt, wie sie denken, glauben und leben sollen. Heute würde Spinoza angesichts des Verfalls der tradierten Religionen diese Funktion der biblischen vielleicht oder sogar wahrscheinlich auch den neureligiösen zusprechen.

Das religiöse Bedürfnis verlangt um so drängender nach Befriedigung, je weniger die Menschen sich in ihrer Welt zurechtfinden. Der Gedanke der Mündigkeit hat in einer Zeit der Gotteskrise und eines die Menschen verunsichernden permanenten revolutionären Wandels von Wissenschaft, Technik und Wirtschaftspraxis einen schweren Stand. Das Bedürfnis, Halt, Sinn und Geborgenheit in einer Religion – im weitesten Sinn des Begriffs – zu finden, wächst mit der Ungewißheit, wohin die Menschheit als solche steuert. Der und die einzelne fühlen sich durch das Postulat einer autonomen – mündigen – Verarbeitung des sie Bedrängenden überfordert. Sie suchen nach einer Autorität, die ihnen diese Arbeit der Krisen-

und Kontingenzbewältigung abnimmt. Damit wächst die Gefahr, daß die einem «selber denken»[3] Verschriebenen innerhalb ihrer Gesellschaft, auch ohne es zu wollen oder sogar auch gegen ihren Willen, zu einer Elite werden, deren Treiben allzuleicht dann den Charakter eines Glasperlenspiels in akademischen Elfenbeintürmen annimmt. Schlechte Zeiten für eine Kultur des Agnostizismus.

Religiöser Agnostizismus?

Der Mensch möchte glauben können, was er nicht weiß, und wissen können, was er glaubt. Er möchte, jedenfalls als wissenschaftsgläubiger Abendländer und um seine kritische Vernunft zu beruhigen, sich einem Glauben hingeben können, den seine Vernunft nicht in Frage stellt, der für ihn identisch wäre mit Gewißheit, ja mit einem Wissen, das über «trial and error» erhaben ist und ihn als absolutes von jedem weiteren Selberdenken dispensiert. Sein Ideal wäre heute Glaube als Wissenschaft, was auch erklären mag, wieso Wissenschaft und Technik für so manche immer mehr eine heilsversprechende religiöse Dignität erhalten. Diese faule Dialektik von Glaube und Wissenschaft ist die treibende Kraft des Esoterik- und des «spirituellen» Psycho-Booms wie auch des Geschäfts der Neureligionen. *Mundus vult decipi* – die Welt will betrogen werden, aber der Betrug hat sich heute oft einen Labormantel ausgeborgt, und in dessen Taschen klimpern die Münzen. So manche erhoffen sich – bewußt oder unbewußt – die Antwort auf Hiob aus dem Reagenzglas oder der Apotheke.

War und ist alle Aufklärung vergebens? Gehört auch dies zur «condition humaine», daß der Mensch die Not seiner kosmischen Einsamkeit, seiner physischen, psychischen, geistigen und sittlichen Unvollkommenheit sowie die Begrenztheit seines Wissenkönnens und seines Lebens dadurch zu beheben versucht, daß er immer und immer wieder religiöse, metaphysische und wissenschaftlich-positivistische Kirchen baut – im brasilianischen Porto Alegre gibt es tatsächlich eine Positivistenkirche! –, auf deren Altar er einen Gott oder neuerdings auch eine Göttin setzt, von denen er sich eine Behebung seiner Not, seines Leidens, seiner Endlichkeit und die Erfüllung seiner Hoffnungen und Sehnsüchte erträumt? Und dies, obgleich die bisherige Menschheitsgeschichte lehrt, daß alle diese Götter und Göttinnen nicht gehalten haben, was man sich von ihnen versprach, und die heutige «Gotteskrise» dies nur einmal mehr und unerbittlicher als je bestätigt?

Gewiß ist diese Erkenntnis nichts Neues, aber die sie früher schon aussprachen, blieben weitgehend ungehört oder sind selbst als säkularisierte Religionsstifter mißverstanden worden. In der Religionskritik von Spinoza, Kant, Feuerbach, Marx, Nietzsche, Freud und auf etwas moderatere Weise auch der eines so konservativen Geistes wie Jacob Burckhardt – um nur einige ihrer bedeutendsten Vertreter zu nennen – hat sich bereits angekündigt, was wir heute die Gotteskrise nennen. Man lese etwa den Brief des sechsundzwanzigjährigen Jacob Burckhardt an Willibald Beyschlag vom 14. 1. 1844, in dem der Basler Humanist schrieb: «Ich aber habe für ewig mit der Kirche gebrochen, aus ganz individuellem Antrieb, – weil ich nämlich buchstäblich nichts mehr damit anzufangen weiß ... Die Kirche hat über mich jegliche Gewalt verloren, wie über so viele tausend Andere ...» Burckhardt sprach hier auch bereits von einer «unkirchlichen Religiosität». Das Christentum habe die Völker großgezogen und ihnen endlich die Kraft und Selbständigkeit verliehen, «sich fortan nicht mehr mit Gott, sondern *mit dem eigenen Innern* versöhnen zu können ...» Burckhardt preist dann Christus als den Größten der Menschen, fügt aber gleich hinzu: «Als Gott ist mir Christus ganz gleichgültig – was will man mit ihm in der Dreifaltigkeit anfangen? Als Mensch geht er mir läuternd durch die Seele, weil er die *schönste* Erscheinung der Weltgeschichte ist. – Wer so was Religion heißen will, der mag es – ich weiß mit *dem* Begriff nichts aufzustellen.»[1] Und noch fast zwanzig Jahre später klagt Burckhardt in einem Brief an Salomon Vögelin die Kirchen an, die Menschen in Unmündigkeit halten zu wollen: «Ich habe in den letzten Jahren viel über das Schicksal der protestantischen Kirchen nachdenken müssen. Der Mensch sucht gar nicht die Freiheit auf diesem Gebiete, sondern die Abhängigkeit, welche ihm bekanntlich die catholische Kirche satis superque gewährt. Seine Ausmalung des persönlichen Gottes wächst und bildet sich aus je nach dem Grad seines Kummers und seiner Leiden, und da gewinnt dann auch das Übrige, biblische Geschichte und Lehre, einen immer neuen Halt» (S. 239f; alle Hervorhebungen von Burckhardt).

Diese Abhängigkeit von einer transzendenten Autorität, die so wesentlich die Praxis der Befriedigung unseres religiösen Bedürfnisses bestimmte und immer noch bestimmt, ist gleichzeitig der Ausdruck eines religiösen Habenwollens: «Gib uns unser täglich Brot!» Etienne Barilier hat das in seinem brillanten Buch gegen den neuen Obskurantismus sarkastisch, aber treffend formuliert: «Wir erwarten, daß der Sinn außerhalb von uns existiert, daß er uns gegeben werden soll. Daß er uns wie gebratene Tauben in den Mund fliegt. Wir denken, daß es ihn gibt oder daß es ihn nicht gibt, und vergessen, daß er gewollt und getan sein muß.»[2] Was Barilier anprangert, ist die Reduktion der Religiosität auf einen religiösen Konsumismus, in dem sich der heute vom Kapitalismus angeheizte wirtschaftliche widerspiegelt. Religion wird konsumiert statt gelebt. Aber wie, wenn der Gott dieser Religion in eine Existenzkrise gerät? Dann fühlt man sich auf sich selbst zurückgeworfen und sucht nach ebenso konsumierbaren Ersatzobjekten. Da diese aber – zumindest auf die Dauer – nicht halten können, was man sich von ihnen verspricht, stellt sich dem Agnostizismus, der sich als vernünftige Alternative anbietet, die auf den ersten Blick paradoxe Frage, ob nicht er, ohne sich zu verleugnen, in der Lage sein könnte, das religiöse Bedürfnis der Menschen wenigstens so weit zu befriedigen, daß eine weitere Eskalation des neureligiösen Konsumismus – der, wie etwa die verschiedenen «Sekten»-Dramen im ausgehenden Jahrhundert erschreckend aufdecken, auch gefährliche destruktive Kräfte zu entfesseln vermag – zumindest gebremst werden könnte.

Gewiß, der Begriff eines religiösen Agnostizismus erscheint auf den ersten Blick als absurd, als ein Widerspruch in sich selbst, und er ist das auch. Aber auch der Widerspruch gehört zur «condition humaine», und die Frage ist bloß, ob man ihn als solchen erkennt und bekennt, um ihn schöpferisch werden zu lassen, oder ob man ihn – wie die tradierten Religionen es allzugern tun –, um einen Absolutheitsanspruch zu wahren, leugnet, verdrängt oder wegtheologisiert. Es scheint zur Struktur unserer Vernunft zu gehören, daß wir um so tiefer in Widersprüche geraten, je höher hinauf wir in unserem Bestreben, ein gesichertes Wissen von der Transzendenz, von Gott zu erlangen, emporsteigen wollen. Das Tertullian zugeschriebene «credo quia absurdum est» hat das bereits ahnen lassen, hat aber selbst das Schicksal erfahren, dogmatisiert zu werden.

Vielleicht ist das Paradox eines religiösen Agnostizismus eine mögliche Form von Religiosität für einen Menschen, der nicht bereit ist, seine Vernunft um einer Heilserwartung willen auf dem Altar der Religion zu opfern, der jedoch trotzdem seinem Sinnen über das unfaßbare Transzendente, die Stellung des Menschen im Kosmos, die Frage von Gut und Böse eine religiöse Qualität beimißt. Was wäre unter einem solchen religiösen Agnostizismus zu verstehen? Zunächst: Dieser leugnet die Existenz Gottes – was immer man sich unter diesem Begriff oder unter dem eines Absoluten vorstellen mag – nicht, er verweigert sich bloß einem Wissen in religiösen Fragen, das er eines dem Wirtschaftlichen entsprechenden Habenwollens bezichtigt, ebenso wie einem Glauben, dessen Absolutheitsanspruch notwendig Nicht- oder Andersgläubige ausgrenzt, sich totalitär gebärdet, in Form von Kirchen und ihren oft menschlich-allzumenschlichen Vertretern institutionell erstarrt und durch eben das korrumpiert wird, was er aufheben zu können verspricht – von weit Schlimmerem abgesehen. Da ein solcher Agnostizismus sich jedoch als ein Ethos versteht, fühlt er sich einer kirchlichen Caritas verbunden, soweit diese ihre materielle oder seelische Hilfe ohne missionarische Nebenabsichten und ohne Ansehen der Person des Hilfsbedürftigen gewährt.

Weiter leugnet ein solcher Agnostizismus keineswegs die Legitimität und die Macht des religiösen Bedürfnisses, das er ja selbst verspürt; nur ist er nicht bereit, sich durch diese Macht seine Vernunft vernebeln und seinen Rücken krümmen zu lassen. Wohl ist das religiöse Bedürfnis als eine anthropologische Konstante anzusehen; aber das bedeutet nicht, daß es auch in einer konstant bleibenden Form erscheint. Es befindet sich, wie alles Menschliche, in seiner jeweiligen Erscheinung in einem geschichtlichen Wandlungsprozeß. Das heißt: Es kann sich auf verschiedene Arten äußern, wobei diese durch raumzeitlich bedingte gesellschaftlich-kulturelle Einflüsse bestimmt werden können. In einer vom Nutzenkalkül und dem Zwang zu Gewinnmaximierung beherrschten kapitalistischen Marktwirtschaft nimmt auch das religiöse Bedürfnis mehr denn je die Form eines besitzindividualistischen Habenwollens an. Wenn der Mensch nur noch als «homo oeconomicus» gewertet und entsprechend vermarktet wird, darf man sich nicht wundern, wenn er sich auch in seiner Religiosität wie ein Börsenspekulant verhält. Der Agnostizismus, wie er hier verstanden wird, ist damit indirekt auch Gesellschaftskritik, was mit seinem Wesen als ein Ethos korrespondiert. Der mündige Mensch, in dessen Namen er auftritt, paßt nicht zu einer Wirtschaftsform, in der dem Menschen die Rolle einer Marionette in der «unsichtbaren Hand» einer Marktgesetz genannten göttlichen Vorsehung zukommt. Es kann deshalb nicht ohne gleichzeitigen Blick auf die gesellschaftliche Situation und deren Entwicklung von einem Wandlungsprozeß des religiösen Bedürfnisses gesprochen und für einen religiösen Agnostizismus plädiert werden. Mündigkeit auf religiösem Gebiet verlangt auch eine politische und ökonomisch-soziale, und umgekehrt. Deshalb ist in unserer geldergebenen und immer mehr alle Bereiche menschlichen Lebens bestimmenden Erwerbswirtschaft religiöser Agnostizismus immer auch Gesellschaftskritik. Man könnte Adornos berühmten Satz präzisieren: Es gibt kein mündiges Leben im unmündigen.

Doch die entscheidende Frage lautet: Was eigentlich ist denn das Religiöse an diesem religiösen Agnostizismus? Es sei versucht, diese Frage ohne philosophisch-theologische Geistesakrobatik zu beantworten.

Wenn Religion ihres kirchlich-dogmatischen Korsetts entledigt und ganz naiv als Versuch des Menschen verstanden würde, eine Beziehung zur Transzendenz finden zu können, dann ist Religion eine Beziehungsfrage und keine Besitzfrage, schon gar nicht eine mit einem exklusiven Eigentumsanspruch. Dann ist allein schon das Suchen nach einer solchen Kommunikation religiös. Ein solches Suchen, das nicht durch einen Wissens-, Besitz- und Machtanspruch motiviert ist, entdeckt sich selbst als ein Staunen. Als ein

Staunen vor der Unermeßlichkeit und Unfaßbarkeit der Welt, in die man – ohne gefragt worden zu sein – hineingeworfen worden ist. Als ein Staunen vor dem Rätsel, das man selbst ist. Es ist das Staunen, von dem die Philosophie, bleibt sie ihrem Namen gerecht und ist sie nicht zum systematisierten Bescheidwissen entartet, in ihren schöpferischsten Stunden motiviert ist und mit dem sie ihre eigene Vernunft durchaus religiös am Zügel hält. Aber nur eine vom besitzindividualistischen Habenwollen befreite Religiosität ist noch des Staunens fähig.

Umgekehrt kann man sagen: Staunen ist religiöser als der ganze institutionalisierte Religionskarneval der Glaubensgewissen. Das Staunen jedoch impliziert Bescheidung. Diese ist nicht dasselbe wie Bescheidenheit. Der Bescheidenheit hängt der Geruch an, sein Licht unter den Scheffel stellen zu wollen, weniger zu sein, als man ist, vielleicht um für ein angeblich so anerkennenswertes Verhalten Beifall oder gar Tantiemen einzuheimsen. Bescheidung hingegen verzichtet darauf, mehr sein zu wollen, als man ist. Bescheidenheit hat leicht etwas Verlogenes, kognitive Bescheidung hingegen ist motiviert durch jene Wahrheitsliebe, die als ein Grundmotiv des Agnostizismus ausgemacht wurde. Durch eine kritisch-selbstkritische Vernunft gebotene Bescheidung in Fragen der Transzendenz, in der Gottesfrage, impliziert ihrerseits ein Moment der Ehrfurcht. Das ist zwar ein gefährlicher Begriff, allein weil er eine Furcht zur Norm zu erheben scheint, vor allem aber, weil er, auf Personen oder Menschenwerk angewandt, leicht zu einem devoten Verhalten und damit zur Unmündigkeit verführen kann. Dennoch: Nimmt man die Furcht in der Ehrfurcht nicht allzu wörtlich, dann meint auch dieser Begriff, auf die Transzendenz angewandt, das Eingeständnis eines Nichtwissenkönnens, das akzeptiert, daß es höhere Mächte geben muß, die diese unsere Welt mit ihrem Gut und Böse so eingerichtet haben, wie sie ist, deren Wesen und mögliche Absicht uns aber verborgen bleibt und auf die wir keinen Einfluß haben. Man kann das eine nicht possessive Religiosität nennen.

Von dieser Ehrfurcht ist das biblische Bilderverbot inspiriert: «Du sollst dir kein Bildnis noch irgendein Gleichnis machen, weder des, das oben im Himmel, noch des, das unten auf Erden … ist» (2 Mose 20, 4), gegen das dieselbe Bibel – nicht zu reden von ihren Interpreten – auf jeder Seite verstößt. So gesehen könnte man sogar sagen, der Agnostizismus sei insoweit biblischen Geistes, als er sich zum Bilderverbot bekennt, somit im Sinne der Bibel strikter religiös als so manche derjenigen, die dieses mit ihren forschen Aussagen über Gott permanent verletzen.

Schließlich ist Ehrfurcht, wie sie hier verstanden wird, von Verehrung zu unterscheiden. Verehrung ist vom Habenwollen infiziert, man verehrt eine Person, die mehr hat als man selbst hat, sei es Größe, Macht, Erfolg, Charisma, sei es ein moralisches Verhalten oder eine künstlerische Begabung. Man identifiziert sich in seiner Verehrung mit dieser Person und nimmt so teil an dem, was sie repräsentiert. Ehrfurcht dagegen wahrt Distanz, sie respektiert das Geheimnis der Transzendenz, ohne – wie etwa C. G. Jung – einen Geheimniskult zu inszenieren, und der sie empfindet, behält dabei seine Autonomie. In der Verehrung ist man abhängig vom Verehrten, in einer Haltung der Ehrfurcht und Bescheidung der Transzendenz gegenüber wahrt man seine Mündigkeit.

Aber kann sich das Bedürfnis nach einer Antwort auf die Sinnfrage, auf die Frage nach Gut und Böse, auf die Frage der «Kontingenzbewältigung» sowie nach einer Geborgenheit im All mit einer solchen agnostischen Religiosität zufriedengeben? Zweifellos nicht. Doch diese Frage ist insofern falsch gestellt, als sie von der infantilen Erwartung eingegeben ist, daß ihr – um nochmals Barilier zu zitieren – die gewünschten Antworten als gebratene Tauben in den offenen Mund fliegen. Eine so gestellte Frage verrät als solche schon Unmündigkeit, da sie von einem Abhängigkeitsverhältnis zeugt. Deshalb wäre zu fragen, ob das religiöse Bedürfnis nicht selbst einen Entwicklungsprozeß durchlaufen, gleichsam erwachsen werden müßte. Als Bedürfnis mündiger Menschen, die selber denken und ihr Handeln bestimmen wollen und die nicht auf ein Manna in Form von gebratenen Tauben hoffen, bliebe es nicht weniger intensiv ein religiöses Bedürfnis als das gängige. Das hieße auch, daß es einen Entwicklungszusammenhang von religiösem Bedürfnis und Gotteskrise gibt und beide sich gegenseitig bedingen. Wenn der tradierte Gott, weil er in eine Existenzkrise geraten ist, und der, gerade wenn man ihn am dringendsten brauchen würde, in Ohnmacht fällt, das religiöse Bedürfnis nicht mehr befriedigen kann, entsteht ein religiöses Frustrationspotential, welches das Bedürfnis noch intensiviert.

Umgekehrt ist die Gotteskrise nicht zuletzt die Folge eines konsumistisch pervertierten, possessiven religiösen Bedürfnisses, das von seinem Gott erwartet, was dieser offenbar zu leisten nicht gewillt oder nicht imstande ist, da er sich nicht um das Schicksal des einzelnen und der Völker hienieden kümmert und die Hiob-Frage nach seiner Gerechtigkeit unbeantwortet läßt. Vor einem solchen possessiven religiösen Bedürfnis steht auch ein religiöser Agnostizismus mit leeren Händen da. Dieser setzte, soll er als eine mögliche Alternative zur gängigen Religiosität erscheinen können, eine reifere Form des religiösen Bedürfnisses voraus, das nicht mehr wie ein Säugling nach der Brust einer in den Himmel projizierten Mutter und nach dem Schutz und richtungweisenden Wort eines entsprechenden Vaters verlangt, sondern mündig geworden wäre.

Freilich ist ein solcher Reifungsprozeß des religiösen Bedürfnisses in einer Gesellschaft, die blind dem Konsumismus verfallen ist und ihren Lebenssinn im Immermehrhabenwollen sucht, kaum zu erwarten. Wandlung des religiösen Bedürfnisses, Gotteskrise und gesellschaftliche Entwicklung bedingen sich gegenseitig, und es bleibt offen, ob die revolutionäre Form, die dieser Wandlungsprozeß am Ende des 20. Jahrhunderts angenommen hat, ein gemeinsamer Verfalls- oder ein kreativer Prozeß ist.

Der Gedanke eines religiösen Agnostizismus orientiert sich in diesem epochalen revolutionären Wandlungsprozeß an zwei regulativen Ideen, die nicht vom Himmel geborgt, sondern in der Reflexion über die bisherige Menschheitsgeschichte selbst erarbeitet wurden: der Idee möglicher Emanzipation aus selbstverschuldeter Unmündigkeit und der aus selbstverschuldetem Leiden. Mündigkeit und – um es noch einmal mit Johann Baptist Metz zu sagen – «Leidensapriori» wären die normative Basis eines solchen religiösen Agnostizismus. Das wäre eine mögliche Antwort auf die sich gegenseitig bedingenden Krisen, in die zumindest unsere abendländische Gesellschaft – aber doch wohl nicht nur sie – mit ihrer politischen und religiösen Kultur geraten ist: die des religiösen Bedürfnisses, die Gotteskrise und die Gesellschaftskrise.

Aber Revolutionen, auch das lehrt die Geschichte, machen nie *tabula rasa*, sie unterliegen der Dialektik des Aufhebens, das gleichzeitig bewahren, vernichten und emporheben meint – falls sie nicht scheitern, was ebenso möglich ist. Das gilt auch von der hier diskutierten revolutionären Wandlung des religiösen Bedürfnisses: Dieses würde in seiner neuen Gestalt insofern wohl noch einen Teil des alten zu erkennen geben, als es nicht völlig auf die Hoffnung verzichten könnte und wollte, einen Zipfel des Mantels erfassen zu können, in den sich die Transzendenz gehüllt hat.

Eine solche leise, ganz leise Hoffnung hat Dichter und Denker mit einer besonderen Sensibilität für die Grundwerte des Agnostizismus immer wieder motiviert, Ausschau zu halten nach einem Lichtschein aus dem dunklen Jenseits, der gedeutet werden könnte als ein Zeichen, daß der Zugang zur Transzendenz vielleicht doch nicht für alle Zeiten verschlossen bleiben muß. Ein religiöser Agnostizismus läßt eine solche Möglichkeit ja durchaus offen. Zu erinnern wäre hier an Adornos berühmtes Schlußwort zu seinen «Minima Moralia»: «Erkenntnis hat kein Licht, als das von der Erlösung her auf die Welt scheint ...», auch wenn seine Gewißheit, daß die Welt «einmal ... im messianischen Lichte darliegen wird», von einem religiösen Agnostizismus nicht geteilt werden kann.[3] Das, was hier gemeint ist, drückt aber auch Ernst Blochs «docta spes» – eine über sich selbst aufgeklärte Hoffnung – und ebenso die «docta ignorantia» – eine reflektierte Unwissenheit – des Cusanus aus. 1450, im selben Jahre, in dem der Papst ihn zum Kardinal ernannte, hat Nicolai de Cusa seine beiden Bücher «Idiota de sapientia» geschrieben, was in einer neuen Übersetzung mit «Der Laie über die Weisheit» wiedergegeben wird.[4] Es handelt sich um einen sokratischen Dialog zwischen einem «idiota» und einem «orator», einem, wie man heute wohl sagen würde, akademisch gebildeten Redner. Das Lateinwörterbuch übersetzt «idiota» mit «Laie, Pfuscher, Stümper, unwissender Mensch»; doch «idiotae et illiterati» wurden damals «von den kirchlichen Schriftstellern die

Anhänger der verschiedenen religiösen Bewegungen des 12. Jahrhunderts genannt, die den Gedanken der christlichen Armut und der apostolischen Nachfolge wiedererwecken wollten. Durch das Vorbild ihrer Lebensführung, freiwillige Armut und Predigt des Evangeliums in rastloser Wanderschaft wollten sie das christliche Leben erneuern.» Bei den Katharern und Waldensern kam es darüber zum Bruch mit der Kirche. Der Spottname wurde dabei zum Programm: «Franz von Assisi und seine Gefährten bezeichneten sich selbst als ‹idiotae›» (Einleitung S. XIf).

Das erste Buch des «idiota» beginnt mit folgenden Sätzen: «Ein armer ungebildeter Mann traf auf dem Forum Romanum einen sehr reichen Redner. Den sprach er mit einem Lächeln auf feine Weise folgendermaßen an: Ich wundere mich über deinen Hochmut, daß du, obgleich du dich mit fortwährendem Lesen völlig erschöpfst, indem du unzählige Bücher studierst, doch noch nicht zur Demut geführt worden bist; das kommt sicher daher, daß die Weisheit dieser Welt, durch die du, wie du meinst, die anderen übertriffst, bei Gott eine Torheit ist und darum aufbläht. Wahres Wissen aber macht demütig. Ich wünschte, daß du dich ihm zuwendetest, denn dort ist der Freudenschatz.» Der Redner reagiert auf diese respektlose Anrede verständlicherweise sehr ungehalten: «Was ist das für eine Anmaßung von dir, du armer ungebildeter und völlig unwissender Mann, daß du das Bücherstudium so gering schätzt, ohne das niemand vorankommt?» Darauf der Laie: «Nicht Anmaßung ist es ..., was mich nicht schweigen läßt, sondern Liebe.» Diese ist offenbar unvereinbar mit Autoritätsgläubigkeit oder -hörigkeit, denn der «idiota» wirft dem Redner weiter vor, ihn habe «die Meinung einer Autorität» angezogen, «so daß du wie ein Pferd bist, das von Natur frei, aber mit dem Halfter kurz an die Krippe gebunden ist, wo es nichts anderes frißt, als was ihm vorgeworfen wird. Denn deine Vernunft, gebunden an die Autorität der Bücherschreiber, nährt sich von fremder und nicht von der natürlichen Nahrung.» Die Weisheit hingegen rufe «draußen auf den Straßen» (S. 3f). Wozu gleich gesagt werden muß, daß er die ewige Weisheit mit Gott identifiziert.

Also der Dialog auf dem Marktplatz gegen das sterile Bücherwissen, die autonome Vernunft des Laien gegen die Heteronomie des Schriftgelehrten, Demut gegen Stolz, Armut gegen Reichtum, wahres Wissen als reflektiertes Nichtwissen gegen die «Weisheit dieser Welt», Unmittelbarkeit der Erfahrung gegen vermitteltes Bücherwissen. Das sieht einer Beschreibung unseres religiösen Agnostizismus ähnlich, und hier bereits wird andeutungsweise von einer Wandlung des religiösen Bedürfnisses gesprochen, das nicht von einer äußeren Autorität etwas erhalten will, um es zu besitzen. Der Vergleich mit dem Pferd, das an die Krippe gebunden ist und nichts anderes frißt, als was ihm vorgeworfen wird, erscheint als frühe Präfiguration von Bariliers Spott über ein religiöses Bedürfnis, das erwartet, ihm würden die gebratenen Tauben in den Mund fliegen. Das tönt alles sehr aufgeklärt und ist es auch – selbst heute noch –, und doch ist diese Figur des «idiota» nicht vorbehaltlos mit einem Agnostiker zu identifizieren, im Gegenteil, letztlich geht es dem Kardinal Cusa natürlich um den wahren Glauben, bloß weist er einen anderen Weg zu Gott als den gängigen. Die unmittelbare Erfahrung des Laien steht der mystischen Erleuchtung nicht sehr fern. Auch erweist es sich bald, daß der «idiota» alles andere als ungebildet ist – er spricht ja Latein – und ebenso keineswegs ein Verächter der Vernunft. Ganz im Gegenteil beweist er in seiner Argumentation ein scharfsinniges Denken, das einem Kirchenvater zur Ehre gereichen würde, das aber gerade, *weil* es so scharfsinnig und radikal ist, zur Selbsterkenntnis gelangt, eine «docta ignorantia» zu sein, ein wissendes Nichtwissen.

Das ist nicht nur Dialog, das ist Dialektik par excellence, und Dialektik baut sich bekanntlich auf Widersprüchen auf. Der bewußte Grundwiderspruch des Cusanus lautet: Das Wissen von Gott ist ein Nichtwissen und ist als solches doch ein Wissen. Deshalb «weiß man von der Weisheit … nichts anderes, als daß sie selbst höher ist als alles Wissen und unwißbar» (S. 15). Aber der vielleicht zentrale Begriff des «idiota» von Cusanus ist der des «Vorgeschmacks». Er schreibt: «So wie nämlich der Duft, vom Duftenden ausgesandt, … uns zum Laufen lockt, so daß man dem Salbenduft folgend zur Salbe läuft, so lockt uns die ewige und unendliche Weisheit, da sie in allem widerstrahlt, aufgrund eines gewissen Vorgeschmacks (praegustatio) der Wirkungen, daß wir in wunderbarem Verlangen zu ihr eilen. So ist nämlich das geistige Leben der Vernunft, die in sich einen gewissen naturgegebenen Vorgeschmack hat, durch den sie mit so großem Eifer nach der Quelle ihres Lebens sucht. Diese würde sie ohne den Vorgeschmack nicht suchen, und wenn sie sie fände, wüßte sie nicht, daß sie sie gefunden hat. Daher bewegt sich die Vernunft zu der Weisheit hin als zu ihrem eigentlichen Leben. Und süß ist es für jeden Geist, zum Ursprung des Lebens, wiewohl er unzugänglich ist, ständig aufzusteigen. Denn das ist ständig glücklicher leben: zum Leben aufsteigen» (S. 19).

Cusanus vergleicht diesen Vorgeschmack dann noch mit der Anziehungskraft des Magneten auf das Eisen, denn ebenso werde unser Geist von der Weisheit angezogen (S. 27). Allerdings: Ganz hält der Kardinal-Idiot seine These von der wissenden Unwissenheit nicht durch, und die Waage zwischen Wissen und Unwissen neigt sich bedenklich auf die Seite des Wissens, das plötzlich weiß, daß «Gott» der ist, «bei dem die Allmacht liegt», und der «Gott der Vater» ist und «der Heilige Geist, dreifaltig und einer» (S. 35 f). Man ist nicht ungestraft Kardinal. Ganz kann sich dieser der Versuchung doch nicht entziehen, Glauben und Wissen zu vermengen: «Und so geschieht es, daß die Unzugänglichkeit oder Unbegreifbarkeit der Unendlichkeit seines (des Menschen; A. K.) Lebens das ihm ersehnteste Begreifen ist», und wenn die Vernunft die Quelle ihres Lebens fände, «wüßte sie nicht, daß sie sie gefunden hat» (S. 19).

Cusanus war ein für einen Kirchenfürsten erstaunlich unabhängiger und souveräner Denker, und doch ist er für einen religiösen Agnostizismus nicht radikal genug. Sein «idiota» ist ein solcher zwar den Theologen gegenüber, die ihre Gottesweisheit und -erkenntnis bloß aus Büchern haben oder zu haben vermeinen und vor denen er für ein Nichtwissen plädiert. Aber der wissende Teil seiner Dialektik bezieht dieses sein Wissen aus einer unmittelbaren mystischen Erfahrung. Aus dieser schöpft er auch sein Wissen, daß der «Ursprung des Lebens ... unzugänglich ist», wir aber trotzdem – angezogen vom Magneten Gott – zum Leben aufsteigen und so «ständig glücklicher leben» (ebd.). Dennoch markiert dieser «idiota» einen gewaltigen Sprung des abendländischen Geistes aus der Verblendung, über «Gott» gültig Bescheid zu wissen, in eine souverän reflektierte und die Grenzen der menschlichen Vernunft weitgehend respektierende religiöse Position, deren Wissen sich in der Metapher ausdrückt, daß wir nur einen Vorgeschmack des Heils empfinden und Freude und Glück nur als immerwährendes Streben nach diesem erleben können, wissend, daß es unerreichbar ist. Im Gegensatz zu unseren modernen Neomystikern und Okkultisten fordert Cusanus nicht nur kein Denkverbot, kein «sacrificium intellectus», keinen devoten Kniefall vor einem religiösen Guru, sondern appelliert im Gegenteil an die – wenn auch mystisch erleuchtete – autonome Vernunft. Daß er als Bischof und Kardinal selbst ein Guru war, gehört zu seinen Widersprüchen. Doch auch als Guru ist er ein über sich selbst aufgeklärter Idiot.

Freilich: Der Vorgeschmack des Heils, sofern man diesen zu empfinden vermag, garantiert nicht, daß man sich auf dem richtigen Weg zu diesem befindet. Auszubilden wäre auch die Fähigkeit zur Empfindung eines Vorgeschmacks möglichen Unheils. Es gibt nicht nur einen Magnet des Guten, es gibt auch einen des Bösen, und allzuleicht liefert man sich diesem aus, wenn man sich vom andern angezogen glaubt.

Es sind weitere symbolhafte Deutungen unseres religiösen Bedürfnisses entworfen worden. Eine der bekanntesten, die die Menschen immer wieder fasziniert, ist der Mythos von Sisyphos.[5] Für Camus ist Sisyphos «der Held des Absurden»; aber wenn Camus seine Philosophie des Absurden mit dem Satz beendet: «Wir müssen uns Sisyphos als einen glücklichen Menschen vorstellen» (S. 101), dann ist das nach Auschwitz wohl als ein kaum mehr vertretbares Wunschdenken zu qualifizieren. In der Interpretation von Annemarie Pieper erhält die Absurdität des Menschenschicksals bei Camus die Qualität einer Letztbegründung der Ethik. Sie schreibt: «Diese Einsicht, daß die Menschheit als ganze am Absurden leidet, verbindet die Individuen miteinander und begründet ihre Solidarität, ihre ‹Komplizenschaft›, in der

Liebe zum leidenden Mitmenschen» (S. 133). Diese Solidarität sei eine Art «Nächstenliebe ohne Gott» (S. 138). Das erinnert an das «Leidensapriori» von Johann Baptist Metz, damit auch an den hier unternommenen Versuch, eine normative Basis des Agnostizismus zu finden.

Doch wenn Sisyphos der Held des Absurden ist, dann symbolisiert sein Kampf mit dem Felsbrocken die Grundeinsicht Camus': «Diese beiden Gewißheiten – mein Verlangen nach Absolutem und nach Einheit und das Unvermögen, diese Welt auf ein rationales, vernunftgemäßes Prinzip zurückzuführen – kann ich nicht miteinander vereinigen» (S. 47). Von hier aus gesehen erscheint das religiöse Bedürfnis als der Impuls des Sisyphos, den Felsbrocken immer wieder hochzustemmen, in der Hoffnung, einmal bleibe er oben. Wobei man dieses Obenbleiben verstehen kann als die Erfüllung des religiösen Bedürfnisses: Sisyphos wäre im Absoluten, im Heil angelangt, damit auch in der Einheit. Daß diese Hoffnung enttäuscht wird und der Felsbrocken immer wieder herunterrollt, wäre ein Symbol für die Vergeblichkeit des Bemühens, das religiöse Bedürfnis fraglos befriedigen, im Absoluten, in Gott Sinn, Frieden, Geborgenheit finden zu können.

Dieser Felsbrocken des Sisyphos symbolisiert die «condition humaine». Verena Kast kommt dieser Deutung nahe, wenn sie sich fragt, ob der Mythos von Sisyphos nicht auch ein Symbol dafür sei, «daß im menschlichen Leben trotz aller Bemühung, nie wirklich etwas zu einem Ende zu bringen ist, nie vollendet werden kann, weil gerade das Ausdruck des Lebens ist, daß alles immer wieder weitergeht, solange wir leben» (S. 31).

Der Berggipfel des Sisyphos ist der Magnet des Cusanus, dessen Anziehungskraft den «Vorgeschmack» des Heils symbolisiert und der Sisyphos sich nicht entwinden kann. Es sind hier zwei sich bekämpfende und neutralisierende Anziehungskräfte im Spiel: die des Berggipfels als Symbol des Heils und die der Schwerkraft der Erde als Symbol der «condition humaine», die uns den Zugang zum Heil verwehrt. Sisyphos, der Mensch mit seinem felsbrockenschweren Erdenrest, ist beiden Kräften ausgeliefert. Mal zieht es ihn nach oben, mal rollt ihm der Brocken wieder herunter. Und so

– offenbar – in alle Ewigkeit. Sisyphos hat zwar im Verlauf seiner Bergsteigerei und Felsenstemmerei erkannt, daß es über seine Kraft geht, den Felsbrocken oben festzuhalten und sich auf dem Gipfel, endlich von der Anstrengung des Felsenstemmens erlöst, sich für alle Zeiten sorglos einrichten zu können; aber er kann es doch nicht lassen, das Experiment unablässig zu wiederholen – *quia absurdum est*. Deshalb kann er auch nur kopfschüttelnd – so wäre hinzuzufügen – dem Treiben jener hoffnungslos Kurzsichtigen zusehen, die den erstbesten Steinhaufen schon für den Gipfel nehmen, und da sie auf halber Höhe den Felsbrocken tatsächlich zu halten vermögen, sich der Illusion hingeben, sie hätten das Wunder der Selbsterlösung vollbracht, die Wahrheit des Ganzen erkannt, das Absolute und die Einheit gefunden, das Heil erreicht. Sisyphos hingegen ist ein Ahne des «idiota», und er ist wie dieser «zur Demut geführt» worden anzuerkennen, daß er sich mit dem «Vorgeschmack» bescheiden muß, da die «höchste Weisheit», «das Prinzip von allem», das ist, «wodurch, worin und aufgrund wessen alles Erkennbare erkannt wird, und dennoch … durch Erkennen unerreichbar» ist (Cusanus 3, S. 13 ff). Cusanus hat hier den Mythos von Sisyphos philosophisch auf den Begriff gebracht. Der Gipfel des Absurden ist für beide das Höchste, was der Mensch mit seiner Vernunft erreichen kann. Das Hinaufstemmen des Felsbrockens ist das Erkenntnisstreben als Erlösungsstreben, dessen Herabfallen die Erkenntnis von der Unerreichbarkeit der höchsten Weisheit und der Erlösung. Das ganze mühsame Spiel ist animiert und in Bewegung gehalten durch den «Vorgeschmack» des Heils, den Sisyphos das jeweilige Erreichen des Gipfels beschert, der aber gleichzeitig den Genuß des Heils verhindert, indem er der Schwerkraft der «condition humaine» wieder zu ihrem Recht verhilft. Das Rätsel des Menschseins ist hier symbolisiert als Wettstreit der «condition humaine» mit dem «Vorgeschmack», ein Streit ohne Ende …

Das wohl eindrücklichste Bild dieses Rätsels und dieses Wettstreits hat Franz Kafka gezeichnet – ein «idiota» auch er, und zwar ein «idiota» mit den Zügen von Hiob. Im Kapitel über die Hiob-Deutung von Margarete Susman war davon bereits die Rede. Kafkas Roman «Der Prozeß» deutet sie als den Prozeß des Menschen, der sich schuldlos fühlt, aber dennoch schuldig ist, mit Gott. Es gehe um «die menschliche Schuld schlechthin» und um «die furchtbare Einsicht von der Vergeblichkeit persönlicher Unschuld»[6]. Es geht jedoch vor allem um das Nichtantworten Gottes, da «weder die Stimme des Menschen Gott, noch die Stimme Gottes den Menschen zu erreichen vermag» (S. 184). Aber dieser Mensch Hiob ist wie Kafka ein Jude, und in der Deutung Schalom Ben-Chorins ist denn auch in der Thematik der Romane von Kafka «fraglos ein Doppeltes gegeben: das Schicksal des Menschen im allgemeinen, aber auch das jüdische Schicksal im besonderen»[7]. Doch der Prozeß mit dem Deus absconditus wird in Kafkas Roman als Gerichtsverfahren Gottes gegen den Menschen geführt. Josef K., erster Prokurist einer großen Bank, fühlt sich persönlich unschuldig, wird aber trotzdem wegen einer ihm unbekannten Schuld verhaftet, zum Tode verurteilt und hingerichtet. Kein Hollywood-Happy-End also, sondern ein Sieg der «condition humaine», paradigmatisch erfahren im Schicksal des Judentums. Ben-Chorin schreibt: «In den drei großen Romanen von Franz Kafka werden die Ausweglosigkeit des Menschen, seine Verstrickung in Sünde und Schuld und sein Unvermögen, sich dem Unendlichen zu nähern, evident ... Spürt man da nicht die Situation des postassimilatorischen Juden ..., der keinen Zugang zum Gesetz, zur Thora, zum Lehrgut des Judentums findet, obwohl ihm ein nicht erkannter Zugang offen gehalten wird?» (S. 86f).

Ben-Chorin spielt hier an auf die Erzählung «Vor dem Gesetz», die gegen Ende des Prozeß-Romans Kafkas Botschaft, sofern man dieses Wort verwenden darf, metaphorisch zusammenfaßt. Wir befinden uns mit Josef K. in einem dunklen Dom, also an einem religiösen Ort. Außer einem vor einem Marienbild knieenden alten Weib und einem hinkenden Kirchendiener ist zunächst niemand zu sehen. Doch dann erscheint ein junger Geistlicher, der sich als Gefängniskaplan vorstellt und Josef K., den er kennt, weil er zum Gericht gehört, das K. den Prozeß macht, mit seinem Namen anspricht und zu sich ruft. Er habe mit K., so spricht er zu diesem, über seinen Prozeß reden wollen, da dieser wohl schlecht enden werde. Darauf K.: «Ich bin aber nicht schuldig ..., es ist ein Irrtum. Wie kann denn ein Mensch überhaupt schuldig sein. Wir sind hier doch alle Menschen, einer wie der andere»[8]. Aber der Kaplan meint, K. täusche sich in dem Gericht, und er verweist auf die einleitenden Schriften zum Gesetz – Symbolname für die Thora, der aber wohl auch für die Bibel als Ganzes gelten kann –, in denen es heiße, daß vor dem Gesetz ein Türhüter stehe. Und dann erzählt der Geistliche die Geschichte des Mannes vom Lande, der um Eintritt in das Gesetz bittet. Der Türhüter bedeutet ihm aber, daß er ihm jetzt den Eintritt nicht gewähren könne. Vielleicht später, jetzt aber nicht. Er sei zwar nur der unterste Türhüter, aber mächtig, und von Saal zu Saal stünden weitere Türhüter, einer mächtiger als der andere. Der Mann vom Lande beschließt zu warten. Der Türhüter gibt ihm einen Schemel, und der Mann setzt sich neben dem Eingang hin. Da sitzt er nun Tage und Jahre. Immer wieder verweigert ihm der Türhüter den Eintritt. Schließlich versucht der Mann, den Türhüter zu bestechen, aber auch das mißlingt. Wie der Mann alt und kindisch und sein Augenlicht schwach wird, «erkennt er jetzt im Dunkel einen Glanz, der unverlöschlich aus der Türe des Gesetzes bricht». Vor seinem Tod fragt er den Türhüter noch: «Alle streben doch nach dem Gesetz, wie kommt es, daß in den vielen Jahren niemand außer mir Einlaß verlangt hat?» Der Türhüter brüllt den schwerhörig gewordenen Alten an: «Hier konnte niemand sonst Einlaß erhalten, denn dieser Eingang war nur für dich bestimmt. Ich gehe jetzt und schließe ihn» (S. 183f).

Man könnte beinahe annehmen, Kafka habe den «idiota» von Cusanus gekannt: Was für diesen der «Vorgeschmack» des Heils, ist für den Mann vom Lande Kafkas der «Glanz, der unverlöschlich aus der Türe des Gesetzes bricht», und wenn der «idiota» erklärt, der Ursprung des Lebens sei «unzugänglich», dann bestätigt das auch der Türhüter Kafkas, der dem Mann vom Lande den Zutritt zum Gesetz verweigert. Schließlich ist die Situation, die Kafka schildert, ebenso absurd wie die des Sisyphos und die vom «idiota» geschilderte allgemein-menschliche des wissenden Nichtwissens. Nachdem der Gefängniskaplan – das Gefängnis ist unsere Welt – dem unschuldig-schuldigen Bankprokuristen K. die

Geschichte des Mannes vom Lande erzählt hat, entspinnt sich ein Gespräch zwischen dem Geistlichen und K. über die richtige Interpretation dieser Geschichte. Aber Neues ist dabei kaum zu erfahren, da Kafka hier ausgiebig seiner Lust am Enigmatischen und an der Vielschichtigkeit frönt und Eindeutiges meidet. Es ist dabei viel von Täuschungen die Rede. Freuds «Illusionen»? Der Geistliche zitiert eine Meinung, «nach welcher gerade der Türhüter der Getäuschte ist». Man sage, daß der Einfältige das Innere des Gesetzes gar nicht kenne, sondern nur den Weg, den er vor dem Eingang immer wieder abgehen müsse. Die Vorstellungen, die er von dem Innern habe, würden für kindisch gehalten: «Aus alledem schließt man, daß er über das Aussehen und die Bedeutung des Innern nichts weiß und sich darüber in Täuschung befindet.» Auch scheint der Türhüter nicht zu wissen, daß er dem Mann vom Lande untergeordnet ist, denn dieser ist frei, und «der Freie (ist) dem Gebundenen übergeordnet». Viele seien sich auch einig darüber, daß der Türhüter das Tor gar nicht schließen könne, ja sie glauben sogar, «daß er, wenigstens am Ende, auch in seinem Wissen dem Manne untergeordnet ist, denn dieser sieht den Glanz, der aus dem Eingang des Gesetzes bricht.» So gedeutet wäre der «Vorgeschmack» das Wissen im Nichtwissen. Schließlich meint der Geistliche: «Man muß nicht alles für wahr halten, man muß es nur für notwendig halten.» Das hätte ein Marxist sagen können, oder ein Neoklassiker der Nationalökonomie, der sich auf Sachzwänge beruft, oder der Papst, der sich für unfehlbar erklärt. Es ist das eiserne Prinzip der Hüter des Bestehenden. Damit gerät aber auch das Gesetz, die Schrift, die Religion ins Zwielicht. Was der Gefängniskaplan da verkündet, ist eine religiöse Legitimierung des Bestehenden und die religiöse Letztverpflichtung, dieses als gottgewollte Notwendigkeit anzuerkennen: Opium des Volks. Darauf antwortet K. mit dem vielleicht erhellendsten Satze des ganzen Romans: «Trübselige Meinung. Die Lüge wird zur Weltordnung gemacht.» Aber noch einmal meidet Kafka die Eindeutigkeit: «K. sagte das abschließend, aber sein Endurteil war es nicht» (S. 185 ff).

Das Zögern, ja wohl das Unvermögen Kafkas, sich festzulegen, wie es sich existentiell besonders eindrücklich in seiner Beziehung zu Frauen manifestierte, kann nicht darüber hinwegtäuschen, daß dieser Roman eine radikale Gesellschafts- und Religionskritik enthält und als Versuch einer symbolhaften Darstellung einer «docta ignorantia» und damit eines religiösen Agnostizismus verstanden werden darf. Sisyphos, der «idiota» und die Geschichte des Mannes vom Lande, die eingebettet ist in die des «idiotischen» Bankprokuristen K., alle diese paradigmatischen Zeugnisse des Ringens um eine Deutung, wenn nicht sogar Aufhebung der «condition humaine» sagen dasselbe: Eine unerbittlich der Wahrheits- und Heilssuche verpflichtete kritische Vernunft gelangt in den letzten Fragen nicht über die Erkenntnis der Absurdität eines wissenden Nichtwissens hinaus. Diesem entspricht auf moralischer Ebene die einer unschuldigen Schuld. Das ist, nimmt man noch das Leiden und das Wissen von unserer Endlichkeit hinzu, die «condition humaine». Ob diese unwiderrufliches Schicksal des Menschen ist, bleibt für einen Agnostizismus offen. Für Sisyphos stehen die Zeichen schlecht. Er scheint, jedenfalls im griechischen Mythos, für alle Zeiten zu seinem absurden Tun verurteilt zu sein. Cusanus und Kafka hingegen lassen die Tür zum Unwißbaren einen Spaltbreit offen, so daß ein «Vorgeschmack» eines möglichen Heils empfunden, ein Glanz des verborgenen Gesetzes erhascht werden kann.

Illusion – um mit Freud zu sprechen – auch dies? Sisyphos, der «idiota» und Kafkas Erzählung kündigen alle bereits die Gotteskrise an und suchen nach einer Antwort auf diese. Alle führen letztlich ins Absurde. Vor diesem nicht zurückzuschrecken beweist ihre Redlichkeit. Alle – der «idiota» zumindest auf kognitiver Ebene – sind religiöse Agnostiker. Die Gotteskrise, die sich in ihrem Denken, Glauben und Dichten bereits anmeldet, ist freilich auch eine Krise der Vernunft, jedenfalls derjenigen sogenannt großer Philosophen, die glaubten (oder immer noch glauben), Gott in ihrem System einfangen und die Geschichte als Gang Gottes in der Welt und somit als vernünftig deuten zu können. Ihre kleineren Nachfahren treiben weniger geistigen Aufwand und reden bloß noch von einem Ende der Geschichte. Was hingegen – so jedenfalls ist zu hoffen – wirklich zu Ende zu sein scheint, ist jene voyeuristische deifizierte Geschichtsphilosophie, die Gott durchs Schlüsselloch der Türe beäugt, hinter der er sich mit seinem Gesetz angeblich verbirgt.

Prototyp dieses philosophischen Voyeurismus ist Hegel. Dieser zitiert an wichtiger Stelle den bekannten Spruch «Hic Rhodus hic salta», den er folgendermaßen übersetzt: «*Hier* ist die Rose, *hier* tanze ... Die Vernunft als die Rose im Kreuze der Gegenwart zu erkennen und damit dieser sich zu erfreuen, diese vernünftige Einsicht ist die *Versöhnung* mit der Wirklichkeit»[9] (Hervorhebungen von Hegel). Das ist eine Rosenkreuzler-Metaphysik, zu der sich auch jene «Sekte» der «Sonnentempler» bekannte, die in der Endzeitstimmung des auslaufenden 20. Jahrhunderts von sich reden machte, weil ein paar Dutzend ihrer Mitglieder mitsamt ihren Kindern freiwillig sich haben töten lassen oder Selbstmord begangen haben in der Überzeugung, dies sei der vorgeschriebene Weg zur Erlösung.

Eine Versöhnung mit der Wirklichkeit verheißende Vernunft als Rose am Kreuz der Gegenwart ist ebenso gescheitert wie ihr Urbild, der am Kreuz zu Tode gemarterte Jesus, dessen Märtyrertod dann ebenfalls als Verheißung der Versöhnung interpretiert wurde und noch immer wird. Kann man, darf man nach Auschwitz überhaupt noch von einer Versöhnung mit der Wirklichkeit, ganz gleich, wie sie erfolgen soll, sprechen? Diese anmaßende, amoralische und asoziale, weil das Leiden mißachtende und zur Versöhnung mit diesem aufrufende ‹Vernunft› ist durch Auschwitz ebenso in eine letale Krise geraten wie der Gott, der Auschwitz geschehen ließ. Mit Auschwitz gibt es keine Versöhnung.

Aber seien wir ehrlich: Auschwitz enthüllt letztlich bloß, was so oder so immer schon war und von den Menschen nur nicht wahrgenommen werden wollte, daß nämlich keine objektivierte Vernunft und kein personalisierter Gott Kain daran zu hindern vermochten und vermögen, seinen Bruder Abel zu erschlagen. Im Gegenteil haben eine solche Vernunft und ein solcher Gott, nach denen sich ein besitzindividualistisch-hedonistisches philosophisches und religiöses Bedürfnis sehnt, allzuoft nur als Ideologie zur Rechtfertigung der Mordtat Kains gedient. Als die Rose im Kreuz, deren Duft mit der grausamen Wirklichkeit des Kreuzes versöhnen soll.

Die Vernunft eines religiösen Agnostizismus, die durch ihre eigene und durch die Gotteskrise hindurchgegangen ist, ist eine andere. Sie ist eine durch das von den Menschen selbst verschuldete Leiden zur Revolte gegen dieses motivierte Vernunft. Der Weg zur Versöhnung, so es denn eine solche geben sollte, wäre die Unversöhntheit mit einer Wirklichkeit, in der – und sei es im Namen Gottes oder einer objektivierten Vernunft – Kain seinen Bruder Abel erschlägt, in der Auschwitz möglich war und noch immer wieder möglich wäre und in der der Mensch, selbst als Manager und Milliardär, ein in seiner Freiheit und seiner Würde verletztes, seinen in den Grundwerten aufgezeichneten Möglichkeiten entfremdetes Wesen ist. Ein durch ein solches Ethos sich legitimierender religiöser Agnostizismus verlöre seinen Sinn selbst dann nicht, wenn keine Erlösungsgarantie auszumachen wäre, daß dieser Weg eines Tages zu seinem Ziel führen werde. Er trägt seinen Sinn und seine Legitimation in sich selbst.

Auf diesem Wege ist durchaus und durchwegs Vernunft gefragt, aber nicht als Rosensymbol eines heilsgeschichtlich-idealistischen Weltverschönerungsvereins, sondern als gleichzeitig kritisch-selbstkritische und schöpferische Instanz eines Widerstandes gegen alles, was die Grundwerte verletzt, eines Widerstandes, in dem wir einen Lebenssinn zu erkennen vermögen, der eines Konsenses mündiger Menschen fähig wäre. Auch wenn das Tor zum Gesetz uns verschlossen bliebe und wir uns mit dem Glanz bescheiden müßten, der aus dem Dunkel seiner Türe bricht.

Anmerkungen

Fragen zu Hiob

Hiob und sein Gott

1 Augustin 1954, S. 57.
2 E. Bloch 1968, S. 150.

Hiob als Sündenbock

1 R. Girard 1990.

Joseph Roths «Städtel»-Hiob

1 J. Roth 1992.

Ernst Blochs und Adolph Lowes Revolutions-Hiob

1 E. Bloch 1968, S. 1.
2 Erstmals in E. Bloch 1947, S. 194.
3 E. Bloch 1985. – Zu Adolph Lowe s. C.-D. Krohn 1996.
4 Hegel, Werke 12, 1970, S. 49; Burkhard Müller, 1995, schreibt in seiner radikalen Kritik des Christentums zu dem Thema: «Was tut man mit dem Reich Gottes, wenn die Aussicht, daß er als Deus ex machina in die Geschichte eingreift, für seine Gemeinde in dem Maß an Attraktivität verliert und an Fragwürdigkeit gewinnt, wie die Lebenszeit ihrer Mitglieder vorher abgelaufen sein wird?» (S. 79). – «Was ... geschieht mit den Generationen vor Christi Geburt? Sie sind gestorben, ohne das Heil

auch nur geahnt zu haben. Ist es ihnen deshalb verloren? Vor dieser Antwort ist das Christentum zurückgeschreckt, es hat die Toten der Vorzeit in eine Art Wartesaal verfrachtet; es muß sich um eine Art Winterschlaf der Seelen handeln, der ihre historische Distanz zum Tag des Gerichts aufhebt ... – ... gehen die früheren Geschlechter zugrunde, dann entrinnt auch Christus dem Fluch der Geschichtlichkeit nicht» (S. 70).

5 M. Buber 1967, S. 19ff. – H. Küng 1974, S. 418ff.

6 M. Hess, 1962, S. 230.

7 E. Bloch zu Ehren 1965, S. 143.

8 Auch Horkheimer und Adorno haben sich in frühen Jahren in ihrem Briefwechsel mit dem von Bloch und Lowe diskutierten Thema auseinandergesetzt. In seinem Aufsatz «Zu Bergsons Metaphysik der Zeit» (Ges. Schriften 3, 1988) hatte Horkheimer geschrieben: «Was den Menschen, die untergegangen sind, geschehen ist, heilt keine Zukunft mehr.» Und auch er stellte eine Gleichgültigkeit des Universums fest: «Inmitten (der) unermeßlichen Gleichgültigkeit kann allein das menschliche Bewußtsein die Stätte sein, bei der erduldetes Unrecht aufgehoben ist, die einzige Instanz, die sich nicht damit zufrieden gibt.» Freilich meint dieses «aufgehoben» nur ein Bewahren im Sinne eines Nichtvergessens, nicht auch ein Beseitigen: «Jetzt, wo das Vertrauen auf das Ewige zerfallen muß, bildet die Historie das einzige Gehör, das die gegenwärtige und selbst vergängliche Menschheit den Anklagen der vergangenen noch schenken kann» (S. 427f). Adorno fühlte sich von diesen Gedanken geradezu elektrisiert. Er schrieb dazu dem Freund emphatisch: «Insbesondere ist es die Stelle über den Historiker als Retter, die mich im höchsten Maße ergriffen hat – es ist erstaunlich, wie völlig hier die Konsequenzen Ihres ‹Atheismus› (an den ich freilich je weniger glaube, je vollkommener er sich expliziert ...) solchen aus meinen theologischen Intentionen begegnen ... – könnte ich doch das Motiv der Rettung des Hoffnungslosen als Zentralmotiv all meiner Versuche einsetzen, ohne daß mir ein Mehr zu sagen bliebe ...» (Brief v. 25. 2. 1935; Max Horkheimer Archiv VI 1.27, zit. in G. Schmid Noerr 1995, S. 67f). Später kamen die beiden nochmals auf das Thema zurück. In einem Aufsatz über Theodor Haecker schrieb Horkheimer von einem «Gefühl der grenzenlosen Verlassenheit des Menschen» und definierte das Bewußtsein vom Skandal der Gleichgültigkeit als «metaphysische Trauer»: «Der Gedanke, daß die Gebete der Verfolgten in höchster Not, daß die der Unschuldigen, die ohne Aufklärung ihrer Sache sterben müssen, daß die letzten Hoffnungen auf eine

übermenschliche Instanz kein Ziel erreichen und daß die Nacht, die kein menschliches Ziel erhellt, auch von keinem göttlichen durchdrungen wird, ist ungeheuerlich ... Die Empörung über das sinnlos geschmälerte Leben der Mehrzahl aller Menschen ... hat in der Erfahrung von der Unwiederbringlichkeit des Glücks ihren Ursprung» (M. Horkheimer, Ges. Schriften 4, 1988, S. 99f; s. dazu auch G. Schmid Noerr, a.a.O., S. 67ff). Wenn auch mit unterschiedlichen Akzenten, blieben die metaphysische Trauer und Empörung über das ungetröstete Leiden «der Mehrzahl aller Menschen» – als ob das nicht auch für die Minderzahl, d.h. für alle gelten würde! – die normative Basis des Denkens der beiden. Auch sie hatten keine Antwort auf die Frage der Gleichgültigkeit der Transzendenz, wie immer man diese nennen mag, gefunden – die Frage hinter der Hiobs-Frage –, es sei denn, man glaube eine solche im vagen Messianismus Adornos und in den ebenso vagen religionsphilosophischen Äußerungen Horkheimers in seinen letzten Jahren erkennen zu können.

Hiobs Recht auf Glück

1 Zit. in Horst Wernicke: Voltaire im Garten Epikurs. In: «Neue Zürcher Zeitung» v. 5./6. 2. 1994, S. 59.
2 L. Marcuse 1972.

Margarete Susmans Hiob-Satanologie

1 M. Susman 1948, Vorwort zur 2. Aufl., S. 7 (Neuauflage hg. v. Hermann Levin Goldschmidt. Frankfurt a.M. 1996).
2 A.a.O., S. 9f.
3 Zit. in M. Susman 1992, S. 76.
4 Wiederveröffentlicht in M. Susman 1992, S. 183ff.
5 Im folgenden beziehen sich die im Text genannten Seitenzahlen auf M. Susman 1948 (2. Aufl.).
6 S. Freud, Stud. Ausg. IX, 1974, S. 164ff.
7 J. G. Fichte 1945.
8 G. Schiwy 1995, S. 28.
9 Spinoza 1994, S. 62.
10 S. Freud, Stud. Ausg. IX, 1974, S. 578f.

11 G. Anders 1982.
12 E. Nordhofen: Beleuchtung des schwarzen Lochs. Heilsgeschichte als Unheilsgeschichte: Über die Versuche, Auschwitz theologisch zu deuten. In: «Die Zeit» v. 3. 3. 1995.

C. G. Jungs «Antwort auf Hiob»

1 C. G. Jung: Antwort auf Hiob. Das Buch wird hier zitiert nach der dtv-Ausgabe 1990 auf der Grundlage der Gesammelten Werke 1971–1990 Im folgenden: «Hiob».
2 C. G. Jung: Briefe I, 1972, S. 429. Im folgenden: «Briefe I».
3 Hiob, S. 112.
4 C. G. Jung 1971–1990, Bd. 8, S. 159.
5 Glossar zu C. G. Jung: Erinnerungen ... 1992 (8. Aufl.), S. 413. Im folgenden: «E».
6 C. G. Jung, 1971–1990, Bd. 10, S. 180.
7 A. a. O., Bd. 8, S. 239.
8 A. a. O., S. 243.
9 E, S. 333.
10 E, S. 354.
11 Hiob, S. 10.
12 Briefe I, S. 163.
13 Hiob, S. 7.
14 E, S. 220.
15 E, S. 350.
16 Hiob, S. 9.
17 Briefe I, S. 465.
18 E, S. 158.
19 Hiob, S. 10.
20 Hiob, S. 96f. – Das ist nicht der einzige Gedanke, der Jung mit dem Neo-Sannyas-Guru Bhagwan verbindet. Dieser predigte ebenfalls einen Anti-Intellektualismus und bedeutete seinen Jüngern und Jüngerinnen: «Das einzige, was ich von euch verlange, ist, daß ihr wahrnehmt, was hier und jetzt ist.» (Zit. in H. Obst 1991, S. 198.)
21 Briefe I, S. 332.
22 C. G. Jung, 1971–1990, Bd. 8, S. 241.
23 A. a. O., Bd. 12, S. 165.
24 Briefe I, S. 322.

25 A.a.O., S. 252.
26 Jung, 1971–1990, Bd. 8, S. 239.
27 E, S. 355.
28 E, S. 358.
29 A.a.O., S. 53.
30 A.a.O., S. 358f.
31 A.a.O., S. 225.
32 Briefe I, S. 122.
33 E, S. 26.
34 Briefe I, S. 437.
35 E, S. 54.
36 Briefe I, S. 406f.
37 E, S. 44.
38 A.a.O., S. 45.
39 Ebd.
40 R. Höfer 1993, S. 105.
41 E, S. 98.
42 S. dazu A. Künzli 1948, S. 53.
43 E, S. 101.
44 Briefe I, S. 60.
45 Jung im Gespräch 1986, S. 26.
46 Zit. in T. Evers 1987, S. 35, 241ff. – S. zu dem Thema auch in R. Höfer (1993) das Kapitel: «Jungs Verhältnis zum Nationalsozialismus und sein Verhalten ab 1933», S. 336ff; U. Aeschbacher (1995): «C. G. Jung, das ‹Dritte Reich› und die Gewalt der Seele», in: A. Mattioli 1995; B. Mazenauer/S. Perrig: «Im Licht des eigenen Schattens. C. G. Jung und der Nationalsozialismus». In: «Du», Nr. 8, August 1995, S. 59ff; H. H. Balmer 1972, S. 19ff; H. Gess 1994.
47 Jung 1971–1990, Bd. 10, S. 581f; Grußadresse als neuer Herausgeber des deutschen Zentralblatts für Psychotherapie.
48 Zit. bei J. Grunert: Zur Geschichte der Psychoanalyse in München. In: «Psyche» 1984, Nr. 10, S. 872.
49 Zentralblatt für Psychotherapie, 1934, Nr. 9; hier zit. nach «Psyche» 1984, Nr. 10, S. 871.
50 Jung 1946, S. 6.
51 Ich zitiere den von H. H. Balmer 1972, S. 134ff veröffentlichten und von ihm übersetzten Text; das Interview ist erschienen in der Januar-Ausgabe des New Yorker «International Cosmopolitan».
52 Briefe I, S. 317.
53 Jung 1946, S. 79.

54 Briefe I, S. 209.
55 Jung 1946, S. 104.
56 Zit. v. A. Jaffé 1968, S. 104; das Zitat findet sich in einem Brief Gershom Scholems vom 7. 5. 1963.
57 Jung 1946, S. 121.
58 Briefe I, S. 489.
59 E, S. 221 ff.
60 R. Höfer 1993, S. 374 f; Quellenangaben: S. 406.
61 Hiob, S. 14.
62 Ebd.
63 E, S. 220.
64 Briefe I, S. 92.
65 Hiob, S. 8 f.
66 A. a. O., S. 9 f.
67 E, S. 339.
68 Ebd.
69 Hiob, S. 53 f.
70 Falls nicht anders angegeben, sind alle folgenden Zitate Hiob, S. 105–114 entnommen.
71 H. Obst 1991, S. 204.
72 Zit. in a. a. O., S. 197 ff.
73 E, S. 220.
74 E, S. 375.
75 A. a. O., S. 47.
76 S. R. Höfer 1993, S. 19.
77 S. die E, S. 372 f zitierten Briefe Freuds.
78 E, S. 302 ff.
79 A. a. O., S. 324.
80 Briefe I, S. 415.
81 A. a. O., S. 425.
82 E, S. 330 ff.
83 Briefe I, S. 465.
84 Hiob, S. 112.
85 E, S. 340 f.
86 S. dazu C. Colpe / W. Schmidt-Biggemann 1993.
87 E, S. 64.
88 Hiob, S. 112.
89 Chr. Türcke 1986, S. 73.
90 Briefe I, S. 489.
91 A. a. O., S. 168.

92 E, S. 213.
93 A.a.O., S. 283.
94 Hiob, S. 107.
95 Jung 1946, S. 12.
96 A.a.O., S. 13.
97 Briefe I, S. 163.
98 Hiob, S. 107.
99 Jung 1940/41, S. 43.
100 Briefe I, S. 421.
101 Hiob, S. 114.
102 E, S. 335.
103 E. Fried 1964.

Hiob am Alexanderplatz

1 Den Hinweis auf das Hiob-Problem in Döblins Roman verdanke ich Otmar Hersche. – Im folgenden benutze ich die Ausgabe Döblin 1980. Der Roman ist erstmals 1929 erschienen.
2 S. das Nachwort des Herausgebers in Döblin 1992, S. 661 ff.
3 W. Muschg 1956, S. 110 ff.
4 Zit. nach Muschg 1956, S. 132.
5 Zit. in a.a.O., S. 133.
6 A.a.O., S. 135.
7 A.a.O., S. 139.
8 A. Döblin 1980, S. 153.
9 I. Kant 1867, Bd. 4, S. 149.

Manès Sperber: ein kommunistischer Hiob

1 M. Sperber 1984, S. 1002, 1004.
2 M. Sperber 1983 (I); 1979 (II); 1984 (III).
3 Im folgenden halte ich mich an den Text von Sperber, der – auch ohne Zeichen – fast durchwegs im Wortlaut wiedergegeben wird.
4 M. Sperber 1984, S. 1002.
5 Ergreifend hat André Schwarz-Barth dieses Thema in seinem Roman «Der Letzte der Gerechten» dichterisch gestaltet.
6 III, S. 151.

7 L. Kołakowski 1960, S. 70.
8 Hegel, Bd. 12, 1970, S. 46ff.

Hiob an Zürichs Goldküste

1 F. Zorn 1985.
2 Im folgenden werden die Gedanken Zorns durchwegs wortgetreu wiedergegeben.

Lob des Agnostizismus

Prolegomena

1 F. Buggle 1992.
2 J. B. Metz 1994.

Religion als Legitimation der Politik

1 Ich zitiere im folgenden einen – teils gekürzten, teils erweiterten – Aufsatz von mir über das Thema «Religion als Legitimation der Politik», der in der «Berliner Theologischen Zeitschrift», 2. Jg., H. 2, 1985 erschienen ist.
2 Platon 1955, S. 108f; XXI, S. 415.
3 Ebd.
4 M. Horkheimer/Th. W. Adorno 1969, S. 3ff.
5 L. Kołakowski 1973, S. 40.
6 A.a.O., S. 132f.
7 A.a.O., S. 163.
8 A.a.O., S. 165; vgl. auch den Sammelband «Mythos und Moderne» 1983, dessen Herausgeber K. H. Bohrer sein Vorwort zwar mit der Warnung einleitet: «Vorsicht, dies ist keine Rückkehr zum Mythos!», dann aber doch deutlich werden läßt, daß es hier zumindest um eine Enttabuisierung des Mythos geht und dieser «qua Ästhetik dort wieder notwendig wird, wo Kreatives entsteht».

9 E. Topitsch 1958, S. 291 f.
10 D. Cortés 1933, S. 31.
11 J. G. Fichte 1945, S. 120, 142, 146.
12 Zit. in J. L. Talmon 1960, S. 256 ff.
13 Zit. in a. a. O., S. 268.
14 Zit. in A. Kemiläinen 1956, S. 279.
15 Zit. in H. Vogt 1967, S. 148.
16 M. Scheler 1915, S. 96.
17 M. Scheler 1917, S. 68.
18 M. Scheler 1915, S. 223.
19 J. Plenge 1915, S. 202.
20 P. Natorp 1915, S. 32.
21 W. Sombart 1915, S. 143.
22 J. A Cramb 1914, S. 127.
23 J. Plenge 1916, S. 7.
24 A. a. O., passim, hier S. 92.
25 Hegel Bd. 12, 1970, S. 57.
26 A. a. O., S. 531.
27 Hegel Bd. 7, 1970, S. 27.
28 A. a. O., S. 403.
29 Hegel 1976, S. 284.
30 Hegel Bd. 12, 1970, S. 47–49.
31 Hegel 1913, S. 487.
32 Kant Bd. 6, 1868, S. 270.
33 A. Hitler Bd. I, 1933, S. 69 f.

Die Reichs-Eschatologie

1 E. Bloch 1947, S. 63.
2 M. Hess 1962, S. 230.
3 E. Bloch 1947, S. 57.
4 E. Bloch 1968, S. 313–317.
5 K. Löwith 1953, S. 147.
6 Zit. in R. Pechel 1947, S. 277.
7 A. Moeller van den Bruck 1926, S. 13.
8 S. A. Mohler 1978, S. 68, und A. de Benoit 1982, S. 19.
9 F. Hielscher 1931, S. 380.
10 Zit. in L. Kettenacker, in: K.-H. Bohrer (Hg.) 1983, S. 267.
11 Zit. in a. a. O., S. 280 f.

12 F. Schlegel 1922, S. 222.
13 Kant Bd. 6, 1868, S. 250.

Der Exodus des Volkes Israel als Archetyp des Nationalismus

1 S. «Das Testament des Pharao», «Spiegel» 26, 1997.
2 Herder Bd. 12, 1880, S. 82.
3 Herder o. J. (I), S. 91 f.
4 Herder o. J. (II), S. 63.
5 Rousseau 1964, S. 956 f (eigene Übersetzung).
6 «Globe» vom 20. 4. 1832.
7 S. dazu J. L. Talmon 1960, S. 16, 77 ff.
8 Zit. in H. Kohn 1950, S. 245.
9 Zit. in a. a. O., S. 367 f.
10 Zit. in a. a. O., S. 381.
11 S. dazu O. Vossler 1937, S. 87.
12 Zit. in «Frankfurter Rundschau» vom 5. 7. 1983.
13 R. N. Bellah, in: H. Kleger / Alois Müller 1986, S. 34.
14 A. a. O., S. 38.
15 Zit. in H. Vogt 1967, S. 17.
16 Th. Hodgkin 1957, S. 97; zit. in Vogt 1967, S. 17.
17 S. dazu A. Künzli 1966.
18 Aus einem hebräisch geschriebenen Aufsatz Martin Bubers («Hebräischer Humanismus»), der von O. Marx ins Englische und von H. Vogt 1967 ins Deutsche übersetzt wurde; in: H. Vogt 1967, S. 192 ff.

Religion für Krieg und Frieden

1 M. Walzer 1988, S. 150.
2 Zit. in Hal Wyner: «Die ‹Gestrickten› und die ‹Schwarzen›», in: «Frankfurter Rundschau» vom 24. 11. 1988.
3 Zit. in «Basler Zeitung» vom 7. 11. 1995.
4 Bericht von Johann Aeschlimann in der «Basler Zeitung» vom 9. 3. 1994.
5 Ehud Sprinzak: Mit Gott gegen den Frieden, in: «Die Zeit» vom 10. 11. 1995.
6 Zit. in Claudia Kühner: Wir haben es kommen sehen, in: «Tages-Anzeiger» Zürich vom 11. / 12. 11. 1995.

7 Yoram Kaniuk: Gott schütze uns vor den Religiösen!, in: «Die Zeit» vom 15. 8. 1997.
8 Zit. in «Tages-Anzeiger» Zürich vom 19. 8. 1994.
9 S. Jeshajahu Leibowitz 1990, S. 30.
10 A. a. O., S. 106.
11 Spinoza 1994, S. 7.
12 S. Chr. Türcke 1992 u. 1995.
13 F. Nietzsche, Werke 1. Abt., Bd. VIII, o. J. (1903).
14 H.-J. Thilo 1993, S. 27.
15 M. Odermatt 1991, S. 199.
16 Zit. in «Neue Zürcher Zeitung» vom 19./20. 12. 1992. – Die Serben hätten sich dabei auf Augustin berufen können: «Gott, durch den wir den Feind besiegen, dich flehen wir an» (Augustin 1954, S. 53).
17 Zit. in «Spiegel», Nr. 23, 1995.
18 Zit. in «Basler Zeitung» vom 9. 8. 1995.
19 Bericht von Roman Berger im «Tages-Anzeiger» Zürich vom 20. 3. 1995.
20 «Tages-Anzeiger» Zürich vom 23. 6. 1997.
21 Zit. in Peter Hufschmid: «Bombenstimmung», in: «Das Magazin» des «Tages-Anzeigers», Zürich, Nr. 28, vom 15. 7. 1995, S. 23.
22 Mourad Kusserow: «Gott will es», in: «Neue Zürcher Zeitung» vom 25./26. 11. 1995.
23 Bericht von Michael Meier im «Tages-Anzeiger» Zürich vom 28. 11. 1995.
24 S. Freud, Stud. Ausg. Bd. IX, 1974, S. 93.
25 Bericht in «ZüriWoche» Zürich vom 22. 6. 1995.
26 E. R. Koch/O. Schröm 1995.
27 H.-J. Thilo 1993, S. 29.
28 S. dazu Chr. Türcke 1992, S. 35, 126f.
29 F. Capra/D. Steindl-Rast/Th. Matus 1991, S. 255.
30 I. Ellacuria/J. Sobrino (Hg.) 1995.
31 H. Glasenapp 1996.
32 L. Ragaz 1995, S. 63.

Das religiöse Bedürfnis in der Sicht von Spinoza, Rolland und Freud

1 Spinoza 1994, S. 3 ff.
2 S. H. Vermorel/M. Vermorel 1993, vor allem S. 295 ff.
3 S. Freud, Bd. IX, 1974, S. 197.
4 S. Vermorel 1993, S. 388 ff und Ervin Sinkó 1990, S. 429 ff.

5 Freud a. a. O., S. 198.
6 A. a. O., S. 135 ff.
7 A. a. O., S. 191 ff.
8 A. a. O., S. 293.

Der ohnmächtige Gott

1 J. Leibowitz 1990, S. 124.
2 H. Jonas 1987.
3 H. Jonas 1987, S. 59.
4 H. Jonas 1987, S. 37.
5 H. Jonas 1987, S. 61.
6 Dorothee Sölle, in: «Basler Magazin» vom 15. 4. 1995.
7 G. Schiwy 1995.
8 G. Anders 1982.

Aporien des Monotheismus

1 Joachim Güntner: «... ‹wie Papierschlangen aus dem Halse zu ziehen›. Schwierigkeiten mit der Vernunft», in: «Neue Zürcher Zeitung» vom 23./24. 9. 1995.
2 H.-J. Thilo 1993, S. 137.
3 H. Ott 1966, S. 21.
4 S. die Zitate bei Ott 1966, S. 97: «Gott ist ohnmächtig und schwach in der Welt ... Die Bibel weist den Menschen an die Ohnmacht und das Leiden Gottes ...»
5 Johann Baptist Metz: «Gotteskrise. Versuch zur ‹geistigen Situation der Zeit›», in: «Diagnosen zur Zeit». Mit Beiträgen von J. B. Metz et al. Düsseldorf 1994, S. 77.
6 In einem Vortrag «Religion und Politik auf dem Boden der Moderne» definierte Metz den Begriff «Leidensapriori» als «normative Vorgabe», die von der «Autorität der Leidenden» geleitet werde: «Fremdes Leid zu respektieren ist Bedingung aller politischen Kultur». Das «Eingedenken fremden Leids» sei «natürlich kein passives Wahrnehmen; in seinem Horizont ist der Widerstand gegen das Leid unbedingt geboten, ein Widerstand freilich, der nicht vom Mythos völliger Leidfreiheit geleitet ist, sondern der nüchtern damit rechnet, daß es immer wieder

leidschaffende Situationen unter den Menschen gibt.» Hier fällt dann auch der Begriff «Leidensapriori». In: «Frankfurter Rundschau» vom 10. 6. 1995.

7 A. Dubach/R. J. Campiche 1993.
8 M. Buber 1962, S. 1117f.
9 Stefan Grotefeld: «Theologische Ethik in einem pluralistischen Staat», in: «Neue Zürcher Zeitung» vom 5. 7. 1995.
10 Johann Baptist Metz: «Religion und Politik auf dem Boden der Moderne», in: «Frankfurter Rundschau» vom 10. 6. 1995.
11 S. Freud, Stud. Ausg. IX, 1974, S. 471 f.
12 H.-J. Thilo 1993, S. 56.
13 M. Odermatt 1991, S. 9.
14 Zit. in M. Nüchtern 1995, S. 28.
15 Kant 1868, S. 85.
16 E. Fackenheim 1980.
17 E. Lévinas 1995, S. 126f.
18 Zit. in «Das Testament des Pharao», in: «Der Spiegel» Nr. 26, 1997.
19 C. Colpe 1993, S. 13ff.

Emanzipation, Erlösung und die Gleichgültigkeit Gottes

1 M. Buber 1967, S. 19f.
2 S. dazu Chr. Türcke 1995, S. 34ff.
3 Kant Bd. 1, 1867.
4 J. Leibowitz 1990, S. 148.
5 F. Nietzsche 1903, S. 269.
6 F. Nietzsche 1939, S. 98. – Auch Christoph Türcke 1995, S. 30f, schließt eine solche Deutung des Kreuzestodes Jesu nicht aus, wenn er schreibt: «Auch Jesus kam zwar um für seine Sache (wie andere Märtyrer, A. K.), aber möglicherweise so, daß er seinen Untergang auch als den ihren erfuhr, seinen Glauben als unbestätigt, gescheitert – als Irrglauben.»
7 B. Müller 1995.

Utopie des Nichtwissens

1 Kant 1974, S. 11.

Einwände

1 Kant 1974, S. 9.
2 Spinoza 1994, S. 89.
3 S. dazu A. Pieper 1997.

Religiöser Agnostizismus?

1 J. Burckhardt, o. J., S. 114f.
2 E. Barilier 1995, S. 25; eigene Übersetzung.
3 Th. W. Adorno 1951, S. 333f.
4 Cusanus 1988; im folgenden beziehe ich mich auf die Einleitung von Renate Steiger.
5 S. A. Camus 1959; A. Pieper 1984; V. Kast 1987.
6 S. M. Susman 1992, S. 185.
7 Sch. Ben-Chorin 1984, S. 87.
8 F. Kafka 1988, S. 180.
9 Hegel, Werke Bd. 7, 1970, S. 26f.

Literatur

Adorno, Th. W.: Minima Moralia. Frankfurt a.M. 1951.

Aeschbacher, U.: C. G. Jung, das ‹Dritte Reich› und die Gewalt der Seele. In: Aram Mattioli (Hg.): Intellektuelle von rechts. Ideologie und Politik in der Schweiz 1918–1939. Zürich 1995.

Anders, G.: Ketzereien. München 1982.

Augustin: Soliloquia de immortalitate animae. Hg. v. Karl Hoenn. Zürich 1954.

Balmer, H. H.: Die Archetypentheorie von C. G. Jung. Berlin 1972.

Barilier, E.: Contre le nouvel obscurantisme. Eloge du progrès. Carouge-Genève 1995.

Ben-Chorin, Sch.: Zum 100. Geburtstag Franz Kafkas. In: Franz Kafka. Nachwirkungen eines Dichters. München 1984.

Benoit, A. de: Heide sein. Tübingen 1982.

Bloch, E.: Freiheit und Ordnung. Berlin 1947.

–: Ernst Bloch zu Ehren. Festschrift zum 80. Geburtstag. Frankfurt a. M. 1965.

–: Atheismus im Christentum. Frankfurt a.M. 1968.

–: Briefe 1903–1975, Bd. 2. Frankfurt a.M. 1985.

Bohrer, K. H. (Hg.): Mythos und Moderne. Frankfurt a. M. 1983.

Buber, M.: Aus einer philosophischen Rechenschaft. In: ders.: Werke Bd. 1. München 1962.

–: Der utopische Sozialismus. Köln 1967.

Buggle, E.: Denn sie wissen nicht, was sie glauben. Reinbek 1992.

Burckhardt, J.: Briefe. Birsfelden–Basel, o.J.

Camus, A.: Der Mythos von Sisyphos. Hamburg 1959.

Colpe, C./Schmidt-Biggemann, W. (Hg.): Das Böse. Eine historische Phänomenologie des Unerklärlichen. Frankfurt a. M. 1993.

Cortés, D.: Der Staat Gottes. Karlsruhe 1933.

Cramb, J. A.: Germany and England. London 1914.

Cusanus (Cusa, Nicolai de): Idiota de sapientia/Der Laie über die Weisheit. Lat.-dt. Parallelausgabe. Hamburg 1988.

Döblin, A.: Berlin Alexanderplatz. Die Geschichte von Franz Biberkopf. Olten 1980.

–: Der unsterbliche Mensch. Der Kampf mit dem Engel. München 1992.
Dubach, A./Campiche, R. J. (Hg.): Jede/r ein Sonderfall? Religion in der Schweiz. Zürich 1993.
Ellacuria, I./Sobrino, J. (Hg.): Mysterium Liberationis. Grundbegriffe der Theologie der Befreiung. 2 Bde. Luzern 1995.
Evers, T.: Mythos und Emanzipation. Eine kritische Annäherung an C. G. Jung. Hamburg 1987.
Fackenheim, E.: La présence de Dieu dans l'histoire. Paris 1980.
Fichte, J. G.: Reden an die deutsche Nation. Leipzig 1945.
Freud, S.: Gesammelte Schriften, Bd. I. Leipzig 1925.
–: Einige Charaktertypen aus der psychoanalytischen Arbeit. In: Studienausgabe, Bd. X. Frankfurt a. M. 1969.
–: Die Zukunft einer Illusion. In: Studienausgabe, Bd. IX. Frankfurt a. M. 1974.
Fried, E.: Überlegungen. München 1964.
Gess, H.: Vom Faschismus zum neuen Denken. C. G. Jungs Theorie im Wandel der Zeit. Lüneburg 1994.
Girard, R.: Hiob. Ein Weg aus der Gewalt. Zürich 1990.
Glasenapp, H. von: Die fünf Weltreligionen. München 1996 (1963).
Hegel, G. W. F.: System der Sittlichkeit. In: G. Lasson (Hg.): Hegels sämtliche Werke, Bd. VII. Leipzig 1913.
–: Vorlesungen über die Philosophie der Geschichte. Werke in 20 Bdn., Bd. 12. Frankfurt a. M. 1970.
–: Grundlinien der Philosophie des Rechts. Werke in 20 Bdn., Bd. 7. Frankfurt a. M. 1970.
–: Jenaer Systementwürfe III. Hg. v. R. P. Horstmann. Werke in 20 Bdn., Bd. 8. Hamburg 1976.
Herder, J. G.: Über Literatur und Gesellschaft. Ausg. Schriften. Hg. v. C. Träger. Leipzig o. J. (I).
–: Briefe zur Beförderung der Humanität. Leipzig o. J. (II).
–: J. G. Herders Sämtliche Werke. Hg. v. B. Suphan, Bd. 12. Berlin 1880.
Hess, M.: Rom und Jerusalem, die letzte Nationalitätsfrage. In: ders.: Ausgewählte Schriften. Köln 1962.
Hielscher, F.: Das Reich. Berlin 1931.
Hitler, A.: Mein Kampf, Bd. 1. München 1933.
Höfer, R.: Die Hiobsbotschaft C. G. Jungs. Folgen sexuellen Mißbrauchs. Lüneburg 1993.
Horkheimer, M.: Gesammelte Schriften. Frankfurt a. M. 1988.
– /Adorno, Th. W.: Dialektik der Aufklärung. Frankfurt a. M. 1969.
Jaffé, A.: Aus Leben und Werkstatt von C. G. Jung. Zürich 1968.

Jonas, H.: Der Gottesbegriff nach Auschwitz. Frankfurt a. M. 1987.
–: Zwischen Nichts und Ewigkeit. 2. Aufl. Göttingen 1987.
Jung, C. G.: Zur Psychologie der Trinitätsidee. In: Eranos-Jahrbuch 1940/41.
–: Aufsätze zur Zeitgeschichte. Zürich 1946.
–: Erinnerungen, Träume, Gedanken. Aufgezeichnet u. hg. v. A. Jaffé (Sonderausgabe 1992). Olten 1971.
–: Gesammelte Werke. Olten 1971–1990.
–: Briefe I, 1906–1945. Olten 1972.
–: Jung im Gespräch. Zürich 1986.
–: Antwort auf Hiob. München 1990.
Kafka, F.: Franz Kafka. Nachwirkungen eines Dichters. München 1984.
–: Der Prozeß. München 1988.
Kant, I.: Geschichte und Naturbeschreibung der merkwürdigsten Vorfälle des Erdbebens, welches an dem Ende des 1755sten Jahres einen großen Teil der Erde erschüttert hat. In: Sämtliche Werke. Hg. v. G. Hartenstein, Bd. 1. Leipzig 1867.
–: Idee zu einer allgemeinen Geschichte in weltbürgerlicher Absicht. In: Sämtliche Werke, Bd. 4. Leipzig 1867.
–: Über das Mißlingen aller philosophischen Versuche in der Theodizee. In: Sämtliche Werke, Bd 6. Leipzig 1868.
–: Die Religion innerhalb der Grenzen der bloßen Vernunft. In: Sämtliche Werke, Bd. 6. Leipzig 1868.
–: Beantwortung der Frage: Was ist Aufklärung? In: Was ist Aufklärung? Stuttgart 1974.
Kast, V.: Sisyphos. Der alte Stein – der neue Weg. 2. Aufl. Zürich 1987.
Kemiläinen, A.: Auffassungen über die Sendung des deutschen Volkes um die Wende des 18. und 19. Jahrhunderts. Helsinki 1956.
Kettenacker, L.: Der Mythos vom Reich. In: K. H. Bohrer (Hg.): Mythos und Moderne. Frankfurt a. M. 1983.
Kleger, H./Müller, A. (Hg.): Religion des Bürgers. Zivilreligion in Amerika und Europa. München 1986.
Koch, E. R./Schröm, O.: Das Geheimnis der Ritter vom Heiligen Grabe. Die fünfte Kolonne des Vatikans. Hamburg 1995.
Kohn, H.: Die Idee des Nationalismus. Heidelberg 1950.
Kołakowski, L.: Der Mensch ohne Alternative. München 1960.
–: Die Gegenwärtigkeit des Mythos. München 1973.
Krohn, C.-D.: Der philosophische Ökonom. Zur intellektuellen Biographie Adolph Lowes. Marburg 1996.
Küng, H.: Christ sein. München 1974.

Künzli, A.: Die Angst als abendländische Krankheit. Dargestellt am Leben und Werk Sören Kierkegaards. Zürich 1948.
–: Karl Marx. Eine Psychographie. Wien 1966.
Leibowitz, J.: Gespräche über Gott und die Welt. Mit Michael Shashar. Frankfurt a. M. 1990.
Lévinas, E.: Zwischen uns. Versuche über das Denken an den Anderen. München 1995.
Löwith, K.: Weltgeschichte und Heilsgeschehen. Stuttgart 1953.
Marcuse, L.: Philosophie des Glücks. Von Hiob bis Freud. Zürich 1972.
Mattioli, A. (Hg.): Intellektuelle von rechts. Ideologie und Politik in der Schweiz 1918–1939. Zürich 1995.
Metz, J. B.: Gotteskrise. In: Diagnosen zur Zeit. Mit Beiträgen von J. B. Metz et al. Düsseldorf 1994.
Moeller van den Bruck, A.: Das dritte Reich. 2. Aufl. Berlin 1926.
Mohler, A.: Tendenzwende für Fortgeschrittene. München 1978.
Müller, B.: Schlußstrich. Kritik des Christentums. Lüneburg 1995.
Muschg, W.: Die Zerstörung der deutschen Literatur. Bern 1956.
Natorp, P.: Der Tag des Deutschen. Hagen 1915.
Nietzsche, F.: Götzendämmerung. In: Werke, Bd. VIII. Stuttgart 1903.
–: Morgenröte. Leipzig 1939.
Nüchtern, M. (Hg.): Warum läßt Gott das zu? Frankfurt a. M. 1995.
Obst, H.: Neureligionen – Jugendreligionen – New Age. Berlin 1991.
Odermatt, M.: Der Fundamentalismus. Ein Gott – eine Wahrheit – eine Moral? Zürich 1991.
Ott, H.: Wirklichkeit und Glauben. Zum theologischen Erbe Dietrich Bonhoeffers. Bd. 1. Zürich 1966.
Pascal: Pensées, 1668.
Pechel, R.: Deutscher Widerstand. Erlenbach-Zürich 1947.
Pieper, A.: Camus. München 1984.
–: Selber denken. Anleitung zum Philosophieren. Leipzig 1997.
Platon: Der Staat. Stuttgart 1955.
Plenge, J.: Der Krieg und die Volkswirtschaft. 2. Aufl. Münster 1915.
–: 1789 und 1914. Die symbolischen Jahre in der Geschichte des politischen Geistes. Berlin 1916.
Ragaz, L.: Eingriffe ins Zeitgeschehen. Reich Gottes und Politik. Texte von 1900–1945. Hg. v. R. Brassel u. W. Spieler. Luzern 1995.
Roth, J.: Hiob. Köln 1992.
Rousseau, J.-J: Oeuvres complètes de J.-J. Rousseau. Paris 1964.
Schäfer, P.: Das Böse in der mittelalterlichen jüdischen Mystik. In: Colpe, C., a. a. O.

Scheler, M.: Der Genius des Krieges und der deutsche Krieg. Leipzig 1915.
–: Die Ursachen des Deutschenhasses. Leipzig 1917.
Schiwy, G.: Abschied vom allmächtigen Gott. München 1995.
Schlegel, F.: 1794–1802. Seine prosaischen Jugendschriften. Hg. v. J. Minor. Wien 1922.
Schmid Noerr, G.: Gesten aus Begriffen. In: Zschr. f. Kritische Theorie, H. 1, 1995.
Sinkó, E.: Roman eines Romans. Moskauer Tagebuch 1935–1937. Berlin 1990.
Sombart, W.: Händler und Helden. München 1915.
Sperber, M.: Die vergebliche Warnung. München 1979.
–: Die Wasserträger Gottes. 5. Aufl. München 1983.
–: Bis man mir Scherben auf die Augen legt. 4. Aufl. München 1984.
–: Wie eine Träne im Ozean, 5. Aufl. München 1984.
Spinoza: Theologisch-politischer Traktat. Hg. v. G. Gawlick. Hamburg 1994.
Susman, M.: Das Buch Hiob und das Schicksal des jüdischen Volkes. Zürich ²1948.
–: Das Nah- und Fernsein des Fremden. Essays und Briefe. Hg. v. I. Nordmann. Frankfurt a. M. 1992.
Talmon, J. L.: Political Messianism. London 1960.
Thilo, H.-J.: Wie ein Stachel im Fleisch. Aggression und Sexualität in den Religionen. München 1993.
Topitsch, E.: Vom Ursprung und Ende der Metaphysik. Wien 1958.
Türcke, Chr.: Vermittlung als Gott. Lüneburg 1986.
–: Kassensturz. Zur Lage der Theologie. Frankfurt a. M. 1992.
–: Religionswende. Eine Dogmatik in Bruchstücken. Lüneburg 1995.
Vermorel, H./Vermorel, M.: Sigmund Freud et Romain Rolland. Correspondance 1923–1936. Paris 1993.
Vogt, H.: Nationalismus gestern und heute. Opladen 1967.
Voßler, O.: Der Nationalgedanke von Rousseau bis Ranke. Berlin 1937.
Walzer, M.: Exodus und Revolution. Berlin 1988.
Weber, M.: Gesammelte Aufsätze zur Religionssoziologie, Bd. I. Tübingen 1920.
Zorn, F.: Mars. Frankfurt a. M. 1985 (Erstausgabe München 1977).

Namenregister